高等学校经济与管理类系列教材

U0652148

国际贸易（第二版）

主编 ◇ 张鸿　文娟

华东师范大学出版社

图书在版编目（CIP）数据

国际贸易/张鸿，文娟主编.—2版.—上海：华东师范
大学出版社，2015
ISBN 978-7-5675-3602-9

Ⅰ.①国…　Ⅱ.①张…②文…　Ⅲ.①国际贸易
Ⅳ.①F74

中国版本图书馆 CIP 数据核字(2015)第 163771 号

国际贸易（第二版）

主　　编　张　鸿　文　娟
项目编辑　夏海涵
审读编辑　沈　秋
责任校对　邱红穗
装帧设计　孔薇薇

出版发行　华东师范大学出版社
社　　址　上海市中山北路 3663 号　邮编 200062
网　　址　www.ecnupress.com.cn
电　　话　021-60821666　行政传真 021-62572105
客服电话　021-62865537　门市(邮购)电话 021-62869887
地　　址　上海市中山北路 3663 号华东师范大学校内先锋路口
网　　店　http://hdsdcbs.tmall.com

印 刷 者　常熟高专印刷有限公司
开　　本　787×1092　16 开
印　　张　19.5
字　　数　422 千字
版　　次　2015 年 8 月第 2 版
印　　次　2017 年 6 月第 3 次
书　　号　ISBN 978-7-5675-3602-9/F·326
定　　价　42.00 元

出版人　王　焰

（如发现本版图书有印订质量问题，请寄回本社客服中心调换或电话 021-62865537 联系）

目录

再版前言

本书面世的 3 年中，世界经济、贸易形势及中国的对外贸易环境发生了巨大的变化。在全球经济环境整体处于不景气的背景之下，美国经济 2014 年回暖步伐加快，有分析甚至用"一枝独秀"来形容。多哈回合谈判 12 年僵局被打破，于 2014 年底达成了 WTO 成立 18 年来的首个全球贸易协定——"巴厘一揽子协定"，终获历史性突破。中国经济在经历了长期高速增长之后逐步迈入了新常态，对外贸易总额于 2013 年超过 4 万亿美元的大关，超过美国成为世界第一大货物贸易国。基于上述国内国外贸易环境的变化，并根据我们在教学、研究过程中新的体会，我们对第一版进行了修订。修订后的书稿保留了第一版教材的特色，补充和增加了新的内容，适当调整了某些章节的内容，大幅度增加了新的案例思考题。

欢迎使用本书的读者提出宝贵意见，以便我们在今后的再版中加以改进。

编者

2015 年 2 月

于上海对外经贸大学

前言

进入 21 世纪以后，国际贸易的格局与环境发生了很大的变化，一大批发展中国家开始登上世界经济与贸易的大舞台。尤其是中国，在世界经济与贸易中迅速崛起，成为世界第一大出口国和世界第二大贸易国，中国与世界各国之间的相互依存关系将越来越密切。我们在教学实践中认识到，这一基本背景的变化应当在教科书中得到反映，以便使国际贸易课程的教学能够跟上时代的步伐。

2010 年是上海对外贸易学院建校 50 周年，作为一所以培养国际经贸应用型人才为主要特色的对外经济贸易类大学，学校在国际贸易课程的教学与改革上积累了 50 年的经验。作为当今承上启下的国际贸易课程教学团队，在 2009 年国际贸易课程被评为上海市精品课程之后，我们觉得有必要将学校长期以来形成的国际贸易课程教学与改革的经验进行总结，编写一本面向应用型人才培养为主的教材。为此，我们根据多年来从事国际贸易教学和研究的心得，在参考现有国际贸易教科书的基础上，于2010 年初着手编写了这本《国际贸易》教材。

与国内同类型的《国际贸易》教材相比，本书具有以下特点：

1. 借鉴了国外《国际经济学》教材中国际贸易部分的结构体系，从而使得各个章节之间具有更强的关联性，逻辑关系更加清楚。

2. 文字阐述通俗易懂。本教材的部分内容具有很强的理论性，在解释国际贸易理论和政策的时候，还较多地使用了经济学的分析工具。为了便于学生自学和复习，全书的文字阐述通俗易懂，力求做到深入浅出。

3. 穿插大量的专栏与案例，以便学生能够通过这些案例去进一步加深对理论与政策的理解，在帮助学生运用学习过的理论知识去分析理解理论、政策的同时，还有助于学生用学过的知识去观察和分析今天的现实经济。

4. 每一章课后附有大量的习题。这些习题不仅囊括了每一章的主要内容，让学生复习书中介绍过的理论与概念，而且需要学生运用这些概念与理论去分析回答现实的国际贸易问题。

本教材是上海市精品课程——国际贸易建设的阶段性成果，由上海对外贸易学院长期从事国际贸易的主讲老师集体编写。全书由各位老师讨论形成整体框架以后，由张鸿编写初稿。初稿完成以后，王云飞负责第一章的修订，史龙祥负责第二—四章的修订，雷辉负责第五—七章的修订，文娟负责第八—十章的修订，最后由张鸿、文娟统稿。在本书编写过程中,我的研究生成菲、李明丽、汪憬、许婧在案例与习题的搜集、文字的整理上做了大量工作,华东师范大学出版社赵建军、蒋将老师从教材构思到文字编辑给予了诸多很好的建议,在此深表谢意。

　　要编写一本系统性强、通俗易懂、理论与实际相结合的教材并不是一件容易的事。我们编写这种形式的教材也是初步尝试。尽管几易其稿,花费了一年左右的时间,但由于水平有限,书中肯定存在着许多不尽如人意,甚至错误的地方,敬请读者提出宝贵的意见,以便我们在今后的教学实践中加以改进。

张　鸿

2010 年 12 月 30 日

于上海对外贸易学院

第一章
绪　论

第一节　国际贸易的重要性

国际贸易是在一定的历史条件下产生和发展起来的,是社会生产力发展和社会分工扩大的必然结果。国际贸易最早出现于奴隶社会末期,但是,只有到了资本主义社会才获得空前的、广泛的发展。国际贸易成为资本主义生产方式的前提和结果,在资本主义发生和发展的过程中具有重要意义。第二次世界大战之后,随着世界各国经济的不断发展,特别是科学技术的进步和生产力水平的提高,各国之间的经济合作与交往日益增多,相互依存关系也越来越密切,国际贸易已成为加强世界各国经济联系的最重要的形式之一。在贸易自由化、全球经济一体化成为世界经济主题的今天,地球上的任何一个国家和地区都无法摆脱对其他国家和地区的依赖。2008 年由美国引发的金融危机,不仅造成了美国银行的大量破产,日本、欧洲出现经济衰退,而且把蒸蒸日上的亚洲经济搅得一团糟,世界经济增速由此放缓,全球经济出现大萧条。在目前世界经济"一荣俱荣,一损俱损"的全球化格局下,而且对包括中国在内的世界经济增长和产业发展产生深远和长期的影响。现在国际贸易对一国经济发展的影响比任何时候都更为重要。

今天,世界上几乎没有一个国家可以脱离与其他国家的贸易往来而孤立发展。工业强国,如美国、日本、德国、法国、意大利、加拿大等,对国际贸易都有着极强的依赖性。拉丁美洲和东亚发展中国家通过国际贸易发展和壮大了本国民族经济。改革开放之后的中国,也因为扩大对外贸易促进了国民经济发展。20 世纪 90 年代后期,朝鲜、越南等高度封闭的国家也打开了同世界更多国家进行贸易往来的大门。在各国的竞争与合作中,国际贸易仍是当代世界各国经济联系的最重要的形式之一,现在国际贸易对一国经济发展的影响比任何时候都更为重要。国际贸易作为一门古老而年轻的学科,也得到了空前的发展。

一、开展国际贸易的重要性

国际贸易能够促进分工,进而使得资源、资金和劳动力等各种生产要素在全球范围得到更合理的配置和更有效的利用,从而提高生产要素的利用效率,是一国经济增长的动力源泉。

第一,国际贸易实现了商品和要素的国际互通有无。由于各国的生产要素存在着巨大的差异,且生产要素在国与国之间不像在国内地区之间那样容易流动,从而使得各国生产的商品存在着巨大的差异。为了弥补本国某些生产要素短缺的局限,最简单的一种办法是从该种生产要素比较多的国家进口密集使用该种要素的商品,以此来满足本国人民生活的需要。由于商品是由各种生产要素构成的,商品的流动间接地实现了生产要素的国际转移和互通。

第二,国际贸易提高了资源使用效率。各国的生产要素禀赋状况存在着很大的差异。有的国家拥有丰富的自然资源,有的国家积累了大量的资本,有的国家则拥有先进的技术。由于不同产品的生产在要素投入比例上存在着差异,有些产品需要大量使用自然资源,如农产品、矿产品等;有些产品需要使用大量的资本,如化工、汽车等;有些产品需要大量使用劳动,如纺织服装等;还有些产品则需要有强大的技术力量作保证,如软件开发、飞机制造等。所以,自然资源丰富的国家,如澳大利亚、加拿大,有利于发展土地密集型产品生产,如种植业和畜牧业;资本和技术丰富的国家,如美国,有利于生产资本和技术密集型产品,如汽车和计算机;劳动力丰富的国家,如我国,则有利于生产劳动密集型产品,如鞋类和纺织品等。如果各国都按照自己的特长,分工生产相对优势产品,然后相互之间开展贸易,不仅能够提高生产要素的利用效率,还能够使各国剩余要素得以充分"就业"。此外,对外开放市场将加剧本国市场竞争度,激励国内的创新活动,这些同样有助于提高资源使用效率。

第三,国际贸易能够带来规模经济效益。规模经济是生产规模的理想状态。如果每个国家都只生产一种或少数几种产品,瞄准国际大市场,就能进行大规模生产,达到规模经济。因此,有些国家即使没有比较优势或要素禀赋优势,也能够在某类产品的国际贸易中占有一席之地。瑞士手表工业就是这样一个典型例证。当代世界经济发展还表明,厂商追求规模经济效益可以导致两个没有比较优势的国家之间出现产业内贸易,20世纪80年代后出现的新贸易理论对此作出了解释。

第四,国际贸易有助于一国经济增长。从上面的分析中可以看出,国际贸易能够为一国带来稀缺的生产要素、先进的技术和人力资本,解决剩余产品和要素的出路,改善资源使用效率,实现规模经济,加剧国内市场竞争,最终推动一国经济增长。早在20世纪30年代,英国经济学家琼·罗宾逊(J. Robinson)夫人就提出了"对外贸易是经济增长的发动机"的命题。目前,很少有经济学家对这一命题提出异议。哈佛大学的杰弗里·萨克斯以及安德鲁·沃纳的实证研究表明,20世纪70年代至80年代,实行经济开放政策的发展中国家经济年增长率均在4.5%左右,而同期推行封闭式经济政策的国家增长率却只有0.7%左右。对于同一时期的发达国家而言,开放型经济的国家年增长率达到了2.3%,而封闭式经济的国家的年增长率却只有0.7%。[①]

第五,从世界范围看,国际贸易能够在全球范围内实现资源的最有效配置和利用,促进世界经济增长,增进全球福利,推动人类技术进步和社会发展。国际贸易有利于世界经济发展,这一点毫无疑问。但是,目前国际贸易摩擦和贸易保护主义却相当盛行,并无一例外地以保护国家利益的面目出现,进而产生多种贸易政策工具。然而,理论上已经证明,政府干预效果往往事与愿违:贸易保护不仅会减少贸易双方的福利,而且牺牲国内大多数人福利反使少数人获益。所以,在国际贸易发展史上,自由贸易仍是主流。

---

① 田淑英,胡少维. 关于外贸发展的几点思考[J]. 中国流通经济,2000(3).

自由贸易化促进香港经济发展

内地人到香港,很重要的一项行程是享受购物的乐趣。香港有"购物天堂"的美誉,是世界著名的自由贸易港口。这一切得益于香港奉行贸易自由化的原则。贸易的自由化使香港成为连接中国内地与全球经济的高度繁荣的桥梁,并使香港获得巨大利益。

香港地域狭小,属外向型经济体系,除了拥有一个优良的深水港外,没有其他天然资源。由于香港的自然资源匮乏,内部市场狭小,这里的加工制造业一开始就走完全依赖海外市场、发展外向型工业的道路。它的机器设备、燃料、原料和半制成品,都靠外地进口;产品八九成外销;生产的品种、规模、进度,基本上都由外部市场的需求决定。可以说,没有国际贸易,就没有香港经济的繁荣和居民的富足,没有国际贸易就没有香港的工业、商业和服务业,甚至可以说,没有国际贸易香港就不能生存。

香港的贸易格局大体上是:从日本、美国、英国进口机器设备,由本地制造业加工,再向美国、中国内地、西欧及其他地方输出,然后从中国内地、日本、美国进口食品和消费品。当然,香港还利用地理位置优势大量转口各地商品。

香港的制造业"船小好掉头",靠不断推出新的商品适应世界市场:20世纪60年代的假发、塑料花,70年代的牛仔工装、电子表、电子计算器,80年代的微型电脑、电子游戏机等,都曾风靡国际市场。贸易界人士引为自豪的是,香港的几种产品,例如服装、玩具、人造花、钟表、收音机等,在出口值或出口量方面,常常居于世界第一位。

在香港,从事进出口贸易的从业人员比制造业的人多得多。香港是世界著名的国际贸易中心。1995年,香港的有形贸易(包括所有进出口货物和转口货物)总额达 28 400 亿港元,相当于香港本地生产总值的两倍半。如果加上无形贸易,即加上劳务贸易额,约相当于香港本地生产总值的3倍。

一两间办公室,一台电脑,一部传真机和电话,外贸公司大概就可以开张了。不少人既是老板,又是伙计,更要身兼会计、送货员、推销员、技术员等等。和制造业以小型企业为主一样,香港的外贸也是以小型企业为主。它们运作特别灵活,对千变万化的国际市场反应极其灵敏,转换货源、另辟市场的活力超乎想象。

在香港,企业直接参与国际市场活动非常方便。它们只要花很少费用就可以从半官方的香港贸易发展局或其他机构的电脑和资料库中查出世界各国和各地区的货源、市场、贸易公司和厂家的情况;利用国际直通电话、电报和图文传真设备,很快就能同贸易对象建立联系,互相发送详细的商品资料。香港的内部交通和外部交通十分发达,外贸从业人员可以迅速来往于香港和海外市场之间。

香港的专业分工也高度精细,外贸货物运进或运出,可以委托很多小型运输公司代办。运输公司为外贸企业提供车辆、代办船舶或飞机运输服务。香港实行的低税政策和外汇自由出入、外币自由兑换的政策,也对贸易发展起到了显著的促进作用。处理外贸业务的官方、半官方机构,极力精简程序和表格,办事效率很高。在香港,成立外贸企业登记手续简便,外贸从业人员只要肯动脑筋,不辞劳苦,就可取得良好的业绩。

经济学家们认为,香港的对外贸易是当代世界上最开放的自由港贸易,100多年来,香港一直坚持实行自由贸易政策,减少各种形式的贸易保护主义,对各国商品、各国企业给予的市场条件最为公平,这种完全开放型的经济非但未挤垮香港本地工商业,相反,香港本地工商业却有了惊人的发展。

（资料来源：王小波：《自由：自由市场经济放飞香港精神》,《燕赵都市报》2007年7月1日。）

▌二、学习和研究国际贸易的重要性

尽管国际贸易与国内贸易具有一定的共性,如都属于流通范围,都是商品与服务的交换,都由价值规律自发地调节,经营的目的都是为了获取利润或经济效益。但是,国际贸易与国内贸易无论在性质上,还是在业务上都有很大的区别。

首先,国内贸易所使用的货币是本国货币,而国际贸易只能采用国际通用货币或贸易双方共同接受的货币来计算和支付。目前世界上通用的国际贸易结算货币主要为美元、欧元和日元。

其次,国内贸易一般是在国家统一的贸易战略指导下进行,并且有统一的法律依据,而国际贸易要针对不同的国家采取不同的策略,必要时还会做一些退让以求双赢,或与他国结盟。此外,还需遵循一些国际惯例,并受制于一些附加的规定,诸如关税、配额和外汇管制等。

再次,国际贸易的障碍多于国内贸易。为了争夺市场,保护本国工业和市场,各国往往采取各种关税与非关税壁垒来限制外国商品的进口,不仅如此,各国海关对于进出口货物的包装、规格、商标等都有许多规定。上述措施都给国际贸易造成了很大的困难。

最后,国际贸易在获得市场信息方面往往比较困难,收集和分析有关市场行情变化的资料不如国内贸易容易,从而使得国际贸易面临着更大的风险。此外,国家与国家之间开展国际贸易还存在着语言、法律、风俗习惯等一系列的障碍,而这些障碍都远远高于国内贸易。有鉴于此,我们必须在掌握商品与服务交换的一般规律的基础上,对国际贸易进行专门研究。

随着全球经济一体化和贸易自由化范围的不断扩大，商品和劳务的竞争已超越国界，各国经济生活日益国际化，世界各国的贸易往来越来越频繁。在这样的背景下，世界经济的增长也愈来愈依赖于国际贸易的增长，对外贸易在各国经济发展中的作用也越来越重要。伴随经济的全球化，对外贸易在各国经济中的比重都在增加。1980—2000 年间，世界货物贸易的年均增长速度达到 6.1％，而世界经济增长速度为 5.4％。据 WTO 和 IMF 的数据测算，1960 年全球外贸依存度为 25.4％，1970 年为 27.9％，1990 年升至 38.7％，2000 年升至 41.7％，2003 年已接近 45％，而 2013 年则超过 50％，达到 51％。

中国作为转型中的发展中大国，对外贸易依存度也逐年提高。1980 年到 1990 年，我国外贸依存度由 12.6％上升到 30％，10 年间提高约 17 个百分点，这段时间外贸依存度增长较快与改革开放初期外贸基数很低有关。1990 年到 2000 年，我国外贸依存度上升到 39.6％，10 年间提高了约 10 个百分点。加入世界贸易组织之后，我国对外贸易取得了飞速的发展，2001 年到 2005 年是我国外贸依存度上升最快的 5 年，到 2005 年，外贸依存度上升到 63.9％，5 年间提高了约 24 个百分点。其中 2003 年和 2004 年是外贸依存度增加最快的时候，几乎每年外贸依存度上升 8—9 个百分点。这段时间我国外贸依存度上升速度之快是全球少见的。2008 年金融危机导致发达国家消费的急速下降，我国对外出口受到很大影响，致使外贸依存度有所下降，但 2009 年我国对外贸易依存仍然达到 45％，这一比例不但显著高于美国、日本等发达经济大国，而且也显著高于印度、巴西等发展中经济大国。随着中国内需的不断扩大和对外贸易增长速度的下降，近年，对外贸易增长速度低于 GDP 的增长速度，导致对外贸易依存度呈现下降趋势，2014 年下降到 42％。

除了总体对外贸易依存度偏高之外，目前我国有些产品对国际市场的依赖程度已到了非常高的地步。例如，我国铁矿石对外依存度已经从 2002 年的 44％提高到 2009 年的 62％；原油对外依存度目前已经达到了 51.3％，首次超过舆论所称的 50％的警戒线，而在 1993 年我国首度成为石油净进口国时，这一数字为 6％，我国原油的对外依存度在 16 年间翻了数倍；我国大豆的对外依存度高达 70％，大豆已成为需要"看人脸色"的农产品；我国纺织品产量的 50％以上依赖于国际市场。对此，我们很容易就会想到，对外贸易给我国经济及国民到底带来了多少好处？为什么我国向美国、日本等发达国家出口的产品多是衣服、鞋袜、玩具等劳动密集型产品，而从上述国家进口的大多是汽车、计算机等高技术产品？为什么作为一个资源和人口大国，还需要不断向国外进口原材料？为什么加入世界贸易组织之后，我国出口贸易尤其是纺织品贸易反而遭遇到进口国更多的进口限制措施？这些都是非常现实的问题。要给这些问题合理的解释，就需要学习国际贸易。

2014 年，中国对外贸易总额已经超过 4 万亿美元，已经超过美国，成为世界第一贸易大国。但是从贸易利益分配上我国离贸易强国还有很长的距离。为了提高我国国际分工地位，使我国国民从对外贸易中获得更多的福利，中国需要更多的人关心国际贸易，需要更多的人认真研究和学习国际贸易，了解和掌握国际贸易的基础理论、基本政策和操作技巧，以便更好地为中国对外贸易和国民经济发展服务，同时也为世界经济的增长和人类社会的进步做出贡献。

专栏 1-2

我国石油等五大矿产对外依存度均超 50%

在石油、铁矿石对外依存度不断攀升的同时,精炼铝、精炼铜、钾盐等大宗矿产也因"内供"不足不得不依靠外援,进而导致过去 15 年间,我国大宗矿产对外依存度不断攀升。在第 43 个世界地球日的相关活动启动仪式上,国土部官员表示:上述五大矿产的对外依存度都超过了 50%,随着全球矿产资源竞争日益加剧,利用境外矿产资源的风险和成本将日渐加大。

来自国土部的数据显示,近年来,石油、铁、铜、铝、钾盐等大宗矿产的进口量大幅攀升,对外依存度居高不下,最新数据分别为:石油 54.8%、铁矿石 53.6%、精炼铝 52.9%、精炼铜 69%、钾盐 52.4%。

过多依赖境外矿产的风险加大,而且也不太现实,随着新兴经济体快速崛起、国家间经济利益博弈,全球矿产资源竞争加剧,境外矿产资源利用成本陡增,难度和风险显著加剧。上述问题加剧的直接后果,就是严重地影响我国经济社会发展安全。

我国矿产资源对外依存度高和需求量大已经是不争的事实,近几年,矿产资源价格上涨,也提高了很多我国购买相应矿产的成本。过多地依赖势必影响到我国的经济安全,我国加大矿产资源的开采量是必须要做的事。

2011 年 10 月国务院通过了《找矿突破战略行动纲要(2011—2020年)》,明确了今后十年的"找矿战略路线图"。

(资料来源:北京商报 2012 年 04 月 23 日。作者:吴园园)

第二节　国际贸易中的常用概念

一、对外贸易与国际贸易

对外贸易(foreign trade)是指一国(或地区)同别国(或地区)进行货物和服务交换的活动。如果从一个国家的角度来看,这种交换活动称为对外贸易,如果从国际范围来看,这种活动就称为国际贸易(international trade)。一些海岛国家,如日本、英国等,也常常用海外贸易来表示对外贸易。可见,国际贸易与对外贸易是一般与个别的区别。由于对外贸易是由进口与出口两个部分构成,所以又称进出口贸易。另外,由于国际贸易是一种世界性的商品与交换活动,是各国对外贸易的总和,因此,人们常常用世界贸易(world trade)一词来代替国际贸易,但从严格意义上讲,它们并不是同一个概念。国际贸易是世界各国或地区对外贸易的总和,而世界贸易则是世界各国和地区对外贸易与国内贸易(internal trade)的总和。

包括货物与服务在内的对外贸易称为广义的对外贸易或国际贸易,不包括服务在内的对外贸易称为狭义的对外贸易或国际贸易。本书主要研究国际货物贸易,但书中阐述的一般性理论和知识,无疑也适合国际服务贸易。

二、国际贸易额与国际贸易量

国际贸易额(value of international trade)是以货币表示,按照现行世界市场价格计算的各国与地区的进口总额或出口总额之和,又称国际贸易值。它能够反映某一时期内的贸易总额。

一国在一定时期内从国外进口货物的全部价值,称为进口贸易总额或进口总额;一国在一定时期内从国外出口货物的全部价值,称为出口贸易总额或出口总额。两者相加为进出口货物贸易总额或进出口总额,这是反映一国对外货物贸易规模的重要指标之一;相应地,一国服务贸易总额为该国服务出口与服务进口相加,是反映一国服务贸易规模的重要指标。为了便于比较,对外公布时贸易额一般以美元表示。

把世界上所有国家的进口货物总额或出口货物总额按同一种货币单位换算后加在一起,即得国际货物贸易额——世界进口总额或世界出口总额。由于一国的出口就是另外一国的进口,因此,从世界范围来看,世界各国(地区)的进口总额之和应该等于世界各国(地区)的出口总额之和。但是,由于各国一般都是按离岸价格(FOB)计算出口额,按到岸价格(CIF)计算进口额,因此世界出口货物总额总是小于世界进口货物总额。由于按到岸价格计算的商品进口额中,包含了一部分的运输、保险等费用,而各国的出口商品值一般是按离岸价格计算的,因而比较合理。所以,在统计国际贸易总额时,常常采用的办法是将各国(地区)的出口额加起来。因此,国际贸易总额是一定时期内各国(地区)出口额之和。

由于进出口商品价格是经常变动的,因此,国际贸易额往往不能够准确地反映国际贸易的实际规模与变化趋势,不同时期的国际贸易额是不能够直接比较的。所以在实际工作中,往往要以固定年份为基期计算的出口或进口价格指数去除当时的出口额或进口额的办法,得出相当于不变价格计算出的出口额与进口额。通过这种方法计算出来的国际贸易额已经剔除了价格变动的影响,只单纯反映国际贸易实际规模。这种选定某一时点上的不变价格作为标准,计算出来的各个时期国际贸易额称为国际贸易量(quantum of international trade)。因此,通常意义上的国际贸易量是以一定时期不变价格为标准计算各个时期的国际贸易额,即用以固定年份为基期计算的进口或出口价格指数去除当时的进口额或出口额的办法,得出相当于按不变价格计算的进口额或出口额。其计算公式为:

$$国际贸易量 = 国际贸易额 / 价格指数$$

国际贸易量指标可以比较确切地反映出对外贸易规模,便于把不同时期的国际贸易额进行比较,由此计算各个时期定期的或环比的物量指数,从而了解该国或地区贸易利益的变化。例如,据联合国统计,资本主义世界出口额 1970 年为 2 800 亿美元,1978 年为

11 736亿美元;出口价格指数以1970年为100的话,1978年则为265。如果按贸易额直接计算,那么,1978年与1970年相比,国际贸易额约增加了3.2倍;若以贸易量计算,则应用1978年的出口额除以当年的出口价格指数,得出1978年的国际贸易量约为4 429亿美元,再把这一数字同1970年的2 800亿美元相比较,从而得出1978年国际贸易实际规模变化的物量指数为158,即1978年的国际贸易量是1970年的1.58倍。

　　联合国等机构的统计资料,往往采用国际贸易额和国际贸易量这两种数据,以供对照参考。但由于国际服务贸易的统计标准尚没有统一,加之服务贸易本身的特点,服务贸易只公布贸易额,而不公布贸易量。

三、国际贸易商品结构与对外贸易商品结构

　　国际贸易商品结构(composition of international trade)是指一定时期各类商品在世界贸易中所占的比重。对外贸易商品结构(composition of foreign trade)是指一定时期各类商品在一国对外贸易中所占的比重或地位,即各类商品进出口贸易额与整个进出口贸易额相比,以份额表示。例如,某国2009年的出口额为1 000亿美元,其中初级产品为300亿美元,制成品为700亿美元,则该国的出口商品结构是初级产品占30%,制成品占70%。

　　贸易结构是经济发展水平与产业结构在商品生产领域的具体体现。国际贸易商品结构可以反映出整个世界的经济发展水平和产业结构状况等。一国的对外贸易商品结构则可以反映出该国的经济发展水平、自然资源状况、产业结构状况、劳动力就业状况等,是一国制定产业结构调整规划的主要依据之一。

四、对外贸易依存度

　　对外贸易依存度(ratio of dependence on foreign trade)又称对外贸易系数,是一国对外贸易总额在该国国民生产总值(GNP)或国内生产总值(GDP)中所占的比重,其计算公式为:

$$对外贸易依存度 = (进出口总额 / GDP 或 GNP) \times 100\%$$

　　出口依存度是指一国在一定时期内出口值与该国国民生产总值(GNP)或国内生产总值(GDP)中的比,其计算公式为:

$$出口依存度 = (出口总额 / GDP 或 GNP) \times 100\%$$

　　进口依存度是该国进口值与该国国民生产总值(GNP)或国内生产总值(GDP)的比,也叫市场开放度,其计算公式为:

$$进口依存度 = (进口总额 / GDP 或 GNP) \times 100\%$$

　　外贸依存度、出口依存度和进口依存度从不同侧面反映一国经济对外部的依赖程度。外贸依存度过高,国内经济发展易受到国外经济影响,世界经济波动对本国经济冲击较大;外贸依存度过低,就说明该国没有很好地利用自身比较优势和国际分工的好处。

五、贸易差额

一定时期内（通常为 1 年）一国出口总额与进口总额之间的差额称为贸易差额（balance of trade）。贸易差额用以表示一国对外贸易收支状况。当出口总额大于进口总额时，其差额称为贸易顺差或贸易黑字，我国也称之为出超；当出口总额小于进口总额时，其差额称为贸易逆差或贸易赤字，我国也称之为入超。如果出口总额与进口总额相等，则称为贸易平衡。

一国的进出口贸易收支状况是其国际经常收支项目中最重要的组成部分，因此，贸易差额状况对一国的国际收支有重大的影响，是一国对外贸易状况的重要指标。一般说来，贸易顺差表明一国对外贸易商品在国际竞争力比较强，而贸易逆差表明一国在国际市场竞争中处于劣势。

六、国际贸易地理方向与对外贸易地理方向

国际贸易地理方向（international trade by regions）又称国际贸易地区分布，它用来表明世界各国在国际贸易中所占的地位，通常用它们的出口额或进口额占世界出口总额或世界进口总额的比重来表示。对外贸易地理方向（direction of international trade）又称对外贸易分布或国别构成，是指一定时期内各个国家或地区在一国对外贸易中所占的地位，通常以它们在该国进、出口总额所占的比重来表示。对外贸易地理方向表明了一国进口商品的来源和出口商品的去向，反映出一国与其他国家之间经济贸易的联系程度。一国的对外贸易地理方向通常受经济互补性、国际分工的形式与贸易政策的影响。

对一国而言，如果商品的进出口集中在某一个或几个国家，我们就说该国的对外贸易地理方向比较集中；反之，则对外贸易地理方向比较分散。对外贸易地理方向的集中与分散各有利弊。

七、国际贸易条件

一国开展对外贸易的最重要原因是为了获得国际分工和交换的好处。一国宏观上对外贸易经济效益如何，可以用该国的贸易条件（terms of trade）来考察。国际贸易条件又称国际交换比价，是指一定时期内一国出口 1 单位商品可以交换多少单位外国进口商品的比例。如果只有 2 种商品参与国际交换，用它们的数量比例来计算贸易条件是方便可行的。但是，国际贸易商品数量众多，不止 2 种贸易商品。此时，由于度量单位不同，不可能继续使用商品数量比例来说明贸易条件，而商品价格指数就避免了不同度量单位的问题。通常，一国贸易条件等与一定时期内该国出口商品价格指数与进口商品价格指数之比，表示在这段时期内该国得自对外贸易的好处的变化状况。其计算公式为：

$$国际贸易条件 = 出口价格指数 / 进口价格指数$$

由于商品价格指数是一个与时间有关的加权平均数，因此，贸易条件的变动并不表示

一国从对外贸易中获得的绝对好处,而表示一段时期内该国贸易利益的变化情况。以上商品贸易条件有时候称做为净贸易条件(net barter terms of trade),比较容易计算出来,应用得也比较广泛,常被用来衡量一段时间间隔内某国的国际贸易和分工地位的变化。

专栏 1-3

中国超美成最大石油净进口国　冲击全球能源格局

英国《金融时报》近日报道称,中国已经超过美国,成为全世界最大的石油净进口国。文章还认为,这种变化可能冲击全球自然资源的地缘政治格局。

根据美国能源部情报局的统计数据,该国石油净进口量在 2012 年 12 月下滑至每天 598 万桶,创下 1992 年 2 月以来的最低纪录。而根据中国海关数据,中国石油净进口量同期升至每天 612 万桶。

《金融时报》报道指出,由于受到税收因素的影响,12 月份的原油净进口量可能会受到影响。一般情况下,美国石油企业会在年底降低石油净购买量,降低库存,从而减少税收支出。

过去 10 年里,美国每年 1 月的石油净进口量环比都会出现大幅上升,这意味着美国可能会"重夺"首位。而中国 2013 年 1 月的石油净进口量已经发布了,进一步上升至每天 630 万桶。

按照年均计算,美国仍然是世界最大的原油净进口国,但过去 5 年来,中国与美国的差距已经大幅收窄。2012 年,美国从国外购买原油和油品的总量净值已经跌至 20 年最低,为每天 714 万桶。同期,中国的原油净进口量平均为每天 572 万桶。

据悉,从上世纪 70 年代以来,美国一直都是世界上最大的石油净进口国,这一状态塑造了美国对产油国的外交政策,包括沙特阿拉伯、伊拉克、委内瑞拉等。

受美国国内页岩革命的影响,美国国内原油产量大增,进而减少了对进口原油的需求。据悉,美国原油产量去年增加幅度达到每天 80 万桶。政府间机构国际能源署近期预测,新兴经济体国家将首次在原油消费方面超过发达国家。

有观点认为,随着中国取代美国成为全球最大原油净进口国,中国将面临更多要求更好管理全球主要原油海运通道的呼声。据悉,美国海军今年将减少部署在霍尔木兹海峡的航空母舰数量,而这一海峡被认为是国际原油运输的主要通道之一。

分析人士同时指出,这种中美两国地位的转换还可能继续,而这种趋势将对全球能源方面的地缘政治格局产生明显的影响。

(资料来源:搜狐财经 2013 年 3 月 5 日,作者:章磊。)

第三节　国际贸易的分类与特点

一、出口贸易、进口贸易和过境贸易

　　根据货物的移动方向不同,国际贸易可分为出口贸易、进口贸易和过境贸易。出口贸易(export trade)是指将本国生产和加工的商品输往国外市场进行销售;进口贸易(import trade)是指将外国生产和加工的商品输入本国市场销售。出口贸易与进口贸易是每一笔贸易的两个方面,对卖方是出口贸易,对买方则是进口贸易。此外,在国际贸易中,一国对从外国进口的商品不经任何实质性加工,再行向外出口时,称为复出口(re-export);反之,一国的产品销往别国后未经加工又被该国重新购回时,称为复进口(re-import)。一国往往在同一类商品上既有出口也有进口,如果一国或一地区在某种商品大类的对外贸易中,出口量大于进口量,其超出部分便称为净出口(net export);反之,如果进口量大于出口量,其超出部分便称为净进口(net import)。

　　过境贸易(transit trade)又称通过贸易,是指贸易货物通过一国国境,不经加工地运往另一国的贸易活动。例如,A国经过B国国境向C国运送贸易商品,对B国而言,便是过境贸易。过境贸易属于直接贸易。其中,过境贸易货物不经过境国海关保税仓库存放,完全为了转运的过境,为直接过境贸易;但如果把货物先存放在过境国的海关仓库,而后再进行分工、分类、包装转运出境的过境,是间接过境贸易。

二、总贸易体系与专门贸易体系

　　总贸易体系(general trade system)又称一般贸易体系,是以货物通过国境作为统计对外贸易的标准。总贸易体系以货物通过国境作为统计进出口的标准,不问其是否结关与完税。凡是进入本国国境的货物一律记为进口,凡是离开本国国境的货物一律计为出口。

　　专门贸易体系(special trade system)又称为特殊贸易体系,是指以关境作为划分和统计进出口的标准。凡是通过海关结关进入境内的货物计入进口贸易,凡是通过办理海关手续出口的货物计入出口贸易。进入海关保税仓库和自由贸易区的货物,并未结关和完税,不作进出口记录。

　　总贸易和专门贸易说明了不同的问题,前者说明一国在国际货物流通中所处的地位和所起的作用;后者说明一国作为生产和消费者在国际货物贸易中具有的意义。我国当前采用的是总贸易体系。

三、有形贸易和无形贸易

　　根据商品的形态,国际贸易可分为有形贸易和无形贸易。

　　有形贸易(visible trade)是指买卖那些看得见、摸得着的物质性商品的活动,也称其为货物贸易。国际贸易中的有形商品种类繁多，为便于统计，联合国秘书处于 1950 年起草了《联合国国际贸易标准分类》，分别在 1960 年和 1974 年进行了修订。在 1974 年的修订本里，把国际贸易商品共分为 10 大类、63 章、233 组、786 个分组和 1 924 个基本项目。这 10 类商品分别为：食品及主要供食用的活动物（0）；饮料及烟类（1）；燃料以外的非食用粗原料（2）；矿物燃料、润滑油及有关原料（3）；动植物油脂及油脂（4）；未列名化学品及有关产品（5）；主要按原料分类的制成品（6）；机械及运输设备（7）；杂项制品（8）；没有分类的其他商品（9）。在国际贸易中，一般把 0 到 4 类商品称为初级产品，把 5 到 8 类商品称为制成品。

无形贸易（invisible trade）是有形贸易的对称，是指非实物商品（无形商品）的贸易，例如教育、通讯、旅游、运输等服务的交换活动。一般说来，无形贸易包括服务贸易和技术贸易。无形贸易的发展是伴随着有形贸易的发展而发展的，但随着国际间经济关系的扩大，围绕商品购销的各种服务，如运输、保险、金融、通信等大为增加，旅游服务、专利及技术转让、资本移动及劳务贸易等关系也随之迅速扩大，从而使得基于这些非有形商品交换的贸易发展速度大大加快。

一般认为，有形贸易因要结关，故其金额显示在一国的海关统计上。无形贸易不经过海关办理手续，其金额不反映在海关统计上，但显示在一国国际收支表上。20 世纪 90 年代以来，由于电子科学技术的迅速发展，服务产品具有无形性特征的结论被修改了，部分服务产品有形化了，如光盘音像是有形产品，但就其性质而言，应是服务产品。

四、直接贸易、间接贸易和转口贸易

依照有无第三方参加，国际贸易可分为直接贸易、间接贸易和转口贸易。

直接贸易（direct trade）是指贸易商品由生产国与消费国之间不通过第三方直接进行的贸易活动。贸易双方交易的货物既可以直接从生产国运到消费国，也可以通过第三国的国境转运到消费国，只要两者之间直接发生关系，即不通过第三国的商人作为中介来进行贸易则就是直接贸易。例如过境贸易就是直接贸易，而不是间接贸易。

间接贸易（indirect trade）是指通过第三方或其他中间环节，把商品从生产国运销到消费国的贸易活动。它是直接贸易的对称。与直接贸易一样，贸易双方交易的货物既可以直接从生产国运到消费国，也可以通过第三国的国境转运到消费国，只要两者之间没有直接发生关系，而是通过第三国的商人作为中介来进行贸易则就是间接贸易。

转口贸易（entrepot trade）也称中转贸易，是指一国（或地区）进口某种商品不是以消费为目的，而是将它作为商品再向别国出口的贸易活动。转口贸易与间接贸易的区别在于看问题的角度不同。商品生产国与消费国通过第三国进行的贸易对生产国和消费国而言是间接贸易，对第三国而言，则是转口贸易。转口贸易属于复出口，是过境贸易的一部分。

五、自由结汇方式贸易和易货贸易

这是按照国际收支清偿工具不同划分的国际贸易的种类。

自由结汇方式贸易(free liquidation trade)又称现汇贸易,是指以货币作为清偿工具所进行的贸易。其前提条件是作为支付的货币必须能够在国际金融市场自由兑换。目前,世界上作为清偿工具的货币主要有美元、欧元、日元等。

易货贸易(barter trade)是指以经过计价的货物作为清偿工具所进行的贸易。它起因于贸易双方的货币不能自由兑换,而且缺乏可以兑换的外汇储备。于是双方就把进口与出口直接联系起来,实行以货换货,以做到进出口大体平衡。

当前国际贸易发展的主要特征和基本走势

在过去的 2013 年,中国的货物贸易进出口总额毫无悬念地超过了美国,成为全球货物贸易的第一大国,这是中国对外贸易发展的里程碑。与此同时,国际贸易的商品结构和地区结构等诸多方面正在发生着重要变化,各国竞争也日益激烈,国际贸易呈现出一系列新的发展态势,它们对中国对外经贸未来的发展将产生深远的影响。

服务贸易的重要性持续增长

国际贸易按产品类型,分为货物贸易和服务贸易两大类。长期以来,货物贸易是全球贸易增长和发展的主体。现在的情况正在发生变化,随着全球服务业的迅猛发展和服务型经济的到来,服务贸易开始加速增长,它在全球贸易中的比重不断上升。1980 年至 2012 年,全球服务贸易出口从3 650 亿美元上升至 43 450 亿美元,占全球出口的份额也从 1980 年的15.7%上升至 2012 年的 19.2%。相对于货物贸易而言,服务贸易成为全球贸易中增长更快、更富有扩展空间的部分,它是全球贸易的新增长点。一个国家要保持和增进它在国际贸易中的扩展空间,必然要高度重视和努力提升服务贸易的竞争力。货物贸易与服务贸易平衡发展,是贸易强国的重要标志。

改革开放之后,由于缺乏足够的重视,中国服务业的改革与开放远远落后于制造业,导致服务贸易发展相对滞后。2013 年中国服务贸易进出口总额 5 396.4 亿美元,仅为美国的一半左右;中国是货物贸易顺差大国,同时也是世界第一服务贸易逆差大国,1995 年至今,中国的服务贸易不仅持续逆差,而且逆差不断增长,2013 年逆差额高达 1 184.6 亿美元。中国服务贸易的这种发展状况与美国等发达经济体服务贸易持续顺差形成鲜明对比。中国服务出口结构也不够优化,金融、保险等技术知识密集型的服务出口占比还比较低。因此,通过坚定而有序地推进服务业的体制改革和对外开放,增进服务贸易竞争力,是当前我们建设贸易强国的重要内容。

能源贸易变局影响深远

在全球货物贸易中,能源贸易因对国际政治与经济格局的重要影响而始终备受瞩目。在国际金融危机之前,石油价格最高曾经达到每桶 147 美元,虽然一度暴跌,但是大致维持在 80—110 美元区间波动。石油价格居高不下,推动着世界各国对新能源的研发和投资。太阳能、风能、潮汐能、地热能、生物质能等等,各种新型绿色可再生能源的产业化都被列入大国国家战略,新能源的开发被看作引领世界经济走出危机、走向复苏与繁荣的重要引擎。恰逢此时,美国页岩气开采技术实现了历史性突破,国际能源署在 2012 年 11 月份发布的《国际能源展望》中预测:美国将在 2015 年取代俄罗斯成为最大的天然气生产国,到 2035 年能源自给率将达到 97%。

页岩气革命影响深远。首先,美国的成功激发了全球对页岩气开采的热情,包括中国、德国、波兰等欧亚国家正在奋起直追,全球能源供应版图将随之发生深刻变化。第二,这种革命性的变化将对世界经济与政治格局产生深远影响。美国的经济发展和国家战略都获得了巨大利好,页岩气革命将降低美国再工业化成本,加速美国经济复苏进程,增进美国制造业竞争优势,改善美国贸易环境,强化美元的全球主导货币地位,巩固美国全球霸主地位,中东的战略地位将有所下降,美国可能会腾出更多的力量致力于重返亚太。

亚洲经贸发展最具活力

从国际贸易的地区结构来看,20 世纪 90 年代以来,新兴工业化国家地位的上升是国际贸易格局中的新特征。国际金融危机爆发后,新兴工业化国家的实力和地位进一步凸显。但是,和发达国家相比,新兴经济体前进道路中存在很多不确定性,它们对发达国家的市场和技术依然有很强的依赖性,粗放、高碳的经济增长方式在未来面临更为严峻的挑战。考察二战以来国际贸易的格局变化,东亚的新兴经济体呈现出高速、持续的增长特点,它们群体性崛起正在改变世界的经济版图。

20 世纪 60 年代以来,先是日本、亚洲四小龙,然后是中国和东盟,亚洲经济体上演了不同水平的国家和地区依次崛起的精彩剧目。从 1948 年至 2012 年,亚洲在全球货物贸易中的比重,从 14% 一路上升至 31%,而同期,北美地区从 28% 下降至 12%,欧盟从 35% 上升至 50% 之后又回到 35%,非洲、拉美和独联体国家都处于在波动中下降的状态。美国国家情报委员会在日前发布的《2030 年全球趋势:可能的世界》报告中指出,如果目前的趋势能够保持下去,亚洲的实力很快就将超越北美和欧洲。所以,从全球经贸格局来看,亚洲是未来全球经贸发展最富有活力和最有增长前景的地区。亚洲经济发展的这一态势,给中国经济发展创造了难得的地缘优势和战略机遇,但这一态势也是今天美国、欧盟竞相将战略重心向亚洲转移的最主要因素,大国博弈让中国面临前所未有的压力。

贸易保护主义呈现新态势

国际金融危机爆发以来,在全球市场疲弱的状态下,贸易保护主义开始呈现出新态势。第一个新态势是以低碳名义实施新保护主义措施。碳标签是其重要代表。所谓碳标签,即把生产过程中的碳足迹(排放的二氧化碳和其他温室气体的量)在产品标签上量化标示出来,以标签的形式告知消费者产品的碳信息。使用碳标签正在成为全球性潮流。国际标准组织正积极制定产品碳足迹标准 ISO14067,目前已经完成草案的拟定。碳标签的推行实施,将凸显远洋运输导致的巨额碳排放,显著削弱中国和东南亚等远离欧美市场的国家和地区的低成本优势,导致欧美投资转向墨西哥、东欧等靠近欧美市场的地区,一些投资和加工制造甚至有可能重返欧美本土,全球贸易和投资布局将深受影响。

贸易保护主义的第二个新态势是保护主义措施向边境内延展。伴随着贸易与投资的一体化、制造业与服务业的融合发展,发达国家开始通过区域贸易协定等平台推动经贸规则从边境规则向边境内规则扩展,这些边境内规则包括竞争政策、政府采购、技术创新、劳工标准和环境标准等,它们跨越国界,深入国家治理机制内部。这些从维护发达国家利益角度制定的全球经贸新规则,将从根本上打击和束缚后起国家的产业竞争力。对于包括中国在内的广大发展中国家而言,意味着要对国内管理模式、制度和机制进行深远而广泛的改革。

贸易与投资日趋融合发展

20 世纪 80 年代以来,跨国公司投资的大规模增长推动了产业的全球价值链的形成和发展。不同国家的企业依据比较优势居于产业链上不同的价值环节,拥有劳动力优势的发展中国家企业通常居于低附加值的加工组装环节,而拥有资本、技术、营销和品牌优势的发达国家企业居于高附加值的研发服务环节,它们之间的分工合作基本依靠国际贸易来实现,从而形成了当今世界经济中国际贸易与投资一体化发展的崭新局面。

贸易与投资的一体化对国际贸易产生了深远影响。首先,它推动了国际贸易的大规模增长。大量中间产品在国与国之间的运输推高了国际贸易总额;第二,它改变了贸易格局。当发达国家将大量低附加值的制造和服务环节转移到发展中国家,在发展中国家加工制造再运往全球市场,包括返销发达国家市场,全球价值链上的国际贸易更多地表现为发达国家进口并产生逆差,发展中国家出口并获取顺差;第三,传统的贸易统计方式面临挑战。按照传统的贸易统计方式,全球产业链上的贸易发展表现为发展中国家出口和贸易顺差的高速增长、发达国家进口和贸易逆差的不断累积,但事实上,贸易发展带来的利润和相关产业的核心技术都掌握在发达国家的跨国公司手中,进出口、贸易差额和国际收支状况已经不能真实地反映贸易伙伴相关产业的竞争力状况和各国在国际分工和贸易中的收益状况。

中国的贸易增长就是这方面的典型。在中国的出口中,大约60%的机电产品、70%的高新技术产品是跨国公司或他们子公司的出口,它们并不反映中国真实的产业竞争力,贸易顺差和外汇储备的增长也并不反映中国在国际贸易中的真实收益。因此,中国需要清醒地认识和判断自己在全球贸易中的实力与地位,努力向价值链的中高端发展。

区域自贸协定竞争日趋激烈

区域一体化浪潮迭起是二战结束以来世界经济发展的重要特征。据世贸组织统计,截至到2014年1月,全球共签署区域贸易协定583个,其中,超过400个协定是1995年以来签署的。今天的区域自贸协定的内容不仅包括贸易的自由化,也涵盖投资的自由化,不仅地理相邻国家之间,而且跨区域的国家之间也纷纷签署。人们普遍认为,区域自由贸易协定在局部地区和领域大大深化和扩展了贸易和投资自由化。

面对后危机时代的全球格局动荡与变幻,欧美发达国家加速了区域自贸区的商签,建立区域自贸区网络成为它们构建高标准的国际经贸规则体系、争夺全球经贸发展空间的国家战略。2009年,美国高调加入并力推TPP(跨太平洋伙伴关系协定),2013年,美欧开始TTIP(跨大西洋贸易投资伙伴关系协定)谈判。TPP和TTIP的共同特点就是广覆盖、高标准,其主要内容包括:消除货物贸易的关税和非关税壁垒;消除服务贸易和投资的限制性措施;在知识产权、竞争政策、劳工标准、环境标准、政府采购和技术创新等领域制定高于世贸组织现行标准的规则。通过TPP和TTIP的构建,欧美国家不仅能够在未来全球贸易发展中有效地控制全球主要的经贸市场空间,而且能够继续牢牢地占据着国际经济事务中的主导地位。高标准的全球经贸规则新体系将强化发达国家的竞争优势,遏制新兴国家的赶超态势,并将广大的发展中国家尤其是最不发达国家置于边缘化状态。

在这样一场新的全球竞争中,如果中国被排斥在外,贸易转移效应与新贸易壁垒将让中国蒙受巨额经济损失。更重要的是,TPP和TTIP将可能阻滞中国的东亚区域合作步伐,压制中国在东亚经济合作中的影响力,并削弱中国在全球经济治理中的地位与作用。因而,我们需要以积极主动的姿态发展中国主导的高标准自贸区网络,并将推进与大国的自贸区建设作为构建新型大国关系和战略伙伴关系的重要组成部分。

(资料来源:《求是》2014年11月,作者:潘悦。)

本章小结

1. 我们生活在一个经济全球化、贸易一体化的时代,世界各国之间的相互依存关系越来越密切。要了解经济全球化、贸易一体化发展趋势,必须懂得一些有关国际贸易的基本理论与政策。随着大量外国企业进入我国及我国与世界之间的贸易量的不断扩大,进入这些相关行业工作都要求对国际贸易有所研究。本章着重介绍了开展国际贸易的重要性、国际贸易的含义、国际贸易中的常用概念以及其分类和特点。

2. 随着我国对外贸易的迅速发展,国际贸易中的一些基本概念,如对外贸易依存度、贸易差额、贸易条件等已经频繁出现在报纸与电视中,掌握这些概念有助于我们更好地把握与理解国内外经济形势。

重要概念

国际贸易　对外贸易　国际贸易额　国际贸易量　国际贸易商品结构　对外贸易依存度　贸易差额　国际贸易地理方向　国际贸易条件

练习思考题

一、名词解释

1. 对外贸易依存度

2. 贸易差额

3. 贸易条件

4. 过境贸易与转口贸易

二、填空题

1. 贸易双方进行的交易商品是有形的,看得见的称_____。

2. 世界贸易泛指国家或地区间的_____的交换。

3. 货物生产国与货物消费国通过第三国进行的贸易,对第三国来说是_____。

4. _____指各种类别的商品在国际贸易额中所占的比重,通常用它们在世界出口总额或进口总额中的比重表示。

5. 国际贸易按照商品形式的不同,可分为_____和_____。

三、单项选择题

1. 能够比较确切地反映一国对外贸易实际规模,便于各个时期进行比较的是(　　　)指标。

A. 贸易顺差　　　　　　　　　　B. 对外贸易额

C. 对外贸易商品结构　　　　　　D. 对外贸易量

2. (　　　)说明的是一国在国际商品流通中所处的地位和所起的作用。

A. 出口贸易　　　B. 进口贸易　　　C. 总贸易体系　　　D. 专门贸易

3. 转口贸易的商品从生产国运到消费国(　　　)。

A. 只能采取间接运输　　　　　　B. 只能采取直接运输

C．既可直接运输,也可间接运输　　　　D．只能过境运输

4. 通常所说的国际货物贸易额是单指世界(　　)。

A．出口货物总额　　　　　　　　　　B．进口货物总额

C．对外贸易额　　　　　　　　　　　D．贸易量

5. 一定时期内,若一国一定量商品出口所能换得的进口商品数量增加,该国的贸易条件便(　　)。

A．恶化　　　　　B．不利　　　　　C．改善　　　　　D．增加

6. 一国的进出口贸易收支状况用(　　)来表明。

A．对外贸易额　　　B．贸易差额　　　C．有形贸易　　　D．无形贸易

7. 一国的(　　)收支是其国际收支经常项目的最重要组成部分。

A．进出口贸易　　　B．进口贸易　　　C．出口贸易　　　D．对外贸易

8. 当一定时期内一国出口总额超过进口总额时,称为(　　)。

A．贸易逆差　　　B．贸易顺差　　　C．贸易失衡　　　D．贸易平衡

9. 总贸易体系说明(　　)。

A．一国作为生产者在国际货物贸易中具有的意义

B．一国作为消费者在国际货物贸易中具有的意义

C．一国在国际货物流通中所处的地位和所具有的作用

D．一国在国际服务贸易中所处的地位和所具有的作用

10. 各国在编制统计时采用不同的方法,我国采用的是(　　)体系。

A．总贸易　　　　B．专门贸易　　　C．对外贸易　　　D．国际贸易

11. 以货物通过国境为标准统计的进出口标准,称为(　　)。

A．有形贸易　　　B．无形贸易　　　C．总贸易体系　　　D．出口贸易

12. 我国纺织品经过日本转卖到美国,这种交易行为是(　　)。

A．转口贸易　　　B．直接贸易　　　C．边境贸易　　　D．总贸易

13. 一国有形商品进出口额和无形商品进出口额是(　　)。

A．同时显示在该国海关的对外贸易统计上

B．前者显示在该国海关的对外贸易统计上

C．后者显示在该国的对外贸易统计上

D．同时显示在该国的国际收支表和海关的对外贸易统计上

14. 有些资本主义国家缔结成关税同盟,这是关境(　　)国境。

A．大于　　　　　B．小于　　　　　C．等于　　　　　D．无法比较

15. 各国一般都是按＿＿＿＿计算出口额,按＿＿＿＿计算进口额。

A．离岸价格,到岸价格　　　　　　　B．离岸价格,离岸价格

C．到岸价格,到岸价格　　　　　　　D．到岸价格,离岸价格

16. 过境货物一般不可在过境区内(　　)。

A．短期储存　　　B．重新包装　　　C．加工制造　　　D．重新分类

17. 国际贸易理论要解决的基本问题有(　　)。

A．国际贸易的技术差异　　　　　　　B．国际贸易的要素禀赋差异

C．国际贸易的原因　　　　　　　　　D．国际贸易的利益分配

四、简答题

1. 从统计年鉴上查找我国近年对外贸易额的变化状况,从中说明国际贸易在我国国民经济中的地位。

2. 我们如何评价一国与他国之间的相互依赖程度?

3. 什么是贸易差额? 贸易差额的作用体现在什么地方?

4. 什么是国际贸易地理方向? 列出我国十大贸易伙伴的国家和地区。

5. 什么是国际贸易条件? 它有何意义?

6. 直接贸易和间接贸易、转口贸易和过境贸易、间接贸易和过境贸易的区别在哪里?

五、计算题

已知:某年世界贸易额为 10 000 亿美元,该年 A 国的出口额为 6 000 亿美元,进口额为 4 000 亿美元,国民生产总值为 50 000 亿美元。

求:(1) 该国在世界贸易额中所占比重为多少?

(2) 该国对外贸易的依存度为多少?

第二章
传统国际贸易理论

第一节　重商主义对外贸易学说

重商主义(mercantilism)是资本主义早期的国际贸易理论。它产生于 15 世纪，全盛于 16 世纪和 17 世纪上半叶，从 17 世纪下半叶开始衰退。重商主义最初出现在意大利，后来流行到西班牙、葡萄牙、荷兰、英国和法国等。

重商主义的产生有着深刻的历史背景。15 世纪以后，西欧各国封建自然经济逐渐瓦解，地主阶级力量不断削弱。与此形成对照的是商品货币经济关系急剧发展，商业资产阶级的力量不断增强，社会经济生活对商业资本的依赖日益加深。在这种大的背景之下，社会财富的重心由土地转向了货币，货币成为全社会上至国王下至农民所追求的东西。当时充当交易媒介的货币主要是黄金、白银等铸成的金属货币。金属货币被认为是财富的代表和国家富强的象征，具有至高无上的权威。哥伦布曾说过："谁有了黄金，谁就可以在这个世界上为所欲为；有了黄金，甚至可以使灵魂升入天堂。"拜金主义成了当时社会思想的主旋律。

社会对货币的巨大需求，与金银可能的供应量形成了强烈的反差。西欧各国除了法国出产少量的白银之外，大多数国家都不产出金银。于是，西欧各国都把获取金银的希望寄托在发展国际贸易上，通过输出商品，从国外获得国内需要的大量金银货币。因此，对外贸易被认为是财富的源泉，重商主义便应运而生。

一、重商主义的主要代表者

重商主义分为早期和晚期两个阶段，不同的阶段他们的代表人物、主要观点都有一些差异，早期的观点更加极端一些。

重商主义的早期是 15—16 世纪中期货币差额论盛行的时代。早期重商主义者主张国家采用行政或法律的手段禁止货币出口以防止货币外流。在对外贸易上反对进口，鼓励出口，多卖少买，最好是只卖不买，以便既保有国内原有的货币又增加从国外输入的货币。早期的重商主义形象是"葛朗台老头"：眼光盯在货币收支上。代表人物有英国的约翰·海尔斯(John Hales)、马林斯(Gerard Malynes)，法国的博丹(Jean Bodin)、安徒安·孟克列钦(A. Monthretien)。他们都只着眼于货币的增加，极力强调国家利益在于增加货币，反对金银、商品进口，鼓励出口。代表作是 1581 年在英国匿名发表的《对我国同胞某些控诉的评述》，后人认为这是威廉·斯塔福德(William Stafford)作品，根据是书的署名为 W. S. 。

重商主义的晚期是 16 世纪中期—17 世纪，这是贸易差额论为代表的时代。晚期重商主义者是"资本家"，认识到货币只有在运动中、在流通中才能增值。他们不反对对外贸易，不但主张多卖，而且主张多买，以扩大对外贸易，底线是一定要保持贸易顺差，以保持金银的净流入成为可能。最著名的代表人物就是托马斯·孟(Thomas Mun)，他于 1664 年重新修改了 40 年前的论著，发表了《英国得自对外贸易的财富》一书，这是他晚期最著名的一部著作。除此之外，还有意大利的安东尼奥·赛拉(Antonio Serra)，法国的让·巴蒂斯特·科尔波特(Jean Baptiste Colbert),英国的威廉·配第(William Petty)。

二、重商主义的主要观点

重商主义所重的"商"是对外经商,重商主义学说实质上是重商主义对外贸易学说。它并不是一个正式的思想学派,而只是一些商人、政府官员、学者在对贸易差额、贸易政策、价格、汇率等许多问题研究的基础上形成的观点总结。作为经济思想的重商主义,其基本主张有以下几点:

(1)金银是最佳的财富。他们认为一国的财富等同于该国拥有的金银的数量。早期重商主义者甚至认为贵金属是唯一、真正的财富。

(2)世界资源是有限的。重商主义者有一个共同的静态观念,他们认为世界资源、财富有限,各国不可能共同富裕,因此各国想尽方法增加本国财富,必然使得另一国遭受损失。本国为了得到更大的利润必定会与其他国家发生冲突。

(3)对外贸易是财富增值的源泉。增加金银有两种方法:一是开采矿山,但是,这受到各国资源状况和技术水平的限制,不是好办法;另一种就是从国外获得,通过对外贸易方式获得。因此只有贸易顺差才会使得金银流入国内,这样对国家有益。入超则是失去财富。

(4)狭隘的民族主义。资源是有限的,因此,各国都是为扩大自己的利益为目的。对本国不能生产的进口原材料免征关税,对本国能够生产的制成品和原材料进行保护,并严格限制原材料的进口。并且宗主国对殖民地要进行贸易垄断。如1651年和1660年的英国航海法案规定,英国殖民地永远只能是低价原材料的供给者和英国制成品的进口者。

(5)政府应该干预经济,实行贸易保护政策。政府应授予从事对外贸易的公司垄断特许权,控制国内商业活动的自由进入,以限制竞争。

三、对重商主义的评论

无论是早期重商主义,还是晚期的重商主义,它们都强调货币是财富的唯一表现形式,一国应该从对外贸易差额中获取货币财富。

通过对上述重商主义各种观点的分析,我们不难发现,重商主义的核心思想是世界资源的静态观,即国际贸易是一种"零和游戏"(zero-sum game),一方的获利是建立在另一方的损失之上,出口国从贸易中获得财富,而进口国通过贸易则减少财富。这种思想的根源是他们只把货币当作财富而没有把通过分工和贸易获得的财富包括在财富之内,从而把国家之间的国际贸易看作是一种财富交换的"零和"。

重商主义反对自由贸易、要求国家奖入罚出的政策存在着很大的缺陷。其提倡的狭隘民族主义,鼓励拥有特权的贸易公司也存在着许多错误与局限性,这些对今天国际贸易的发展仍存在很大的负面效应。随着工业革命和资本主义的发展,重商主义的观点自然就成为了批判的对象。尽管如此,重商主义冲破了宗教法典的禁区,促进了资本主义工厂手工业的发展,加速了封建社会向资本主义社会的过渡。其长远影响在于强调了国际贸易的重要性,商人对国家的作用,同时为经济学理论和实践的相互结合开辟了道路。重商主义提出的许多思想对后来的国际贸易理论和政策产生了巨大的影响,尤其是关于贸易顺差的概念,对各国的对外贸易政策影响很大。重商主义关于进出口对国家财富的影响,对后来凯恩斯的国民收入决定模型亦有启发。更重要的是,重商主义已经开始把整个经济作为一个系统,而把对外贸易看成这个系统非常重要的组成部分。经济学家熊彼特对重商主义的评价是:开始为18世纪末和19世纪形成的国际贸易一般理论奠定基础①。

为了改善一个国家贸易平衡,增加一个国家的财富,各个国家都试图通过限制进口扩大出口来刺激国内的就业与国民经济的增长。事实上,除了1815年至1914年的英国,没有一个西方国家彻底摆脱过重商主义。

重商主义支配欧洲300年

专栏2-1

所谓"无商不奸",一说起重商主义,国人通常还是习惯把它和"唯利是图"的商业本性挂钩,也由此对西方经济学长期以来多持一种批判的态度。随着我国社会主义市场经济的逐步建立,对西方经济学的态度才日趋客观,既注意其受制于意识形态影响,更注重探讨其所揭示出的经济发展的一般规律,以便更好地为我所用。

现代西方经济学流派纷呈,你方唱罢我登台。从发展历程来看,西方经济学思想可以追溯到重商主义。重商主义约产生于15世纪末,18世纪中期开始走向没落,支配了西方经济主流话语近300余年。彼时,西欧封建制度趋于瓦解,城市兴起,在国家和社会政治生活中扮演越来越重要的角色;航海发展和地理大发现大大拓展了贸易范围,加之西半球金银矿的发现,贸易日益繁荣;西欧各国都力图攫取殖民地和势力范围,国家间的竞争日趋激烈。正是在那样的历史环境下,一个主张建立强大中央集权、拥护国家干预主义和殖民主义,为经济掠夺进行辩护的学派——重商主义学派兴起。

重商主义的重要信条之一是只有金银货币才是真正的财富形态,将财富多寡等同于拥有金银的数量,金银是衡量一国富强与否的标准。

获取金银财富有三个途径:第一,生产金银,如开采金银矿藏,但这要受限于自然矿藏;第二,通过对外贸易——扩大出口,限制进口,保持贸易顺差和硬通货净流入来增加和积累财富;第三则是掠夺,殖民扩张以扩大贸易和获取金银。

重商主义认为一切经济活动和经济政策制定与执行,都应该是为了获取尽可能多的金银货币,因而主张国家要积极干预经济生活。在政治

---

① 海闻,林德特,王新奎.国际贸易[M].上海人民出版社,2003.

上,重商主义认为必须建立强大中央集权,对全国实行统一的管制措施,扫除国内封建割据、各种路费杂税等内部障碍(内部贸易壁垒会提高商品价格,削弱出口竞争力),垄断贸易特许权,通过立法和行政等手段,限制进口,鼓励出口。在军事上,重商主义主张建立强大的军队,对外殖民扩张,掠夺殖民地原材料,以抑制殖民地的制造业,便于向其倾销商品获取黄金白银,甚至直接掠夺殖民地金银矿藏。恩格斯就曾对此作过十分形象的描述:"各国彼此对立着,就像守财奴一样,双手抱住他心爱的钱袋,用妒忌的目光打量着自己的邻居。"

为此,当时西欧不少国家制定了非常残酷的对内对外法律和政策。英国在 1565 年至 1566 年的伊丽莎白女王统治时期,就颁布法律禁止出口活羊,违者被处没收财产、一年监禁和砍掉左手,第二次触犯此法则将被处死刑。如此酷法,初衷就是尽力保护本国能够生产的制成品和原材料,严禁出口以保持国内制成品的竞争力。英国国王亨利八世统治时期(1509—1547),绞死了 7 200 名小偷;1536 年颁布的法令规定"身体健全的流浪汉"将被割除耳朵,第三次被发现的流浪汉将被处以死刑,如此残酷立法目的是促使更多的人加入劳动力大军,维持较低工资水平,从而降低出口产品的价格来提高价格优势。在对外方面,西欧国家加入了对外扩张行列,掠夺原材料和倾销商品,甚至从事臭名昭著的黑奴贸易和鸦片贸易,牟取的巨额白银和黄金源源不断流入母国。可以毫不客气地说,重商主义学派以商为重,真正是不折不扣的唯利是图。

历史地看,重商主义对世界近代经济发展史具有重大影响。与中国传统的士农工商社会等级排序一样,中世纪的西方对谋利和经商也嗤之以鼻,而重商主义学派尽力提高商人地位,鼓励经商;另外,伴随重商主义而来的如建立国内贸易统一市场、重视国际贸易,以及其民族主义倾向等信条也已经成为现代经济生活的重要内容。20 世纪 30 年代全球经济大萧条时期,各国竞相提高关税,贬值本币以限制进口扩大出口,结果进一步加剧了危机;许多发展中国家曾经倡导出口替代和出口导向的经济发展战略;进入 21 世纪,贸易保护主义在发达国家又不时抬头,政府对贸易多有不同程度的干预,如进出口许可证、配额制度,还有保护国内产业和行业的竞争等等。

但是,重商主义学派混淆了货币与财富、货币与金银,夸大了金银货币的作用;又过于强调贸易顺差;其经济干预主张包括贸易管制等政策,也增加了政府和官员寻租和腐败的机会,阻碍经济持续发展。重商主义最丑恶的记录是对内对外的野蛮掠夺和扩张政策,造成了人类的深重灾难,因而不可避免地走向了衰落。

(资料来源:陈国营:《重商主义支配欧洲 300 年》,《中国证券网》2007 年 7 月 9 日。)

第二节　绝对优势理论

传统国际贸易理论体系的建立是从绝对优势理论提出开始的,这一理论为比较优势理论的创立铺平了道路。

一、亚当·斯密与绝对优势理论

亚当·斯密(Adam Smith,1723—1790),曾于英国格拉斯哥大学和牛津大学接受教育,在格拉斯哥大学先后任逻辑学和伦理学教授,是英国著名的经济学家,资产阶级古典经济学派的主要奠基人之一,国际分工及传统贸易理论的创始者。提出"经济人"、"看不见的手"、"大市场,小政府"等重要思想,著有《国富论》和《道德情操论》等经济名著。

在亚当·斯密生活的时代,英国正处于资本主义原始积累完成、以机器生产逐步替代手工业生产为标志的第一次产业革命时代。随着产业革命的逐渐展开,英国经济实力不断增强,新兴的产业资产阶级迫切要求在国民经济各个领域中迅速发展资本主义,向海外市场扩张。但是,他们面临着两个制度性的阻碍因素。一个是存在于英国乡间的行业公会制度。在行会制度下,生产多少,卖什么价格都有了规定,而这种规定,无疑束缚了资本主义商品经济的发展。另一个是在欧洲对外贸易活动中盛行已久的重商主义理论(mercantilism)及其政策主张。重商主义的支持者把金银珠宝看作一国财富的唯一表现,贸易则是增加一国财富的主要途径(另一个重要途径则是到海外掠夺),因此强调贸易顺差,政策上主张"奖出限入",甚至禁止进口。极端贸易保护主义严重阻碍了对外贸易的扩大,使新兴资产阶级从海外获得生产所需的廉价原料,并为其产品寻找更大的海外市场的愿望难以实现。

1776年,亚当·斯密发表了《国民财富的性质和原因的研究》(*Inquiry into the Nature and Causes of the Wealth of Nations*)(简称《国富论》,*The Wealth of Nations*)。斯密站在产业资产阶级的立场上,在该书中批判了重商主义,首次提出绝对优势原理,并有力论证了自由贸易的合理性与可行性,被后人公认为自由贸易理论的先驱。又因斯密在该书中首次系统而全面地论证了市场机制发生、发展的机理,创立了自由放任(laissez-faire)的自由主义经济理论,故也被称为现代经济学(西方古典政治经济学)的理论奠基人,经济学界的"牛顿"。《国富论》一书被誉为经济学"圣经"。

二、绝对优势理论的主要论点

分工与交换是亚当·斯密绝对优势理论的逻辑起点。亚当·斯密认为互通有无、物物交换是人类共有的,也是人类所特有的倾向。这种倾向导致了分工的产生,而分工又能够提高劳动生产率。在天然要素禀赋和后天共同技术的影响下,各国在生产不同产品时的劳动生产率就会产生一定的差异,这种劳动率的差异导致了各国生产成本的差异,并进而成为国际贸易的基础。其主要论点可以归纳为以下几点:

（一）分工可以提高劳动生产率

亚当·斯密认为，人类有一种天然的倾向，就是交换。交换是人类出于利己心并为达到利己的目的而进行的活动。人们为了追求私利，乐于进行这种交换，通过市场这只无形的手会给社会带来利益。他认为，人们为了交换自己所需要的产品，就会根据自己的特点进行社会分工，然后出售彼此在优势条件下生产的产品，这样双方都会获利。

亚当·斯密非常重视分工，他认为分工可以提高劳动生产率，因而能增加国家财富。他以手工制扣针的工厂为例，在没有分工的情况下，一个粗工每天至多只能制造 20 枚针，有的甚至连一枚针也制造不出来。而在分工之后，平均每人每天可制针 4 800 枚，每个工人的劳动生产率提高了几百倍，从而论证了分工对提高劳动效率、增加物质财富的积极作用。因此，亚当·斯密主张分工，认为在生产要素不变的情况下，分工可以提高劳动生产率。分工促进劳动生产率的提高主要通过以下三个途径来实现：第一，分工可以提高劳动者的熟练程度；第二，分工使每个人专门从事某项生产，从而节省与生产没有直接关系的时间；第三，分工有利于发明创造和改进工具。

（二）分工的原则是绝对优势

亚当·斯密认为，分工既然可以极大地提高劳动生产率，那么每个人都专门从事他最有优势产品的生产，然后彼此进行交换，则每个人都可以从中获利。他指出："如果一件东西在购买时所费的代价比在家内生产时所花费的小，就永远不会想要在家内生产，这是每一个精明的家长都知道的格言。裁缝不想制作他自己的鞋子，而是向鞋匠购买。鞋匠不想制作他自己的衣服，而雇裁缝裁制。农民不想缝衣，也不想制鞋，而宁愿雇用那些不同的工匠去做。他们都感到，为了他们自身的利益，应当把他们的全部精力集中使用到比邻人处于某种有利地位的方面，而以劳动生产物的一部分或同样的东西，即其一部分的价格，购买他们所需要的任何其他物品。"[1]

在亚当·斯密看来，适用于一国内部的不同职业之间、不同工种之间的分工原则，也适用于各国之间。他认为，每个国家都有其适宜于生产某些特定产品的绝对有利的生产条件，如果每个国家都按照其绝对有利的生产条件（即生产成本绝对低）去进行专业化生产，然后彼此进行交换，则所有参加交换的国家都可以从中获利。因而他主张如果外国产品比自己国内生产的便宜，那么最好是输出本国有利条件下生产的产品去交换外国的产品，而不是自己生产。他举例说，在气候寒冷的苏格兰，人们可以利用温室生产出极好的葡萄，并酿造出与国外进口一样好的葡萄酒，但建造温室的生产成本会大大高于靠自然条件栽种葡萄的国家，因而要付出 30 倍高的代价。如果真这么做，那是明显的愚蠢行为。

（三）国际分工的基础是有利的自然禀赋或后天的有利条件

亚当·斯密认为，各国的绝对优势可能来源于两个方面，一是各国固有的自然禀赋（natural endowment），二是后来获得的某些有利条件（acquired endowment）。因为有利的

---

① 亚当·斯密. 国民财富的性质和原因的研究(上卷)[M]. 郭大力，王亚南，译. 北京：商务印书馆，1972：28.

自然禀赋或后天的有利条件可以使一个国家生产某种产品的成本绝对低于别国,因而在该产品的生产和交换上处于绝对有利地位。如果每一个国家都按照各自的有利条件进行专业化的生产,然后彼此进行交换,将会使各国的资源、劳动力和资本得到最有效的利用,从而大大地提高劳动生产率和增加物质财富,并使各国从交换中获益。由于这个理论是按各国绝对有利的生产条件进行国际分工,所以我们把他的分工理论叫"绝对优势理论"。

根据亚当·斯密的观点,绝对优势是由生产成本或者说劳动生产率决定的。换句话说,如果一国的某种产品的成本绝对低于(或者说劳动生产率绝对高于)自己的贸易伙伴国。那么,该国就具有生产该种产品的绝对优势。按照这种思路,国际贸易的标准模式应该为:各国集中出口本国具有绝对优势的产品,进口本国不具有优势的产品。如此分工与贸易,各国都可以从中获得利益,因此,每个国家都应该自由开展贸易,而不是对贸易进行限制。

三、绝对优势理论贸易模型

为了进一步说明亚当·斯密的绝对优势理论,下面我们用数据化的贸易模型来分析说明,以便对绝对优势理论有更形象与更深刻的理解。

(1)模型的基本假设

① 只有两个国家、两种产品、一种生产要素:劳动;

② 两国在不同产品上的生产技术不同,存在着劳动生产率的绝对差异;

③ 所有的劳动是同质的;

④ 要素可以在国内不同部门之间流动,但不能够在国家之间流动;

⑤ 没有规模经济,生产成本固定;

⑥ 没有技术革新;

⑦ 自由贸易。

(2)绝对优势理论的例证分析

设英国和葡萄牙两国均生产毛呢和葡萄酒,若英国用70人劳动1年和120人劳动1年分别生产1单位毛呢和1单位葡萄酒,而葡萄牙要生产出同量的毛呢和葡萄酒分别需要110人劳动1年和80人劳动1年。显然,在毛呢生产上,英国的绝对成本要比葡萄牙低,而在葡萄酒的生产上,葡萄牙的绝对成本比英国的低,也就是说,英国在毛呢生产方面拥有绝对优势,葡萄牙则在葡萄酒生产方面拥有绝对优势(表2-1)。

表 2-1　英国和葡萄牙的绝对成本差异

商品 国家	酒产量 (单位)	所需劳动力 (人/年)	毛呢量 (单位)	所需劳动力 (人/年)
英国	1	120	1	70
葡萄牙	1	80	1	110

亚当·斯密认为,在这种情况下可以按照绝对优势进行国际分工、国际交换,即葡萄牙分工生产酒,英国分工生产毛呢,从而对两国都有利。

假定分工后,英国以1.1单位的毛呢交换葡萄牙1.1单位的酒,则两国拥有产品状况如表2-3。从表2-2、2-3可以看出,英国和葡萄牙两国在分工的情况下,总的产量都比以前增加了。通过国际贸易,两国人民的消费都增加了。

表2-2   英国和葡萄牙进行分工后的状况

国家 \ 商品	酒产量 (单位)	所需劳动力 (人/年)	毛呢量 (单位)	所需劳动力 (人/年)
英国			2.7	190
葡萄牙	2.375	190		

表2-3   按照1比1交换后的贸易利得

国家 \ 商品	酒产量 (单位)	所需劳动力 (人/年)	毛呢量 (单位)	所需劳动力 (人/年)
英国	1.1		1.6	190
葡萄牙	1.275	190	1.1	

四、绝对优势理论的局限性

建立在劳动价值论基础上的绝对优势理论揭示了国际分工能够促使资源得到有效利用,说明了分工的重要性,指出了国际贸易能够给双方带来好处。应该说这是在历史上第一次从经济学原理解释了国际贸易产生的原因、贸易模式以及贸易利益,也首次论证了贸易双方都可以从国际分工与交换中获得贸易利益的思想,即国际贸易不是一种"零和游戏",而是一种"双赢博弈",从而科学地为国际贸易理论的建立做出了贡献,并为后来西方资本主义国家推行自由贸易政策提供了有力的理论支持。从某种意义上说,这种"双赢"理念仍然是当代各国扩大开放,积极参与国际分工贸易的指导思想。

不足在于,斯密的绝对优势理论只能解释国际贸易中的一小部分贸易,即具有绝对优势的国家参与国际分工和国际贸易能够获利。按照斯密的观点,两个国家,你有你的优势,我有我的优势,分工合作,各自进行完全专业化生产,就可以使世界总产量增加,产品和服务极大丰富,大家得益。

但是,在现实世界中,有的国家技术先进,有可能在各种产品的生产上都具有绝对优势,而另一些国家可能没有任何一种产品处于绝对有利的地位。很自然地,人们要问:如果一国不存在绝对优势,两种产品的劳动生产率都比另一个国家低,还存在专业化生产的可能吗?这一重要问题,斯密的绝对优势理论并未论及,却在斯密的学生大卫·李嘉图那里得到了解释。事实上,绝对优势理论可以看作是比较优势理论的一种特殊情况。

另外,建立在古典经济学理论基础上的绝对优势理论,暗含了古典经济学的诸多假设,例如市场是完全竞争的、充分就业、市场均衡等。这些假设在比较优势理论那里同样存在。

亚当·斯密(Adam Smith, 1723—1790)

亚当·斯密是经济学的主要创立者。他于 1723 年出生于苏格兰的克科底,青年时就读于牛津大学。1751—1764 年在格拉斯哥大学担任哲学教授。在此期间他发表了第一部著作《道德情操论》,确立了他在知识界的威望。但是他的不朽声名主要在于他在 1776 年发表的伟大著作《国民财富的性质与原因的研究》(简称《国富论》)。该书使他在余生中享受着荣誉与爱戴。他于 1790 年在克科底去世。

亚当·斯密并不是经济学说的最早开拓者,他最著名的思想中有许多也并非新颖独特,但是他首次提出了全面系统的经济学说,为该领域的发展打下了良好的基础,因此完全可以说《国富论》是现代政治经济学研究的起点。

该书的伟大成就之一是摒弃了过去的许多错误概念。亚当·斯密驳斥了旧的重商学说,这种学说片面强调国家贮备大量金币的重要性。他否决了重农主义者的土地是价值的主要来源的观点,提出了劳动的基本重要性。亚当·斯密重点强调劳动分工会引起生产的大量增长,抨击了阻碍工业发展的一整套腐朽的、武断的政治限制。

《国富论》的中心思想是看起来似乎杂乱无章的自由市场实际上是个自行调整机制,自动倾向于生产社会最迫切需要的货品种类的数量。例如,如果某种需要的产品供应短缺,其价格自然上升,价格上升会使生产商获得较高的利润,由于利润高,其他生产商也想要生产这种产品。生产增加的结果会缓和原来的供应短缺,而且随着各个生产商之间的竞争,供应增长会使商品的价格降到"自然价格"即其生产成本。谁都不是有目的地通过消除短缺来帮助社会,但是问题却解决了。用亚当·斯密的话来说,每个人"只想得到自己的利益",但是又好像"被一只无形的手牵着去实现一种他根本无意要实现的目的,……他们促进社会的利益,其效果往往比他们真正想要实现的还要好"(《国富论》,第四卷第二章)。

亚当·斯密的经济思想体系结构严密,论证有力,使经济思想学派在几十年内就被抛弃了。实际上亚当·斯密把他们所有的优点都吸入进了自己的体系,同时也系统地披露了他们的缺点。亚当·斯密的接班人,包括像托马斯·马尔萨斯和大卫·李嘉图这样著名的经济学家对他的体系进行了精心的充实和修正(没有改变基本纲要),今天被称为经典经济学体系。虽然现代经济学说又增加了新的概念和方法,但这些大体说来是经典经济学的自然产物。在一定意义上来说,甚至卡尔·马克思的经济学说(自然不是他的政治学说)都可以看作是经典经济学说的继续。

除了亚当·斯密观点的正确性及对后来理论家的影响之外就是他对

立法和政府政策的影响。《国富论》一书技巧高超，文笔清晰，拥有广泛的读者。亚当·斯密反对政府干涉商业和商业事务、赞成低关税和自由贸易的观点在整个 19 世纪对政府政策都有决定性的影响。事实上他对这些政策的影响今天人们仍能感觉出来。

（资料来源：迈克尔·H·哈特：《历史上最有影响的 100 人》，苏世军、周宇译，湖北教育出版社 2008 年版。）

第三节　比较优势理论

比较优势理论的提出是传统国际贸易理论体系建立的标志，这一理论的问世，对推动国际贸易的发展起到了积极的作用，并为科学的国际贸易理论建立奠定了科学的基础。

一、大卫·李嘉图与比较优势理论

大卫·李嘉图是英国产业革命深入发展时期的经济学家，古典政治经济学的完成者。作为古典政治经济学的重要人物，李嘉图与斯密一样，主张自由贸易。认为每个人追求个人利益的同时会自然地有利于整个社会。其主要代表著作是 1817 年出版的《政治经济学及赋税原理》（*Principles of Political Economy and Taxation*）。

李嘉图所处的时代正是英国工业革命迅速发展，资本主义不断上升的时代。当时英国社会的主要矛盾是工业资产阶级同地主贵族阶级的矛盾，这一矛盾由于工业革命的进展而达到异常尖锐的程度。在经济方面，他们的斗争主要表现在《谷物法》存废的问题上。

1815 年，英国政府为了维护土地贵族阶级利益而修订实行了《谷物法》。该法令规定，必须在国内谷物价格上涨到限额以上时，才准进口，而且这个价格限额不断地提高。《谷物法》限制了英国对谷物的进口，使国内粮价和地租长期保持在很高的水平上。昂贵的谷物，使工人货币工资被迫提高，成本增加，利润减少，削弱了工业品的竞争力。《谷物法》的实施还招致外国以高关税阻止英国工业品对它们的出口，从而大大伤害了英国工业资产阶级的利益。于是，英国工业资产阶级出于发展资本、提高利润率的需要，迫切要求废除《谷物法》，从而与地主贵族阶级围绕《谷物法》的存废展开了激烈的斗争。

为了斗争的需要，工业资产阶级迫切需要找到谷物贸易自由化的理论依据。李嘉图适时而应，在这场斗争中站在工业资产阶级一边，他主张，英国不仅要从外国进口玉米，而且要大量进口，因为英国在纺织品上所占的优势比在玉米生产上所占的优势还大。故英国应该专门生产纺织品，以其出口换取玉米，取得比较利益，提高商品生产数量。为此，李嘉图在《政治经济学及赋税原理》一书中继承和发展了亚当·斯密的绝对优势理论,建立了以自由贸易为前提的比较优势理论(the theory of comparative advantage),为工业资产阶级的斗争提供了有力的理论武器。

李嘉图发展了亚当·斯密的观点,认为每个国家应该集中生产那些利益比较大或者不利程度比较小的商品,然后通过国际贸易进行交换,如此分工与贸易,可以保证在劳动力不增加的情况下,生产总量及每个国家的消费量都会增加,这就是比较优势理论的思想。

二、比较优势理论的模型

在介绍了李嘉图的贸易思想以后,我们在这一节将进一步分析比较优势理论。

(一)基本假设

像其他所有的经济分析一样,在研究国际贸易时,经济学家也常常将许多不存在直接关系和并不重要的变量假设为不变,并尽可能简化相关变量。大卫·李嘉图的比较优势理论以一系列简单的假定为前提,其基本假设如下:

1. 仅有两个国家和两种商品;
2. 自由贸易;
3. 劳动在一国国内可以自由流动,但在两国之间则无劳动力流动;
4. 每种产品的国内生产成本都是固定的;
5. 没有运输费用;
6. 不存在技术变化;
7. 劳动价值论(labor theory of value)——劳动是唯一的生产要素、所有劳动都是同质的、每单位产品生产所需要的劳动投入维持不变。故而任一商品的价值或价格都完全取决于它的劳动成本。

(二)贸易模式

大卫·李嘉图以上述假定为前提,继承和发展了亚当·斯密的理论,提出了比较优势理论。根据亚当·斯密的观点,各国应该按绝对优势原理进行分工和交换,即一个国家出口的商品一定是生产上具有绝对优势、生产成本绝对低于他国的商品。只有这样才能使贸易双方获利。大卫·李嘉图发展了亚当·斯密的观点,认为决定国际分工与国际贸易的一般基础不是绝对优势,而是比较优势或比较利益。也就是说,即使一国与另一国相比,在商品生产上都处于绝对劣势,但只要本国集中生产那些绝对劣势较小的商品;而另一个在所有商品生产上都处于绝对优势,但只要本国集中生产那些绝对优势最大的产品,即按照"两优取其重,两劣取其轻"的原则,进行国际分工与国际贸易,同样不仅会增加社会财富,而且交易双方都可从中获益和实现社会劳动的节约。

大卫·李嘉图在阐述比较优势理论时,同斯密一样,也采用了由个人之间的经济关系推及到国家之间的经济联系这种实证的方法。他在《政治经济学及赋税原理》一书的"论对外贸易"一章中论述道:"如果两个人都能制造鞋和帽,其中一个人在两种职业上都比另一个人强一些,不过制帽时强 1/5 或 20%,而制鞋时则强 1/3 或 33%,那么这个较强的人专门制鞋,而那个较差的人专门制帽,岂不是对双方都有利么?"①

李嘉图由一国内部个人之间分工与交换关系,扩大到国家与国家之间的关系,认为国家间也应按"两优取其重,两劣取其轻"的比较优势原则进行分工。如果一个国家在两种商品的生产上都处于绝对优势,只要有利的程度不同,则处于优势的国家应专门生产比较优势最大的商品,而处于劣势的国家应专门生产其不利程度最小的商品,通过对外贸易,双方都能获得比分工以前更多的商品,从而实现社会劳动的节约,给贸易双方都带来利益。

在古典政治经济学的框架之下和劳动价值论的基础上,李嘉图沿用了英国与葡萄牙的例子,但对条件做了一些改变(表 2-4)。这个例子后来成为对比较优势理论最有权威的阐述。这个例子与亚当·斯密绝对优势举的例子相比,显然不同。最明显的不同在于两国中有一国(葡萄牙)在生产两种商品上所费成本均少于另一国(英国),因此均具有绝对优势,而另一国则居绝对劣势。

表 2-4　英国和葡萄牙的比较成本差异

商品 国家	酒产量 (单位)	所需劳动力 (人/年)	毛呢量 (单位)	所需劳动力 (人/年)
英国	1	120	1	100
葡萄牙	1	80	1	90
合计	2	200	2	190

根据绝对优势理论,两国不会进行贸易。但是,李嘉图认为,只要存在着比较成本差异,两国仍可进行分工和国际贸易,并且从中得到利益。从两国生产情况比较可以看出,葡萄牙生产 1 单位酒所需劳动人数比英国少 40 人,而生产 1 单位毛呢则少 10 人。显然,葡萄牙虽然在毛呢生产上也具有优势,但在酒的生产上的优势更大一些;英国虽然在两种商品的生产上有处于劣势,但在毛呢生产上的劣势小些。根据李嘉图的比较优势理论,应"两优取其重,两劣取其轻",既葡萄牙专门生产具有较大优势的葡萄酒,英国则专门生产具有较小劣势的毛呢。按照这种原则进行国际分工,两国总的产量会增加(表 2-5)。从表 2-5 可以看出,分工后投入的劳动人数虽然没有变化,但酒的产量从 2 单位增加到 2.125 单位,毛呢从 2 单位增加到 2.2 单位。如果英国以 1.1 单位的毛呢交换葡萄牙 1.1 单位的酒,英国可拥有毛呢 1.1 单位,酒 1.1 单位。葡萄牙可拥有毛呢 1.1 单位,酒 1.025 单位。显然,两国消费水平均比分工前都提高了,两国均受益(表 2-6)。

表 2-5　英国和葡萄牙进行分工后的状况

商品 国家	酒产量 (单位)	所需劳动力 (人/年)	毛呢量 (单位)	所需劳动力 (人/年)
英国			2.2	220
葡萄牙	2.125	170		
合计	2.125	170	2.2	220

① 大卫·李嘉图. 政治经济学及赋税原理[M]. 郭大力,王亚南,译. 北京:商务印书馆,1962.

表 2 - 6   按照 1 比 1 交换后的贸易利得

商品 国家	酒产量 （单位）	所需劳动力 （人/年）	毛呢量 （单位）	所需劳动力 （人/年）
英国	1.1		1.1	
葡萄牙	1.025 5		1.1	

由此可见，只要存在比较成本差异，就存在国际分工和贸易的基础。各国生产和出口具有比较优势的产品，进口具有比较劣势的产品，同样能获得利益，达到提高劳动生产率、提高消费水平的效果。

显然，李嘉图所说的"比较优势"之"比较"有二方面的含义：一是同一个人或者国家内部生产不同种类商品成本的比较；二是不同个人或者国家之间生产同一商品成本的比较。

（三）比较优势理论的例外情况

比较优势理论有一种不是很常见的例外，那就是当一国在两种商品生产上的绝对优势与另一国相同时。例如上例中葡萄牙生产 1 单位的酒不是 80 人而是 108 人，则葡萄牙的劳动力成本都是英国的 90%，那么葡萄牙和英国将均无比较优势，则两国之间的互惠贸易不会发生。

应该指出的是，尽管理论上注意这一例外非常重要，但由于比较优势理论的这一例外情况极少发生，因此，比较优势理论的应用不会受到什么影响。

（四）比较优势理论的评价

比较优势理论在绝对优势理论的基础上形成，后者可以看作是前者的特例。两种理论有着基本相同的假设前提。例如，这两种理论都依据劳动价值理论；都要进行国际比较才能确定贸易模式，国际贸易的基础是劳动生产率的国际差异（也可以理解为技术差异）。不同的是，绝对优势理论要求在国际范围内比较某种商品的绝对价格/绝对成本，而比较优势理论比较的是某种商品在各自国内对其他商品的相对价格/相对成本。绝对优势理论认为贸易发生的基础是两国在两种产品生产上各自具有绝对的成本优势；比较优势理论则认为当一国在两种产品生产上都处于绝对优势（或绝对劣势）时，可以遵循优中选优（或淘汰最差）的原则参与国际分工与贸易。这样，国际贸易可以在更广泛的基础上发生，李嘉图因而发展了斯密的国际分工和贸易理论。

斯密和李嘉图的理论意义重大，对现实有较强的解释能力，并且可以扩展到 2 个国家多种产品 1 种要素或者多个国家 2 种产品 1 种要素的情形。而比较优势理论的不足也是绝对优势理论的不足。例如，两种理论都没有能够明确国际交换价格的确定，更没有涉及贸易利益在两国之间如何分配的重要问题；都只考虑到供给因素，忽略了需求面的影响；都把劳动看作是唯一的生产要素，忽视了资本、土地、技术等其他生产要素的作用；都假定生产要素（即劳动）是同质的，然而，受过专门教育和培训的熟练劳动力在生产效率上往往高于没有受过教育和训练的简单劳动生产力；都假定同一产品的生产成本固定以及没有交易和运输成本等等。这些重要的假设前提使得运用比较优势理论去分析现实情况时存在着较大的偏差。

认识机会成本和比较优势

迈克尔·乔丹是一名优秀的运动员,是 NBA 中最优秀的篮球运动员之一,他能跳得比其他多数人高,投篮也比其他大多数人准。因此有人幽默地推断,他在其他活动中也出类拔萃。例如,乔丹修剪自己的草坪大概比其他人都快。但是仅仅由于他能迅速地修剪草坪,就意味着他应该自己修剪草坪吗?

这个问题,需要我们利用机会成本和比较优势的概念来回答。我们假设乔丹能用 2 个小时修剪完草坪。在这同样的 2 小时中,他能拍一部运动鞋的电视商业广告,并赚到 1 万美元。与他相比,住在乔丹隔壁的小姑娘杰尼弗能用 4 个小时修剪完乔丹家的草坪。在这同样的 4 个小时中,她可以在麦当劳店工作赚 20 美元。

在这个例子中,乔丹修剪草坪的机会成本是 1 万美元,而杰尼弗的机会成本是 20 美元。乔丹在修剪草坪上有绝对优势,因为他可以用更少的时间干完这件活。但杰尼弗在修剪草坪上有比较优势,因为她的机会成本低。

在这个例子中,贸易的好处是巨大的。乔丹不应该修剪草坪,而应去拍广告,他应该雇用杰尼弗去修剪草坪。只要他支付给杰尼弗的钱大于 20 美元而低于 1 万美元,双方的状况都会更好。

人们为什么选择在物品与劳务上依靠其他人?这种选择如何改善了人们的生活?这是我们该学习的一种最简单的经济学。假设世界上有两种物品——牛肉与土豆,也只有两个人——牧牛人和种土豆的农民——他们每人都既喜欢吃牛肉,又喜欢吃土豆。如果牧牛人只能生产牛肉,而农民只能生产土豆,那么,贸易的好处是最明显的。

在一个方案中,牧牛人和农民可能选择"老死不相往来"。但在吃了几个月烤牛肉、煮牛肉、炸牛肉和烧牛肉后,牧牛人肯定觉得自己并不怎么惬意;同样,一直吃土豆泥、炸土豆、烤土豆的农民肯定也有同感。如果采取另一个方案,牛肉和土豆之间展开贸易,这时每个人就都可以有汉堡包和炸薯条了。

当比较一个人或一个企业与另一个或另一个企业的生产率时,经济学家通常是看"绝对优势"。当生产者生产一种物品所需的投入量较少,就可以说明该生产者在生产这中物品中有绝对优势。但是,还有另一种比较方法,我们可以不比较所需要的投入,而是比较机会成本,即为了得到某种东西而放弃的其他东西。由此,经济学家提出了"比较优势"的概念,即生产一种物品机会成本较少的生产者具有比较优势。

比较优势原理说明,每种物品应该由生产这种物品机会成本较少的人生产。美国人生产一辆汽车的机会成本是 2 吨食物,但日本只是 1 吨食物,所以,日本人在生产汽车上有比较优势。日本应该生产多于自己使用需要的汽车,并把一些汽车出口到美国。同样,由于日本人 1 吨食物上的机会成本是 1 辆汽车,而美国人只是 0.5 辆汽车,所以,美国人在生产食物上有比较优势。美国人应该生产多于自己消费需要的食物,并把一些食物出口到日本。通过专业化和贸易,两国人民都可以有更多食物和更多汽车。

同一个人不可能在生产两种物品中都有比较优势。因为一种物品的机会成本是另一种物品机会成本的倒数,如果一个人一种物品机会成本较高,那么,他另一种物品的机会成本必然较低。比较优势反映了机会成本。任何一个企业都要有个权衡和取舍。

从经济学角度讲,一个国家、一个地域、一个系统,要想寻求有效的生存和发展空间,必须发挥比较优势。企业也是如此,企业必须在优势最强的方向上创造最大的价值,以获取最大利润。在某一方面上做成一流的企业才能成功,世界上最著名、最大的通用、微软、沃尔玛都是很专业的企业。

这个基本的经济学原理,对我们做出正确的决策是非常有益的。这个道理在经营商业、在选择学习科目甚至在恋爱中同样适用。如何把自己变得更加专业化,这将是你必须考虑的问题。

(资料来源:曼昆《经济学原理》,三联书店与北京大学出版社 1999 年版。)

三、比较优势理论的现代经济学分析

李嘉图的比较优势理论是古典经济学的杰作,其贸易模型的分析是放在古典经济学的框架之下和劳动价值论基础之上的。但古典经济学的分析方法存在着很大的局限性,与现实经济存在着很大的差距。例如重视生产成本对贸易的影响,忽视需求方面的分析;把生产需要的劳动看作是贸易的唯一基础,忽视了资本、土地等其他生产要素在贸易中的作用;假定生产成本固定等等。

从 19 世纪末到 20 世纪初,新古典微观经济学的研究成果对国际贸易理论产生了重大的影响,一些经济学家开始将李嘉图的比较优势理论放在了新古典微观经济学的框架之下来进行分析,不仅放松了斯密和李嘉图暗含的诸多假设,也说明了国际交换价格是如何确定的,从而使比较优势理论更具现实意义。

新古典经济学体系的核心是完全竞争的均衡分析。在这一体系之下,经济学家对李嘉图的比较优势进行了一系列的现代经济学分析,主要借助了三个概念:机会成本、生产可能性曲线和无差异曲线。考虑到本书的读者不一定都学过微观经济学,为便于理解,我们在分析时先对这些概念作简单介绍,然后运用这些工具对比较优势的福利效果进行分析。

(一)比较优势与机会成本

李嘉图的比较优势理论模型是建立在前述 7 个假设的基础之上的,其中 1 到 6 的 6 个假设比较容易放松,但第 7 个假设——劳动价值论并不有效,放松这个假设将使得比较优势理论不成立。

1. 比较优势与劳动价值论

根据李嘉图的劳动价值论,商品的价值或价格只取决于投入商品生产中的劳动。这意味着:(1)劳动是唯一的生产要素或劳动在所有的商品生产中均按固定比例使用;(2)所有的劳动都是同质的。由于这些假设和观点是不切实际的,甚至是错误的,所以,建立在劳动价值论基础上的比较优势理论就难以被人们所接受。

实际上,劳动既不是唯一的生产要素,也不是以固定的比例投入到所有的商品生产中去。例如,在生产纺织品的时候,除了需要劳动以外,还必须要有资金、土地、技术等生产要素;在大多数商品中,使用资本/劳动的比例是不同的,一般说来,计算机、汽车中资本/劳动的投入比例就要远远高于服装、玩具。除此之外,在大多数商品生产中,资本、劳动、土地、技术等生产要素是可以相互替换的。不仅如此,劳动显然不是同质的,受过专门教育和培训的熟练劳动力在生产效率上往往高于没有受过教育和训练的简单劳动生产力。由于存在着以上的一些缺陷,李嘉图的比较优势理论曾一度受到人们的质疑。

2. 机会成本与比较优势理论

建立在劳动价值论基础上的比较优势理论存在着很大的局限性。而机会成本的引入,使得比较优势理论不必建立在劳动价值论的基础之上,而可以用机会成本理论来加以解释,从而使得比较优势理论更加完善、更加切合实际。

机会成本(opportunity cost)概念最早于 19 世纪由奥地利学派提出,又称替代成本(substitution cost),1936 年美国经济学家哈伯勒(Haberler)将这一概念引入国际贸易理论,由此弥补了大卫·李嘉图劳动成本的缺陷,奠定了李嘉图比较优势理论之新古典经济学分析的基础,并延续至今日。用机会成本来解释的比较优势理论,有时也称作比较成本原理。

根据机会成本理论,一种商品的成本是指再生产 1 单位此种产品所必须放弃生产另一种产品的生产量,它表示放弃一种生产机会而采取另一种生产机会的代价。在新古典经济学中,所有的成本都归结为机会成本。

哈伯勒认为,李嘉图的劳动价值论过于简单,生产中投入的生产要素不是只有劳动一种,另外,把其他生产要素换成劳动一种要素,因计量标准不同,存在着不可克服的换算困难。而机会成本理论(opportunity cost theory)没有做出劳动是唯一的投入要素或劳动是同质的假设,也没有假定劳动是决定商品价格的唯一要素。因而可以很好地代替劳动价值论来解释国际贸易产生的原因。机会成本理论认为,机会成本的差异是国际贸易产生的原因,一国在机会成本低的商品生产上具有比较优势,因而应该专门从事该商品的生产并出口该产品来换取本国机会成本高的产品,这样,通过分工和交换,能为各国带来利益。在前例中,英国生产1单位酒的机会成本是6/5毛呢,生产1单位毛呢的机会成本是5/6酒;葡萄牙生产1单位酒的机会成本为8/9单位毛呢,生产1单位毛呢的机会成本是9/8的酒。因此,英国生产毛呢的机会成本低,具有比较优势;葡萄牙生产酒的机会成本低,具有生产酒的比较优势。这个结论与我们先前基于劳动价值论所得的结论是一致的。

现实生活中的机会成本一般可分为边际机会成本不变和边际机会成本递增两种情况。边际机会成本不变是指增加任一单位某产品的生产所必须放弃的另一种产品数量均相同,不论产出为多少。机会成本不变建立在生产要素单一且同质的假设前提下,并假设生产两种产品的生产要素能够完全相互替代(或转移),转移后生产效率也相同,由于这些假设是不切实际的,所以在生产实践中,机会成本不变极为少见。

而边际机会成本递增是指随着一种产品产量的增加,每增加一单位该产品的生产,必须牺牲的另一种产品的数量越来越多。机会成本递增发生的原因有三:其一,生产要素并非同质;其二,不同行业的生产要素的转移受到限制;其三,要素的替代能力有限。这样,当把所有的生产要素用来生产一种产品时,必须把不太适宜甚至最不适宜生产这种产品的要素也用来生产这种产品。因此,当减少某一产品的产量,把适宜生产另一产品的要素转移出去生产那另一种产品时,边际机会成本开始会很低,但随着替换产量增多,要素的适应能力减弱,而使边际机会成本增加。

(二)生产可能曲线与无差异曲线

1. 生产可能性曲线

生产可能性曲线(production possibility curve),也称为生产可能性边界(production possibility frontier,PPF)或转换曲线(transformation curve)。它表示一国在现有技术条件下,充分利用所有生产要素时所能生产的两种不同产品的最大可能产量组合。生产可能性边界以下各点表示生产资源未充分利用,或即使被充分利用生产也缺乏效率;边界以上的点则表示在现有资源和技术条件下无法达到的产量水平。在同一坐标图上,生产可能性边界越高表示可能的产出越高。一国经济从低生产可能性边界向高生产可能性边界扩张,意味着发生了经济增长。生产可能性曲线上点的斜率表示每增加一单位某商品产出必须放弃的另一种商品的产出量,即前一种商品的机会成本,也叫该商品生产的边际转换率(marginal rate of transformation,MRT)。生产可能性曲线因商品的机会成本特征不同而呈不同的形状。

(1)机会成本不变时的生产可能曲线。在机会成本不变的情况下,生产可能性曲线是一条直线,如图2-1所示。

在图2-1中,某国将全部生产要素用于X产

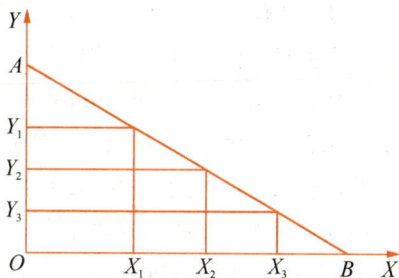

图2-1 机会成本不变条件下的生产可能性曲线

品生产时,产量为 OB,都用于 Y 产品生产时,产量为 OA,AB 为生产可能性曲线。每增加 X 产品的产量为 $X_1X_2 = X_2X_3$,必须减少的 Y 产品产量为 $Y_1Y_2 = Y_2Y_3$,X 对 Y 的机会成本 $= \dfrac{Y_1Y_2}{X_1X_2} = \dfrac{Y_2Y_3}{X_2X_3} = \dfrac{OA}{OB}$,所以 AB 为直线。AB 的斜率(即 $\dfrac{OA}{OB}$)可衡量 X 产品和 Y 产品的国内交换比率。

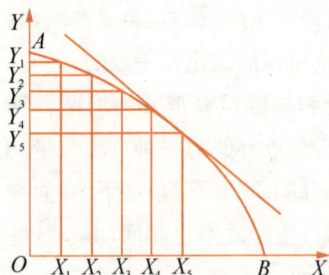

图 2-2 机会成本递增加条件下的生产可能性曲线

(2) 机会成本递增时的生产可能曲线。在边际机会成本递增的情况下,生产可能性曲线是一条凹向原点的曲线。

在图 2-2 中,某国把全部生产要素用于 X 产品生产时,产量为 OB;都用于 Y 产品生产时,产量为 OA,AB 为生产可能性曲线。因每增加相同产量的 X 产品,必须减少 Y 产品的产量不断增加,X 产品的边际机会成本是递增的,Y 产品亦然。所以,生产可能性曲线为凹向原点的曲线。

2. 社会无差异曲线

现在引入需求偏好。一国的需求偏好用社会无差异曲线来说明。社会无差异曲线(community indifference curve)表示给予整个社会相同满足水平的两种商品消费的不同组合。可见,社会无差异曲线是反映消费品满足人们欲望程度的工具,在物品的效用可以替代的假设条件下进行无差异分析,便能判定人们的福利水平。任意两条无差异曲线是不相交的。离原点越远的无差异曲线上的点代表的消费量越多,因而给人带来的总效用也越大。

无差异曲线上任一点的斜率等于两种商品边际效用之比率,称为消费的边际替代率(marginal rate of substitution,MRS)。人们对物品的消费存在着边际效用递减(diminishing marginal utility)的现象,即随着消费物品数量的增加,消费该物品给人带来的满足度逐渐减少。因此,社会无差异曲线的形状为凸向原点的曲线,如图 2-3 所示。其中,C_2 所代表的总效用高于 C_1 但低于 C_3,C_4 所代表的总效用和满足水平最高。

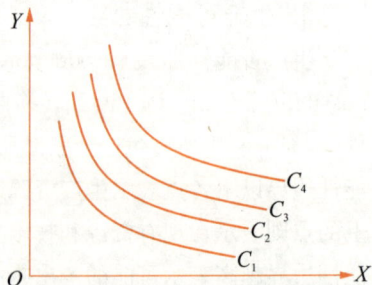

图 2-3 社会无差异曲线

3. 均衡

根据经济体是否对外开放,均衡可以分为孤立均衡和开放均衡。

孤立均衡(equilibrium in isolation)指的是在没有贸易的情况下一国生产和消费的均衡。从宏观角度来看,在没有与外界进行交易的情况下,一国的消费量应该与其生产量相一致。若以生产可能性曲线表示生产供给,社会无差异曲线表示消费需求,则生产可能性曲线与社会无差异曲线的切点即为一国无贸易情况下的生产和消费的均衡点,如图 2-4 中 E 点所示。该点表示该国最大的生产数量,也表示该国最大的消费水平,除 E 点外,任何一点都不是均衡点。例如 F 点,虽也在生产可能性曲线上,因而是该国的最大生产数量,但不是消费上的最大满足,因为 F 点位于 C_1 上,其满足水平低于 E 所位于的 C_2 所代

第二章 **43**

表的满足水平。相反,任何高于 C_2 的无差异曲线均与该国的生产可能性曲线不相切,说明该国的生产能力达不到这种消费水平。均衡点的切线的斜率表示孤立均衡商品相对价格 P_X/P_Y,此时,两种商品的交换替代与生产中的转换恰好相等,因而,既是生产者满意的价格,也是消费者可以接受的价格。即在国内均衡情况下,生产的边际转换率(MRT)= 消费的边际替代率(MRS)=

X 与 Y 的相对价格(P_X/P_Y)= $\dfrac{OM}{ON}$。

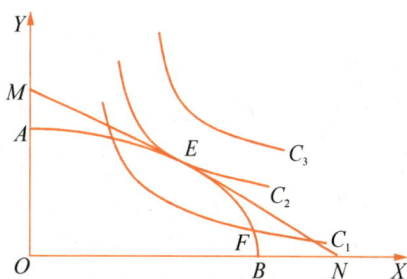

图 2-4 孤立均衡

从各国孤立均衡状态下商品的相对均衡价格,可以确定各国的比较优势商品和出口产业。一国在相对价格低于别国的产品生产上具有比较优势,因而是其出口产品;而在相对价格高于他国的产品生产上具有比较劣势,因而是其进口产品。

对开放经济体而言,均衡时一国的消费应该等于其国内生产减去贸易差额。其中,贸易差额等于同一时期内该国出口减去该国进口。

(三)比较优势理论的福利效果分析

1. 机会成本不变条件下比较优势理论模型

为了更清楚地用图形来分析比较优势理论,现假设两个国家是美国和英国,都生产小麦和棉布两种产品,两国的劳动生产率如下表 2-7 所示。

表 2-7 美国和英国的劳动生产率

商品 ＼ 国家	美 国	英 国
小麦(蒲式耳/工时)	6	1
棉布(码/工时)	4	2

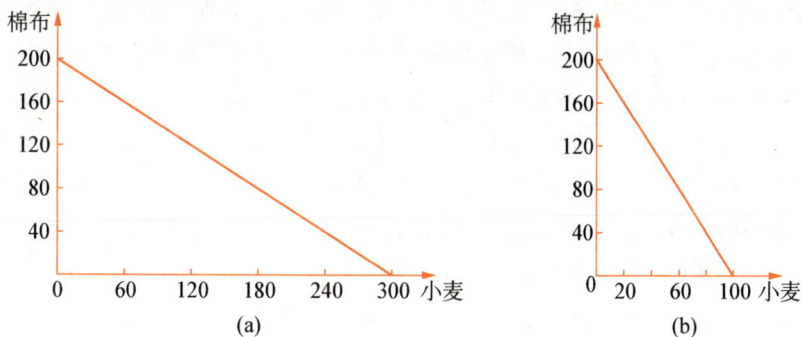

图 2-5 机会成本不变条件下英、美两国的生产可能性曲线

(a)美国; (b)英国

根据表 2-7 的数据,我们可以利用假设的数据作出图 2-5 所示的生产可能曲线。

生产可能曲线上的任意一点都表示两种商品数量的一种组合。英、美两国生产可能曲线向下倾斜，表明如果想多生产一些小麦，它们必须放弃一些棉布的生产。生产可能曲线均为直线表明它们的机会成本是不变的，即美国每多生产 1 单位的小麦，必须放弃 2/3 单位棉布的生产，英国每多生产 1 单位的小麦必须放弃 2 单位棉布的生产。直线的斜率表示生产两种商品需要的劳动量的比率，也就是在没有贸易时国内两种商品价格的比率。生产可能性曲线上所有的点都具有以下特点：

（1）给定的生产资源都投入到了小麦和棉布两种商品的生产。

（2）每单位商品都是在充分利用生产资源的情况下生产出来的，每单位商品的边际成本等于给定的固定成本。

（3）生产资源在不同商品生产之间的转移成本忽略不计。

不能满足这些特点的两种商品数量组合点都会在生产可能曲线边界的下方，而生产可能曲线上方的每一点都表示一种在现有技术和资源条件下无法达到的产品数量组合。

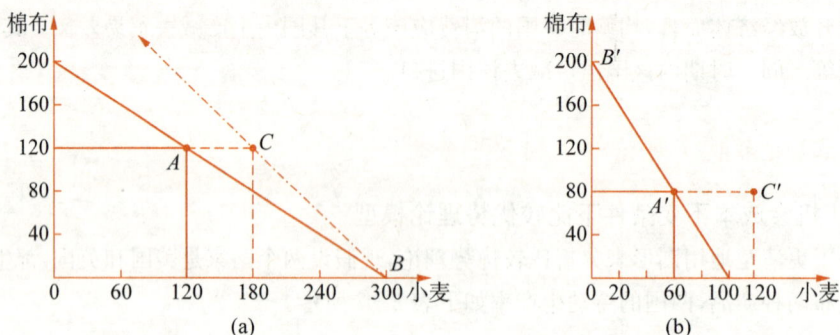

图 2-6　用生产可能曲线表示的英、美两国贸易所得

(a) 美国；　(b) 英国

在没有贸易时，美国可能选择生产和消费的商品组合为图 2-6(a) 中的点 A（小麦 120，棉布 120），英国可能选择的组合为图 2-6(b) 中的点 A′（小麦 60，棉布 80）。

由于美国在生产小麦上有比较优势，英国在生产棉布上有比较优势，如果两国开展贸易，则美国会专门生产小麦，在图 2-6(a) 中的点 B（小麦 300，棉布 0）生产。同样，英国会专门生产棉布，在 2-6(b) 中的点 B′（小麦 0，棉布 200）。如果美国用 120 单位小麦与英国 120 单位棉布进行交换，它最终消费组合点为 2-6(a) 中的 C（小麦 180，棉布 120），英国最终消费组合点为 2-6(b) 中的 C′（小麦 120，棉布 80）。由此，美国获利 60 个单位的小麦，英国获利 60 单位的小麦。美、英两国最终消费组合点都在其各自生产可能曲线的上方，说明贸易后两国消费了比贸易前更多的商品，即双方的福利条件都提高了。

两国能够消费更多的小麦的原因在于两国专门生产了自己拥有比较优势的商品。在没有贸易时，美国生产小麦 120 单位，英国生产小麦 60 单位，两国共生产 180 单位，通过专门化的生产和贸易，一共生产了 300 单位的小麦，比没有实行专业化分工生产时，多生产了 120 单位小麦。这样两国通过贸易可以共同享受这增加的 120 单位小麦的贸易所得。

需要注意的是，如果两国没有开展贸易，美国就不会去专门生产小麦，英国也不会去专门生产棉布，因为两国都需要同时消费小麦和棉布。

2. 机会成本递增条件下比较优势理论模型

（1）国际贸易模式。如果两国面临的是边际机会成本递增，则两国在专业生产比较优势产品的同时，生产的机会成本也在不断递增，所以两国的生产专业化将会持续到两国商品相对价格相等时为止。此时，两国贸易在这一价格水平上达到均衡。使两国贸易处于均衡状态的这一共同的商品相对价格被称为贸易均衡的商品相对价格（equilibrium relative commodity price with trade）。

例如，在图2-7中，A国和B国面临的是边际机会成本递增，两国的生产可能性曲线均为凹向原点的曲线。由于两国的要素禀赋不同，两国生产可能性曲线的形状不同。又因两国国民的消费习惯和偏好不同，所以两国的社会无差异曲线的形状和位置不同。由于A国的国内均衡商品相对价格 P_A 小于B国的国内均衡商品相对价格 P'_A，A国在X产品生产上具有比较优势，B国在Y产品的生产上具有比较优势。如果两国开始贸易，A国势必增加其具有比较优势的X产品的生产，B国则增加其具有比较优势的Y产品的生产，即A、B两国各自从孤立均衡点开始，向着其具有比较优势产品的方向移动，即A国沿着其生产可能性曲线下移，B国沿着其生产可能性曲线上移，直至两国商品相对价格相等（即在两国新的生产点 B 和 B' 上的斜率相等）。此时，①商品相对价格介于两国孤立均衡商品相对价格之间。②两国的贸易达到平衡（一国进口等于另一国的出口），均衡点为两国的生产可能性曲线和社会无差异曲线的切点。③两国消费分别建立在共同商品相对价格线（ $P_B = P'_B$ ）与其社会无差异曲线 C_2 和 C'_2 相切的 E 点和 E' 点上。④两国都可以消费本国生产可能性曲线之外的商品组合，这是封闭经济下不可能实现的。因此贸易改进了各国经济福利水平。这就是贸易利得，也是国际分工和贸易带来的好处。

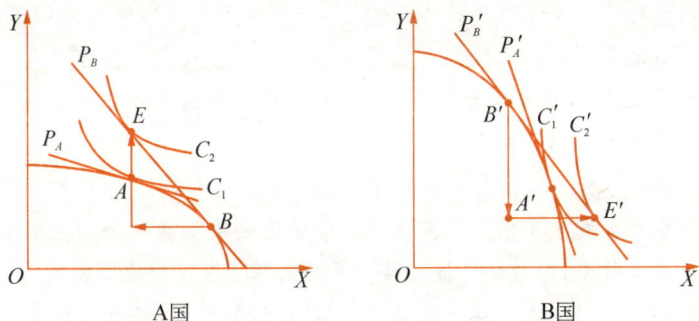

图2-7　边际机会成本递增条件下的贸易模型

（2）贸易利得的分解。贸易利得可分为两部分：交易所得（gains from exchange）和分工所得（gains from specialization）。交易所得指两国仅仅参与国际交换而不进行国际分工时所获得的利益。分工所得指两国在按照国际贸易的基础上从事国际分工和专业化生产所获得的好处。仍以上例为例，假设A国由于种种原因不能进行X的专业化生产，而仍按国内均衡点 A 的生产组合进行生产，但是按分工后的国际相对价格 P_w 进行对外贸易，A国的消费水平提高至 T 点，如图2-8

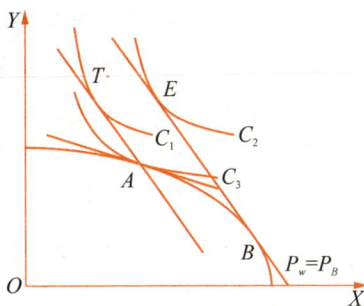

图2-8　贸易所得的构成

所示。可见,即使不进行专业化生产,A 国仍可从交换中获得利益,图 2-8 中由 A 点移至 T 点带来的消费增加就是 A 国通过交易获得的利益。

　　若 A 国开展专业化生产后,其国内生产发生变化,即由 A 点移至 B 点,相对于 A 点而言,A 国进行更大程度的 X 产品的专业化生产,于是按国际相对价格与他国相交换,消费确立在更高的水平 E 点上,从 T 点到 E 点的消费增加则是 A 国通过分工带来的分工所得。交易所得与分工所得共同构成了总贸易利得。

　　有必要注意机会成本对国际分工程度的影响。在机会成本递增条件下两国未能够达到完全的专业化分工(complete specialization),在机会成本不变条件下两国可以实现完全的专业化分工。

专栏 2-4

"美国制造"正在挑战"中国制造"

　　由于工资大幅上涨和能源成本上升造成竞争力下降,向来被称之为"世界工厂"的中国在全球制造业赛跑中开始落后。根据波士顿咨询集团发布的最新数据,中国相对于美国的制造业价格优势逐渐消失,其他竞争力下降的国家还包括巴西、俄罗斯、捷克和波兰。相反,由于温和的工资增长和能源价格下降,美国和墨西哥成为更受青睐的制造业产地。未来数年将会有越来越多美国企业选择在本土附近生产产品。

　　波士顿咨询集团高级合伙人 Hal Sirkin 表示:"这意味着企业将会开始将制造环节尽量从这些成本高的国家转出,转到成本较低的国家,比如美国。"最近美国的经济数据也证明了这一点。上周美国公布 7 月份工业产出上升 0.4%,为连续第 6 个月上升。7 月份制造业产出上升 1%,为 2 月份以来最大升幅。

　　Sirkin 指出:"以前的一条简单原则是:在成本更低的亚洲和南美生产。现在情况发生了根本性变化。"尽管美国丧失的大量制造业就业不可能一夜之间收复,但趋势已经逆转。中国的制造业流出尤其剧烈。

　　中国的工资成本正在大幅飙升。2000 年的时候,墨西哥的制造业劳动力成本大约是中国两倍。但 2004 年以来,中国的工资成本已经上升 5 倍,而墨西哥仅上升 67%(以美元计算的话升幅不到 50%)。能源成本上升也在侵蚀中国的制造业竞争力。根据波士顿咨询集团的研究,从 2004 年到 2014 年,中国工业用电成本上升 66%,俄罗斯上升 132%;中国天然气成本飙升大约 138%,俄罗斯上升 202%。

　　虽然俄罗斯是天然气出口大国,美国页岩气产量上升大幅推低了美国的能源价格,相比之下,俄罗斯仍依赖传统天然气,价格大幅上涨。

　　根据波士顿咨询集团编制的全球制造业成本竞争力指数,以美国为 100,中国今年数值为 96。换句话说,现在在美国生产相比在中国生产成本仅高出 4%。过去中国的读数仅略高于 80,如今中国与美国的成本差异已大幅收窄。

美国制造业向本土回流不单单是工资和能源成本的问题,物流和良好的营商环境也是重要的考量因素,此外在国内生产更容易实施质量控制。

根据波士顿咨询集团 2012 年发布的一份报告,随着美国企业重新测算在中国的生产成本,部分行业将会在 5 年左右达到临界点,开始将制造向国内转移。这些行业包括计算机和电子、家电和电气设备、家具、卡车配件和自行车等运输产品。这些行业劳动力成本占比较低、运输成本较高,因此可能会最先向国内转移。

(资料来源:2014 年 8 月 20 日新浪财经,编译:松风。)

第四节　要素禀赋理论

国际贸易建立在什么基础上? 按照李嘉图的比较优势理论,贸易的基础是各国生产同一产品存在的劳动生产率差异。这种差异由后来的新古典经济学的重新演绎。新古典经济学借助机会成本、生产性可能曲线、无差异曲线等分析手段,将比较成本描述为各国之间生产性可能边界的差异。无论是李嘉图的例子还是现代经济学的分析框架,都暗含着这样一个前提:国与国之间在劳动生产率上存在着差异。但对于为什么两国之间存在着差异,他们并没有作出解释,即没有回答为什么一国在某种商品生产上较另一国效率高。这个问题的提出与探索,引出了一个重要的贸易理论,这便是 20 世纪 30 年代由瑞典经济学家赫克歇尔和俄林提出的要素禀赋理论(factor endowment theory)。要素禀赋理论是现代国际贸易理论的新开端,被誉为国际贸易理论的基石,在国际贸易理论发展中具有里程碑意义。

一、赫克歇尔—俄林与要素禀赋理论

要素禀赋理论又称赫克歇尔—俄林原理,或称 H-O 模型,是由瑞典经济学家埃利·赫克歇尔(Eil Filip Heckscher, 1879—1952)首先提出来的,后经其学生瑞典经济学家贝蒂尔·俄林(Beltil Gotthard Ohlim, 1899—1979)阐发而形成的。1919 年,赫克歇尔在纪念经济学家戴维的文集中发表了题为《对外贸易对收入分配的影响》(瑞典文)的著名论文,提出了要素禀赋理论的基本论点。遗憾的是这些论点当时并没有引起人们的注意,直到 10 年以后,他的学生,贝蒂尔·俄林在这篇文章的基础上作了进一步的研究,并于 1933 年在哈佛大学出版的名为《域际贸易和国际贸易》的博士论文中,深入而广泛地探讨与阐发了赫克歇尔提出的思想,使要素禀赋理论得以成型。随着俄林论文的传播,该理论迅速为经济学界所接受,并受到普遍的赞许。由于他的理论采用了赫克歇尔的主要观点,因此又叫赫克歇尔—俄林原理,简称赫—俄原理(H－O Theorem)。鉴于其在国际贸易方面的贡献,俄林于 1977 年荣获诺贝尔经济学奖。

要素禀赋理论继承和发展了比较优势理论,用生产要素禀赋的差异来解释国际贸易产生的原因和贸易的流向。20 世纪 40 年代,美国经济学家保罗·萨缪尔森又对这个问题作了进一步推论并指出,国际贸易将使不同国家间生产要素相对价格和绝对价格均等化,这种均等化不是一种趋势,而是一种必然。由于萨缪尔森对赫—俄原理的引申,因此要素价格均等化理论又称赫—俄—萨原理(H－O－S Theorem)。与比较优势理论相比,要素禀赋理论更接近资本主义国际贸易的实际,对各国的对外贸易政策具有更强的指导意义。

■ 二、要素禀赋理论的内容

要素禀赋理论是一棵根深叶茂的理论巨树,其基本内容有狭义和广义之分。狭义的要素禀赋理论(也称生产要素供给比例理论)是指通过对相互依存的价格体系的分析,用生产要素丰缺来解释国际贸易产生的原因和一国的进出口贸易模型。广义的要素禀赋理论是指除包括狭义理论的内容之外,还包括国际贸易产生的结果—要素价格均等化定理,它是解释国际贸易对要素价格反作用的理论。

(一)基本概念

要理解要素禀赋理论,必须首先理解这个理论所引用的一些重要概念。这些概念主要有生产要素、要素密集度、要素密集型产品、要素禀赋、要素丰裕程度等。准确理解下面这些概念是理解要素禀赋理论的关键。

1. 要素禀赋

要素禀赋(factor endowment)是指一国所拥有的可用于生产商品和劳务的各种生产要素的总量。既包括“自然”存在的资源,也包括“获得性”资源(如技术和资本),这是一个绝对量的概念。依据要素禀赋的多寡(如劳动与土地自由的总供给量),可以将国家区分为资源丰富的国家和资源贫乏的国家。

2. 要素丰裕度

要素丰裕度(factor abundance)则是指在一国的生产要素禀赋中某要素供给所占比例大于别国同种要素的供给比例而相对价格低于别国同种要素的相对价格。衡量要素的丰裕程度有两种方法:一是以生产要素供给总量来衡量,另一种则是以要素相对价格来衡量。

在第一种方法中,如果 B 国的可用总资本与可用总劳动的比例(TK/TL)大于 A 国的这一比例,我们就说 B 国是资本丰裕的国家,A 国是劳动丰裕的国家。在使用这种方法定义时,我们使用的是总资本与总劳动的比例,而不是总资本和总劳动的绝对数量。因此,如果 B 国的 TK/TL 大于 A 国的 TK/TL,即使 B 国的总资本拥有量少于 A 国,B 国依然是资本丰裕的。

在第二种方法中,如果 A 国资本的租用价格和劳动租用价格的比例(PK/PL)小于 A 国的这一比例,我们就说 B 国是资本密集型国家。一般说来,资本的租用价格就是利率(r),劳动的租用价格就是工资(w),这样 $P_K/P_L = r/w$。同样,决定一国资本是否丰裕并不是看 r 的绝对水平,而是 r 与劳动力工资 w 的比值。以相对供给数量衡量的要素丰裕度只考虑要素的供给,而以价格法衡量的要素丰裕既考虑了要素的供给同时又考虑了要素的需求,因而较为科学。

要素丰裕度也是一个相对概念。如果美国的人均资本高于中国,美国就是一个资本丰裕的国家,中国就是一个劳动丰裕的国家。但如果中国与越南或者柬埔寨相比,中国又变成"资本丰裕"而劳动稀缺的国家了。

曲线的形状

当要素丰裕度存在差异时,两国生产可能性曲线的形状有所不同。假设 B 国是资本丰裕的,商品 Y 是资本密集型产品。那么,B 国比 A 国可以生产相对更多的 Y 商品。另一方面,A 是劳动丰裕的,商品 X 是劳动密集型的,因此 A 国可以比 B 国生产相对更多 X 商品。于是,两国的生产可能性曲线便呈现出不同的形状。如图 2-9 所示,以纵坐标表示 Y 的产量,横坐标表示 X 的产量,则 A 国的生产可能性偏向度量 X 产品的横坐标,B 国的生产可能性曲线偏向度量 Y 产品的纵坐标。A 国的生产可能性曲线比 B 国的更平坦,在横坐标上扩展的较宽。

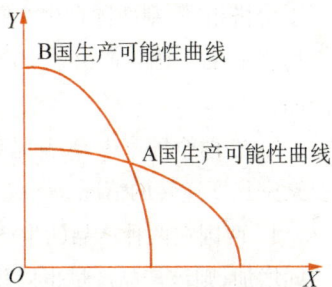

图 2-9　A、B 国生产可能性

3. 生产要素和要素价格

生产要素(factor of production)是指生产活动必须具备的主要因素或在生产中必须投入或使用的主要手段,通常是指土地、劳动力和资本这三个要素。随着科技的发展和知识产权制度的建立,也有人把企业家、技术知识、经济信息也当作生产要素。要素价格(factor price)则是指生产要素的使用费用或报酬。例如,土地的租金、劳动力的工资、资本的利息等。

4. 要素密集度和要素密集型产品

要素密集度(factor intensity)是指商品生产中所需要的各种要素之间的投入比例。各种商品由于属性不同,生产中所要求的要素比例也不同,比如农产品要求较多的土地,纺织品则要求较多的劳动。根据商品生产中所要求的不同要素间的比例,可以把产品划分为不同种类的要素密集型产品。如果某种要素在某种特定的商品中投入的比例最大,则称该商品为该要素密集型产品(factor intensive commodity)。例如生产农产品投入的土地占的比例最大,便称农产品为土地密集型产品;生产纺织品劳动所占的比例最大,则称之为劳动密集型产品;生产汽车资本所占的比例最大,于是称汽车为资本密集型产品,以此类推。在通常的状况下,经济学家将商品划分为资源密集型、劳动密集型、资本密集型、技术密集型等四种基本类型。

在只有两种商品（X 和 Y）、两种要素（劳动和资本）的情况下，如果 Y 商品生产中使用的资本和劳动的比例大于 X 商品生产中的资本和劳动的比例，则称 Y 商品为资本密集型产品，而称 X 为劳动密集型产品。这里的密集型是一个相对的概念，如果计算机生产中投入的资本与劳动的比例高于纺织品生产中资本与劳动的比例，那么计算机就是资本密集型产品，纺织品就是劳动密集型产品。反之，计算机就是劳动密集型产品，纺织品就是资本密集型产品。

（二）要素禀赋理论的基本假设条件

要素禀赋理论是建立在一系列简单的假设之上的，主要的假设条件包括：

1. 贸易中只有两个国家（A 国与 B 国）、两种商品（X 与 Y）、两种生产要素（劳动和资本）。

2. 两国在生产中使用相同的技术，即同种产品的生产函数相同。这意味着假如两国要素价格相同，则两国在生产同一商品时就会使用相同数量的劳动和资本。如果一定的人均资本在 A 国生产出某个产量的产品，同一资本劳动比例会在 B 国生产出相同产量的产品。

3. 在两个国家中，X 都是劳动密集型产品，Y 都是资本密集型产品，即不存在着生产要素密集度逆转的情况。

4. 两国在两种产品的生产规模报酬不变。这意味着某种商品的资本和劳动使用量一同增加，则该产品产量也以相同比例增加，意即单位生产成本不随着生产规模的增减而变化。

5. 两国进行的是不完全专业化生产。即尽管是自由贸易，两国仍然继续生产两种产品，亦即无一国是小国。

6. 两国的消费偏好相同。若用社会无差异曲线反映，则两国的社会无差异曲线的位置和形状相同。

7. 在两国中，两种商品和两种生产要素的市场是完全竞争的。这是指市场上无人能够购买或出售大量商品或生产要素而影响其市场价格。在完全竞争条件下，商品价格等于其生产成本，没有经济利润。

8. 一国内部的生产诸要素能够自由流动，但在两国间不能自由流动。这表明：在一国内部，劳动和资本能够自由地从某些低收入地区、行业流向高收入地区、行业，直至各地区、各行业的同种要素报酬相同，这种流动才会停止。而在国际间，却缺乏这种流动性，因而在没有贸易时，国际间的要素报酬差异始终存在。

9. 假定没有运输费用，没有关税或其他阻碍自由贸易的障碍。这意味着生产专业化过程可持续到两国商品相对价格相等为止才会停止。如果存在着运输成本、关税，则两国的价格差小于或等于每单位贸易商品的运输成本和关税时，两国的生产分工就会停止。

10. 两国资源均得到充分利用。即表明两国均不存在未被利用的资源与要素。

11. 两国的贸易是平衡的。即两国的总进口额等于其出口额。

（三）赫克歇尔—俄林定理

赫克歇尔与俄林创立的要素禀赋理论,最初是用传统的经济学方法——文字描述与逻辑推理来表述的,后来的经济学家将他们首创的理论放在新古典经济学框架之下,采用一般均衡方法,发展成了一个简单的数理模型,并归纳出了一个简洁的定理,这便是赫克歇尔—俄林定理,简称 H-O 定理或 H-O 模型。

从上面所述的假设出发,我们可以这样表述赫克歇尔—俄林定理:一国应当出口那些密集使用该国相对丰裕而便宜的生产要素所生产的产品,进口那些需要在生产上密集使用该国相对稀缺而昂贵的要素所生产的产品。简而言之,劳动丰裕的国家应该出口劳动密集型商品,进口资本密集型商品;而资本相对丰裕的国家应该出口资本密集型商品,进口劳动密集型商品。

在所有造成国家之间相对价格差异和比较优势的原因中,赫克歇尔—俄林定理认为各国的相对要素丰裕度即各国的要素禀赋的差异是国际贸易中各国具有比较优势的基本原因和决定因素。正因为这个原因,赫克歇尔—俄林定理常常又被称为要素比例或要素禀赋理论。

由于中国是一个劳动密集型的国家,而纺织品是劳动密集型商品,中国生产纺织品的相对成本和相对价格低,因而在纺织品上具有比较优势。美国则相反,是一个资本密集型国家,生产飞机(资本密集型商品)的相对成本与相对价格低,因此美国具有生产钢铁的比较优势。

（四）要素禀赋理论的一般均衡框架

要素禀赋理论的一般均衡理论分析可以用图 2-10 加以形象归纳。从示意图的右下角开始分析,生产要素所有者的收入分配和社会消费偏好共同决定对最终产品的需求,而对最终产品的需求产生了对生产要素的派生需求,要素的供给和需求则决定要素的价格,要素的价格和生产技术又决定最终产品的价格。因此,不同国家商品相对价格的差异决定比较优势和贸易模式(即一国应该生产何种商品)。

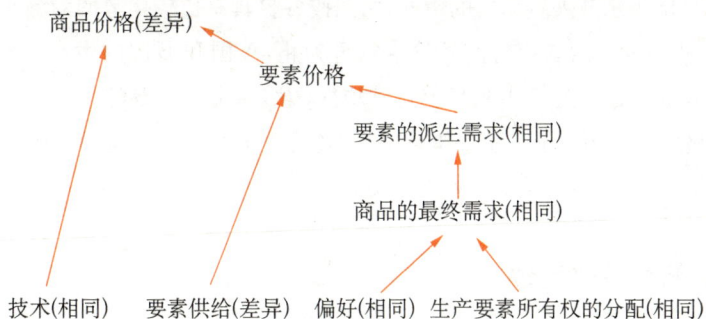

商品价格(差异)

要素价格

要素的派生需求(相同)

商品的最终需求(相同)

技术(相同)　要素供给(差异)　偏好(相同)　生产要素所有权的分配(相同)

图 2-10　要素禀赋理论的一般均衡框架

但在两国偏好相同、技术水平相同以及收入分配相同,从而对最终产品和要素需求相似的假设前提下,不同国家生产要素禀赋的差异便是商品相对价格存在差异的原因。在

图 2-10 当中,由要素相对供给量的差异导致要素价格差异,进而导致商品价格差异的过程用粗线头表示。

需要注意的是,通过一般均衡分析得出要素供给的差异是导致商品价格差异的原因这样的结论并不要求各国需求偏好、收入分配、生产技术完全相同。但假设两国需求偏好、收入分配、生产技术完全相同大大简化了对该理论的讲解和图形说明,我们将在后面的章节中放松这些假设。

(五)要素禀赋理论的进一步说明

我们可以用生产可能曲线和社会无差异曲线来说明要素禀赋理论。在图 2-11(a)中,A 国的生产可能性曲线偏向 X 轴,因为 X 是劳动密集型产品,而 A 国又是劳动丰裕的国家;B 国的生产可能性曲线偏向 Y 轴,因为 B 国是资本丰裕的国家,而 Y 又是资本密集型产品。现假设两国使用相同的生产技术生产 X 和 Y 产品,两国对商品的消费偏好亦相同,它们的社会无差异曲线图是完全一样的。在没有贸易的情况下,A 国和 B 国的孤立均衡点分别为 A 和 A',无差异曲线 C_1 是两国生产能力所能达到的最高满足水平。通过 A、A' 的切线 P_A 和 P'_A,分别表示 A 国和 B 国的孤立均衡相对商品价格。由于 $P_A < P'_A$,所以 A 国在 X 产品的生产上具有比较优势,B 国在 Y 产品生产上具有比较优势。

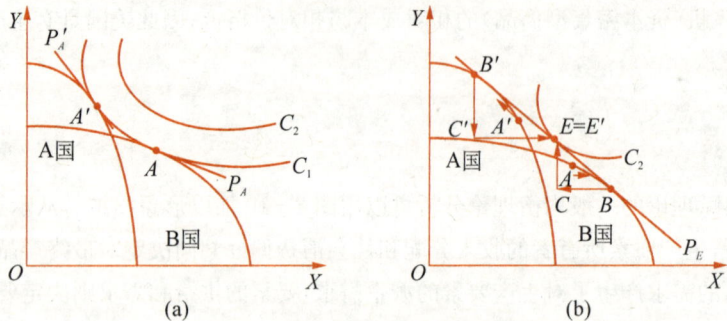

图 2-11　赫克歇尔—俄林模型

图 2-11(b)表示开展贸易后的情况,两国按各自具有比较优势的商品来开展专业化生产,这一过程持续到两国相对商品价格相等为止,A 国和 B 国的生产分别移至 B、B' 点,此时,两国按相对价格 P_B 开展贸易达到均衡,$BC = C'E'$,$B'C' = CE$。除该点以外,其他任何价格水平都不够能使贸易维持平衡,贸易不平衡的结果将导致国际交换价格向均衡贸易价格水平靠拢,直至贸易恢复平衡。

▌三、要素价格均等化定理

国际贸易可能导致要素价格均等化的论点最早是由赫克歇尔首先提出的。俄林则认为,虽然各国要素缺乏流动性使世界范围内要素价格相等的理想状态不能实现,但商品贸易可以部分代替要素流动,弥补缺乏流动性的不足,所以国际贸易使要素价格存在着均等化趋势。在美国经济由中盛走向极盛、再走向衰落的时代背景下,1941 年萨缪尔森与斯托尔珀(W. F. Stolper)合著并发表了《实际工资和保护主义》一文,提出了生产要素价格日趋均等化的观点。萨缪尔森还在 1948 年前后发表的《国际贸易和要素价格均衡》、《国际要素价格的均衡》及《论国际要素价格的均衡》等文中对上述观点作了进一步的论证,并严格证明了要素价格均等化定理。在上述赫克歇尔—俄林要素禀赋理论的基本假设条件下,萨缪尔森证明了以下的结论:自由贸易不仅使两国的商品价格相等,而且使两国生产要素的价格相等,以致两国的所有工人都能够获得同样的工资率,所有的资本(或土地)都可以获取同样的利润报酬,而不管两国生产要素的供给与需求模式如何。

由于这个定理是建立在赫克歇尔—俄林模型的基础上,并由萨缪尔森发展,所以,要素价格均等化定理又被称为赫克歇尔—俄林——萨缪尔森定理,简称赫—俄—萨(H - O - S)定理,它研究国际贸易对要素价格的影响。

要素价格均等化定理(H - O - S, factor-price equalization theory)可表述为:在满足要素禀赋理论的全部假设条件下,国际贸易会使得各国同质的生产因素获得相同的相对与绝对收入。这样一来,国际贸易就代替了国际生产要素的流动。

也就是说,在我们的例子中,A 国(低工资国家)与 B 国(高工资国家)之间的贸易将使得 A 国的工资上升,B 国的工资下降,最终使两国的工资相等。同样地,国际贸易将降低 A 国(高利率国家)的利率,提高 B 国(低利率国家)的利率,最终使两国利率也相等。

但是,俄林认为要素价格完全均等化相同是不可能的,要素价格均等只是一种趋势,其主要原因是由于影响市场价格原因复杂多变、生产要素不能充分流动、产业对几个要素的需求是联合需求等一系列因素制约着要素价格完全均等化。而对此,萨缪尔森则认为国际贸易将使不同国家间生产要素相对价格与绝对价格均等化。这种均等化不是一种趋势,而是一种必然。可以证明国际贸易不仅倾向于缩小同质要素收入的国际差异,而且在满足所有假设的前提下,会使各国相对要素价格完全相等。这是因为,只要相对要素价格不同,相对商品价格就会不同,从而使贸易进一步发展,直到两国相对商品价格和相对要素价格都相等为止。

要素价格与收入分配有密切联系,利率(或者投资收益率)和工资率分别代表着资本家和劳动者的收入,由此可以推断国际贸易会影响贸易国的国内收入分配。1941 年,萨缪尔森与斯托尔珀(W. F. Stolper)合著并发表了《实际工资和保护主义》一文,提出了商品价格变动与生产要素价格变动关系的观点,说明了对外贸易对收入分配的影响,这就是斯托尔帕—萨缪尔森定理(The Stolper-Samuelson Theorem),其基本内容是:某一商品相对价格的上升,将导致该商品密集使用的生产要素的实际价格或报酬提高,而另一种生产要素的实际价格或报酬下降。据此,一个国家如果按照要素禀赋理论参与国际分工,该国出口产品密集使用生产要素的所有者收入会提高,而进口产品密集使用要素的所有者收入会下降。换言之,该国丰裕要素所有者收入会提高,而稀缺要素所有者收入会下降。

根据斯托尔帕—萨缪尔森定理和要素价格均等化定理,可以推知:在满足要素禀赋理论的全部假设条件下,国际贸易会使得各国同质的生产要素获得相同的相对收入与绝对收入。可见,从要素禀赋理论出发,国际贸易不仅可以合理配置资源,而且可以"调节"各国之间的收入分配,最终必然会缩小各国之间的经济差距。随着各国经济开放和时间推移,世界贫富差距将不断缩小直至消失,比如,美国、日本、印度、新加坡等国工人收入水平的差距将趋向消失。但是,在现实世界中,国际贸易真的使各国同质要素收入相等了吗?

换言之,国际贸易会缩小世界贫富差距吗? 答案显然是否定的。即使粗略地观察,中国经济发达城市之一——上海市的计算机技术人员的工资水平也远远低于美国计算机技术人员的工资水平,在中国其他经济相对落后城市的这类劳动力的工资水平更低。出现这一现象的原因是 H-O-S 所依赖的一些假设在当今世界大多是不成立的。如:各国使用相同的技术、没有规模经济、没有运输成本等。因此,国际贸易并没有使各国同质要素的工资和利率均等化。在这种情况下,我们说国际贸易减少了同质要素收益的差异,而不是将其完全消除。

专栏 2-5

中国的苹果与美国的苹果

走在今天的大街上、地铁里,如果耳边突然听到"苹果"一词,相信你的第一反应绝对不是那个红彤彤可以啃一口的苹果,而是来自美国的 iPod、iPad、iPhone……是的,除非是在菜市场,"苹果"这个发音的第一指向,已经变成了那些人见人爱炙手可热的电子设备。

一个企业的 LOGO 已经几乎替代本体,这在以往,从未有过,这不能不让人惊叹"苹果公司"的强大。

其实,"苹果公司"并不是只有美国才有,在中国,也有成千上万的苹果公司,他们种植、销售真正的苹果。在国人尽知美国"苹果"的同时,也许没有多少人会知道,中国的苹果种植面积和产量一直以来稳居世界第一。中国是世界第一的"苹果"大国,在美国苹果不像现在这般如日中天的时候,中国这个"苹果"大国,是不用加引号的。

不过,两个苹果大国的确是"道不同不相为谋"。中国的苹果生产者整日里想的是如何尽快把苹果卖出去,哪怕降价赔本都行。而美国的苹果生产者整日里想的是如何尽快提高苹果的产量,如何加价以多赚钱。

2011 年,中国苹果的产量超过 3 500 万吨,而在苹果主产地山东烟台,苹果经销商们正在赔本甩卖,10 块钱 3 斤都乏人问津,经销商赔数百万的大有人在,赔几千万的也不罕见。在苹果的主销地北京新发地市场,几百辆装运苹果的卡车一字排开,然而,买苹果的还没卖苹果的多。

再看美国的苹果。在中国的苹果产业链遭遇寒冬之际,美国的苹果产业链则是春意盎然。1 月 25 日,中国农历的正月初三,美国苹果公司发布了 2012 财年第一财季的财报。财报显示,苹果公司第一财季营收为 463.33 亿美元,比去年同期的 267.41 亿美元增长 73%,净利润为 130.64 亿美元,比去年同期的 60.04 亿美元增长 118%;毛利率为 44.7%,高于去年同期的 38.5%。值得一提的是,iPhone 的销量达到 3 700 万台。苹果 CEO 蒂姆·库克在财报电话会议上兴奋地表示:"苹果低估了 iPhone 4S 在中国热销的程度。"

中国苹果的产量 3 500 万"吨",经销商赔本都没有全部卖出去。美国苹果 iPhone 的销量是 3 700 万"台",经销商大肆加价还供不应求。

一个是"吨",一个是"台",一个是赔本赚不来吆喝,一个是赚了便宜还卖乖。这是中国苹果和美国苹果的对比,又何尝不是中国产业和美国产业的对比?

再退一步说,其实那些美国苹果,很大程度上也是"Made in China"。1 月 16 日,美国苹果公司首次公开了 156 家主要供应商名单,主要分布中国内地、中国台湾地区、新加坡、马来西亚、泰国、捷克以及美国等地,而绝大部分产品的组装是在中国内地完成的,换言之,苹果产业链在中国。

不过,苹果留给组装环节的利润少得可怜。以 iPhone 利润分配为例,苹果公司占有 58.5% 的利润,韩国、美国等其他公司分别占据了 4.7%、2.4% 的利润,而中国内地劳工成本只占了 1.8%。

而且,苹果虽然是在中国的土地上生产出来的,可是中国消费者却是往往是最后见到的,要排在其他国家、地区的消费者之后。

（资料来源：证券日报—资本证券网 2012 年 1 月 30 日,作者：马燕。）

第五节　里昂惕夫之谜

自从 20 世纪初赫克歇尔—俄林提出了要素禀赋理论以来,在很长的一段时间里,H-O 定理逐渐为西方经济学界普遍接受,并成为解释国际贸易产生原因的主要理论。由于这个理论模型所揭示的道理同人们的常识是一致的：如石油资源丰富的中东国家出口石油,而技术创新能力高的美国则出口计算机、飞机等高技术产品。许多西方学者对此深信不疑,一些学者试图通过经验数据对该模型进行检验,企图进一步从实证的角度证明这一理论的正确性。但是,一些实证检验的结果与要素禀赋理论的核心内容不相符合。这类研究结果中最有影响的同时也是最具挑战的,首推经济学家里昂惕夫在 20 世纪中叶所做的研究。

一、里昂惕夫与里昂惕夫之谜

里昂惕夫（Wassily Leontief）是当代著名的美籍俄国经济学家,投入产出经济学的创始人,第四届（1973 年）诺贝尔经济学奖获得者。他的代表作为《投入产出经济学》,该书收录了他从 1947 年到 1965 年公开发表的 11 篇论文,其中有两篇主要是研究国际贸易的,即《国内生产与对外贸易:美国地位的再审查》(1953 年)和《要素比例和美国的贸易结构:进一步的理论和经济分析》(1956 年)。

第二次世界大战后,在第三次科技革命的推动下,国际分工和国际贸易取得了迅猛的发展,贸易商品结构和地区分布发生了很大变化,传统的国际贸易理论显得愈来愈脱离实际,于是一些经济学家们开始对包括要素禀赋理论在内的传统国际贸易理论提出了质疑,并促成他们对一些理论模式的检验。1953 年开始,里昂惕夫挑起了经济学界针对赫克歇尔—俄林模式展开的大论战。

二、对要素禀赋理论的检验——里昂惕夫之谜

里昂惕夫深信要素禀赋理论,他想通过美国的数据来检验赫克歇尔—俄林的要素禀赋理论正确性,即各个国家都出口密集使用其充裕要素的产品,而进口密集使用其稀缺要素的产品。换句话说,里昂惕夫想同时证明两个命题:①要素禀赋理论是正确的;②美国是一个资本丰富而劳动力稀缺的国家,美国应该出口资本密集型产品,进口劳动密集型产品。

为了检验要素禀赋理论,1953 年,里昂惕夫用投入产出分析法对 1947 年美国 200 个行业进行分析。他把生产要素分为资本和劳动两种,然后选出具有代表性的一揽子出口品和一揽子进口替代品,计算出每百万美元的出口品和每百万美元进口替代品所需要的国内资本和劳动量及其比例,其结果如表 2-8 所示。

表 2-8　每百万美元的美国出口品和进口替代品对国内资本和劳动力的需求额(1947 年)

	出口品	进口替代品
资本 K(美元)	2 550 780	3 091 339
劳动力 L(人/年)	182.313	170.004
资本/劳动力 K/L(美元/人·年)	13 911	18 184

(资料来源:里昂惕夫:《投入产出经济学》,商务印书馆 1980 年版。)

根据以上统计资料计算,美国生产进口替代品时,其单位劳动力所使用的资本数量是生产出口商品的 1.3 倍,即美国进口产品的资本与劳动比率要大于出口产品的资本与劳动比率。换句话说,美国进口是以资本密集型商品为主,而出口则是以劳动密集型商品为主。这意味着美国参加国际分工是建立在劳动密集型生产专业化的基础上,而不是建立在资本密集型生产专业化基础上。而根据美国在第二次世界大战初期要素禀赋状况来看,美国显然属于一个资本相对丰裕、劳动相对稀缺的国家。按照要素禀赋理论,美国应该出口资本密集型产品,进口劳动密集型产品,何以美国反其道而行之呢? 里昂惕夫的这一发现引起了经济界的震惊,被视为一个有违常理的"悖论",因而被人们称为里昂惕夫悖论,也就是著名的里昂惕夫之谜(Leontief paradox)。

里昂惕夫的惊人发现引起了经济学界的极大关注,一些人试图对赫克歇尔—俄林的要素禀赋理论进行重新评价,一些人则怀疑里昂惕夫在数据的计算上存在问题。在这种情况下,里昂惕夫仍然对赫克歇尔—俄林的要素禀赋理论仍然深信不疑,他自己反复核对

了这一研究成果,但复核的结果是方法和数据上都没有问题。为此里昂惕夫本人在 1956 年又利用投入产出法对美国 1947—1951 年的贸易结构进行第二次检验,检验结果再次肯定了第一次调查的结论,美国生产进口替代品时,每个劳动力所使用资本的数量是生产出口商品的 1.06 倍,即高出 6%。尽管比率比 1947 年的要低,但结论基本相同,即这两个比率都说明美国出口商品具有劳动密集型特征,进口商品具有资本密集型特征,谜仍然存在。

▍三、对里昂惕夫之谜的不同解释

里昂惕夫之谜不仅促成了一些类似的研究工作,也引起了经济学家们对国际贸易理论的极大关注,一些经济学家纷纷从不同的角度对里昂惕夫之谜作出解释,并在一定程度上带来了战后西方的国际分工和国际贸易理论的发展。归纳起来,代表性的论点主要有以下几种。

（一）劳动者技能水平的差异

这个观点最早由里昂惕夫本人提出,后来由美国经济学家基辛(D. B. Keesing)加以发展,是用劳动效率的差异来解释里昂惕夫之谜的学说。

里昂惕夫认为,里昂惕夫之谜产生的根本原因是由于美国的劳动熟练程度或劳动效率比其他国家高造成的。他认为各国的劳动生产率是不同的,1947 年美国工人的生产率大约是其他国家的 3 倍,因此在计算美国工人的人数时应将美国实际工人数乘以 3 倍。这样,按生产效率计算的美国工人数与美国拥有的资本量之比,较之于其他国家,美国就成了劳动力丰富而资本相对短缺的国家,所以它出口劳动密集型产品,进口资本密集型产品,从而与要素禀赋理论揭示的内容是一致的。

但这种解释很快就遭到许多人的反对,甚至有人认为里昂惕夫过于武断。一些人认为,如果说美国的生产效率高于其他国家的 3 倍,那么美国的工人人数和资本量都应同时乘以 3,这样美国的资本相对充裕程度并未受到影响。而一些实际的研究也否定了里昂惕夫的观点。例如,美国经济学家克雷宁(Krelnin)经过验证,认为美国工人的劳动效率和欧洲工人的劳动效率相比,最多高出 1.2—1.5 倍,因此里昂惕夫的上述解释是站不住脚的,里昂惕夫本人后来也否定了这种解释。

后来,美国经济学家基辛对这个问题作了进一步的研究。他利用 1960 年美国的人口普查,将美国企业职工的劳动分为熟练劳动与非熟练劳动两大类。熟练劳动包括科学家和工程师、技术员和制图员、其他专业人员、厂长和经理、机械工人和电工、熟练的手工操作工人、办事员和销售员等的劳动。非熟练劳动指不熟练和半熟练工人的劳动。根据这种熟练劳动和非熟练劳动的分类,他进而对 14 个国家 1962 年的进出口商品构成进行了分析,得出了劳动熟练程度不同是国际贸易产生的重要原因之一,资本较丰富的国家倾向于出口熟练劳动密集型商品,资本较缺乏的国家则倾向于出口非熟练劳动密集型商品的结论。

表 2-9 是基辛所研究的 14 国中的美国、瑞典、德国、意大利、印度等 5 个国家,进出

口商品生产所需的熟练劳动和非熟练劳动的比重。在出口商品中,美国的熟练劳动比重最高,非熟练劳动比重最低;印度的熟练劳动比重最低,非熟练劳动比重最高。在进口商品中,情况恰好相反,美国的熟练劳动比重最低,非熟练劳动比重最高;印度的熟练劳动比重最高,非熟练劳动比重最低。这表明发达国家在生产含有较多熟练劳动的商品上具有比较优势,欠发达国家在生产含有较少熟练劳动的商品上具有比较优势。换言之,劳动熟练程度不同是国际贸易产生的重要原因之一。

表 2-9　5 个国家进出口商品所需熟练劳动和非熟练劳动比重(%)(1962 年)

国家	出口		进口	
	熟练劳动	非熟练劳动	熟练劳动	非熟练劳动
美国	54.6	45.4	42.6	57.4
瑞典	54.0	46.0	47.9	52.1
德国	52.2	47.8	44.8	55.2
意大利	41.1	58.9	52.3	47.7
印度	27.9	72.1	53.3	46.7

上述学说用劳动效率和劳动熟练或技能的差异来解释里昂惕夫之谜,因此被称为劳动熟练说(skilled labor theory)或人力技能说(human skill theory)。

(二) 人力资本的差异

这个观点是美国经济学家凯能(P. B. Kenen)等人提出来的,它用人力资本的差异来解释"谜"的产生,就是所谓的人力资本说(human capital theory)。他们认为,使用在国际贸易中的资本既包括物质资本(physical capital),也包含人力资本(human capital)。所谓人力资本是指所有能够提高劳动生产率的教育投资、工作培训、保健费用等开支,其作用是提高劳动者的技能,进而提高劳动生产率。里昂惕夫计量的资本只包括物质资本,而忽略了人力资本。由于劳动不可能是同质的,熟练劳动是一种投资的结果,是一种资本支出的产物。美国出口产业相对于其进口替代产业,劳动力因接受了更多的教育、培训投资,因为美国劳动比国外劳动包含更多的人力资本。简单地用美国的资本和劳动人数或劳动时间来计算美国进口产品的资本劳动比率可能没有反映美国人力资本和其他国家人力资本的区别。如果把前期投资形成的当期人力资本分离出来再将其加到实物资本中,并重新计算里昂惕夫算出的结果时,就会发现美国出口产品的 K/L 高于美国进口替代品的 K/L,从而很明显地得出美国出口资本密集型产品,进口劳动密集型产品。但这种解释的困难在于,人们很难准确地获得人力资本的真正价值以及相关的数据。

(三) 贸易壁垒的存在

这种解释认为,"谜"产生的原因是美国贸易保护的结果。在赫克歇尔—俄林的要素禀赋理论中,贸易被假定是自由的,而包括美国在内的绝大多数国家都或多或少对进口产品实行了限制措施,从而使得国际间商品流通因受贸易壁垒的限制而使要素禀赋理论揭示的规律不能实现。在里昂惕夫的研究中,他如实地引用了原始的统计资料,而没有剔除关税及其他贸易壁垒对美国贸易结构的影响。事实上,美国政府为了解决国内就业,制定对外贸易政策时有严重保护本国劳动密集型商品的倾向。如果实行自由贸易或美国政府不实行这种限制的话,美国进口品的劳动密集程度一定比实际高。鲍德温的研究表明,如果美国的进口商品不受限制的话,其进口品中资本和劳动之比率将比实际高5%。

另一方面,别的国家也可能对其进口的资本密集型商品进行较高的保护,这样会使得美国资本密集型商品的出口受到一定的影响。因此,有人预测,如果美国及其贸易伙伴之间相互开展自由贸易,则美国会更多地进口劳动密集型商品,出口资本密集型商品。这样一来,里昂惕夫之谜就不存在了。这一研究对里昂惕夫之谜作出了部分解释。

(四)自然资源因素被忽略

这一解释是美国学者凡涅克(J. Vanek)提出来的。他在1959年发表的一篇论文中认为,里昂惕夫只考虑了劳动和资本的投入,而省略了自然资源的投入。而实际上,一些产品既不是劳动密集型产品,也不属于资本密集型产品,而是自然资源密集型产品,如石油、煤炭等。事实上,美国的进口品中有相当一部分是原材料与自然资源产品,如石油、木材等,这些原料的开采或者提炼需要耗费大量的投资。把这类产品划归资本密集型产品无形中加大了美国进口品的资本与劳动的比率,这就出现了里昂惕夫悖论的现象。

里昂惕夫曾对这个观点予以了赞许,其本人后来在对美国的贸易结构进行检验时,在投入—产出表中减去19种自然资源密集型产品,结果就成功地解开了"谜",取得了与要素禀赋理论一致的结果。美国学者鲍德温也曾对这个观点进行了验证。他的研究证明,如果剔除自然资源产品,则生产进口替代品时,每个工人所需的资本数量,相对出口商品生产,由原来的127%下降到104%。虽然没有完全消除"谜",但比例已经大大下降。这从另一方面说明,某些自然资源产品同资本密集型产品的确存在着替代的关系。美国自然资源商品进口具有资本密集型的特点,这样在美国的进口贸易中就加重了资本密集型商品的份额,从而导致"谜"的产生。

(五)生产要素密集型逆转

生产要素密集型逆转(factor intensity reversal)是指同一种产品在劳动丰裕的国家是劳动密集型产品,在资本丰裕的国家又是资本密集型产品的情形。

当生产商品的投入要素之间的替代弹性(elasticity of substitution)较大时,生产要素之间的价格变动就会影响商品的要素密集度。例如,X商品属于劳动密集型商品,但是由于工资的上涨,资本就会替代一部分劳动,随着替代比例增大,X商品就有可能由原来的劳动密集型商品转变为资本密集型商品。

由于每一个国家生产要素价格不同,这样就有可能出现这样的情况:资本丰裕而劳动稀缺的国家(例如美国),由于劳动力价格昂贵而资本便宜,往往会在劳动密集型商品生产中(比如说玩具)使用更多的资本而非劳动,玩具在美国就变成了资本密集型商品;而在劳动密集型国家(其他国家)由于劳动丰裕而资本相对稀缺,劳动力便宜而资本昂贵,玩具生产中仍然使用大量的劳动,属劳动密集型商品。这样一来,要素密集度就发生了逆转。一且要素密集度发生逆转，一种商品究竟是劳动密集型商品还是资本密集型商品就没有一个绝对的标准。

在这种情况下，美国进口的商品中，在国外来说是劳动密集型产品，但若在美国生产的话，就有可能是资本密集型产品。由于里昂惕夫在计算美国出口商品的资本/劳动比率时，用的是美国的投入产出数据。对于美国的进口商品，用的也是美国进口替代品的资本/劳动比率，而不是美国进口商品的资本/劳动比率。这样一来，就有可能出现美国进口资本密集型商品，出口劳动密集型商品的情况，从而使得要素禀赋与比较利益的联系发生颠倒。

因为赫克歇尔—俄林的要素禀赋理论是建立在要素密集度不发生颠倒的条件下，即无论在A国还是B国，X产品是劳动密集型产品，Y产品是资本密集型产品。所以，一旦发生要素密集型逆转，要素禀赋理论揭示的规律便无法实现，因而出现了"谜"。例如，A国劳动丰富，出口劳动密集型的X商品，B国资本丰富，出口资本密集型的X商品，然而两国不可能同时实行这种专业化向对方出口同种产品，所以要素禀赋理论便不能指出贸易的类型。因此，要素密集型逆转发生可作为解释"谜"产生的原因之一。

生产要素密集度的逆转在现实世界里确实存在，问题是它出现的几率有多大。如果要素密集度逆转是一种普遍现象，则整个赫克歇尔—俄林的要素禀赋理论就失去了存在的意义。如果要素密集度逆转只是偶然发生，则我们可以保留赫—俄模型而把要素密集度逆转作为例外。而要素密集度逆转在现实世界里发生频率又是一个实证检验的问题。

经验的检验说明，在现实生活中，要素密集型逆转发生概率是极小的，里昂惕夫对他所研究的资料进行定量分析，发现要素密集型逆转发生只有1%。因此，用要素密集型逆转来解释里昂惕夫之谜在理论上可行，但由于要素密集型逆转对要素禀赋理论并无实质性的影响，因而在实践上并无实际意义。

四、H-O理论的政策含义及里昂惕夫之谜引发的启示

H-O理论的最基本政策含义是所谓的"靠山吃山，靠水吃水"的思想，一国只有充分利用本国的要素资源，大力开展国际贸易，就能够在国际竞争中获取比较优势从而从国际贸易中获得利益。这一贸易与分工模式成为当今世界各国开展国际贸易必须遵循的准则。因此，依照H-O理论制定一国的对外贸易战略与政策，是多数国家，特别是发展中国家对外开放的出发点。

中国自1978年实行改革开放以来，按照H-O理论的发展思路，充分利用本国人口多、劳动力廉价的优势，大力发展劳动密集型产业，积极开展与西方发达国家进行贸易，对外贸易取得了重大的发展。

但是，H-O理论只是从一个角度解释了国际贸易产生的原因，并不具有普遍性。里昂惕夫之谜是传统国际贸易理论发展史上的一个转折点，它挑起了人们对传统国际贸易理论的质疑，并寻求对"谜"的合理解释。引发了许多经济学家对里昂惕夫的方法及赫—俄模型进行了更为广泛而全面的讨论，因此推动了第二次世界大战后新贸易理论的发展。不仅如此，里昂惕夫首次运用投入—产出分析法，把经济理论、数学方法和统计三者结合起来，对国际贸易商品结构进行了定量分析，开辟了用统计数据全面检验贸易理论的

道路。

　　"谜"和对"谜"的检验表明:要素禀赋理论已不能对第二次世界大战后国际贸易的实际作出有力的解释,主要原因的赫克歇尔—俄林的要素禀赋理论的假设前提与实际的差距越来越大。因此,国际经济学界关于"谜"与要素禀赋理论的旷日持久论战是以对要素禀赋理论前提的修正结束的。当今传统国际贸易理论中居主导地位的仍然是以比较优势为核心、经过修正的要素禀赋理论。赫克歇尔—俄林的要素禀赋理论仍然成立,仍被誉为传统国际贸易理论的基石,但对现实世界解释范围越来越小。

专栏 2-6

华西里·里昂惕夫(Wassily Leontief)

　　1906 年盛夏,华西里·W·里昂惕夫生于彼得堡。1921 年,考入了彼得堡大学,专修社会学。1925 年取得了社会学硕士学位。这时,他年方 19 岁,毕业后又被校方留任为助教。当苏维埃政权建立起来的时候,急需恢复和发展经济。里昂惕夫的父亲参加了编制 1923—1924 年苏联国民经济平衡表的工作。社会与家庭各方面的影响和时代的需要,使这位还在攻读硕士学位的年轻人,对经济学问题产生了异常的兴趣。出于对事业的追求,他开始这方面的探讨。他一边担负繁重的教学工作,一边阅读有关经济学理论的书籍。他于 1927 年来到马克思的故乡德国,进入柏林大学博士研究生班继续深造。1928 年,取得了柏林大学的博士学位。

　　里昂惕夫在青年时期的研究工作就开始涉及投入产出分析法的内容。早在 1925 年,当他还在柏林大学读书时,曾在德国出版的《世界经济》杂志上发表了《俄国经济平衡——一个方法论的研究》的短文,第一次阐述了他的投入产出思想。1930 年,他移居美国后,正式从事投入产出方法的研究。

　　半个世纪以来,里昂惕夫的工作大体经过了三个阶段。

　　第一阶段,是 30 年代至 40 年代。这期间,他的工作重点是编制美国的投入产出表,并建立投入产出分析法的理论体系。

　　第二阶段,是 50 年代至 60 年代,里昂惕夫把投入产出分析看作是经济分析的一个全能工具。所以,他在解决了一国国民经济投入产出表的编制问题后,便进一步探索运用这一方法深入研究不同局部或个别环节的途径。

　　1966 年,里昂惕夫将自己的理论系统整理后,出版了《投入—产出经济学》一书。这部书是一个重要的总结。同年,他又发表了《经济学论文集:理论和理论形成》一书。

　　1967 年,里昂惕夫被纽约大学授予终身教授职衔。1958 年,法国全国退伍军人协会授予他名誉会员的称号。同年,他又被聘为法国工业通讯员。

第三阶段,进入 70 年代以后,里昂惕夫的学说有更大的发展。据 1979 年联合国统计,世界上已有 89 个国家和地区广泛采用这一理论。

1987 年,里昂惕夫曾随美国总统尼克松来华访问。他很欣赏中国的以计划经济为主、市场调节为辅的经济体制,回国后发表了《社会主义在中国行得通》的评论文章,高度地评价了新中国建国以来的经济恢复和发展。这篇评论轰动了西方世界,对西方国家了解中国起到了积极作用。

里昂惕夫由于发展了投入产出分析方法及这种方法在经济领域产生的重大作用,而备受西方经济学家所推崇。里昂惕夫的投入产出分析法,已被世界广泛采用。1979 年,据西方报刊报道,运用投入产出理论编制和发表投入产出表的国家已有 80 多个,联合国社会经济部门建议成员国,把投入产出分析方法作为国民经济核算体系的一个组成部分。

50 年代和 60 年代,里昂惕夫将投入产出方法娴熟地运用于经济学的许多学科,取得了一个又一个成就。投入产出方法得到了社会的承认,许多学术机构、政府部门、学者开始使用投入产出方法,编制投入产出表。1974 年,联合国委托里昂惕夫建立全球性投入模型,以研究本世纪最后 20 多年中世界经济可能发生的变化与国际社会能够采取的方案。《世界经济的未来》一书便是里昂惕夫进行此项研究的一个成果。

里昂惕夫力图利用投入产出分析来帮助实现联合国的国际发展战略和建立国际经济新秩序,调整不平等和不公正的国际经济关系,缩小发达国家和发展中国家之间的差距,保证稳定地加速这一代和未来几代的社会经济发展,并帮助联合国的会员国制定减轻贫困和失业,同时,又保持甚至改善全球环境免除污染计划,达到既定经济目标。

由于里昂惕夫发展了投入产出分析方法在经济领域产生的重大作用,1973 年被授予诺贝尔经济学奖。

除了诺贝尔经济学奖外,里昂惕夫获得的奖励及荣誉还有:1953 年,比萨大学授予他查理—包姆勋章;1967 年,美国纽约大学授予他终身教授称号;1968 年,法国全国退伍军人协会授予他名誉会员称号,并曾任日本经济研究中心、英国皇家统计学会的名誉会员。

里昂惕夫的主要著作有:《美国经济结构,1919—1929》(1941 年,1951 年)、《美国经济结构研究》(合著,1953 年)、《投入—产出经济学》、《论文集》(1966 年)、《经济学论文集(理论与推理)》第一卷(1976 年)、《经济论文集(理论、事实和政策)》第二卷(1977 年)、《世界经济和未来》(合著,1977 年)。

(资料来源:陈桂玲:《解读诺贝尔经济学大师》,现代出版社 2005 年版。)

要素禀赋与贸易结构

沙特阿拉伯是一个石油大国,石油资源丰富,在其领土范围内,已探明的石油储量为 2 615 亿桶,约占全球总储量的 25.2%。沙特阿拉伯现共有 8 座大型炼油厂,日提炼能力约 158 万桶,实际日产量约 40 万桶至 150 万桶,其中 60% 左右供国内消费,其余供出口。

沙特阿拉伯经济结构单一,石油是其经济发展的命脉,因此,对外贸易在其国民经济中举足轻重。石油收入占其国家财政收入的 60%～80%,石油和石化产品出口占其出口总额的 90% 左右。进口产品中,机电设备、食品和交通工具所占比重最大。自 20 世纪 70 年代起,沙特阿拉伯利用其丰厚的石油资金大力发展经济和改善人民生活,进行了多期五年发展规划,经过 20 年的努力,使沙特阿拉伯从一个贫穷落后的国家变成一个举世闻名的现代化石油大国,而且成为中东最大的商品和承包劳务市场,并拥有大量的海外资产。依靠石油收入,沙特阿拉伯对外经济援助数量可观,共计向全世界 70 多个发展中国家提供了 700 亿美元的援助。

对石油的高度依赖,使沙特阿拉伯深受国际市场上石油价格波动的影响。20 世纪 70 年代石油价格高攀,给沙特阿拉伯带来了可观的贸易收益,使其一跃成为世界人均高收入成员,而 80 年代以后的石油价格萎靡不振,也给其带来了巨大的不利影响。

大多数发展中国家的出口商品都与其要素禀赋密切关联。尼日利亚、印度尼西亚、墨西哥、肯尼亚、埃及、委内瑞拉等是世界石油的主要供给国,赞比亚、扎伊尔、智利是著名的铜出口国,哥伦比亚、坦桑尼亚、埃塞俄比亚、巴西、科特迪瓦、危地马拉是闻名的咖啡供应地……

马来西亚在 1957 年独立时,基本上是单一经济结构,橡胶出口占其出口收入一半,占国内生产总值的近 1/4。锡是其第二大出口产品,占全部出口收入的 10%～20%。独立后,马来西亚继续投资于初级产品出口,并在制成品出口上进行投资。结果,其出口逐步多样化,保持了快速的增长。在非洲的象牙海岸,为维持其咖啡出口,加强了投资,同时,象牙海岸还增加了对可可、木材和其他初级产品的投资,出口不断增长,国内居民生活水平也不断提高。

也有相反的例子。象牙海岸的邻居加纳在 1957 年独立时,大概是非洲最富裕的国家。当时的加纳,同大多数发展中国家一样,经济结构单一,可可出口占其出口收入的 60%。独立后,加纳将投资从出口基地急转到进口替代产业。结果,到 20 世纪 80 年代,可可的出口量仅为 60 年代的一半,而其他出口产品并没有弥补这一缺口。

(资料来源:http://eco. cueb. edu. cn/ecoyuan/uploadfile/2005916112641265.doc。)

本章小结

1. 重商主义认为国际贸易是一种"零和"游戏,一国只有当其他国家受到损失时才能在国际贸易中获利。其政策主张是国家应该干预对外贸易,鼓励本国商品的出口,限制外国商品的进口,以获取国际贸易顺差。政府对所有经济活动进行严格管制。

2. 传统国际贸易理论体系的建立起源于绝对优势理论,完成于要素禀赋理论。根据亚当·斯密的观点,贸易的基础是绝对优势。而大卫·李嘉图继承和发展了亚当·斯密的理论,提出了比较优势理论。他认为国家间也应按"两优取其重,两劣取其轻"的比较优势原则进行分工。

3. 在李嘉图比较优势理论的基础上提出的要素禀赋理论是国际贸易理论的基石,其基本观点为:一国应当生产并出口其相对丰裕和便宜的生产要素生产的产品,进口该国相对稀缺而昂贵的生产要素生产的产品。

4. 里昂惕夫用投入产出分析法对1947年美国200个行业进行了实证分析。结果发现美国进口替代品的资本密集程度比美国出口品的资本密集程度反而高出30%,这一检验结果与H-O理论预测的完全相反,因而被称为"里昂惕夫之谜"。对"里昂惕夫之谜"的解释推动了第二次世界大战后新贸易理论的发展。

重要概念

重商主义　绝对优势理论　比较优势理论　要素禀赋理论　要素价格均等化定理里昂惕夫之谜

练习思考题

一、名词解释

1. 重商主义
2. 要素禀赋
3. 要素密集度
4. 要素丰裕度

二、单项选择题

1. 重商主义的基本观点是一种( )。

A. 国际金融的"乘数理论"　　　　B. 国际贸易的"零和理论"
C. 国际金融的"杠杆原理"　　　　D. 国际贸易的"绝对优势理论"

2. 假如A国使用同样数量的时间比B国生产更多同种商品X,那么A国在商品X的生产上( )。

A. 有相对优势　　　　B. 有绝对优势
C. 相对有利　　　　D. 绝对不利

3. 一国拥有充足的资本要素,所以该国应该专门生产资本密集型产品进行对外交换,这种说法来自( )。

A．李嘉图的比较成本理论　　　　　B．俄林的生产要素禀赋理论

C．亚当·斯密的绝对成本理论　　　D．林德的需求偏好相似理论

4. H-O理论认为,进行贸易的结果是各国之间的要素价格的差别将(　　)。

A．扩大　　　　　　　　　　　　B．不变

C．消失　　　　　　　　　　　　D．扩大、不变或消失

5. 比较优势理论的提出者是(　　)。

A．亚当·斯密　　　　　　　　　　B．大卫·李嘉图

C．赫克歇尔和俄林　　　　　　　D．李斯特

6. 晚期重商主义学说最重要代表人物是(　　)。

A．李斯特　　　　B．托马斯·孟　　　C．凯恩斯　　　D．俄林

7. 人力资本说最先是由(　　)提出。

A．俄林　　　　　B．里昂惕夫　　　　C．基辛　　　　D．凯南

8. 里昂惕夫之谜的存在表明(　　)。

A．有些国际贸易现实与要素禀赋理论的结论不相符

B．产业内贸易是个别经济学家的妄想

C．有些国际贸易现实并不能增进各国福利

D．发达国家之间极少发生贸易

三、思考题

1. 按照重商主义的观点,一国必须保持出口大于进口。请问在只有两个国家的世界里,这种情况是否可能? 为什么?

2. 比较优势理论的主要观点是什么? 比较优势理论与绝对优势理论之间有什么联系和区别?

3. A国与B国同时生产小麦与布,A国在生产小麦上比B国的生产成本低1/3,在生产布上低2/5。按照李嘉图的比较优势原理,在其他条件一样时,A国应该生产什么? B国应该生产什么?

4. 中国的土地比澳大利亚大得多,但为什么澳大利亚的农产品比中国更具有竞争力?

5. 给定以下的条件:

	产品(成本)	B产品(成本)
甲国	3	4
乙国	3—8	8

试问,依照比较优势原理,乙国如果要出口A产品的条件是什么? 请根据学习过的理论给予详细的说明。

6. 有比较优势的一定有绝对优势,但有绝对优势并不一定有比较利益。请问上述说法正确吗? 为什么?

7. 假设世界上打字最快的打字员恰好是个律师。他应该自己打字还是雇用一个秘书? 请予以解释。

8. 市场经济是强者经济,在与发达国家开展贸易时,发展中国家往往会吃亏。请对上述观点加以评论。

9. 要素禀赋理论的基本观点有哪些？为什么国际贸易理论界将它和比较优势理论一并称为国际贸易两大基本模式？

10. 什么是里昂惕夫之谜？如何解释"谜"的产生？

11. 在 20 世纪 90 年代北美自由贸易区(美国、加拿大和墨西哥)的谈判中，一些反对派认为，由于墨西哥的工资水平比美国低得多，所以自由贸易区会使美国丧失大量的工作岗位。这一推理是对还是错？如果错了，错在哪里？

12. 什么是要素密集型逆转？在什么情况下才会发生这种现象？

13. 要素密集度颠倒的含义是什么？它和生产要素替代弹性之间有什么关系？为什么说如果要素密集度的颠倒普遍存在就会推翻 H-O 定理和要素价格均等定理？在现实世界中，对要素密集度颠倒的普遍程度所作的经验检验的结果如何？

第三章
新国际贸易理论

传统国际贸易理论是建立在各国要素禀赋差异引起比较优势的基础之上。但是这一理论本身存在着两个问题：一是里昂惕夫之谜如何解释；二是要素禀赋理论的一系列假设中有相当多一部分是不切合实际的，这就使得要素禀赋理论在解释当今国际贸易时存在着许多困难。比如，美、日、欧之间相互进口汽车，这种现象是传统国际贸易无法做出合理解释的。

20 世纪 60 年代以来，国际分工格局出现了一些新的动态：一是发达国家之间的贸易大大增加，二是出现了同一行业既出口又进口的贸易模式。上述两种现象已经无法用传统的要素禀赋与比较成本差异来进行令人满意的解释与说明。

有鉴于以上情况，在 20 世纪 60、70 年代，针对里昂惕夫之谜，一些经济学家对传统国际贸易理论进行补充，出现了如技术差距论、偏好相似理论、产品生命周期学说、存在性理论等开创性研究。总的来看，这是国际贸易理论发展相对沉寂的时期。直到 20 世纪 70 年代末，国际贸易理论发展终于迎来了重大突破。以克鲁格曼（Paul Krugman）等人为代表的经济学家正式将不完全竞争和规模经济引入立论前提，由此产生了规模经济理论、产业内贸易理论、战略贸易理论等。尽管早期的新理论没有给出问题的严格分析和处理，却提出了不完全竞争和差别产品的基本思想。因此，我们把所有这些理论总称为新贸易理论。

不同的新贸易理论是从不同角度解释国际贸易的某个特定方面，并没有统一的模式或模型。它们与传统贸易理论的最大不同是取消了完全竞争和产品同一的假设，引入了规模报酬递增。显然，新贸易理论的假设与市场实际更吻合。但是，传统贸易理论绝不可完全抛弃。如果说传统理论把世界贸易看成是完全发生在像小麦这类商品上，新理论则认为贸易品主要是像飞机这样的商品。因为世界贸易中有很大一部分商品属于小麦这种类型，而飞机贸易和小麦贸易一样会受到某些相同因素的影响。因此，传统贸易理论依然有着重要的意义。本章将全面介绍各个新贸易理论的主要思想。

第一节　规模报酬、不完全竞争与国际贸易

一、规模报酬递增论

规模报酬递增论（theory of increasing returns to scale）也称规模收益递增理论，是克鲁格曼在与艾瀚南（Helpman Elhanan）在他们合著的《市场结构与对外贸易》（1985 年）一书中提出的。其基本论点为：规模报酬递增也是国际贸易的基础，当某一产品的生产发生规模报酬递增时，随着生产规模的扩大，单位产品成本递减而取得成本优势，因此导致专业化生产并出口这一产品。

传统贸易理论都假设产品的规模报酬不变，即所有的投入增加 1 倍，产出也增加 1 倍。这种假设比较接近初级产品的生产特点。但是，在现代经济社会中，尤其是在大工业生产中，许多工业制成品都具有"随着生产规模扩大每单位生产要素投入会有更多的产出"这一特点。这就是规模报酬递增（increasing returns to scale）。规模报酬递增也叫内

部规模经济(internal economies of scale),指产出水平增长比例高于要素投入增长比例的生产状况。例如,所有的投入都增加1倍,产出将增加1倍以上。规模报酬递增源于企业自身生产规模的扩大。由于生产规模的扩大和产量的增加,企业得以充分发挥各种生产要素的效能,更好地组织企业内部的劳动分工和专业化,提高厂房、机器设备的利用率,从而使分摊到单位产品的固定成本越来越少,进而使产品的平均成本降低。具有内部规模经济的一般为现代大工业,多集中在汽车、钢铁等资本密集型产业中。

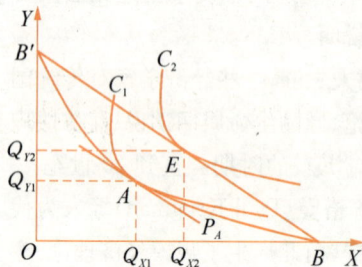

图3-1 基于规模报酬递增的贸易模式

规模报酬递增为国际贸易直接提供了基础。现以A国和B国为例分析说明由规模报酬递增取得的贸易优势及在规模收益递增基础上互惠贸易的发生,如图3-1所示。

为了分析的方便,现假定A国、B国在各方面(要素禀赋、技术水平、消费偏好、经济的绝对规模)都完全相同,这样我们可以用同样的生产可能曲线图与无差异曲线图来表示两国的情况。生产可能性曲线凸向原点,表明生产X、Y产品发生规模报酬递增(成本递减),即增加每一单位的X商品生产需要牺牲Y商品的数量越来越少,增加每一单位的Y商品生产需要牺牲X商品的数量也越来越少。A点为两国在封闭经济状态下共同的生产点,国内均衡商品相对价格也相等(P_A)。显然,这时两国并不存在比较优势,但却存在由专业化分工和贸易所能带来的潜在利益,优势和利益来自规模报酬递增。如果A国试图增加X商品的生产,哪怕开始只比对方扩大一点点,但在规模报酬递增的作用下,稍加扩展的X商品就会获得成本优势,促使其进一步扩张,这种扩张反过来又强化它的优势,出现了一种滚雪球式的专业化分工倾向,推动A国专业化生产X产品,产量为OB。反之亦然,B国也会专业化生产Y产品,产量为OB'。若两国各以自己生产的一部分产品进行贸易,即A国用$Q_{X2}B$的X与B国的$Q_{Y2}B'$的Y相交换,结果两国的消费均确立在E点上,较之分工前A点提高了,经济福利也随之增加,达到了位置更高的无差异曲线C_2,各获利$Q_{X1}Q_{X2}$和$Q_{Y1}Q_{Y2}$;所得就来自各国只生产一种产品的规模报酬递增。可见,在存在规模报酬递增条件下,以规模报酬递增为基础的分工和贸易会通过提高生产率、降低成本,使产业达到更大的国际规模而获利,而参加分工和贸易的双方均获其利。

有必要指出的是,规模报酬递增理论不能事先预测贸易模式,或者说某国生产何种产品是由随机因素决定的。换句话说,上述的A国与B国无论是生产X还是生产Y都是没有区别的,很多时候,在现实世界里,到底是A国生产X还是B国生产X是由某些历史原因造成的。但是,它提出了一个很重要的观点,那就是规模收益能够产生比较优势。另外,在规模报酬递增的条件下,放松要素禀赋、技术水平、消费偏好、经济的绝对规模都完全相同这些假设并不影响结论的成立。

二、外部经济理论

规模报酬递增只是规模经济的表现形式之一,规模经济的另一种形式是外部规模经济（external economies of scale）。外部规模经济是一种经济外在性。存在外部规模经济时，行业内每个企业的生产过程仍然是规模报酬不变的，规模收益递增只发生于整个产业层面，即整个产业产出增加比例大于整个产业要素投入增加的比例。简单地理解，产品平均成本降低与个别厂商的规模无关，外部经济来源于行业内厂商数量的增加所引起的整个产业规模的扩大，从而降低了产品的平均成本。马歇尔（Marshall）对外部规模经济有着比较充分的论述。他指出，外部规模经济可能是由于行业地理位置的集中即产业集聚效应，同一行业中厂商数量的增加和相对集中，使得每个企业都能够更好地利用交通运输、通信设施、金融机构、自然资源、水利能源等生产要素，从而促使企业在运输、信息收集、产品销售方面成本降低。外部规模经济也可能源于生产技能或知识的大规模积累。对个别企业来讲，生产规模小，则直接来源于生产活动的经验积累极其有限。但是，整个行业规模很大，这种积累就非常显著了。因此，行业内的每个企业都可以从整个行业规模扩大中获得好处。后一种情况就是阿罗（Arrow）所说的"干中学"（learning-by-doing）。外部规模经济在当代经济实践中非常突出，例如美国的硅谷和好莱坞的娱乐业，中国义乌的"小商品市场"和北京的"中关村电脑城"，英国的伦敦金融中心等等，不胜枚举。

传统贸易理论不仅假设生产不存在内部规模经济，更没有外部经济。然而，同厂商内部规模经济一样，外部经济在国际贸易中也发挥着重大作用。但是，两者影响的机理截然不同。具体来说，外部经济可能导致一国被"锁定"在某种非意愿的专业化生产模式中。由于外部经济依赖于产业中厂商数量的扩大，而不是单个厂商规模的扩大，所以市场结构可以看作是完全竞争的。也就是说，在外部经济条件下，所有厂商都享受着较低的生产成本，这是因为该产业是巨大的，而不是因为该厂商是巨大的。在规模报酬递增条件下，产业中一个或几个厂商的规模扩大只会导致完全垄断或寡头垄断，市场结构不可能是完全竞争的，从而破坏竞争。

对于特定产业，如果某国该产业的规模很大，则其生产某种产品的平均成本就较低，这样该国在这种产品上就具有比较优势。某一产业在哪个国家最先建立，在哪个国家的规模最大，这完全取决于历史的原因。一旦某一产业在 A 国比 B 国更早建立或者发展得更壮大，随时间推移，A 国有可能比 B 国取得更大的成本优势，即其优势是随时间积累的。对于 B 国来说，如果其产业的规模发展到与 A 国的产业规模相同，他也可能会成为该产品的低成本生产者。但是，由于 A 国已经生产并出口这种产品了，所以 B 国已不可能再向 A 国出口，在明显的外部经济作用下，贸易模式难以确定。

如图 3-2 所示，D_w 是世界市场对某商品的总需求曲线。由于外部经济的存在，A 国和 B 国的平均成本曲线 AC_1、AC_2 都各自向右下方倾斜。如果 A 国是该商品的唯一供给者，那它就会在 $AC_1 = P_1$ 处生产，均衡点为 E_1。如果 B 国是该商品的唯一供应者，那么均衡点 E_2，均衡价格 P_2 低于 P_1。由于完全竞争，在两种情况下两国的均衡价格都等于平均成本。

假如由于某种历史原因，A 国已经建立该产业并以 P_1 向世界市场提供该产品，

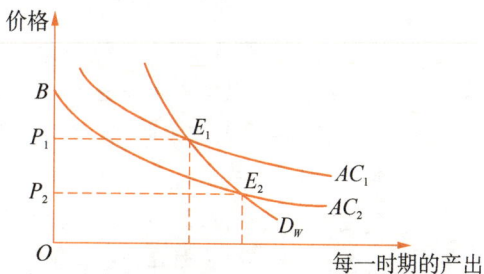

图 3-2　外部经济对国际贸易模式的影响

但 B 国尚未具备该产业。由于 A 国先行进入市场,具有先行优势,其较低的平均成本和国际市场价格成为 B 国现在进入该产业的障碍。因为 B 国的初始进入成本 P_2 远远高于国际市场的现有平均成本。可见,在明显的外部经济的影响下,无法根据真实或潜在平均成本来确定国际贸易模式。

瑞士发达的钟表业是外部经济的典型案例。在 18 世纪,钟表行业主要是手工作坊式的,属于技能劳动密集型。当时瑞士恰好满足该行业的这种特点,所以早期钟表行业在瑞士率先得到了发展。随着瑞士钟表业的发展壮大,这种"先行者"的优势由于规模经济的存在转化为成本上的优势,从而限制了"后来者"的进入,奠定了瑞士钟表行业在国际分工中的地位。从历史角度看,很多国家在国际分工格局中的地位都与这种"先行优势"(first mover advantage)有密切关系。

基于外部经济的贸易对于国家福利的影响比基于比较优势或内部规模经济的贸易对福利的影响要模糊得多。一方面,世界经济或许能从某些行业为实现外部经济而进行的集中生产中获益;另一方面,谁也无法保证哪个国家应该生产带有外部经济规模的产品,以外部经济为基础的贸易可能使一国的福利水平比没有贸易时下降,因为该国不仅无法充分利用其既有的比较优势,甚至不得不以高于本国自主生产价格的世界价格从外国进口。这成为一些国家政府实施贸易保护的借口,也促使许多国家的国内产业政策强调产业聚集效应。虽然如此,外部经济依然通过产业集中给世界经济带来好处,使世界资源利用变得更有效率。

专栏 3-1

产业集聚是现代经济发展的必然选择

产业集聚是指同一产业在某个特定地理区域内高度集中,产业资本要素在空间范围内不断汇聚的一个过程。同时,也指在一个适当大的区域范围内,生产某种产品的若干个不同类企业,以及为这些企业配套的上下游企业、相关服务业,高度密集地聚集在一起。产业集聚问题的研究产生于 19 世纪末,英国经济学家马歇尔在 1890 年就开始关注这一经济现象,此后在经济理论界得到不断的丰富和发展。随着国内对产业结构优化升级的高度重视,产业集聚也引起各方面关注,特别是各级政府的重视。

产业集聚的主要形式

基于大企业形成的集聚。所谓大企业集聚是指在地理空间上由两个或两个以上的核心企业,其他企业围绕核心企业形成联合体。在区域内部,大企业之间形成寡头垄断,各个寡头生产的产品相同或相似。例如,昔日的美国汽车之都底特律,美国三大汽车制造商通用、福特和克莱斯勒曾集聚于此,生产的汽车一度占美国总产量的 80% 以上,形成典型的大企业集聚。在底特律汽车产业繁荣的时候,各个汽车巨头都有自己稳定的合作伙伴,合作伙伴之间存在严密的生产分工,而三大汽车巨头之间则存在较强的垄断竞争。

基于共同的文化背景形成的集聚。在某些地方,由于以前具有某种手工业的基础,在新的外部环境刺激下,该产业迅速发展,集聚成群。比较典型的是意大利普拉特的纺织品集群。普拉特是托斯卡那州的一个小城市,面积430平方公里,人口约17万,现为意大利主要的纺织品产地之一。早在中世纪,普拉特就有羊毛工业的传统,到19世纪开发了再生毛料利用技术,大大降低了原料生产成本,一举成为毛纺织生产基地。普拉特的全盛期是在1979年,毛纺机拥有量占意大利的70%、全世界的40%,毛织机拥有量占意大利的50%。

基于大学、科研机构与企业间协同作用形成的集聚。在这种合作群体中,大学或科研机构为众多的企业提供可转化为商品的新技术成果和具有新产品、新工艺开发才能的科研人员以及设计人员。众多企业则为大学、科研机构提供资金,成为科研人员和毕业生进行实习的场所。最著名的例子是美国硅谷。硅谷所在的湾区有斯坦福大学、加州大学伯克利分校等世界一流的大学,这些高校和科研机构培训了大量的高科技人才,提供不少重要的研究成果,并且为区域内形成合作研究的氛围和鼓励创新的精神奠定了基础。尤其是斯坦福大学,目前硅谷将近一半的销售收入是来自斯坦福大学的衍生公司。

基于政府作用形成的集聚。比较典型是韩国。韩国政府为了培育重工业和化学工业,先后支持建立了一批大规模的企业集团,如昌原(机械)、龟尾(电子)、蔚山(石化)、巨济(造船)、浦项(钢铁),这些地区被发展成韩国重要的产业集聚地。此外,韩国最大的研发集聚区大德科技园主要也是由政府的研究基金建立的。2004年,韩国政府开始建设以首都和周边地区为核心的大规模信息产业聚集带,培养今后30年内拉动韩国经济发展的新动力源。

产业集聚的作用

马歇尔在研究中发现,集中在一起的厂商比单个孤立的厂商更有效率,同时,相关产业的企业在地理上的集中,可以促进行业在区域内的分工与合作。产业集聚的作用主要体现在几个方面:

有助于上下游企业减少搜索原料产品的成本和交易费用,使产品生产成本显著降低。集群内企业为细化生产链分工,有助于推动企业群劳动生产率的提高。

集聚使得厂商能够更稳定、更有效率地得到供应商的服务,比较容易获得配套的产品和服务,及时了解本行业竞争所需的信息。集聚形成企业集群,有助于提高谈判能力,能以较低的代价从政府及其他公共机构处获得公共物品或服务。

由于集聚体本身可提供充足的就业机会和发展机会,会对外地相关人才产生磁场效应。随着各种人才集聚,企业可在短时间内以较低的费用找到合适的岗位人才,降低用人成本。

产业集聚可以促进创新。在产业集聚中,新工艺、新技术能够迅速传播,同时,企业更容易发现产品或服务的缺口和不足,从而受到启发,发现市场机会,研发新的产品。

产业集聚可提升企业竞争力。同处一地的同行业企业有了业绩评价标尺,可以相互比较,这就给企业带来创新压力与动力,迫使企业不断降低成本,进而改进产品及提高服务。集聚区内的企业比起那些散落在区外的企业,具有更强的竞争优势,也更容易进入这一行业的前沿。

综上可知,产业集聚有一定规律可循,演变是渐进的,同时又是不可逆转的。产业集聚对提升一个地区产业发展水平和竞争力,促进该地区经济运行和生产过程的精细化、专业化、系列化有着重要作用。

(资料来源:《中国高新技术产业导报》2015年1月26日,作者:李景耀。)

第二节　产业内贸易理论

传统贸易理论模型中的两种产品分属于不同的产业,揭示的是产业间贸易(inter-industry trade)规律。产业内贸易(intra-industry trade)是相对于产业间贸易而言的。当存在内部规模经济时,传统理论所强调的完全竞争市场结构很难存在,生产差异化产品和垄断竞争、寡头、垄断成为市场上的常见现象。所谓差异化产品,指的是在每一个产业部门内部,在质量、性能、规格、牌号、设计、装潢等方面存在细微差别的产品。差异化产品和不完全竞争对国际贸易的一个重要影响是导致产业内贸易的大量出现。产业内贸易被定义为进出口属于同一产业的产品,这些产品通常是不同质的差异化产品。当今世界,这两种类型的国际贸易均有发生。

一、产业内贸易理论的发展

产业内贸易理论是20世纪60年代以来在西方国际贸易理论中产生和发展起来的一种解释国际贸易分工格局的理论,其发展阶段可以分为两个阶段:一是对统计现象进行直观推断解释,主要是在70年代中期以前的经验性研究;二是70年代中期以后对统计资料进行理论解释。

20世纪70年代中期以前,经济学家佛丹恩(Vordoorn)、迈凯利(Michaely)、巴拉萨(Bela Balassa)和考基玛(Kojima)对产业内贸易作了大量的经验性研究。佛丹恩对比荷卢经济同盟的集团内贸易格局变化的统计分析表明:和集团内贸易相关的生产专业化形成于同种贸易类型之内,而不是在异种贸易类型之间,而且交易的产品具有较大的异质性。迈凯利对36个国家五大类商品的进出口差异指数的计算结果说明:高收入国家的进出口商品的结构呈明显的相似性,而大多数发展中国家则相反。巴拉萨对原欧共体贸易商品结构的研究结果表明,欧共体制成品贸易的增长大部分是产业内贸易。考基玛对发达国家间的贸易格局的研究发现:高度发达的、类似的工业国之间横向制成品贸易增长迅速。

20世纪70年代中期,以格鲁贝尔(Herbert G. Grubel)、劳尔德(P. J. Loyld)、格雷(Gray)、戴维斯(Devies)、克鲁格曼、兰卡斯特(Lancaster)等人为代表的一大批经济学家对产业内贸易现象作了开创性、系统性的研究,使产业内贸易理论发展从经验性检验进入到理论性研究阶段。他们在研究共同市场成员国之间贸易量的增长时,发现发达国家之间的贸易并不是按赫—俄原理进行,即工业制成品和初级产品之间的贸易,而是产业内同类产品的相互交换。因而对产业内贸易进行研究,提出了产业内同类产品贸易增长特点和原因的理论。他们认为,从当代国际贸易产品结构来看,大致可以分为产业间贸易与产业内贸易两大类。前者是指一国进口与出口的产品属于不同的产业部门,而后者则指一国既出口同时又进口某种或某些同类产品。例如,美国和日本相互进口对方的电脑,德国与法国相互进口对方的汽车,意大利和德国相互进口对方的打字机等就属于产业内贸易。

20世纪70年代中期以后,在对产业内贸易的理论性研究不断深化的同时,对产业内贸易的经验性研究也步步深入。这一阶段的经验性研究已从70年代中期以前主要研究地区经济集团形成而导致专业化格局变化转向主要致力于研究产业内贸易的程度和趋势,以及在不同类型国家、不同产业中的发展状况及原因。

二、产业内贸易的理论解释

产业内贸易(intra-industry trade)是相对于产业间贸易(inter-industry trade)——不同产业之间完全不同产品的交换而言的。当今世界,两种类型的国际贸易均有发生。

产业间贸易发生的基础和原因是各个国家要素禀赋的差异引起的比较成本差异。国家间的要素禀赋差异愈大,产业间贸易量就愈大。产业内贸易形成的原因及主要制约因素涉及面比较广,经济学家主要是从产品差异性、规模报酬递增论以及偏好相似的角度对产业内贸易现象进行了理论说明。

(一)同类产品的异质性

同类产品的异质性是产业内贸易的重要基础。从实物形态上,同类产品可以由于商标、牌号、款式、包装、规格等方面的差异而被视为异质产品,即使实物形态相同,也可以由于信贷条件、交货时间、售后服务和广告宣传等方面的差异而被视为异质产品,从而形成无数种差别的产品系列。如汽车就有上百个品种。受财力、物力、人力、市场等要素的制约，任何一个国家都不可能在具有比较优势的部门生产所有的差别化产品，必须有所取舍，着眼于某些差别化产品的专业化生产，以获取规模经济利益。不仅如此，这种同类的异质性产品可以满足不同消费心理、消费欲望和消费层次的消费需要，从而导致不同国家之间产业内贸易的发生与发展。

与产业内差异产品贸易有关的是产品零部件贸易的增长。为了降低成本，一种产品的不同部分往往通过国际经济合作形式在不同国家生产，追求多国籍化的比较优势。例如，波音777飞机的32个构成部分，波音公司承担了22％，美国制造商承担了15％，日本供给商承担了22％，其他国际供给商承担了41％。飞机的总体设计在美国进行，美国公司承担发动机等主要部分的生产设计和制造，其他外国承包商在本国进行生产设计和制造有关部件，然后运到美国组装。显然，波音777飞机是多国籍化的产物。类似的跨国公司间的国际联盟、协作生产和零部件贸易，正促进各国经济的相互依赖和产业内贸易的扩大和发展。

（二）规模经济或规模报酬递增与不完全竞争

规模经济收益递增是产业内贸易的重要成因。生产要素比例相近或相似国家之间能够进行有效的国际分工和获得贸易利益，其主要原因是其企业规模经济的差别。一国的企业可通过大规模专业化生产，取得规模节约的经济效果，其成本随着产量的增长而递减，使生产成本具有比较优势，打破各生产企业之间原有的比较优势均衡状态，使自己的产品处于相对的竞争优势，在国际市场上具有更强竞争力，扩大了产品出口。这样，产业内部的分工和贸易也就形成了。例如，战后日本汽车、彩电进入美欧市场，就是有力的见证。

对企业而言，规模经济有外部的和内部的。前者不一定带来市场不完全竞争（imperfect competition），后者则将导致不完全竞争，如垄断性竞争（monopolistic competition）、寡占（oligopoly）或独占（monopoly）。这是因为国际贸易开展后，厂商面对更广大的市场，生产规模可以扩大，规模经济使扩大生产规模的厂商的生产成本、产品价格下降，生产相同产品而规模不变的其他国内外厂商因此被淘汰。因此，在存在规模经济的某一产业部门内，各国将各自专于该产业部门的某些差异产品的发展，再相互交换（即开展产业内贸易）以满足彼此的多样化需求。

国家间的要素禀赋愈相似，愈可能生产更多相同类型的产品，因而它们之间的产业内贸易量将愈大。例如，发达国家之间的要素禀赋和技术越来越相似，它们之间的产业内贸易相对于产业间贸易日益重要。

（三）经济发展水平

经济发展水平是产业内贸易的重要制约因素。经济发展水平越高，产业部门内异质性产品的生产规模也就越大，产业部门内部分工就越发达，从而形成异质性产品的供给市场。同时，经济发展水平越高，人均收入水平也越高，较高人均收入层上的消费者的需求会变得更加复杂、更加多样化，呈现出对异质性产品的强烈需求，从而形成异质性产品的需求市场,当两国之间人均收入水平趋于相等时,其需求结构也趋于接近,产业内贸易发展倾向就越强。

三、产业内贸易模式及其特点

为了分析的方便,现假设世界上只有 A、B 两个国家,其中 A 国为劳动密集型国家,B 国为资本密集型国家,两国都共同拥有两种生产要素劳动和资本;并假定有两个产业——X 和 Y,其中 X 为劳动密集型产业,而 Y 为资本密集型产业。

如果 Y 不是一个具有差异性的产业,那么这种贸易模式可以用图 3-3(a)来表示,其中箭头的方向表示贸易方向,箭头的长度表示贸易额。X 与 Y 的贸易中,比较优势是贸易的主要动因。贸易模式是资本丰裕的 B 国成为资本密集型产品 Y 的净出口国和劳动密集型产品 X 的净进口国。

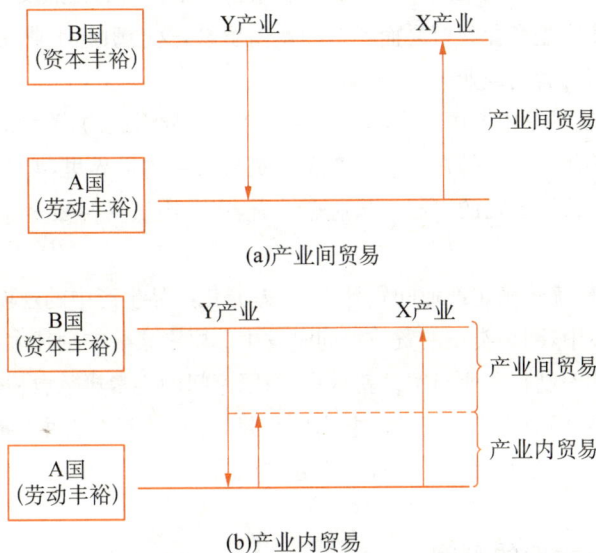

图 3-3　产业内贸易的模式与特点

如果 Y 是一个产品具有异质性的产业,那么,由于规模经济的存在,该产业会形成垄断竞争的市场结构。本国和外国的生产厂商将生产具有异质性的资本密集型商品 Y。虽然 B 国仍然是资本密集型产品 Y 的净出口国,但由于 A 国厂商生产的商品与 B 国生产的商品具有不同之处,而 B 国又不可能生产每一种消费者偏好的产品,从而导致在 Y 内部形成产业内贸易,如图 3-3(b)。这样通过产业内贸易,实现了生产的规模经济并满足了消费者的多样需求。这种 Y 内部之间产生的产业内贸易并不反映比较优势。即使两国具有相同的资本/劳动比率,各国的厂商仍然会充分利用规模经济来生产差异性的产品,因而规模经济本身也成了影响国际贸易模式的一个要素或因子。

通过与产业间贸易模式的比较,我们可以发现产业内贸易模式具有以下几个特点:

第一,根据要素禀赋理论,产业间贸易是建立在国家之间要素禀赋差异产生的比较优势基础之上,而产业内贸易则以产品的异质性和规模经济为基础。因此,国家间的要素禀赋差异越大，产业间贸易的机会就越大；国家之间的要素禀赋越相似，经济发展水平越接近，产业内贸易发生可能性就越大。产业间贸易反映的是自然形成的比较优势，而产业内贸易反映的是获得性的比较优势。

第二，产业间贸易的流向可以凭借贸易前同种商品的价格差来确定，而产业内贸易则不可以简单地凭贸易前同种商品的价格差来确定贸易模式。因为在产业内贸易发生之前，价格是由于规模不同造成的。一个大国可能由于国内市场容量大而生产成本较低。但发生产业内贸易之后，各国都以世界市场作为自己的市场，因而无论是大国还是小国，所有国家利用规模经济降低成本的机会是相同的，所以很难事先预测哪个国家将生产哪一种商品。

第三，按照要素禀赋理论，产业间贸易会提高本国丰裕要素的报酬而降低本国稀缺要素的报酬，而产业内贸易是以规模经济为基础的，所有的要素都可能从中受益。这可以用来解释欧盟的形成和第二次世界大战后制成品的贸易开放都没有遭到利益集团的阻挠，而发达国家向新兴发展中国家的开放却受到了来自劳工力量的强烈反对。其主要原因是因为后一种贸易模式是产业间贸易而不是产业内贸易，这会引起工业化国家某些产业的完全崩溃和大批劳动者的失业。

第四，产业间贸易是由各国要素禀赋之间存在的差异引起的，要素的流动在一定程度上是贸易的一种替代品。但是在一个以产业间贸易为主的世界里，要素流动带来了作为产业内贸易载体的跨国公司的兴起。从这点上看，产业内贸易与要素流动之间存在着一定的互补关系。

归纳如下，比较优势确定产业间贸易模式，差异化产品生产中的规模经济导致产业内贸易。在现实世界中，两种类型的贸易都同时发生。要素禀赋差别越大（例如发达国家与发展中国家之间的差别），产业间贸易就越重要；国家间的要素禀赋愈相似，愈可能生产更多相同类型的产品，因而它们之间的产业内贸易量将愈大，甚至占主导地位。但是，即使在产业内贸易中，也还是有些比较优势的成分在里头。

四、产业内贸易程度的测定

产业内贸易程度可通过产业内贸易指数（T）来测量。

$$T = 1 - | (X - M)/(X + M) |$$

其中，X 与 M 分别代表属于同一产业的产品的出口值和进口值。T 的取值范围为 0 到 1。当某一产业产品的进口、出口相等，即 $X - M = 0$ 时，T 为最大值 1；但当某一产业只有进口没有出口或只有出口没有进口，即没有产业内贸易时，T 为最小值 0。工业国之间的产业内贸易程度较高。根据格鲁贝尔和劳尔德的估算，1967 年，10 个工业化国家的 T 值平均为 0.48，欧共体（现欧盟）成员国的 T 值平均为 0.67，显示先进工业国家之间的贸易有一大部分属于产业内的贸易。而且随着经济的发展，工业国之间的产业内贸易越来越普遍。据新加坡国立大学朱刚体博士对 1990 年 10 个发达国家和 5 个非经合组织（OECD）国家的 181 组商品的产业内贸易程度的调查计算，10 个发达国家的 T 值平均达 0.60，其中以原欧共体国家的 T 值为最高；5 个非经合组织国家的 T 值平均为 0.43。他的测定还发现,化工产品、按材料分类的工业制成品以及未分类的其他商品的产业内贸易程度最高,表明产业内贸易主要是工业国的制成品行业内的贸易,发展中国家间以及农产品的这种贸易不甚普遍。

应该注意的是,界定一个产业的范围大小不同,会得出不相同的 T 值。界定的范围越大,一国进口和出口这一范围内差别产品的可能性就越大,因而 T 值也就越大,反之亦然。因此,在应用产业内贸易指数时必须谨慎。

是什么在影响我国出版业产业内贸易?

产业内贸易理论认为产品差异程度越大、人均收入越高、贸易伙伴国之间的资源条件越相似、市场规模越大、跨国企业的经济活动越多、一体化程度越高,则产业内贸易水平就越高。作为文化产品的出版物是一种特殊的产品,消费者对出版物的消费更重要的是满足人的精神享受的需要,带有很强的民族习惯、社会价值、意识形态和伦理道德特性。因此,出版业产业内贸易水平一方面受制于贸易国家间的技术水平和资源相似程度等方面的因素,同时还受制于意识形态、民族传统文化影响的消费偏好和消费认同的差异。

(1) 产品差异化是影响我国出版业产业内贸易最重要的因素。如果不同国家相同产业的产品要进行贸易,那么这些产品之间一定会有某种差别,这种差别正是产业内贸易的基础。出版业产业内贸易的发展水平同样也受产品差异性的影响。这种影响体现在两个方面:一方面出版物产品的差异性会满足贸易国的消费者的不同需求,从而促进产业内贸易发展,例如国外消费者对中国文化的猎奇需求在一定程度上促进我国介绍中医、武术等方面出版物的产业内贸易;另一方面,出版物的差异性不但不构成产业内贸易的基础,反而会阻碍出版业产业内贸易发展,因为出版物产品的差异性不仅仅体现在技术特征方面,更主要地体现在价值观念、意识形态、民族风俗方面。出版物产品的这些差异性往往构成文化贴现的基础,从而阻碍了产业内贸易的形成。

文化贴现的概念最初用于讨论电视节目或电影的贸易。霍斯金斯、米卢斯把外国电视节目或电影在价值上减少的百分比叫做"文化贴现"。文化贴现的产生是因为跨境贸易后进口市场的消费者通常难以认同其中的传播符号(例如语言),以及其所描述的生活方式、价值观、历史、制度、神话、物理环境等。我国的出版产品由于特定的制度和意识形态、民族风俗、伦理观念等方面与外国存在较大的差异,导致文化贴现率很高,从而阻碍了出版业的产业内贸易。大多数的外国消费者由于对中国的传统文化并不了解,或者因语言等方面的障碍,难以认同我国以民族音乐、戏剧戏曲等为核心内容的出版物，使我国的出版物没有真正面向整个出口市场，只能用于开拓海外华人市场。更为重要的是，我国出版物所体现的意识形态、价值观念还没有被国外的大多数消费者所接受，这更进一步增加了我国出版物对外贸易的文化折扣成本。

（2）需求结构的相似性和多样性是影响我国出版业产业内贸易发展的重要因素。对于任意两个国家而言，人均收入水平越接近，两国图书出版业之间产生产业内贸易的可能性也越大，因为人均收入越接近，图书出版产品的需求模式和需求结构也就越相似，即两个国家的图书需求重叠部分也就越大，很容易使两个国家之间产生产业内贸易。

图书出版产品作为一种文化产品，其产品需求与人均收入有密切的联系。根据国际经验，人均 GDP 在 1 000 美元、3 000 美元、5 000 美元时，居民对图书出版产品需求是不一样的。当人均 GDP 在 1 000 美元时，整个文化娱乐的消费支出一般在 10% 以下，其中图书消费主要集中于教材及教辅等教育类图书；当人均 GDP 达到 3 000 美元时，文化娱乐消费支出大幅度上升，图书消费逐渐从单一的教育类图书向多元化转变；当人均 GDP 接近和跨越 5 000 美元时，才会出现对图书出版类文化消费的巨大需求。因此，人均超过 5 000 美元的国家与人均 1 000—3 000 美元的国家之间，由于对图书出版产品的需求能力和需求结构之间存在较大的差异，更多的只能产生产业间贸易，而很少产生产业内贸易。目前，我国出版产业的贸易对象国主要是一些发达国家，较少涉及发展中国家（以版权贸易为例，我国主要与美国、英国、德国、法国、加拿大、日本、韩国、新加坡等国进行版权贸易），这些国家的经济发展水平远高于我国，两者之间的需求结构也存在很大的差异，从而阻碍了我国出版业产业内贸易的发展。

（3）规模经济也是制约我国出版业产业内贸易的重要因素之一。传统贸易理论认为要素禀赋在各国间的差异是导致比较优势差异和国际贸易的基础，但是产业内贸易理论认为在两国要素禀赋相似的情况下，规模生产所形成的专业化分工是促进产业内贸易发展的重要因素。图书出版的稿酬、制版费、编辑费、管理费等固定成本支出基本上是刚性的，不会随图书产量的变动而产生较大的变动。这意味着出版企业的规模经济越大，边际成本越低。边际成本的降低可以促使图书出版集团在不同领域生产的专业性，从而促进出版业产业内贸易的迅速发展。

在西方发达国家，不同的出版市场都存在日益集中和专业化的发展趋势。以英国为例，英国教育类出版物的规模经济和专业化生产成为英国教育类书籍对外出口的重要推动力。目前英国主要教科书出版商有哈考特教育、内尔森·索恩兹、霍顿·黑德兰、柯林斯教育、剑桥大学出版社、牛津大学出版社等,这些公司占据了英国教科书市场85%以上的份额。在英语教学出版领域,英国国内和出口市场由牛津大学出版社、培生教育、麦克米伦教育、剑桥大学出版社这四家主要公司控制,它们占了90%以上的市场份额。

现阶段,我国的许多出版社图书出版综合性很强,但总体规模又较小,没有形成专业化分工体系,缺乏国际竞争力。2003年中国图书出版产业的市场集中度为CR4＝8.01%,CR8＝12.32%,CR10＝14.03%。而领导世界出版产业潮流的美国图书出版产业,以1998年美国出版公司对国内市场的占有率计算,CR4为64.3%,CR7为75.4%;以1999年美国图书销售码洋预算计算,CR4为41%,CR7为59%。由绝对集中度可以看出,中国的图书出版产业的市场集中度很低,说明中国出版产业企业规模较小,生产能力分散,难以成为出版业产业内贸易的推动力。

（资料来源:邓向阳:《我国出版业产业内贸易增长的制约因素及解决措施》,《中国出版》2008年8月。）

第三节　技术差距论

技术差距论(technological gap theory)又称创新与模仿理论(innovation and imitation theory),是把技术作为独立于劳动和资本的第三种生产要素,探讨技术差距或技术变动对国际贸易影响的理论。由于技术变动包含了时间因素,技术差距理论被看成是对H-O理论的动态扩展。该理论最早由波斯纳(M. A. Posner)于1961年在《国际贸易和技术变化》一文中提出。

一、技术差距论的内容

在波斯纳分析模型中,技术和人力资本一样,能够改变土地、劳动和资本在生产中的相对比例关系,是一种独立的生产要素。而在要素禀赋理论中,技术被认为是固定不变的,但实际各国在技术投资和技术创新能力方面存在较大的差距。

技术差距有两种形式:一种是技术差距引起生产效率方面的差距,在此情况下,技术差距表现为比较优势的差距;另一种是技术差距造成新产品开发方面的差距,在此情况下,技术差距表现为拥有新技术的国家能在一段时间内垄断出口,这段时间被称为"仿效差距",即新技术被国外仿效所需要的时间。一种新产品从出现到被国外消费者接受也会有一段时间间隔,这段间隔被称为"需求差距";对于新产品进口国来说,从新产品开始进口到本国能够仿效生产又有一段时间间隔,这一间隔被称为"反应差距"。"需求差距"和"反应差距"的长短决定国际贸易的利益。需求差距越小且反应差距越大,技术创新国所获得的贸易利益越大;反之,创新国的贸易利益越小。所以,技术差距也是导致国际贸易中比较优势甚至出口垄断优势的原因。

在图 3-4 中,假设由于起初的要素禀赋条件,A、B 两国都生产 X 和 Y 两种产品,A 国为技术创新国,B 国为技术模仿国。横轴 T 表示时间,纵轴 Q 表示商品数量,上方表示技术创新国 A 的生产和出口(B 国进口)数量,下方表示技术模仿国 B 的生产和出口(A 国进口)数量。从 t_0 起开始生产新产品,t_0-t_1 为需求滞后阶段,B 国对新产品没有需求,因而 A 国不能将新产品出口到 B 国。过了 t_1,B 国模仿 A 国消费,对新产品有了需求,A 国出口(B 国进口新产品),且随着时间的推移,需求量逐渐增加,A 国的出口量(B 国的进口量)也逐渐扩大。由于新技术通过各种途径逐渐扩散到 B 国,到达 t_2,B 国掌握新技术开始模仿生产新产品,反应滞后阶段结束,掌握滞后阶段开始,此时 A 国的生产和出口(B 国进口)量达到极大值。过了 t_2,随着 B 国生产规模的扩大,产量的增加,A 国的生产量和出口量(B 国的进口量)不断下降。到达 t_3,B 国生产规模进一步扩大,新产品成本进一步下降,其产品不但可以满足国内市场的全部需求,而且可以用于出口。至此,技术差距消失,掌握滞后和模仿滞后阶段结束。可见 A、B 两国的贸易发生于 t_1-t_3 这段时间,即 B 国开始从 A 国进口到 A 国向 B 国出口为零这段时间。

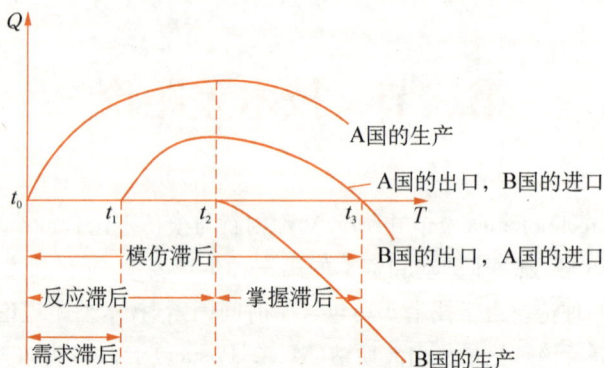

图 3-4   技术差距与国际贸易

根据 1961 年由波斯纳建立的技术差距模型,工业化国家之间的贸易很大一部分都是基于新产品和新工序的引进,这使得发明厂商和国家在世界市场上暂时处于垄断地位。例如,作为科技最发达的国家,美国出口大量的高新技术产品。但是,当外国生产者获得新技术后,他们就能凭借其较低的劳动力成本最终占领外国市场,甚至是美国市场,如日本汽车业。与此同时,美国厂商会获得更新的产品和生产工序,由于新的技术差距,仍能向国外出口这些新产品。

二、影响技术差距的因素

需求差距和反应差距长短的决定因素主要有关税及运输费用、进口目的收入水平、市场的大小等。如果进口目的关税及运输成本较低,收入水平较低,市场规模不大,其反应差距就会比较长,创新国的优势也就能维持得比较长,从中所获得的利益就会更多。

　　技术差距的形成,主要取决于各国的研究开发要素状况。如美国拥有大量科学技术人才、熟练工人和经营管理人员,是研究开发要素丰富的国家,该国就能领先进行技术更新并能够迅速使新产品投放市场,因而这样的国家在技术、知识密集型的产品方面具有比较优势。

三、技术差距理论的缺陷

　　应指出的是,技术差距论从技术创新出发,论述了产品贸易优势在创新国和追随国之间的动态转移,这是富有创新意义的,而且也为研究一个具体产品创新过程的产品周期理论提供了坚实的基础。但技术差距论只是解释了差距为何会消失,而无法充分说明贸易量的变动与贸易结构的改变。

第四节　产品生命周期理论

　　产品生命周期理论(product cycle model)是解释工业制成品的贸易流向最有说服力的理论之一,其创始人是美国经济学家、美国哈佛大学教授刘易斯·威尔士(Louis Wells)和雷蒙德·弗农(Raymond Vernon)。1966年,弗农在美国《经济学季刊》上发表了《产品周期中的国际贸易与国际投资》一文,该文首次提出了"产品生命周期"的概念,认为不同国家间技术差距是产生国际贸易的重要原因之一。以后许多科学家对该理论进行了验证并进一步充实和发展了这个理论。如威尔士引入市场营销学中的产品生命理论,具体描述了因技术差距产生国际贸易的过程。

　　产品生命周期论撇开传统国际贸易理论的前提,推出了如下假设:一是国与国之间的信息传递受到限制;二是生产函数是可变的,而且当生产达到一定水平后会产生规模经济;三是产品在生命周期的各阶段所表现的要素密集特点是各不相同的;四是不同收入水平国家的需求和消费结构是有差异的。

　　由于技术的创新和扩散,制成品和生物一样具有生命周期,先后经历五个不同的阶段,即:(1)新生期;(2)成长期;(3)成熟期;(4)销售下降期;(5)让与期。在产品生命周期的不同阶段,各国在国际贸易中的地位是不同的。

　　新生期是指新产品的研究和开发阶段。在新生期,需要投入大量的研究开发费用以及大批的科学家和工程师的熟练劳动;生产技术尚不确定,产量较少,没有规模经济的利益,成本很高。因此,拥有丰富的物质资本和人力资本的高收入发达国家具有比较优势。这一阶段的产品表现出知识和技术密集的明显特征,主要供应生产国本国市场,满足本国高收入阶层的特殊需求。

　　经过一段时间以后,生产技术确定并趋于成熟,国内消费者普遍接受创新产品,加之收入水平相近的国家开始模仿消费新产品,国外需求发展,生产规模随之扩大,新产品进入成长期。在成长期,由于新技术尚未扩散到国外,创新国仍保持其比较优势,不但拥有国内市场,而且在国际市场上也处在完全垄断的地位。

国际市场打开之后,经过一段时间的发展,生产技术已成熟,批量生产达到适度规模,产品进入成熟期。在成熟期,由于生产技术已扩散到国外,外国生产厂商模仿生产新产品,且生产者不断增加,竞争加剧。由于生产技术已趋成熟,研究与开发(R&D)要素已不重要,产品由智能型(或 R&D 密集型)变成资本密集型,经营管理水平和销售技巧成为比较优势的重要条件。这一阶段,一般的发达工业国都有比较优势。

当国外的生产能力增强到能满足本国的需求(即从创新国进口新产品为零),产品进入销售下降期。在这一时期,产品已高度标准化,国外生产者利用规模经济大批量生产,使其产品的生产成本降低,因而开始在第三国市场上以低于创新国产品的售价销售其产品,使创新国渐渐失去竞争优势,出口量不断下降,品牌竞争让位于价格竞争。当模仿国在创新国市场上也低价销售其产品时,创新国的该产品生产急剧下降,产品进入让与期,该产品的生产和出口由创新国让位给其他国家。在这个阶段,不但 R&D 要素不重要,甚至资本要素亦不甚重要,低工资的非熟练劳动成为比较优势的重要条件。具备这个条件的是有一定工业化基础的发展中国家。创新国因完全丧失比较优势而变为该产品的净进口者,产品生命周期在创新国结束。此时,创新国又利用人力资本和物质资本丰富的优势进行再创新,开发其他新产品。产品生命周期理论可用图 3-5 直观说明。

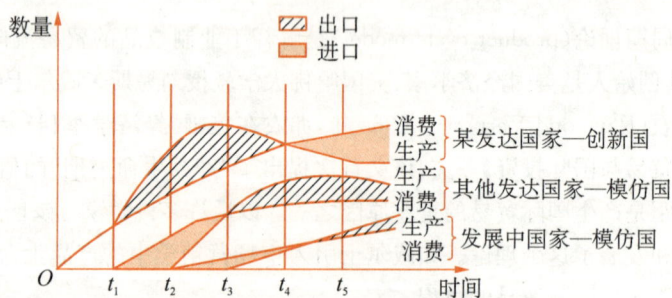

图 3-5 产品生命周期模型

图 3-5 中,纵轴表示商品数量,横轴表示时间,某发达国家为创新国,其他发达国家和发展中国家为开始时间不同的两组模仿国。

在第一阶段,创新国研制与开发新产品,从零开始投产,产量较少,产品主要在本国市场销售。在这个阶段创新国处于垄断地位。随着经营规模的扩大和国外需求的发展,创新国于 t_1 开始向国外出口该产品,该产品进入第二阶段。于 t_2 处,国外生产者开始模仿新产品生产,与创新国竞争,新产品进入第三阶段。随着国外生产者增多及其生产能力增强,创新国的出口量下降。其他发达国家于 t_3 变为净出口者,使该产品进入第四阶段。这时,产品已高度标准化,国外生产者利用规模经济大批量生产,降低生产成本,使创新国开始失去竞争优势并于 t_4 变为净进口者,使该产品进入第五阶段。及至 t_5,由于发展中国家的工资一般都比较低,它们在生产劳动密集型商品上具有比较优势,该产品由低收入的发展中国家出口到高收入的发达国家,即产品由发达国家完全让位给发展中国家。

从以上分析可见,由于技术的传递和扩散,不同国家在国际贸易中的地位不断变化,新技术和新产品创新在技术领先的某发达国家,而后传递和扩散到其他发达国家,再到发展中国家。当创新国发明新产品大量向其他发达国家出口时,正是其他发达国家大量进口时期;当创新国出口下降时,正是其他发达国家开始生产、进口下降时期;当创新国由出口高峰大幅度下降时,正是其他发达国家大量出口时期;当其他发达国家出口下降时,正是发展中国家生产增加、进口减少时期;当其他发达国家从出口高峰大幅度下降时期,正是发展中国家大量出口时期。新技术和新产品的转移和扩散像波浪一样,一浪接一浪向前传递和推进。目前美国正在生产和出口计算机、宇航、生物和新材料等新兴产品,其他发达国家接过汽车和彩电等产品,而纺织品和半导体则通过前两类国家在发展中国家落户。近年来,新技术扩散滞后期大为缩短,使得新产品的生命周期变得愈来愈短。

作为工业制成品贸易的动态理论,产品周期理论对第二次世界大战的制成品贸易模式和国际直接投资做出了令人信服的解释。它考虑了生产要素密集性质的动态变化、贸易国比较利益的动态转移以及进口需求的动态变化,对落后国家利用直接投资和劳动力成本的优势发展制造业生产,具有较大的指导意义。

根据技术差距论和产品生命周期理论,基于新技术的创新,一国能够获得短暂的垄断地位,从而易于进入世界市场。随着模仿时滞的克服和产品生命周期的缩短,其他国家可能获得这种产品的比较优势。换句话说,落后国家开始时只能进口技术创新产品,然后在国内进行进口替代生产;随着替代效率的提高,落后国家就有可能获得这些成熟产品的比较优势,从而变成这种产品的出口国。日本经济学家赤松要把这种比较优势在不同国家之间的变化,概括为亚洲经济发展的"雁行模式",迈耶(Gerald M. Meier)则称之为"爬梯"(ladder and queue)。迈耶指出,随着经济的发展,一个国家就像在比较优势的梯子上向上爬一样前进,如图3-6所示,在开始时出口资源密集型商品,然后出口非熟练劳动力密集型商品,再出口熟练劳动密集型商品。当资本的积累达到一定程度的时候,紧接着就出口资本密集型商品,最后出口知识密集型商品。在比较优势"梯子"的最下端,是基本生产要素占统治地位的李嘉图商品和俄林型商品,它们以自然资源、劳动力的比较优势为基础。在"梯子"的最上端,则是资本与知识等先进生产要素占统治地位的波特型和克鲁格曼型商品,这种商品是后天形成的,是一种创造的比较优势。

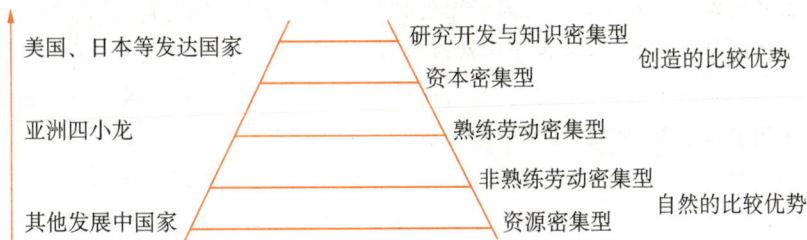

图3-6　比较优势的动态模型

专栏 3－3

制表业——瑞士版的"战争与和平"

作为中立国度，瑞士似乎永远和"战争"两个字脱离干系。不过对于瑞士制表业来说，他们和世界的"战争"却一直在进行。不过在全球化的今天，瑞士的制表业也在走上"和平"的道路，和各国钟表业的融合与合作，已经成为了瑞士制表业的新趋势。直到 18 世纪，瑞士钟表业仍然要落后于老牌的英国。铁路时代来临之后，人们对于可携带的准确计时工具需求越来越大，瑞士才迎来机遇。1800 年，瑞士的产量占了全世界钟表总产量的三分之二，终于超越英国。

19 世纪，瑞士的对手变成了美国。美国人此时已经进行机械化大批量生产手表，他们成为采用精密机械制造钟表技术的先驱。美国人的成就甚至引起瑞士同行的妒忌，但瑞士以其更富于经验的设计师和工人，终于击败了美国。瑞士人这一次能够胜出，也是由于瑞士制表技术在多样化基础上提高了产品档次，例如当时的百达翡丽（Patek Philippe）就以欧洲皇室名字来命名其钟表系列（如维多利亚女王型），专供皇室富商购买。

整个 20 世纪初，瑞士已经是世界钟表业当之无愧的领头羊。直到 20 世纪中期电子表新技术的出现，瑞士钟表迎来了新的挑战，1970 年代石英科技开始主宰手表工业，人们开始厌烦机械手表每天上发条，此时，以日本为代表的石英手表对瑞士手表业造成了巨大冲击，70 年代中期，很多人都认为瑞士钟表业已处于垂死挣扎的边缘。不过瑞士人还是很快找到了应对的方法。1978 年，瑞士微电子集团的表芯部门生产出一款只有 2 毫米厚的表样原型——这是当时世界上最薄的石英表，最后生产出来的型号防震、耐用，最重要的是价钱低廉。这款手表的名字现在已经闻名天下——那就是斯沃琪（Swatch）。以此瑞士手表在石英表世界同样确立了自己的地位。

时至今日，瑞士的制表业已经不再把世界作为对手，他们更希望从各个国家的制表行业中吸收精华。有人把 2000 年作为一个标志，那一年，斯沃琪集团把美国品牌汉米尔顿（HAMILTON）召唤回了瑞士——1892 年创立的汉米尔顿曾以其无与伦比的精确度和可靠性为美国一度严重的铁路事故划上了句号，但是在斯沃琪集团中的 157 个生产厂商中，汉米尔顿却仍然是个年轻的"小朋友"。或许正是因为这个原因，斯沃琪派出了自己集团董事中最年轻的马蒂亚斯来担任汉米尔顿的总裁。

"选择手表要和自己的年龄、身份和职业相衬，否则，再好的手表，不过是一个工具。"马蒂亚斯说。当初马蒂亚斯在全面研究了汉米尔顿后，他隐约感受到，自己除了斯沃琪式的奔放、热情外，骨子里其实还有点像汉米尔顿式的"美国精神"，那就是乐于开拓和冒险。于是，他大胆地决定，重新启用汉米尔顿的经典老款,砍掉了很多副线设计。果然,如今在好莱坞大片中,汉米尔顿恐怕一直是曝光率最高的。最近为我们熟悉的形象是《超人总动员》中杰西卡·阿尔巴的白色劳埃德,以及《北方风云》中查理兹·塞隆的汉米尔顿古董表。

汉米尔顿由此也成为了美国自由精神和瑞士先进技术融合的一种标志,同时也成就了瑞士钟表业这部"战争与和平"最有代表性的新版故事。

（资料来源:《制表业,瑞士版的"战争与和平"》,《中国钟表业网》2007年5月28日。）

第五节　偏好相似理论

偏好相似理论(theory of preference similarity)又称需求相似论,是用需求偏好的相似来解释国际贸易产生原因的理论。该理论最早是由著名瑞典经济学家林德(S. B. Linder)在1961年出版的《贸易与变化》一书中提出的,在该书中,他第一次从需求角度试图对当代工业国家之间的贸易和产业内贸易现象进行解释。

林德认为,要素禀赋理论只适用于解释密集使用自然资源的初级产品的贸易,而不适用于工业品的贸易。他把初级产品与工业品贸易格局的决定因素加以区别,认为初级产品贸易的决定要因是由供给决定的,而工业品贸易的要因则是由需求决定的。

偏好相似理论的基本观点包括以下几点:

一、国内需求是制成品贸易的前提条件

林德认为,一个国家制成品出口的可能取决于国内需求。在林德看来,制成品或工业品需求可以分为两类:国内需求和国外需求。决定工业品生产与否的是国内需求而不是国外需求,因为企业家决定是否生产某种商品的最终目的是为了盈利。对于工业品的生产和销售,企业家对国内市场比对国外市场更熟悉,因而只要立足于满足国内需求而生产一种产品才能更容易获利。而且,一种新产品的发明通常是为了解决本国市场的迫切需求而进行的创新,相比之下,别国国内的需求所形成的创新压力相对较弱。再有,一种新产品从试制到完善,要在生产者和消费者之间进行反复的信息交流,生产者离市场需求越近,为此付出的费用就越低。

因此,林德认为,工业生产扩大初期是以满足国内需求为目的的,一旦国内市场大到可使工业得到规模经济和有竞争性的单位成本时,即具备了在国际市场上的竞争能力,这

种工业品才能出口。林德得出结论:一国将出口那些国内需求规模大的产品,因为这些产品最可能获得竞争优势。

二、贸易的流向、流量取决于两国需求偏好相似的程度

林德指出,如果两国具有相同的需求结构,则两国消费者和投资者所需要的是具有相同质量和精密程度的相同产品。由此得出的推论是:两国间对制造业产品的需求偏好越一致,它们进行贸易的潜在机会就越多。一旦产生贸易,则需求偏好相似的两国的贸易量要大于需求偏好有较大差异的两国的贸易量。如果两国需求结构完全一样,一国所有可能进口的货物也是另一国可能进口的货物。在这种情况下,国内需求就是外国的进口需求,从而也是促成两国贸易的原因。

三、需求偏好取决于该国的平均收入水平

在上述诸多影响需求的因素中,林德认为平均收入水平是影响需求偏好的最主要因素。平均收入水平的相似可以作为需求偏好的指标。两国的人均收入越相同,其需求偏好就越相似,两国间的贸易可能性范围就越大;如果两国人均收入水平存在较大差异,需求偏好就会相异,两国间的贸易就或形成潜在障碍;若两国中一国具有某种产品的比较优势,而相对的另一国不存在对这种产品的需求,则两国无从发生贸易。

尽管如此,林德也并不完全否认穷国与富国之间也会存在某些制造业产品的贸易,因为收入分配不均等,穷国与富国间的需求结构总会存在一定的交叠,即富国中有穷人,穷国中也有富人。但当需求结构相交叠的部分很小时,潜在的制造业产品贸易也将很小。

第六节　国家竞争优势理论

长期以来,没有一个统一的理论来解释国际贸易与国内贸易的关系。全球化趋势导致一个企业不用走出国门就面临着国际竞争的挑战。在此背景之下,一些新的贸易理论开始注意国内贸易对国际贸易的影响,特别是注重国内市场需求状况对企业国际竞争力的影响。从20世纪80年代到90年代初,美国经济学家迈克尔·波特(Michael Porter)先后出版了《竞争战略》、《竞争优势》和《国家竞争优势》三部署作,分别从微观、中观、宏观角度论述了"竞争力"的问题,对传统理论提出了挑战。他指出:具有比较优势的国家未必具有竞争优势。在《国家竞争优势》一书中,波特更着眼全球范围,站在国家的立场上,从长远角度考虑如何将比较优势转化为竞争优势,提出了国家竞争优势理论(the theory of competitive advantage of nations)。

一、国家竞争优势理论要旨

波特的国家竞争优势理论指出:一国国内市场竞争的激烈程度同该国企业的国际竞

争力成正比;如果本国市场上有关企业的产品需求大于国内市场,则拥有规模经济优势,有利于该国建立该产业的国家竞争优势;如果本国消费者需求层次高,则对相关产业取得国际竞争优势有利;如果本国的消费者向其他国家的需求攀比,本国产业及时调整产业结构,而且改进产品的能力强,则有利于该国竞争力的提高。

波特的国家竞争优势理论的核心是"创新是竞争力的源泉"。波特认为,一国的竞争优势是企业、行业的竞争优势。国家的繁荣不是固有的,而是创造出来的。一国的竞争力高低取决于其产业发展和创新能力的高低。企业因为压力和挑战才能战胜世界强手而获得竞争优势,它们得益于拥有国内实力雄厚的对手、勇于进取的供应商和要求苛刻的顾客。

他还认为,在全球性竞争日益加剧的当今世界,国家变得愈来愈重要,国家的作用随着竞争的基础愈来愈转向创造和对知识的吸收而不断增强,国家竞争优势通过高度地方化过程得以产生和保持,国民价值、文化、经济结构、制度、历史等方面的差异均有助于竞争的成功。然而,各国的竞争格局存在明显的区别,没有任何一个国家能或将能在所有产业或绝大多数产业上有竞争力,各国至多能在一些特定的产业竞争中获胜,这些产业的国内环境往往最有动力和最富挑战性。

二、国家竞争优势的钻石模型

波特认为,一国在某一行业取得全球性的成功的关键在于四个基本要素,即生产要素、需求情况(一国的国内需求)、相关和支撑产业以及企业的战略、结构与竞争。这四个基本因素连同两个辅助因素(机遇与政府作用)共同决定了一国是否能创造一个有利于产生竞争优势的环境。

以四个要素和两个辅助方面为基础,波特提出了"国家竞争优势的钻石模型",如图3-7所示。

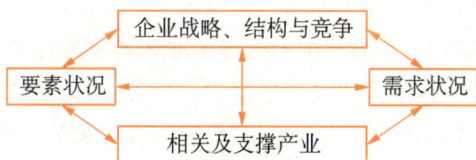

图 3-7　国家竞争优势的钻石模型

现对"钻石的四面"解释如下:

(1)生产要素。波特认为,一国如果在某类低成本要素禀赋或独特的高质量要素上具有优势,该国就有可能在充分利用这些要素的产业发展中获得竞争优势。如荷兰鹿特丹处于地理要冲,这使它成为世界的物流中心;日本在高素质劳动力方面的优势,是日本第二次世界大战后成为世界工厂的重要因素。

根据产生机制与所起的作用,生产要素可以划分为基本要素与高级要素。前者包括自然资源、气候、地理位置、非熟练劳动力等先天拥有的,或不需花费太大代价便能得到的要素;后者则指需要通过长期投资或培育才能够创造出来的,如高科技、熟练劳动力等。

波特指出,虽然"要素禀赋决定了比较优势",但是对于竞争优势而言,高级要素却是最为重要的。因为它们是取得"高级比较优势"的关键。一国基本要素的不足,可以通过高级要素获得补偿。例如,劳动力不足可以用生产自动化来解决。但是,如果在高级要素上处于劣势,却无法用其他方式予以有效的弥补。波特同时指出,一国的高级生产要素是在基本要素的基础上产生的,而基本要素的劣势又有可能对一国形成压力,刺激创新。在强调要素重要性的基础上,波特又指出,虽然要素状况在贸易类型的决定中十分重要,但这并不是竞争力的唯一源泉,最为重要的是一国不断创造、改进和调动其生产要素的能力,而不是要素的初始禀赋。

(2) 需求情况。波特指出,在促进企业持续竞争力方面,最重要的是市场的特征,而不是市场的大小。国内需求大,有利于促进竞争,形成规模经济。若国内消费者特别"挑剔",要求复杂且品味较高,便会促使企业提高产品质量和服务水平,从而取得竞争优势。例如,芬兰、瑞典的科学技术水平在国际上处于中游水平,但其属于高科技产品的移动通讯的竞争力却位居世界前茅,其中两国领先的消费需求功不可没。

(3) 相关和支撑产业。所谓相关产业是指共用某些技术、共享同样的营销渠道和服务而联系在一起的产业或互补性的产业,如计算机与计算机软件,空调和压缩机等;所谓支持产业是指某一产业的上游产业,它主要向其下游产业提供原材料、中间产品。任何一个产业都不能孤立地发展,发达的、完善的相关与支撑产业,有利于提高产品质量,降低产品成本,提供产品信息,从而建立起竞争优势。那些拥有发达而完善的相关产业和支撑产业的企业在运作过程中,通过密切的工作关系、与供应商接近、及时的产品供应和灵通的信息交流等途径,能够促进企业的科技创新,形成良性互动的"地方化经济"、集团化经济,进而获得并保持优势。

(4) 企业战略、结构与竞争。这是指帮助或妨碍企业创造和保持竞争力的国内环境。波特指出,没有任何战略是普遍适用的,战略的适用性取决于某时某地某企业的有关工作的适应性和弹性。强大的本地、本国竞争对手是企业竞争优势产生并得以长久保持的最有力刺激。国内企业之间的竞争在短期内可能损失一些资源,但从长远看则是利大于弊的。国内企业竞争对手的存在,会直接削弱国内企业相对于外国企业所可能享有的一些优势,从而迫使它们苦练内功,努力提高竞争能力。另外,国内的激烈竞争还迫使企业向外扩张,努力达到国际水准,占领国际市场。政府应为社会创造一种公平的竞争环境,激烈的竞争会迫使企业不断提高生产效率,以取得竞争优势。

竞争优势论为贸易结构的优化提供了一个全方位的思考:改善贸易结构,积极参与国际分工。先天因素——资源禀赋固然重要;后天优势——高级要素的决定作用却越来越明显。如今,出口什么已不再重要,重要的是用什么技术与方法来生产这种产品。贸易结构的优化,也不再是简单的工农轻重的比例问题。这里面不仅存在着一个量上的考虑,更存在着一个质上的要求。然而,如何培育高级要素,如何使消费者变成挑剔的、具有高品位的"信息提供者",这不仅有历史的、传统的因素,更依赖于综合国力以及国民素质的提高。因此,政府的作用便不可忽略。这不仅表现在实施国民教育方面,同时也表现在对其他三个因素的影响上。波特主张政府应当在经济发展中起到催化和激发企业创造欲的作用。政府应当加强基础设施的投入,加快产品、生产要素市场的建立,完善政策法规,为企业竞争创造良好的外部环境。

三、国家竞争优势的发展阶段

波特认为，一国竞争优势的发展可分为四个阶段：(1)要素推动阶段。该阶段的竞争优势主要取决于一国的要素禀赋优势，即是否拥有廉价的劳动力和丰富的资源。(2)投资推动阶段。该阶段的竞争优势主要取决于资本优势。大量的投资可用于更新设备、扩大规模、增强产品的竞争力。(3)创新推动阶段。该阶段的竞争优势主要来源于研究与开发。(4)财富推动阶段。在此阶段，创新竞争意识明显下降，经济发展缺乏强有力的推动力。

四、国家竞争优势理论的意义与局限性

波特提出的国家竞争优势理论超越了传统理论对国家优势地位的认识，首先多角度、多层次阐明了国家竞争优势的确切内涵，指出国家竞争优势形成的根本点在于竞争，在于优势产业的确定，而这一些是由四个基本原则和两个辅助因素协同作用的结果。这一理论对于解释第二次世界大战以后，特别是20世纪80年代以后的国际贸易新格局、新现象具有很大说服力，对于一国提高国际竞争力、取得和保持竞争优势有重大的借鉴意义。随着全球经济一体化的展开，国际生产要素的流动日益频繁，每个国家都逐步纳入到以国际分工为基础的全球网络中，这使得国际竞争日益激烈。在这种竞争环境中，任何一个国家不再可能依靠基于要素禀赋上的比较优势来进行分工与贸易，而只有通过竞争优势的创造，才能提高自己的竞争力，增进本国的福利水平。一国要提高经济实力和竞争力，必须创造公平竞争的环境，重视国内市场的需求，重视企业的创新机制和创新能力。这些观点对所有国家特别是落后的发展中国家具有重要的启发性意义。

但是，彼特的理论也存在一些局限，它过于强调企业和市场的作用，而低估了政府的作用。在波特看来，一个国家要具备竞争优势，主要依赖企业的创新，政府的作用只是创造公平竞争的环境，是辅助性的。

专栏 3 - 4

珠三角制造业危机：广州用工成本逼近台湾地区

作为最早一批从台湾地区转移到珠三角的制鞋商，广州台商协会荣誉会长、创信鞋业有限公司董事长吴振昌至今依然选择坚守广州阵营。他的鞋厂现有4 000多人，在运动鞋代工厂中算是发展稳定。不过，吴振昌近日坦言，十八般武艺差不多用尽，对未来如何转型升级开始显得有些迷茫。

用工成本攀升

"例如，生产一双运动鞋，进口10元原材料，一般需要交1元关税，而

印度尼西亚进口原材料免关税，而且用工成本也比大陆低。一双鞋在两地仅加工费相差两元，因此，采购商逐渐将部分订单往东南亚转移。全球鞋产品市场需求并没有减少，但从以前高速增长变为微增长，竞争明显加剧。自金融危机之后，大陆劳动力成本快速上涨，几年间由1 000多元上涨到3 000～4 000元，企业支付员工的社保费用也水涨船高，不断蚕食利润。企业势必要转型升级。"吴振昌说。宝鼎的副总经理王仁国接受媒体采访时也谈到，从2008年开始至今，东莞鞋业形势一直在走下坡路。2014年，工人工资又上涨了200元，平均工资达到3 200元，随着人工、社保要求提高，一个厂一年增开支两三百万元。

珠三角熟练工人月薪一般在3 000～4 000元，企业要掏759～1 012元为员工支付社保，加上公积金，比柬埔寨的工人甚至越南工人的薪水还高，现在广州用工成本已逼近台湾地区。不过，台湾制鞋业基本已转移走，一旦产业转移，要回迁难度极大，台商纷纷将鞋厂迁移到东南亚。"目前，珠三角用工成本大约是600～650美元，印度尼西亚大约300美元，而越南只有250美元左右，柬埔寨则更便宜，大约100美元。"吴振昌。

近年来，由于成本上涨过快，不仅是中小企业，连一些大型外销企业和内销品牌鞋企都逃脱不了利润下滑的命运。用工成本上涨导致利润的下滑，势必会倒逼鞋企转型升级。20世纪90年代大量涌入大陆的台资鞋业，普遍面临设备更新换代，这需要大量投资，涉及未来五年、十年的发展，企业往往会考虑找一个更有成本优势的新地方来完成转型升级，通过往东南亚或内地转移来保持订单稳定增长。况且不少台商都已上年纪，他们的儿辈往往不太愿意从事投资高、回报率低的制鞋业，这是近几年珠三角不少台资鞋企缩小规模或关闭的原因之一。

转型升级难度加大

在吴振昌看来，鞋企留在原地转型升级的难度不断加大："面对劳动力短缺，我们不断引进设备提升自动化程度，但新设备进口需要交10%的关税，17%增值税，而在东南亚投资进口设备可享受免关税。所以建议相关部门对留在大陆转型升级的企业或可考虑减免此税。此外，社保政策尤其是历史留下的问题也给我们带来不少困扰。"

目前，沿海地区的鞋企赚钱越来越难。由于工资快速攀升，工厂往其他地区转移而关闭原有工厂所需支付的费用将会随时间延长付出更大的代价。不过，鞋企转型升级谈何容易。一家东莞鞋企负责人告诉本报记者，这些年一直在摸索从代工到自主品牌的转型，从设计到进入多家高档商场，无奈出口订单缩减加剧，而打造自主品牌前期需要投入巨大，最终导致资金链断裂，被迫去年关闭了经营20多年的工厂。

今年来,中国制造业以及外贸形势皆不容乐观。2015 年 1 月,中国制造业采购经理指数 PMI 为 49.8%,比上月下降 0.3 个百分点,时隔 28 个月再次跌破荣枯分界线,显示制造业已进入衰退。同期,我国进出口总值 2.09 万亿元,比去年同期下降 10.8%。其中,出口 1.23 万亿元,下降 3.2%。在"寒冬"中如何突围,这对鞋企来说依然是一道难题。

(资料来源:《第一财经日报》,作者:李溯婉。)

专题案例

百年柯达破产启示录

世界最大影像产品商美国柯达公司 1 月 19 日上午在纽约向法院提出申请破产保护,这是柯达在前不久受到纽约证交所退市警告后的自保行动。柯达称,破产保护有助于公司专注于最大价值的业务,度过多年销售下滑所导致的流动性危机。柯达表示,它已经获得花旗集团提供的 9.5 亿美元 18 个月期信贷支持,以进行业务重组。这表明,柯达虽然已直面破产威胁,但如果重组能够达到预期目的,那么它还存在一线生机。

柯达向有"百年老店"之美称,已经拥有 131 年历史,它所提供的优质胶卷曾经独居全球胶卷市场的鳌头,并且也在 20 世纪 80 年代刚刚改革开放的中国市场上受到消费者的欢迎。但是,时间不过去了 20 多年,柯达却已经风光不再。柯达的事情发生在大洋彼岸,但中国消费者对此也有切身感受,在中国城市的一些柯达胶卷专卖店,早已由于市场销售的低迷而陷于亏损困境。而在国际市场上,柯达的严重衰退也早已不是新闻,自 2005 年以来,柯达没有一年不出现亏损,2008 年以来,柯达已经连续 4 年严重亏损,股票市值从 1997 年 2 月最高时的 310 亿美元下降至目前的 21 亿美元。因此,如今听到柯达提出破产申请,中国消费者对此并不会感到十分震惊。

就目前来说,对柯达下破产的断语可能还为时尚早,但是,这个"百年老店"即使不会轰然倒下,也已很难恢复昔日的辉煌。柯达当年的成功,是因为掌握了世界上最为先进的摄像胶卷技术,它凭着这个拳头技术,执掌了世界摄像市场的牛耳。但是,从数码成像技术出现的那一刻开始,传统的依靠胶卷摄像的冲印技术就清楚地显示了它的落后,从而逐渐被消费者所冷淡,直至抛弃。可惜的是,尽管世界上第一台数码相机是柯达自己于 1975 年研发成功的,但它却未能将其及时地转化为生产力,当全球市场迅速为数码摄像技术而激动的时候,柯达仍然固守着它在传统模拟相机胶卷上的地盘,没有能及时地跟上市场业态的快速变化。就这样,柯达所掌握的拳头技术终于蜕变为它难以摆脱的包袱,成为它的一种负资产,从而只能吞下今日的苦果。

柯达走过的道路,为包括中国企业在内的企业经营"教科书"增添了极富殷鉴意义的一章。做"百年老店",让基业长青,是所有企业梦寐以求的目标,但是,今天的企业面临的已经是一个快速变化的市场,在技术革命高度发达以后,全球性的技术创新已经呈现出爆炸式的发展,传统企业那种以"一招鲜"来"吃遍天"的经营模式不可能保证永远立于市场的高位,一个一成不变的基业再也不可能"常青",只有不断地追逐具有领先水平的科技生产技术,并且不断向消费者提供高新技术产品,企业才有可能在残酷的市场竞争中立于不败之地。其实,在柯达之前,已经有很多全球性的知名企业为我们提供了现成的例子,比如曾经在手机市场上处于领先地位的诺基亚和摩托罗拉,在平板电脑市场上曾经风光一时的惠普,都是由于在技术创新上落后一着,今日已经受尽市场的冷遇,甚至基本退出了市场。看一看今天的消费者对苹果公司连续推出的 iPhone 和 iPad 产品的追逐,我们不难想象诺基亚、摩托罗拉和惠普的落寞。

今天,很多中国企业其实面临着与柯达同样的问题。由于缺少技术创新方面强大的后援支持,企业产品只能拾人牙慧,缺乏核心竞争力。在今天大多数消费品已处饱和的背景下,这种经营模式已经无法应对市场竞争,只能维持在低水平的状态,而中国消费者也只能享受到低水平的物质生活。但是,在一个越来越开放的市场里,世界上以最先进技术支撑的高科技产品很容易进入中国市场,从而对中国消费者产生强烈的吸引力。因此,中国企业不妨将柯达此次面临的危机当作一面镜子,以此来审视自身的不足。特别是那些以"百年老店"自居的企业,必须勇于抛弃虽然有悠久传统却已经不适应当下日新月异的市场业态的传统产业,开拓并且掌握高新技术,才能不断地占领市场制高点。

(资料来源:新闻聚焦网站,作者:周俊生。)

本章小结

1. H-O 理论把比较优势建立在各国要素禀赋差异的基础上。但是这一理论已难对当今国际贸易现象作出有力的解释。为了弥补这方面的缺陷,我们需要在规模经济、不完全竞争和各国技术发展的差异的基础上发展新的国际贸易理论。

2. 即使两国在各个方面完全一样,互利贸易仍可在规模报酬递增的基础上发生。当一个国家分别在不同商品开展生产分工之后,两种商品的总产出就会因为规模经济而大于原来没有分工时候的总产出。这样两国由规模报酬递增取得了贸易优势及在规模收益递增基础上发生了互惠贸易,两国可以分享这一收益。

3. 当今国际贸易有很大一部分是差别产品之间的贸易。这种产业间贸易之所以发生,完全是为了利用当每一工厂都只生产一种产品的少数几种款式时带来的规模经济。一般说来,国家间的要素禀赋差异愈大,产业间贸易量就愈大。

4. 技术差距论把国家间的贸易与技术差距的存在联系起来,认为正是一国的技术优势使其在获得出口市场方面占优势,当一国创新某种产品成功后,在国外掌握该项技术之前产生了技术领先差距,可出口技术领先产品。

5. 根据产品周期理论,一种产品要经历五个不同阶段:产品的推出、产量迅速扩大并大量出口、标准化及国外通过模仿开始生产、模仿国大量生产并开始出口、模仿国开始向发明国销售产品。

6. 贸易基础也可以是需求的不同。对同一产品的不同需求会造成价格的差别从而产生贸易。经济学家林德从需求方面探讨了国际贸易产生的原因,提出了偏好相似理论。

7. 国家竞争优势理论将国际贸易与国内贸易联系起来考虑,认为企业竞争力的高低取决于其产业发展和创新的能力。

重要概念

规模报酬递增   产业内贸易   技术差距论   产品生命周期   国家竞争优势

练习思考题

一、名词解释

1. 规模经济

2. 产业内贸易

3. 产品生命周期

4. 国家竞争优势

二、单项选择题

1. 产品生命周期理论的提出者是(   )。

A. 海默   B. 弗农

C. 亚当·斯密   D. 大卫·李嘉图

2. 从差别商品角度来解释国际贸易产生原因的理论是(   )。

A. 产业内贸易说   B. 技术差距论

C. 人力资本说   D. 偏好相似说

3. 下列贸易理论模型中,(   )放弃了完全竞争的商品市场假设。

A. 绝对优势理论   B. 比较优势理论

C．H-O 理论   D．规模经济贸易模型

4. 产品生命周期论与技术差距论相比在研究方法上属于(   )。

A．静态分析   B．动态分析   C．比较静态分析   D．均衡分析

5. 新国际贸易理论认为,在存在规模经济效应情况下,国际分工应该(   )决定。

A．由两国要素禀赋决定   B．由两国劳动生产率决定

C．由两国机会成本决定   D．可能由历史偶然因素决定

6. 根据比较优势原理,环境保护标准(   )的国家在污染型产业上更可能具有比较优势。

A．比较低   B．比较高   C．相等   D．正常

7. (   )认为,国家间收入的相似性越大,贸易的可能性越高。

A．H-O 理论   B．偏好相似性理论

C．比较优势理论   D．产品生命周期理论

8. 产品生命周期理论认为,新产品的发明和出口首先是(   )。

A．知识充裕型国家   B．资本充裕型国家

C．劳动充裕型国家   D．知识和资本均充裕型国家

9. 国家竞争优势的发展次序是(   )。

A．要素—创新—投资—财富   B．要素—投资—财富—创新

C．要素—投资—创新—财富   D．财富—创新—投资—要素

10. 需求偏好相似理论用国家间的需求结构相似来解释(   )贸易发展理论。

A．工业制成品与初级产品之间   B．工业制成品之间

C．发达国家与发展中国家之间   D．发达国家与新兴工业化国家之间

三、思考题

1. 从要素禀赋角度来看,日本与韩国并不具备发展钢铁工业的资源条件,可日本与韩国却成为了世界钢铁生产大国,请对此现象进行评论。

2. 在下列例子中,主要显示的是内部规模经济还是外部规模经济?

(1) 义乌小商品市场

(2) 北京中关村

(3) 国美电器连锁店

(4) 上海陆家嘴金融中心

(5) 松江大学城

3. 当今世界为什么科技进步与科技创新越来越受到世界各国的重视,请用相关理论进行解释。

4. 如果各国国民收入不断提高,按照需求偏好相似理论,分析国际贸易会发生怎样的变化。

5. 日本在上世纪 70—80 年代将大量劳动密集型产业转移到台湾,进入 90 年代以后,台湾又将大量劳动密集型产业转移到大陆来,试从经济发展中要素的变动来说明此类现象。

6. 如果各种新产品都经过产品生命周期,发达国家是否会在竞争中处于劣势? 为什么?

7. 产业间贸易和产业内贸易的基础是什么？当代国际贸易的格局主要是以产业内贸易为主还是以产业间贸易为主？

8. 某国 2010 年纺织服装出口 100 亿美元，同时进口纺织服装 40 亿美元，请运用产业内贸易指数公式测算该国本年度纺织服装业的产业内贸易程度。

9. 根据波特的竞争优势理论，一个国家的竞争优势主要由哪些因素决定？比较优势与竞争优势之间的关系如何？

10. 下列例子中，决定贸易模式的主要是要素禀赋还是规模经济？

（1）中国是世界主要纺织服装出口国

（2）英特尔生产了世界上半数以上的 CPU

（3）日本和德国相互出口汽车

（4）澳大利亚、巴西是主要铁矿石出口国

11. 在外部规模经济下，各国从国际贸易格局中所获得的利益并不均衡。那么，你认为一些低收入国家经济发展缓慢是否与其在国际分工格局中的地位有关？

12. 加工贸易是我国当前主要贸易形式，试从国家竞争优势理论来分析这种贸易模式对我国对外贸易竞争力的有利与不利影响。

第四章
国际贸易政策

第一节　国际贸易政策概述

在前面的几章中,我们看到自由贸易可以使世界产出最大化并且对所有国家都有利。然而,在实际中,所有的国家都会给国际贸易的自由流动设置一些障碍与限制条件。由于这些限制条件和法规与一国的贸易或者商业有关,它们通常被称为贸易政策。在当今世界贸易中,各国的贸易政策在各国对外贸易发展及经济增长中发挥着重要的作用,并对世界贸易产生越来越大的影响,它已成为国际贸易环境的重要组成部分。各国的对外贸易政策因各自的经济体制、经济发展水平及其产品在国际市场上的竞争能力而有所不同,并且随其经济实力的变化而不断变换。

一、国际贸易政策的含义

国际贸易政策是各国在一定时期对进出口贸易所实行政策的总称,是各国经济政策的一个组成部分,各国根据本国的具体情况选择适合本国经济发展的对外贸易政策。一般认为,一国的对外贸易政策包括外贸总政策、国别政策和进出口商品政策。一个国家的对外贸易政策是该国经济政策和对外政策的重要组成部分,其制定和实施不仅要反映其国内经济的特点,还要兼顾国际贸易环境的具体情况及有关国家的政策措施,以利于有的放矢地制订相应的对策,保护国内市场,扩大商品销路。如果一个国家是有关国际经济贸易条约或组织的缔约方或成员,则这些条约或组织所规定的贸易政策就构成该国对外贸易政策的重要组成部分。

二、国际贸易政策的类型与演变

根据各国对商品和服务的进口贸易和出口贸易实施的措施不同,各国的对外贸易政策基本上可以分为两种类型:一是自由贸易政策,二是保护贸易政策。所谓自由贸易政策,指国家取消对进出口贸易的限制和障碍,取消对本国进出口货物和服务的各种特权和优待,使其自由进出口,在国内外市场上自由竞争。而保护贸易政策刚好相反,指的是国家广泛利用各种限制进口和控制经营领域与范围的措施,保护本国产品和服务在本国市场上免受外国商品和服务的竞争,并对本国出口商品和服务贸易给予优待和补贴。

一国的对外贸易政策受到本国在国际分工体系中地位以及本国产品在国际市场上竞争能力等多种因素的影响。因此,在不同时期,一个国家往往实行不同的对外贸易政策;在同一时期的不同国家,也往往实行不同的对外贸易政策。

在资本主义生产方式准备时期,为了促进资本的原始积累,西欧各国广泛实行重商主义的强制性的贸易保护政策,通过限制货币(贵重金属)出口和扩大贸易顺差的办法扩大货币的积累,其中,英国实行得最为彻底。在资本主义自由竞争时期,资本主义生产方式占据统治地位,世界经济进入了商品和资本国际化的阶段,这个时期对外贸易政策的基调是自由贸易。英国是主张实行自由贸易政策的国家。但由于各国经济发展水平不同,一些经济发展起步较晚的国家,如美国和德国采取了贸易保护主义政策。

在资本主义垄断时期的前期(19世纪90年代到第二次世界大战前),资本输出占据统治地位。1929—1933年资本主义经济危机,使市场问题急剧恶化,出现了超保护贸易政策。第二次世界大战后,随着生产国际化和资本国际化,出现了世界范围的贸易自由化。走上政治独立的广大发展中国家则实行了贸易保护主义。

第二次世界大战以后,出现了全球范围的贸易自由。国家之间通过多边和双边贸易条约与协定,削减关税壁垒,抑制非关税壁垒,取消国际贸易中的障碍与歧视,促进世界商品的交换与生产。20世纪70年代中期以后,在世界贸易自由化的同时,兴起了新贸易保护主义。随着生产和资本国际化的深入发展,各国之间经济的相互依存性不断加强。各国在贸易和投资等领域的激烈竞争,促使各国政府在制定经贸政策时都必须考虑其他国家的反应,增强贸易政策的国际协调。在这种背景下,出现了管理贸易政策。这种政策的主要内容是:国家对内制定各种对外经济贸易法规和条例,加强对本国进出口贸易有秩序发展的管理;对外通过协商,签订各种对外经济贸易协定,以协调和发展与缔约国之间的经济贸易关系。

三、国际贸易政策的目的与构成

对外贸易政策是世界各国发展对外贸易的重要手段,主要目的有以下几个方面:(1)保护本国的市场,防止本国的产业受到外国企业过多的冲击;(2)扩大本国产品的出口,增加就业,提高劳动者的收入;(3)促进本国产业结构的改善,获取规模经济效益;(4)在维护国家主权和利益的前提下协调与各国的经济贸易关系,积极参与社会分工和国际竞争;(5)完善市场经济体制。

一般认为,一国的对外贸易政策包括:(1)外贸总政策:一国从整个国家经济出发,在一个较长时期实行的政策;(2)国别政策:根据对外贸易总政策,依据与各个贸易伙伴国的关系和对外政治和经济的需要制定的国别及地区政策;(3)进出口商品政策:根据对外贸易总政策、国内市场状况而对部分对外贸易商品单独实行的政策。

此外,各国在管理对外贸易的活动中,可以制定、实施自主的对外贸易政策,也可以实施协定的对外贸易政策。因此,国际贸易政策可以分为以下几个层次:

(1)单边贸易政策。也称为自主贸易政策,是由各国政府完全自主制定的外贸政策。

(2)双边贸易政策。这是由双边政府通过签订双边贸易条约和协定协调双方管理贸易的政策。

(3)诸边贸易政策。这是由多个国家政府通过签定诸边贸易条约和协定协调各方管理贸易的政策,也称为区域层次上的贸易政策。

(4)多边贸易政策。一般是指世界贸易组织制定的贸易和投资自由化规则。这是由世贸组织成员方通过签订多边贸易条约和协定协调各方管理贸易的政策。

第二节　保护贸易政策

　　根据自由贸易理论,自由贸易可以使世界产出最大化并且增加每个国家的福利。然而,在现实世界里,所有的国家都会采取各种各样的手段限制国外商品进入本国市场。为什么这些国家要对自由贸易进行限制?其理论根据是什么?本章我们将对主要的保护贸易政策进行介绍和分析。

一、重商主义

　　重商主义是代表商业资本利益的经济思想和政策体系。15 世纪到 17 世纪是欧洲资本原始积累时期,西欧各国实行重商主义下的强制性贸易保护政策。重商主义认为,财富就是金银,金银是财富的唯一形态,是衡量国家富裕程度的唯一尺度。重商主义分早期重商主义(又称重金主义)和晚期重商主义(又称贸易差额论)两个阶段。

　　早期重商主义学说以英国人威廉·斯塔福德(W. Stafford,1554 - 1612)为代表。早期重商主义者把增加国内货币的积累、防止货币外流视为对外贸易政策的指导原则。他们鼓励出口,在主张向外国多销售的同时反对进口,提倡对外少买或根本不买的政策。他们还绝对禁止贵金属的外流,主张由国家垄断全部的货币贸易,此外,他们认为,当外国人来本国进行贸易时,必须将其销售所得到的款项全部用于购买本国的货物,只有这样做,才能保留并增加本国货币金银的积累,从而使国家不断富裕起来。

　　晚期重商主义学说的重要代表人物是托马斯·孟(Thomas Mun,1571 - 1641)。他在《英国得自对外贸易的财富》一书中写道,增加英国财富的手段就是发展对外贸易,但必须遵循一条原则,即卖给外国人的商品总值必须大于购买他们的商品总值,从每年的进出口贸易中取得顺差,增加货币流入量。他把货币与商品联系起来,指出"货币产生贸易,贸易增多货币",只有输出商品,才能输入更多的货币。晚期重商主义者反对早期重商主义者绝对禁止金银流出的思想,他们把货币与商品联系起来,把管理金银进出口的政策变为管理货物进出口的政策,力图通过奖出限入的政策和产业政策来保证贸易的顺差,以达到增加金银流入的目的。晚期重商主义执行奖出限入与产业政策的主要内容如下:

　　(1)限制输入政策:①禁止若干国外商品,尤其是奢侈品的进口。②课征保护关税,限制国外商品的进口。

　　(2)促进出口的措施:①对本国商品的出口给予津贴。②出口退税。③禁止重要原料的出口,但允许自由输入原料,加工后再出口。④降低或免除出口关税。⑤实行独占性的殖民地贸易政策。设立有独占经营特权的殖民地贸易公司(如英、法、荷兰等国的东印度公司)在殖民地独占经营贸易与海运,使殖民地成为本国制成品市场和原料供给地。

　　(3)其他措施:①保护农业。英国在 1660—1689 年间,通过若干法令限制谷物的进口,产生了谷物法。②英国政府通过职工法,鼓励外国技工的移入,以行会法奖励国内工场手工业的发展。③1651 年英国通过重要的航海法案。该法案规定,一切输往英国的货物必须用英国的船载运或原出口国船只装运。对亚洲、非洲及北美的贸易必须利用英国或殖民地的船只。④奖励人口繁殖,充裕劳工来源,降低劳工成本。

二、汉密尔顿的保护贸易政策

汉密尔顿(Alexander Hamilton)是美国的开国元勋之一、政治家和金融家、美国独立后第一位财政部长。1776 年,英属北美殖民地大陆会议发表了著名的《独立宣言》,宣布解除与英国国王的隶属关系,建立独立的国家——美利坚合众国。英国极力反对,派军队进行镇压,于是一场独立和反独立战争爆发并持续了 7 年之久。美国虽然取得了战争的最后胜利,在政治上取得了独立,但经济却遭受了严重破坏,加之战后英国的经济封锁,使其经济上仍属殖民地经济形态,国内产业结构仍然以农业为主,工业方面仅限于农副产品加工和手工业的制造,处于十分落后的水平,根本无法同英国、法国等工业国进行自由竞争。当时摆在美国面前有两条路:一条是实行保护关税政策,独立自主地发展本国工业;另一条是实行自由贸易政策,继续向英国、法国、荷兰等国出售小麦、棉花、烟草、木材等农林产品,用以交换这些国家的工业品,满足国内市场的工业品需求。前者是北方工业资产阶级的要求,后者是南部种植园主的愿望。

在这样的背景下,汉密尔顿代表工业资产阶级的愿望和要求,于 1791 年 12 月向国会提交了《关于制造业的报告》,明确提出实行保护关税政策的主张。他在报告中系统阐述了保护和发展制造业的必要性和重要性,提出一个国家如果没有工业的发展,就很难保持其独立地位。因此,美国应实行保护关税制度,以使新建立起来的工业得以生存、发展和壮大。在汉密尔顿看来,征收关税的目的不是为了获得财政收入,而是保护本国的工业,因为处在成长发展过程中的产业或企业难以与其他国家已经成熟的产业相竞争。与旨在增加金银货币财富、追求贸易顺差,因而主张采取保护贸易政策的重商主义不同,汉密尔顿的保护贸易思想和政策主张,反映的是经济不发达国家独立自主地发展民族工业的要求和愿望,它是落后国家进行经济自卫并通过经济发展与先进国家进行经济抗衡的保护贸易学说。汉密尔顿保护关税学说的提出标志着保护贸易学说基本形成。

汉密尔顿认为,自由贸易不适合美国当时的现实。美国作为一个刚刚起步的国家,难以与其他国家的同类企业进行竞争,因此,自由贸易的结果也可能使得美国继续充当欧洲的原材料供应基地和工业品的销售市场,国内的制造业却难以得到发展。汉密尔顿还详细地论述了发展制造业的直接与间接利益。他认为,制造业的发展对国家利益关系重大,它不仅能够使特定的生产部门发展起来,还会产生连带效应,使相关部门也得到发展。一国没有制造业,政治经济上就不可能强大。

为了保护国内的制造业,政府应该放弃自由放任的自由贸易政策,加强对市场的干预,实行保护关税制度,具体采取如下的措施:(1)向私营工业发放贷款,扶植私营工业发展;(2)实行保护关税制度,保护国内新兴工业免遭外国企业的冲击;(3)限制重要原料出口,免税进口本国急需原料;(4)给各类工业发放奖励金,并为必需品工业发放津贴;(5)限制改良机器及其他先进生产设备输出;(6)建立联邦检查制度,保证和提高工业品质量;(7)吸收外国资金,以满足国内工业发展需要;(8)鼓励移民迁入,以增加国内劳动力供给。

汉密尔顿提出上述主张时,自由贸易学说仍在美国占上风,因而他的主张遭到了不少的反对。随着英国、法国等国家工业的发展,美国的工业遭到了来自国外越来越强有力的挑战,汉密尔顿的主张才在贸易政策上得到反映,并逐步对美国政府的内外经济政策产生了重大和深远的影响。在这一理论的指导下,1816 年,美国首次以保护关税的名目提高了制造品的关税。1828 年,美国再度加强保护措施,将工业品平均税率提高到 49%。美国的贸易保护政策主要表现在为实现较高的进口关税水平,鼓励原材料的进口,限制原材料的出口,以便为本国制造业的发展提供比较廉价的原材料,同时鼓励工业技术的发展,提高制成品的质量,以增强其产品的市场竞争力。

　　汉密尔顿的保护关税论是从美国经济发展的实际情况出发所得出的结论,反映了美国建国初期急需发展本国的工业、走工业化道路、追赶欧洲工业先进国的强烈要求。这一观点的提出,为落后国家进行经济自卫和与先进国家相抗衡提供了理论依据,同时也标志着从重商主义分离出来的西方国际贸易理论两大流派已基本形成。

美国的新重商主义值得关注

专栏 4－1

　　事实上,时隔汉密尔顿"工业立国"219 年后的今天,美国在经历了以邻为壑、自由贸易、公平贸易之后,又重新开始了"新重商主义"。"新重商主义"是 20 世纪 80 年代以来伴随美国贸易逆差的产生和不断膨胀,在美国出现的一种在经济上鼓吹政府干预贸易以追求贸易逆差的削减,在政治上利用贸易逆差作借口和贸易政策作武器,打压贸易伙伴经济增长和国际地位的一种思潮。这种政策后果是不衡量对外贸易对整个国家带来的国民福利,只算计对外贸易对某些特殊利益集团造成的损失。这些特殊利益通过院外活动直接影响国会和政府的政治生态。

　　美国的"新重商主义"有两次高潮,均与美国贸易逆差的变动轨迹一致。

　　第一次是 20 世纪 80 年代中期,主要矛头指向当时美国贸易逆差的最大来源国日本。主要措施包括逼迫日元升值,制造贸易摩擦,施压日本对美国开放市场,要求日本增加政府支出刺激国内需求,而"广场协议"是其顶峰。但随着日本经济在 20 世纪 90 年代进入衰退而慢慢收敛。

　　第二次高潮始于 20 世纪的最后两年,进入 21 世纪后逐步升级,主要矛头指向对美贸易顺差增长较快的中国。以施压人民币升值和滥用反倾销武器为突出表现。在对外交涉中,其典型的说辞有二:

　　一是贸易逆差提高了美国的失业率。"新重商主义"的代表布坎南的分析结论称美国的贸易逆差每增加 100 亿美元,美国就会有 2 万产业工人失业。通过对美国贸易逆差变动和失业率变动比较分析发现,从 1994 至 2009 年,美国贸易逆差持续扩大,与失业率并不具有统计学上的关系。而我们发现,在列入考察的 30 个年份里,无论从整体研究,还是从个案考察,30 年间贸易逆差和失业率变动的相关系数仅有 0.115,美国的贸易逆差增加与美国的就业状况变动没有必然的联系。

二是不公平贸易是造成美国贸易逆差的主要来源。在此思维的引导下,美国政府采取政治的、外交的和经济的手段对贸易伙伴国的政策和市场施压,打开美国商品的出口通道,特别是力图通过汇率手段解决其贸易逆差问题。但是,具有讽刺意义的是,欧盟的数据并不支持这种结论。欧盟对外实行统一的经济和贸易政策,且实行统一关税。美国与欧盟的双边贸易整体上是逆差,对法国、德国、意大利、比利时、卢森堡、丹麦、爱尔兰、英国、奥地利、芬兰、瑞典、匈牙利、捷克、斯洛文尼亚、斯洛伐克、爱沙尼亚、马耳他等国家也是逆差。但是,美国对与上述国家实行同一对外经贸政策的荷兰、希腊、葡萄牙、西班牙、波兰、拉脱维亚、立陶宛、塞浦路斯等国家却是保持顺差。

由此可见,美国的贸易逆差与贸易伙伴的贸易政策并不是一一对应的关系,主要取决于美国产业结构及其对应的竞争力结构。事实上美国的全球竞争力,近年来并没有实质性变化。全美第三产业占比高达78%,美国的竞争力结构已由制造业转向高新技术产品和服务贸易上,直接体现在美国的服务贸易从1976年开始一直呈现顺差状态。

反过来,倒是美国的许多歧视性贸易政策,限制了中国扩大从美国进口的努力,是产生美中逆差的主要原因之一。例如,2007年美国商务部发布了加强对出口中国的高科技产品管理的新规定,包括飞机及飞机零件、航空电子、惯性制度导航系统、激光、水底摄影机、推进器系统和个别电讯仪器等31类新增产品出口中国需向美国商务部申请许可。这些规定直接导致,中国进口的高科技产品,从2001年美国占18.3%,到2006年已降低至9.1%,而到了2008年美国仅占到7%。出口管制是美国冷战时期出台的一项政策,在经济全球化的今天,美国继续实施政策既严重影响了美国产品的国际竞争力,也是美国出现贸易逆差的罪魁祸首。

更为值得关注的是,2009年第四季度,美国经济战略出现重大调整,出口导向型增长模式成为了主流思想。奥巴马政府不断向外界发出信号,说美国不会继续当全球最后的消费国和进口国。最明确的表态来自白宫首席经济顾问拉里·萨默斯。2009年8月22日,他说美国必须从消费型经济转为出口导向型经济,必须从依赖金融活动转向发展实业。2010年1月28日,奥巴马在国会发表其任内首份国情咨文时承诺,要在5年内使美国的货物出口量增长一倍。

美国经济战略的这一重大转变,体现在以下三个方面:从货币政策上看,美元谨慎贬值提升美国制造业出口竞争力;从产业政策上看,通过"绿色新政"和"智慧地球",打造新型制造业,形成出口新增长点;从贸易政策上看,贸易保护措施将被频繁动用。为此,萨默斯等甚至表示,中国将无法保持原有的经济发展模式,因为美国打算向中国靠拢。世界经济无法让两个最重要的经济体,或者说一个半同时采取中国的增长模式。对此国策之变,西方主流经济学家依然是选择性失语。

子曰:己所不欲,勿施于人。这才是真正关心中美贸易的人们所应该共同思考的问题。

(资料来源:http://www.sina.com.cn,2010 年 02 月 05 日,新浪财经,作者:张勇。)

三、幼稚工业保护论

在资本主义自由竞争的时期,由于各国经济发展水平不同,一些经济发展起步较晚的国家,如美国和德国,先后采取了保护贸易政策。保护贸易理论及其政策的主要代表人物是德国历史学派的先驱者李斯特(F. List,1789 - 1846)。早年的李斯特是一个自由贸易倡导者,但自 1825 年出使美国以后,受到汉密尔顿的影响,并亲眼见到美国实施保护贸易政策的成就,转而提倡贸易保护主义。所谓幼稚工业是指处于成长阶段尚未成熟,但具有潜在优势的产业。

(一)幼稚工业保护论提出的历史背景

19 世纪初,德国还是一个政治上分裂、经济上落后的农业国。在政治上,拿破仑战争后虽然封建割据局面有所改善,但德意志境内依然小邦林立(尚有 38 个邦),邦与邦之间关卡重重,各邦内省与省之间也因地方税率的差异而彼此分割。直到 1834 年,各邦才建立起统一的关税同盟。1848 年结束封建割据局面,完成政治上的统一。在经济上,其发展水平不仅远远落后于工业革命已经完成的英国,而且与早已进入工业革命阶段的法国以及美国和荷兰等国也存在很大差距。德国虽在 19 世纪 30 年代开始工业革命,但到 1848 年时,还没有建立起自己的机器制造业。在对外贸易方面,它主要出口原料和食品,进口半制成品和制成品。这种状况既反映了德国经济的落后,同时也表明了其经济对外依赖严重且容易受到外来经济力量的巨大冲击。为了发展德国经济,国内围绕对外贸易政策的选择展开了激烈的论战。一派主张实行自由贸易政策,其理论基础是亚当·斯密的绝对优势理论和大卫·李嘉图的比较优势理论;另一派主张实行保护关税制度,主要是德国资产阶级的愿望,但缺乏强有力的理论根据。在这样的时代背景下,作为德国工商业协会顾问和保护贸易学派旗手的李斯特(F. List)从民族利益出发,以生产力理论为基础,以意大利、汉萨同盟、荷兰、英国、西班牙、葡萄牙、法国、美国等经济兴衰史为佐证,猛烈抨击了古典学派的自由贸易学说,发展了汉密尔顿的保护关税论,提出了自己的以生产力理论为基础,以经济发展阶段论为依据,以保护关税为核心,为经济落后国家服务的国际贸易学说——幼稚工业保护论(infant-industry argument)。

(二)幼稚工业保护论的理论基础和根据

在1841年出版的《政治经济学的国民体系》一书中,李斯特系统地阐述了幼稚工业保护论,其主要理论基础和根据包括以下几个方面:

1. 对自由贸易进行了批判

李斯特首先认为普遍的自由贸易理论是无边无际的世界主义经济学,是狭隘的本位主义和个人主义,完全忽视了国家的存在,完全抹煞了国家和国家利益的存在。因此,在经济落后国家,高度的保护政策是可以与最大限度的个人自由并行不悖的,为本国商品提供市场是落后国家发展经济的一种十分必要的工具。自由贸易主义者只考虑交换带来的贸易利益,而没有考虑到国家的长远利益以及国家生产力。

具体结合到德国的情况,李斯特认为,按照比较优势开展分工不利于德国生产力的发展。虽然向外国购买廉价的商品表面上看起来是要合算一些,但是若这样做的话,德国的工业就不可能得到发展,而会长期处于落后和从属于外国的地位。如果德国采取保护关税政策,一开始会使工业品的价格提高,但经过一段时期,德国工业得到充分发展,生产力将会提高,商品生产费用将会下降,商品价格甚至会低于外国进口商品的价格。

2. 生产力理论

李斯特从德国工业资产阶级的利益出发,关心提高生产力,特别是关心德国的工业生产力的提高。在他看来,财富本身固然重要,但发展生产力更为重要,是制定国际贸易政策的出发点。他指出:"财富的生产力比之财富本身不晓得要重要多少倍,它不但可以使已有的和已经增加的财富获得保障,而且可以使已经消失的财富获得补偿。个人如此,拿整个国家来说更是如此。"[1]在李斯特看来,一国从自由贸易获得的财富尽管是重要的,但是它有耗尽的时候,而财富的生产力是源源不断的,因而更加重要。因此与其实行自由贸易而获得财富,还不如通过保护本国工业,以获得财富的生产力。他还把生产力与财富的关系喻为果树与果实的关系:生产力犹如结果实的果树,而财富则是果树结出的果实。从国外进口廉价的商品,短期内看来是合算一些,但这样做的结果是本国工业得不到发展,以致长期处于落后和依附的地位。如果采取关税保护,开始时本国产品成本要高些,但当本国工业发展起来以后,生产力会提高,生产商品价格就会下降,甚至有可能降到低于外国产品价格的水平。在他看来,生产力是创造财富的源泉,财富是生产力的结果。他认为一个国家开展对外贸易,也应着眼于提高生产力,而不能着眼于财富存量的多少。

3. 经济发展阶段论

经济发展阶段论是李斯特幼稚工业保护论的理论依据。李斯特主张根据各国经济发展的不同阶段,采取不同的对外贸易政策。为此,他把各国的经济成长分为五个阶段:原始未开化时期、畜牧业时期、农业时期、农工业时期、农工商业时期。当一个国家处于原始未开化阶段和农业时期之间的阶段,应当与先进的城市和国家进行自由贸易,这样将会对

---

① [德]弗·李斯特. 政治经济学的国民体系[M]. 陈万煦,译. 北京:商务印书馆,1961:118.

经济发展和社会进步起强有力的刺激作用。对于处于农工业阶段的国家,由于本国工业尚未发展到能与外国产品相互竞争的地步,故而应对本国的工业实行保护,实行保护贸易政策;而对于处于农工商阶段的国家,由于国内工业品已具备了国际竞争能力,故而应实行自由贸易政策,以刺激国内产业进一步发展。李斯特认为,英国已经到达了第五阶段,而德国只是在第四阶段,而西班牙在第三阶段,因此德国应在国家干预下对本国幼稚工业实行保护,实行保护贸易政策。

(三)幼稚工业保护论的主要观点

李斯特在生产力理论和经济发展阶段论的基础上,提出了幼稚工业保护论,主张经济相对落后国家应实行保护贸易政策,使其幼稚工业经过保护能够成熟,最终达到与国外竞争者匹敌的目的。

1. 保护的目的为了促进生产力的发展

经过比较,李斯特认为应用机械的规模生产远远大于农业。当一个国家已经越过工业发展的初级阶段,已经具备建成一个工业国的精神上和物质上的必要条件,只是由于还存在着一个比它更先进的工业国家的竞争力量而使其前进的道路受到阻碍时,那才有理由实行保护贸易政策,以便建立并保护本国的工业。而当一个国家进入农工商业的发展阶段以后,已经具备了对外自由竞争的能力,就应当实行自由贸易政策。

2. 保护的对象为有强有力外国竞争者的幼稚工业

关于保护对象的选择。李斯特强调受到保护的应当是国内幼稚的但有发展希望的工业。一般说来,重视农业的国家,人民精神萎靡,一切习惯与方法偏于守旧,缺乏文化福利与自由;而重视工商业的国家则不然,其人民充满增进身心与才能的精神。工业发展以后,农业自然跟着发展。他提出的保护对象的条件是:(1)农业不需要保护。只有那些刚从农业阶段跃进的国家,距离工业成熟期尚远,才适宜于保护。(2)一国工业虽然幼稚,但在没有强有力的竞争者时,也不需要保护。(3)只有刚刚开始发展且有强有力的外国竞争者的幼稚工业才需要保护。李斯特提出的保护时间以30年为最高期限。在此期限内,被保护的工业还扶植不起来时,不再予以保护,任其自行垮台。

3. 幼稚工业的保护手段

关于保护的主要手段,他提出可以通过征收高关税和禁止输入来保护幼稚工业,以免税或者征收轻微进口税方式鼓励复杂机器的进口。究竟采取哪一个方式最为适当,要看国家特有环境和它的工业情况来决定。正确的做法是从国内工业起步开始逐步提高关税,并且应当随着国内或从国外吸引来的资本、技术才能和企业家精神的增长比例而提高。在从禁止政策变到温和的保护制度阶段过程中,采取的措施恰恰相反,应当由高税率逐渐降低而过渡到低税率。

(四)幼稚工业保护论的理论意义及其局限性

李斯特将一国参加国际贸易的经济利益进行了动态化的分析,强调了一国动态的比较优势在国际贸易中的重要意义,是对传统国际贸易理论的发展和创新。在自由贸易主义看来,各国应该通过国际分工和交换来获取经济利益,但在李斯特看来,传统贸易理论的结论是建立在短期的贸易利益基础上,并没有考虑到单个国家,特别是后起的国家经济发展的长期和动态利益,因而存在着很大的局限性。因此,他认为,当一国经济发展尚处在工业发展过程中时,这种短期利益的取得有可能葬送该国生产力的发展,从而妨碍其经济走向工业化,导致的结果是失去长远经济发展的利益。从这一分析出发,李斯特的幼稚工业保护论存在着明显的合理性。这一理论的提出,是对传统国际贸易理论最好的抗争,确立了保护贸易理论在国际贸易理论体系中的地位,同时也标志着从重商主义分离出来的西方国际贸易理论两大学派——自由贸易学派和保护贸易学派的完全形成。

如果说汉密尔顿是第一个明确提出保护幼稚工业的政策主张,那李斯特则是第一个从理论上探讨在面临国际竞争的条件下,如何运用保护贸易的政策与措施来促进本国的经济发展,建立了具有完整体系的保护贸易理论。保护幼稚工业政策即使在短期内使得国内生产是相对低效率的,但对国家有着长远的利益,它是建立或扩展工业的基础,是经济发展的必要条件,因为扶持终究会发展起来的新生工业是合乎需要的。多数经济学家接受这种观点,认为这种说法是有意义的。

李斯特的幼稚工业保护论的许多观点代表了后起国家的经济利益,因而对落后国家制定对外贸易政策,并以此来促进经济发展具有重要的借鉴意义和指导意义。尤其是他在生产力理论中,关于"财富的生产力比之财富本身,不晓得要重要多少倍"的思想具有深刻的、无可动摇的理论说服力。不仅如此,他关于经济发展的不同阶段应采取不同的对外贸易政策的观点为落后国家应该在什么时候实行保护贸易政策提供了理论依据;他关于以保护贸易为过渡和仅以幼稚工业为保护对象的主张说明了他的幼稚工业保护论并不是单纯否定国际分工和自由贸易利益,而是将这种利益进行动态化;他对保护贸易政策的得失的分析揭示了建立本国高度发达的工业是提高生产力水平的关键。李斯特的幼稚工业保护论在德国工业资本主义的发展过程中起过积极的作用。它促进了德国资本主义的发展,有利于资产阶级反对封建主义势力的斗争。在保护政策的扶植下,经过 1843 年、1846 年两次提高关税,德国经济确实在短期内有了迅速的发展,终于赶上了英、法等国。

但是,李斯特的幼稚工业保护论在实践中存在着两个难以克服的困难:首先是保护对象的选择问题。尽管从理论上说要保护幼稚产业,但在具体操作上很难确定哪项工业或者潜在工业符合幼稚工业的条件,而且一旦确定某项产业为幼稚产业予以保护以后就很难取消。其次是保护手段的选择问题。有时对象选对但手段用错,其结果仍然达不到通过保护幼稚工业来促使其成长的目的。

幼稚工业保护论在理论上虽然成立,但在实施过程中往往存在着许多弊端,保护的代价也非常昂贵,其效果在许多发展中国家并不十分理想。

专栏 4 - 2

底特律申请破产保护对中国汽车工业的启示

美国历史上著名的"汽车城"底特律当地时间 18 日提出破产保护申请,使得该市成为美国历史上申请破产保护的最大城市。底特律昨天的繁荣和今日的萧条形成巨大反差,这让我国的车企和一些标榜汽车为支柱产业的城市从中得到哪些反省呢?

被誉为"世界汽车之都"的底特律,早在 100 年前就是汽车工业的代名词,曾是美国最大的城市之一。美国三大汽车巨头通用、福特与克莱斯勒的总部均设于此。但是底特律市长 18 日宣布,由于面对高达近 200 亿美元的债务,底特律已经正式申请破产保护。对此,中国现代国际关系研究院世界经济研究所研究员魏亮表示,这主要是由于城市的兴衰过于依赖汽车工业的发展,产业单一造成财政收入来源单一,风险极大。

魏亮说:"汽车工业实际上在过去的 20 年中已经成为一个全球性的产业,也就意味着他不可能是一个城市来支撑汽车工业的发展,所以这就成为导致这个城市不能继续振兴的原因。同时,现在的大背景也很重要,过去的五年多,国际金融危机以及之前的次贷危机,对他的汽车消费以及房地产,产生了非常大的影响,他之前经济发展过于单一,经济危机这一补充,就起到摧枯拉朽的效果。"

相比之下,近年来,我国汽车产业蓬勃发展,企业规模不断扩大,产业组织结构呈现积极变化。据了解,我国汽车工业连续四年产销量居世界第一,今年有望突破 2 000 万辆。

入世以来,中国本土车企保持了 30% 左右的市场份额。未来由于我国加快城镇化发展和依靠内需消费为主拉动经济增长,汽车依然是市场需求的主要产品之一。虽然我国车企行业前景乐观,但对于我国自主品牌来讲,未来依旧充满挑战。因为我们中国市场繁荣了就会吸引更多的企业来,我们要清醒地认识到,我们的汽车产品在产品品质上和世界先进的汽车相比还是存在相当大的差距,另外,自主品牌在品牌影响力上跟合资企业的品牌和进口品牌(相比)还是差距比较大,这些都是我们需要进步和提升的地方。

此外,业内人士指出,未来汽车与能源、环境、道路交通的矛盾突出。节能减排是汽车产业发展道路上面临的最严峻的挑战。近年来,国家也制定了节能与新能源汽车产业政策,环保部门也对汽车排放制定了更高的标准,若汽车企业不能有效节能减排,将丧失竞争力。

(资料来源:国际在线消息,2013 年 7 月 21 日,作者:王洹星。)

四、新重商主义

(一)新重商主义的兴起与特点

19世纪末至20世纪30年代,主要资本主义国家相继完成了从自由竞争向垄断的过渡。随着垄断资本主义的确立与发展,资本主义的基本矛盾进一步加剧,最终导致了1929—1933年资本主义历史上破坏性最大、持续时间最长的一次世界性经济危机。这次危机使得资本主义面临着全面覆灭的境地,同时也造成了包括自由贸易主义在内的传统西方经济理论的破产和凯恩斯经济学说的诞生。在大危机以后,许多资本主义国家都提高了关税,实行外汇限制、数量限制;同时,国家积极干预外贸,鼓励出口。

为适应垄断资产阶级的需要,约翰·梅纳德·凯恩斯(John Maynard Keynes)提出了保护贸易理论。凯恩斯认为占传统地位的古典学派的各项假设只适用于某种特殊的情况(即充分就业),而不适用于一般的情况。他在批判传统自由贸易理论的同时,对重商主义给予肯定、合理的评价。他以后的经济学家,如马克卢普(F. Machlup)(出生于奥地利的美国经济学家,美国普林斯顿大学教授,凯恩斯的主要追随者之一,其代表作是《国际贸易与国民收入乘数》)、哈罗德(R. F. Harrod)(英国著名经济学家,牛津大学教授,凯恩斯的主要追随者之一,其代表作为《国际经济学》《动态经济导论》),在凯恩斯的理论基础上进一步发展了凯恩斯主义中的贸易保护论。我们称之为新重商主义。

之所以称凯恩斯主义贸易保护论是新重商主义,在于两者强调一国贸易顺差有利于本国经济发展,这是他们共同的观点,但两者保护的出发点及保护的机制存在着很大的差异。

首先,他们的出发点不一样。重商主义从商业资本的利益出发,试图通过贸易保护主义实现商业资本的财富积累,从而使商业资本规模扩大。而凯恩斯主义贸易保护论从整体宏观经济稳定出发,试图通过贸易保护维持宏观经济的稳定增长。

其次,两者重视贸易保护机制的作用过程不同。凯恩斯主义贸易保护论试图通过贸易保护造成国际收支顺差,增加总需求,同时增加货币供应量,降低利率水平,刺激经济增长。重商主义的保护机制比较直接,就是贸易保护导致国际收支的顺差,进而是国际货币财富的增加,继续贸易保护以使国内的货币财富继续增加。

第三,两者主张的保护期限不一样。重商主义从增加财富的目标出发,主张永久地进行保护。而凯恩斯主义贸易保护论从刺激经济稳定增长出发,主张适度、适时地进行保护,即只有在国内经济处于萧条的时候进行贸易保护。凯恩斯主义贸易保护论也可以说是"萧条经济下的贸易保护论"。

(二)对外贸易乘数理论的内涵

凯恩斯的经济理论中有关国际贸易的论点不多,也没有一本全面系统地论述国际贸易的专门著作,但他自己和他的追随者有关国际贸易的观点却颇有影响,对国际贸易保护政策提供了重要的理论根据。马克卢普和哈罗德等人在凯恩斯的投资乘数原理基础上引申出轰动一时的一国对外贸易乘数理论(the theory of foreign trade multiplier)。

乘数原理是资产阶级经济学家卡恩(R. F. Kahn)首先创立的。他于 1931 年在《经济学季刊》上发表《国内投资与失业的关系》一文,论证了在一定消费倾向下,投资与就业量的乘数关系。在凯恩斯的经济理论中,乘数理论占有重要地位,是就业理论的重要组成部分。这为研究投资对收入以及就业的影响提供了精确的分析工具。在开放经济体制下,国民经济的平衡不仅受制于投资乘数原理和加速原理,还受到对外贸易乘数原理的制约。

凯恩斯在 1936 年出版的《就业、利息和货币通论》一书中用乘数原理来分析投资对国民收入的作用,提出了投资乘数理论,这成为凯恩斯理论的重要组成部分。凯恩斯认为投资的增加对国民收入的影响有乘数作用,即增加投资所引致的国民收入的增加是投资增加的若干倍。若用 ΔY 表示国民收入的增加,K 表示乘数,ΔI 表示投资的增加,则:

$$Y = K \cdot \Delta I$$

投资具有乘数效应的原因是因为国民经济各部门是相互联系的,某一部门的一笔投资会在其他各部门引起连锁反应,从而当国民经济平衡时,将是原来的若干倍。现假定新增加的投资 ΔI 为 100 美元,它用于购买投资品便成了投资品生产者(雇主和工人)增加的收入;如果投资品生产者只消费其新增收入的 90%,于是向他们出售商品的人们便得到 90 美元的收入;如果这些人又消费其收入的 90%,即 81 美元,这又成为向他们出售商品的人们增加的收入。如此不断循环下去,国民收入也随之增加。

而对外贸易乘数解释了国际贸易怎样来影响国内经济的不平衡。对外贸易乘数原理是由马克卢普和哈罗德等人在国内投资乘数原理的基础上引申提出的。他们认为,一国的出口和国内投资一样,属于"注入",对就业和国民收入有倍增作用;而一国的进口则与国内储蓄一样,属于"漏出",对就业和国民收入有倍减效应。当商品劳务输出时,从国外获得货币收入,会使出口产业部门收入增加,消费也随之增加,从而引起其他产业部门生产增加、就业增多、收入增加、如此反复下去,收入增加将为出口增加的若干倍。当商品劳务输入时,向国外支付货币,使收入减少,消费随之下降,国内生产缩减,收入减少。因此,只有当对外贸易为顺差时,才能增加一国就业量,提高国民收入。此时,国民收入的增加将为投资增加和贸易顺差的若干倍。这就是对外贸易乘数理论的含义。

凯恩斯主义的对外贸易乘数理论在一定程度上揭示了对外贸易与国民经济发展之间的内在规律性,因而具有一定的科学性。国民经济是一个完整的庞大系统,各个子系统之间存在着相互促进的关系。对外贸易乘数论揭示了这个系统之间的一些运行规律。从方法论上看,凯恩斯主义的对外贸易乘数理论把贸易流量与国民经济结合起来,分析出口额对国民经济的倍数促进作用,从而将贸易问题纳入到宏观分析的范围,这在贸易理论上是一种突破。从实践上看,出口贸易的增加对国民收入的提高的确具有一定的刺激作用。战后日本和亚洲"四小龙"的成功也从一个侧面说明,出口在国民经济中起着非常重要的作用。我国改革开放 20 多年的实践也同样印证了这一点。

但是,对外贸易乘数理论存在很大的局限性。首先,对外贸易乘数理论把贸易顺差视为与国内投资一样,是对国民经济体系的一种"注入",能对国民收入产生乘数效应。其实,贸易顺差与国内投资是不同的:投资增加会形成新的生产能力,使供给增加,而贸易顺差增加实际上是出口相对增加,它本身并不能形成生产能力。因此,投资增加和贸易顺差增加对国民收入增加的乘数作用并不等同。其次,对外贸易乘数在实践上是很模糊的,它常会受一国闲置资源和其他因素的影响,资源稀缺会限制该国国民收入的下一轮增长。再次,这一理论忽视了对外贸易发挥乘数作用的条件。对外贸易的乘数作用并非在任何情况下都能发挥,只有在世界总进口值增加的条件下,一国才能继续扩大出口,从而增加国民收入和就业。如果世界的总进口值不变或减少,一国将无法增加出口,除非降低出口商品价格。但降低出口商品价格,企业会因利润下降而不愿扩大生产、增加产量,因此,增加出口也无从谈起。

五、保护贸易新理论

20世纪70年代中期以来,世界产业结构和贸易格局发生了重大变化。一些发展中国家在世界贸易中的地位迅速提高,并在纺织、家用电器、钢铁等原来发达国家垄断的行业呈现出比较优势。传统的产业间贸易逐步被发达国家之间的产业内贸易所取代。世界产业结构和贸易格局的变化,使得各国之间在工业品市场上的竞争越来越剧烈。日本经济的迅速腾飞促使各国经济学家们研究政府政策对于贸易、经济发展的促进作用。国际经济学家的思维方式也发生了变化:其一,引入产业组织,摆脱了完全竞争模式的束缚;其二,摆脱了沉溺于迎合要素禀赋理论却疏于考虑其他可选情况和建模形式的"二维假定";其三,突破了人为区分技术外部经济与货币外部经济的做法。因此在这种形势下,经济学家力图从新的角度探寻政府干预对外贸易的理论依据,提出了战略性贸易政策、管理贸易论和公平贸易论等保护贸易的新理论。

(一)战略性贸易政策

战略性贸易政策指一国政府在不完全竞争和规模经济条件下,可以凭借生产补贴、出口补贴或保护国内市场等政策手段,扶持本国战略性工业的成长,增强其国际市场上的竞争能力,从而谋取规模经济之类的额外收益,并借机劫掠他人市场份额和工业利润。这个观点与发展中国家的幼稚工业的观点很相似,只是它适用于发达国家,有助于它们在重要的战略性高科技产业上获得比较优势。一些经济学家更进一步说,战后日本的成功归功于战略性产业的贸易政策。

战略性贸易政策是20世纪80年代由布兰德(J. A. Brander)、斯潘塞(B. J. Spencer)、克鲁格曼(P. R. Krugman)等人发展起来的一种新的贸易政策理论。该理论以不完全竞争和规模经济理论为前提,以产业组织中的市场结构理论和企业竞争理论为分析框架,突破了以比较优势为基础的自由贸易学说,强调了政府适度干预贸易对于本国企业和产业发展的作用。战略性贸易政策从本质上说并不是关于战略性产业的贸易政策,但却是一种有利于促进战略性产业发展的、政府有效干预的对外贸易政策,其特点是强烈的应用性。

1. 战略性贸易政策的基本论点

战略性贸易政策有两个基本论点:其一,由于市场的不完全竞争和规模经济的存在,某些行业的企业可以获得长期利润,这些利润超出企业主的一般利润。而政府的资助可能促进某些行业的企业战胜外国对手并取得成功。其二,由于市场对一些企业的外部经济效应缺乏足够的反应,由政府干预来克服这种反应的不足,可建立一种环境,使某些企业的行为给其他企业带来好处,从而推动其他产业的发展。

2. 战略性贸易政策的内容

战略性贸易政策有两大内容:利润转移理论和外部经济理论。

利润转移论是战略性贸易政策的主体内容,指的是在寡头竞争的国际市场上,存在着因产品价格高于边际成本而形成的租金或超额垄断利润。一国政府可以通过对出口或进口的贸易干预,影响本国企业及其国外竞争者的行为,改变国际竞争的格局,从而从国外寡头厂商抽取租金或向本国企业转移利润,达到增加本国净福利,并促进本国企业和产业发展的目的。利润转移论包括战略性出口政策、进口政策和以进口保护促进出口的政策。

外部经济理论是战略性贸易政策的另一项内容。外部经济包括技术性外部经济和收益性外部经济。前者是指厂商通过同一产业或相关产业中其他厂商的技术外溢获得技术和知识;后者是指厂商从同一产业或相关产业厂商的集聚中获得市场规模效应(包括获得便利而低价的原材料、中间产品、技术工人、专业化服务等)。两者都能使厂商提高生产率和降低成本。

技术性外部经济与政策干预的内容是,在研发投入强度大的产业(一般为技术密集型产业,特别是高技术产业)中,技术外溢效应使厂商不可能完全获得研发投资的收益,由此导致的私人投资不足使这些产业不能发展到社会最佳状态,因而需要贸易政策的扶持。如果政府采取保护或补贴的政策,将能够促进这些产业的发展,并增加国民福利;而外国政府对这些部门的支持和保护,可能使本国丧失或减少这些有益的技术外溢,因此本国必须采取对应或反击的行动。由于这些包括高技术产业在内的技术密集型产业对国家利益来说具有战略性意义,政府的积极干预政策对于本国产业的国际竞争的提升具有战略性作用。收益性外部经济与政策干预的内容是,一个国家产业规模的大小反映了厂商所获得的市场规模效应(相当于产业集聚效应)的大小,产业规模大的国家的厂商将具有较高的收益性外部经济,因而产业规模小的国家的厂商在国际竞争中处于不利地位。如果一个国家中处于发展初期且规模小的产业属于战略性产业,政府可以通过保护和扶持的贸易政策,支持这些产业的厂商扩张产量,提高产业的市场规模效应和厂商的收益性外部经济,从而促进这些产业较快地增强国际竞争力。

3. 战略性贸易政策的政策主张

(1) 政府应该大力支持战略产业的发展。像计算机、电子信息等知识密集型产业,产业关联极强,外部经济效益明显,一旦成为主导产业,将对社会经济发展起到巨大的推动作用。

(2) 政府应协助企业争夺出口市场。在不完全竞争的条件下,政府对本国出口企业的鼓励,能够增强企业的国际竞争优势,扩大市场份额,获得规模经济效益,争得更多的出口利润。

(3) 政府应限制进口以培育本国进口竞争产业的竞争能力。由于垄断和规模经济的存在,贸易保护可以促使本国产业尽快形成规模,发展成为有竞争产业的出口产业。

战略性贸易政策理论基础是建立在规模经济和外部经济的基础上的。贸易的基础不再主要是资源禀赋、技术等方面的差异,规模经济已经成为国际贸易的重要基础。在国际市场上,自由竞争的理想状态并不存在,企业垄断和政府干预使得市场竞争不完全。如果一国政府重视通过鼓励出口或限制进口发展本国的主导产业,从而带来产业关联效应和技术外溢效应,这也许比贸易本身的效益要重要得多。

4. 用博弈论分析战略性贸易政策

为了进一步了解战略性贸易政策的内涵,我们可以用博弈论来分析战略性贸易政策,让我们运用一个典型的案例来说明。

假设 A 公司和 B 公司都要决定是否制造一种新型飞机,并假定这种飞机的研制成本非常高,使得每一制造商必须占领该飞机的全部市场才能盈利。设可获 1 亿美元。如果两个制造商均制造这种飞机,则各亏损 1 000 万美元。(见表 4 - 1)

表 4 - 1 政府补贴预期收益表(单位:百万美元)

		B 公司	
		制造	不制造
A 公司	制造	−10;−10	100;0
	不制造	0;100	0;0

假定由于某些原因,A 公司已经进入市场并赚取了 1 亿元,B 公司由于不能够赚取利润而排除在外。如果 B 公司进入市场,则两家公司同时亏损。现在假定 B 公司所在的政府采取战略性贸易政策,每年向 B 公司提供 1 500 万美元的补贴。这样的话,即使 A 公司也在制造这种飞机,B 公司靠政府补贴仍可与 A 公司竞争,并能获得 500 万美元的利润。然而,未享有补贴的 A 公司若继续投产,必发生亏损。由于亏损,A 公司只好停产,将整个市场让给 B 公司。这样一来,B 公司无需政府补贴也能赚取 1 亿美元的利润。

可见,政府的保护政策可以使本国企业在国际竞争中获得占领市场的战略性优势并使整个国家受益。当然,这一战略的成功以对手国政府不采取相同的措施为前提。

5. 战略性贸易政策理论的意义

根据战略性贸易政策的主要代表人物克鲁格曼的观点,认为实施战略性贸易政策有以下三个方面的意义:第一,可以增强一国的谈判能力。在克鲁格曼看来,当别国实施战略性贸易政策时,本国企业将会面临着挤出市场的威胁。因此要使外国放弃干预或支持该国企业的战略贸易政策,实行"公平贸易",必须是本国也采取战略性贸易政策,以便在势均力敌的基础上开展谈判,否则这种谈判难有积极的结果。因此实施战略性贸易政策是为了促进自由贸易的开展。第二,实施战略性贸易政策可以获得"以邻为壑"的效果。尽管在国际贸易中通行的原则是"双赢"的利益获得,但由于不完全竞争市场的存在,一国消费者损失的经济利益就是另一国企业垄断利润所得,所以这种由不完全竞争带来的"额外利润"在两国之间的分配是采取战略性贸易政策的基础。由于"额外利润"的分配是一种"零和"而不是"双赢"的结果,这就使得各国实施战略性贸易政策具有一定的经济价值。在当今世界上,如果开展势均力敌的谈判的基本条件还不够成熟,"以邻为壑"的贸易政策还是必要的。

在传统理论看来,市场竞争会使得任何不同部门之间同质的劳动或资本获取报酬不太可能有太大的差别,因而不存在战略部门。而战略性贸易政策认为,由于当今规模经济、经验优势越来越重要,一些产业、部门存在着比其他产业部门更高的回报,且某些产业具有巨大的外部经济性,因而存在着战略部门。

　　尽管对战略性贸易政策现在仍然存在着很多争议,但它们的学术价值和实践价值得到了广泛的赞赏。第一,从理论渊源来看,颇有创意的战略性贸易政策理论是以 20 世纪 80 年代发展起来的不完全竞争贸易理论和规模经济贸易理论为基础的,它是上述理论在国际贸易政策领域中的反映和体现,是其政策含义的深化和拓展。作为独立于正统的自由贸易政策理论之外的异端学说,战略性贸易政策理论精巧地论证了一国可以在不完全竞争条件下实行贸易干预政策,通过抽取和转移他人经济利润来提高自身的福利水平。第二,战略性贸易政策理论修正了贸易理论的内涵。战略性贸易政策理论是从现实世界中最普遍存在的不完全竞争市场提炼出来的,使得这种贸易政策尽管从纯理论上不一定是最优,但通过干预贸易政策可以改善扭曲的竞争环境,使市场处于次优状态,因而对现实具有一定的指导意义。第三,从战略性贸易政策提出的时代背景来看,适逢 20 世纪 80 年代美国就其竞争力下降和高技术竞争优势部分失落问题展开大论战之时。该理论针对外部经济、规模经济的存在,认为美国对高技术目标产业进行保护是有"战略"意义的,政府应当制定正确的产业政策和贸易政策,帮助高技术企业发挥优势,对付日本等国的"不公平竞争",这使战略性贸易政策在高技术产业风行一时。对贸易政策的政治经济学和相关产业政策产生了长久的影响,如美国 20 世纪 90 年代的贸易政策、欧盟条约的内容(第130、131 条款中产业政策的内容)等。

　　尽管如此,战略性贸易政策仍然存在许多方面的缺陷。首先,战略性产业的选取非常困难;其次,如果大部分发达国家同时实行战略性贸易政策,它们的努力效果就会相互抵消,从而使各国的潜在收益下降。再次,战略性贸易政策是"以邻为壑"的进攻政策,受到损失的国家必然会实行报复手段,从而抵消这种效果。最后,战略性贸易政策理论缺乏有力的政策干预效应的统计分析、定量分析和实证研究,因而往往难以实际测算出政府与产业政策的效果。如上例中 A 公司和 B 公司的例子依仗于大量特殊的、严格的假设条件,假定条件的微小变化将会导致根本不同的结论:假定 B 公司和 A 公司均生产飞机,B 公司遭受 1 000 万美元的损失(和以前一样),但 A 公司因为采用了先进的技术赚取了 1 000万元(没有政府补贴),这样即使 A 公司没有补贴生产飞机,A 公司也会继续留在市场上。如此一来,B 公司依赖年复一年的补贴继续生产飞机并不是一个合理的选择。

(二)管理贸易论

　　20 世纪 70 年代末 80 年代初,一些西方发达国家先后采取了管理贸易政策,并取得了一定的实效。与此同时,一些发展中国家出于保护和发展民族经济的需要,也将管理贸易理论运用于本国贸易政策,从而使得管理贸易论成为一种新的贸易保护理论。该理论认为一国政府应对内制定各种对外经济贸易法规和条例,加强对本国进出口贸易有秩序地发展的管理,对外签订各种对外经济贸易协定,约束贸易伙伴的行为,缓和与各国间的贸易摩擦,以促进进出口,同时限制或减少某些产品进口,协调和发展与各国的经济贸易关系,促进对外贸易的发展。

　　管理贸易论是适应发达国家既要遵循自由贸易原则,又要实行一定的贸易保护的现实需要而产生的。它是以协调国家经济利益为中心,以政府干预贸易环境为主导,以磋商谈判为轴心,对本国进出口贸易和全球贸易关系进行全面干预、协调和管理的一种贸易制度。

　　管理贸易不同于自由贸易,其在一定程度上限制了自由竞争,使国家之间的贸易活动夹杂了许多人为干预因素。管理贸易又不同于保护贸易,因为保护贸易只关心本国的经济利益,而管理贸易则是在寻求整体利益平衡的前提下,在兼顾贸易伙伴经济利益的同时追求本国利益的最大化。因此,严格来讲,管理贸易是介于自由贸易与保护贸易之间,属于有组织的自由贸易。它将贸易保护制度化、合法化,通过各种巧妙的进口管理办法和合法的协定来实现保护。国际贸易领域中,商品综合方案、国际商品协定、国际纺织品协定、多种纤维协定、"自动"出口限制协定、有秩序的销售安排、发达国家的进出口管制、欧盟共同农业政策等都是管理贸易措施的具体反映。管理贸易不仅盛行于发达国家,也为发展中国家所采用,并运用于区域性贸易集团。

(三) 公平贸易论

　　公平贸易论(fair-trade argument)认为,国际贸易中倾销、补贴等做法破坏了公平贸易这一国际贸易规则,使进口国的产品在竞争市场中处于不利的地位,造成不公平竞争,因此进口国有理由以反倾销税、反贴补税等保护手段来抵制,以维护国际贸易的公平竞争。与前面介绍的几种贸易保护理论不同,公平贸易论是以一种受害者的姿态出现来进行贸易保护。这种保护似乎迫不得已,保护的目的也是为了维持国际贸易的公平性,因而该论点看起来具有一定的合理性。但是,在实践中,维护公平贸易论也常常被滥用,实现不了公平贸易的初衷。该论点在关贸总协定、世界贸易组织协定及许多国家的贸易立法中被采用。

　　随着国际经济一体化程度的加深和无国界经济格局的初步形成,贸易摩擦和国际市场竞争更加激烈。发达国家打出了"公平贸易"的旗帜实施保护贸易政策,尤其是美国强调对等开放市场、平等竞争、双边互惠的公平贸易立场,认为在当今的国际贸易中,无障碍自由贸易不再是一种公平贸易,其不公平性主要表现在发展中国家的低工资/劳动生产率与发达国家的高工资/劳动生产率比率的竞争,造成发达国家与发展中国家大量的贸易逆差。因此政府应该干预国际贸易,加强对本国企业的支持和保护。比如克林顿政府提出"公平贸易"的政策口号,当外国商品和劳务进入美国时,同时也要求对方国家以同等的条件欢迎美国的产品和劳务。

专栏 4-3

新能源成国际贸易摩擦新热点

　　从鞋子到玩具,从轮胎到风力发电机,欧美国家针对中国产品的反倾销调查,其档次也随着中国经济结构的提升而"水涨船高"。

商务部公平贸易局局长官员表示，新能源领域正成为国际贸易摩擦的新热点，已经进入了利益碰撞期，中国需谨慎应对。2010年美国有关组织对中国在新能源政策启动了301调查并诉至WTO，有关信息显示欧盟方面也一直在谋划针对中国出口欧洲的光伏电池进行反倾销调查。

所谓"301调查"，是指2010年10月，美国钢铁工人联合会按照《美国贸易法》第301条款，向美国贸易代表办公室提起的一项针对中国政府所制定的一系列清洁能源政策和措施的调查。

根据美国301条款，美国可以对它认为是"不公平、不合理"的其他国家的贸易做法进行调查，并可与有关国家政府协商，最后由总统决定采取提高关税、限制进口、停止有关协定等报复措施。

"针对中国的贸易摩擦，正从原来的中低端制造领域，上升到中高端制造领域。"有关专家指出，预计今后在新能源制造领域，有可能遭遇更多贸易摩擦，中国需要更加重视发展外部环境，妥善应对产业发展过程中可能遇到的贸易摩擦和冲突，积极做好应对工作。

此前由于经济危机突然袭来，不少国家出现恐慌心理，从保护自己出发，"情愿你倒下，好过我倒下"，一时间贸易保护主义略显泛滥，但现在随着全球经济逐步走向复苏，全球已经度过最艰难时刻，对于贸易保护主义的担忧也正在逐步降低。

中国作为能源进口国，同时也是重要的新能源设备进口国，今后需要积极加强与其他国家经贸合作，一旦遇到贸易摩擦时，可通过业界磋商和对话，化解相关贸易摩擦危机。

2010年曾有数据表明，中国在清洁能源的投资位居世界第一。目前中国是世界上最大的光伏产品制造国、风电装机最大国、水力发电装机容量最大的国家以及太阳能热利用面积最大的国家。

不过与风电、水电、太阳能热利用相比，中国的太阳能光伏本土市场尚未真正启动，坐拥全球最大的生产能力，却只能看别人的脸色行事。

商务部最新公布的数据显示，2010年中国遭受贸易救济调查66起，涉案金额77亿美元。

（资料来源：《第一财经日报》2011年3月31日，作者：许可新。）

六、保护贸易的其他观点

除以上理论外，保护贸易理论的支持者们还为实行贸易保护寻找其他方面的论据。这些论据虽然没有形成严格的理论体系，支持的依据形形色色，有经济的，也有非经济的，不下数十种,但它们仍然在影响各国的贸易政策。以下是其中的一些主要论点。

1. 国际收支论

国际收支论(balance-of-payment argument)强调有效改善国际收支在一国对外贸易的作用,主张以关税、配额等贸易保护措施限制进口,减少外汇支出,以达到改善国际收支的目的。由于各国对外贸易商品的竞争力存在差异,一国在开展国际贸易时,有时候出口大于进口,而有时候进口大于出口,国际收支总是处在不平衡状态。当一国贸易出超时,外汇净收入和外汇储备增加;而当一国贸易入超时,外汇净收入和外汇储备减少。国际收支论认为,实行贸易保护能够改善一国的国际收支,增加外汇储备。但是,该论点并没有认识到这一重商主义行为可能带来的影响。而当我们把这些影响考虑进去时,最终的结果可能是贸易余额并无改善,同时一国的福利还会减少。而且,国际收支本质是一种宏观经济现象,而关税、配额等保护措施并不触及相关的宏观经济变量,因而对国际收支产生不了实质性的影响。

2. 贸易条件论

贸易条件论(terms-of-trade argument)的支持者认为,在一定条件下,一国通过对进口商品征收关税和限制出口等措施,可达到改善贸易条件、提高福利水平的目的。

从理论上说,在一国对国际贸易具有影响力的情况下(即一国具备大国贸易条件时),以关税限制进口,可使进口品的国际价格下跌;限制出口,可使出口品的国际价格上升,因而以同样数量的出口品可换回更多的进口品,使贸易条件得到改善,达到改善本国福利的目的。但是,一国通过征收关税可能改善本国的贸易条件,而本国贸易条件的改善同时意味着另一国贸易条件的恶化,外国的福利将会为此受到损失。由于本国福利的改善不抵外国福利的损失,故贸易条件论也像其他保护理论一样,是一种"以邻为壑"的做法。在这个时候,如果外国采取报复手段,本国的贸易条件不仅无法改善,甚至可能反而恶化。这样一来,两国的福利水平比起自由贸易的情形下均会有所下降。如果报复一直持续下去,两国将最终会回到自给自足的孤立均衡状态。再者,如果一个国家是个小国,由于小国在世界市场无足轻重,通过关税保护不能够影响进口价格或世界价格,小国征收关税遭受到福利的损失永远等于保护成本。这样一来,小国征收关税既不可能改善贸易条件,同时还会带来福利的损失。

3. 政府收入论

政府收入论(government revenue argument)又称关税收入论(tariff revenue argument)。该论点认为,新独立或发展中国家因其他税源缺乏或无法征得足够的税收,则以征收简单、易行的关税作为政府收入的主要来源,可部分解决政府提供诸如卫生、教育、治安、水利和国防等基本公共服务所需的开支。但是,以增加收入为目的的关税必须在一定条件下才有效:首先,征税的进口商品必须是国内不能够生产的或者没有代用品的;其次,征税的进口商品必须在国内有大量消费;再次,关税税率不能偏高,否则会极大限制进口,达不到增加财政收入的目的。另外,从长期来看,过分依赖关税来获得财政收入往往会导致资源配置严重扭曲,经济成长受阻,进口和出口能力因而递减,关税收入终将减少。所以,以关税作为增加政府收入的主要来源,是一种"近视"的做法。从长远来看,一国的财政收入必须依靠国内经济的发展来获得。

早期征收关税的目的多为获得财政收入。随着全球贸易自由化的发展,各国关税水平大大下降,财政关税在财政收入中的重要性已经相对降低,关税收入在整个财政收入中的比重在逐步下降,财政关税逐步为保护关税所取代。

4. 收入再分配论

从前面的 H-O-S 定理的分析可以看出,尽管自由贸易能够增加各国的福利,但建立在比较优势基础上的一部分劣势产业的收入会受到冲击,并由此可能衍生出一系列的社会震荡。因此,收入再分配论(income-redistribution argument)主张通过贸易限制对一国的收入进行重新分配,以保护国内生产,或矫正不利的收入分配后果,或缩小贫富差别。这种通过限制贸易来实现收入分配调整的方法虽然可实现社会收入在不同利益集团之间的再分配,使特定利益集团的收入增加,但也同时带来一国社会整体福利水平的下降。因此,对于收入分配不均,贫富差别等问题,最好的方法是通过国内政策来进行救济,比如对资本要素进行征税并将这一部分收入直接转移到劳动力中去。后一种做法不会因一国降低参与国际贸易的意愿而带来福利损失。

5. 国内扭曲论

国内扭曲论(domestic distortion argument)认为,当国内市场由于外部经济、工资差额、生产要素的非移动等"扭曲"的存在,使价格机制未能充分发挥作用,从而阻碍资源与生产要素的利用效率时,应采取征税或提供生产补贴等"扭曲"的保护措施来矫正或消除市场扭曲,以增进福利。当国内市场存在扭曲时,应针对扭曲的根源采取相应的措施,才能纠正扭曲:(1)生产要素市场不完善,如针对部门间存在着工资差异所形成的要素扭曲的对策是:对生产要素的税收与补贴;(2)产品市场不完全,如针对产品生产存在外部效应所形成的生产扭曲的最优措施是生产补贴;(3)消费的不完善,如针对消费存在外部效应所形成的消费扭曲的纠正办法是消费税收;(4)对外贸易的不完善,如针对存在垄断所形成贸易扭曲的最优政策是关税。不同的情况要求所采取的政策是不一样的,只有正确选择恰当的措施,才能有效地矫正或消除国内扭曲,又不至于在纠正扭曲的同时造成政策性的扭曲以及相应的福利损失。

6. 保护就业论

单纯从就业来看国际贸易,出口相当于失业输出,进口相当于失业输入。因此保护就业论(employment-protection argument)主张通过关税或配额等限制手段减少进口,增加国内有效需求,以此来扩大本国生产,增加本国就业。不仅如此,贸易顺差犹如增加政府支出和投资一样,对生产和就业会产生刺激作用,并通过"对外贸易乘数"的作用使这一结果进一步扩大。这一论点对短期内缓和失业压力有一定意义,尤其是在严重失业时期,例如 20 世纪 30 年代,保护不失为缓和失业的有效补救措施。但保护并非解决失业问题的最佳途径,解决国内经济平衡问题,财政或货币政策远比保护政策来得有效。此外,此项政策的效果,须在其他国家不采取报复的措施下才能产生。

7. 国家安全论

国家安全论(national security argument)指出,对于关系国计民生的产业,如农业、国防等产业,无论是否具有比较优势,国家都应该以关税、补贴等手段加以保护,使其达到自给自足的目标,以摆脱对外国的依赖,维护国家安全。对于国防产业来说,一旦战争爆发,致使国外的供应难以跟上时,国内的国防力量必然大受影响。因此,对于国防产业,必须从维护国家安全出发,保证国内产业的供应;对于农业来讲,除了保证一个国家粮食的供应之外，还兼有维持国内生态环境的功能，如果这类产业受制于国外，必然影响国内的供应，并有可能受制于别国。国家安全论更多的是站在国家的战略角度来思考问题，在一定程度上具有指导意义。有些生产部门，如粮食、能源等，并非所有的国家都具有比较优势，然而这些部门具有非常重要的意义，必须保持必要的生产规模。

8. 经济多样化论

经济多样化论认为，一国高度专业化专门生产一种或者几种产品，国内其他需求依赖进口，这样就会形成比较脆弱的经济结构，一旦国际市场发生较大的变化，国内产业结构将不得不面临着巨大的调整，因此，经济高度专业化的国家应借保护关税等措施推动本国生产活动的多样化，以减少国际市场波动对本国经济的影响，稳定国内经济。这种论点颇为中肯。高度专业化的经济，如巴西的咖啡经济、智利的铜矿经济以及中东的石油经济，其产品的出口和价格的确容易受国际市场波动的影响，对本国的收入和就业均有十分不利的影响，使国内经济很不稳定。但是，由于资源禀赋和技术条件的限制，一个经济由高度专业化转变为多样化生产可能代价极大。加之难以预知哪些产业值得纳入多样化生产的范围，勉强多样化的结果将导致资源使用效率的降低，从而增加多样化生产的代价。

第三节 自由贸易政策

自由贸易政策是指国家对商务活动一般不进行干预，允许商务在国内外市场进行充分的竞争。亚当·斯密的绝对优势理论、大卫·李嘉图的比较优势理论、赫克歇尔—俄林的要素禀赋理论倡导实行自由贸易主义政策，在实践上，产业革命时期的英国带头实行的自由贸易政策，第二次世界大战后各国努力实行贸易自由化。

一、英国产业革命时期推行的自由贸易政策

随着资本主义进入自由竞争时期，资本主义生产方式逐渐占据统治地位，欧洲一些国家的经济逐步进入了商品资本国际化的阶段。这一时期对外贸易政策的基调是自由贸易，英国是带头实行自由贸易政策的国家。

英国自18世纪中叶开始进行产业革命，确立并巩固了"世界工厂"的地位，不怕与外国商品竞争。在这种情况下，重商主义强制性的保护贸易政策便成为阻碍英国经济发展和英国工业资产阶级对外扩张的一大障碍。在这样的背景下，英国工业资产阶级迫切需要自由地从国外采购原材料和将本国物美价廉商品销往海外，废除重商主义时代所制定的一些限制对外贸易政策和措施。19世纪20年代，以伦敦和曼彻斯特为基地，英国工业资产阶级开展了一场大规模的自由贸易运动。运动的焦点是废除《谷物法》。经过不断的斗争，最终战胜了地主贵族阶级，废除了代表地主贵族利益的《谷物法》，使自由贸易政策逐步取得了胜利。此后，英国开始实行自由贸易政策，并逐步降低了关税税率，减少了纳税的商品数目，废止了限制外国航运竞争和垄断殖民地航运的航海法，废止了东印度公司对印度和中国贸易的垄断权，对殖民地的贸易逐步采取自由放任的态度。自由贸易政策

促进了当时英国经济和对外贸易的迅速发展,使得当时的英国经济一跃成为世界首位。

二、自由贸易理论

自由贸易政策的学说起源于法国的重农主义,完成于古典派政治经济学,其主要观点如下:

(1)自由贸易政策可以形成互相有利的国际分工,进而提高国民的真实收入。在自由贸易下,各国可以根据本国的要素禀赋状况,专业化生产本国最具比较优势的产品,从而获得专业化分工带来的效益提高。专业化分工可以促使劳动和资本等生产要素得到最有效的分配和运用。生产出来的商品通过贸易进行交换,可以提高各国资源的利用效益,促进国民真实收入的提高。

(2)自由贸易有利于加强竞争。独占或垄断会抬高物价,保护落后企业,使生产企业不求改进,从而降低生产效率。而自由贸易有利于打破独占与垄断。

(3)自由贸易有利于提高利润率,促进资本积累。各国普享其利的国际分工,也掩盖了以英国为中心的国际分工形成和发展的实际状况。

三、第二次世界大战以后的贸易自由化

第二次世界大战之后,全球范围出现了贸易自由化的倾向。国家之间通过多边或双边的贸易条约与协定,削减关税壁垒,抑制非关税壁垒,取消国际贸易中的障碍与歧视,促进世界贸易的发展。

第二次世界大战后到70年代初出现的自由化倾向主要表现在以下几个方面:一是世界各国大幅度削减关税和降低或撤销非关税壁垒。其中关贸总协定(GATT)缔约方的平均进口最惠国税率下降至5%左右;二是欧共体(现为欧洲联盟)实行关税同盟,对内取消关税,对外减让关税,使关税大幅度下降;三是发达国家不同程度地放宽了进口数量限制,扩大进口自由化,增加自由进口的商品。

不过,这种贸易自由化倾向和资本主义自由竞争时期由英国等少数国家倡导的自由贸易具有以下几个方面的区别:

第一,资本主义自由竞争时期的自由贸易反映了英国工业资产阶级资本自由扩张的利益与要求,代表了资本主义上升阶段工业资产阶级的利益和要求;而第二次世界大战后的贸易自由化倾向是在国家垄断资本主义日益加强的条件下发展起来的,它主要反映了垄断资本的利益,是世界经济和生产力发展的内在要求。

第二,资本主义自由竞争时期的自由贸易是建立在自由放任的基础上,而第二次世界大战后的贸易自由化倾向在一定程度上是和保护贸易政策相结合,是一种有选择的贸易自由化。

第三,资本主义自由竞争时期的自由贸易是英国带头实行,而第二次世界大战后的贸易自由化倾向是美国和各种国际组织推动的。

第四,第二次世界大战后的贸易自由化倾向呈现不平衡的发展态势:工业制成品的贸易自由化程度超过农产品;机器设备一类资本品的超过工业消费品;区域性经济集团内部

的超过其外部;发达国家之间的超过发展中国家。因此,这种贸易自由化倾向发展并不平衡,甚至是不稳定的。当本国经济利益受到威胁时,保护贸易倾向必然重新抬头。

专栏 4－4

谁该为贱卖的稀土买单?

2010 年中国的稀土价格终于告别"白菜价时代",2010 年中国主要稀土产品最高涨价 124％。对于中国的稀土企业来说,这无疑是一个迟来的利好。多年来中国高贵的稀土资源一直面临着低价量销的局面,此前中国则一直面临着几大铁矿石商坐地起价的局面。与铁矿石相比稀土资源要珍贵万倍,稀土价格上期贱卖凸显国家在资源政策方面的缺失。

作为"工业黄金"稀土在外国已经早早受到保护,而中国相关部委对于稀土行业的开采和出口方面一直是疏于管理。这才导致稀土资源处于长期贱卖,政府管理不善的同时,中国资源型企业在企业经营意识上与国际企业存在较大差距。2010 年下半年国家开始启动对南方稀土重点地区的资源整合力度,中国铝业等央企资源企业纷纷加入其中。2010 年在中国稀土政策出台前,实力雄厚的央企为何不早早进行稀土资产整合?

2008 年初中国铝业联合美铝在二级市场购买力拓英国上市公司 12％的股份,从而获得力拓集团 9％的股份,成为这家全球第三大矿业巨头的最大单一股东。收购当日,力拓英国收于每股 49.56 英镑,中铝支付的每股约 60 英镑的价格,比其当日收盘价溢价约 21％,耗资 128.5 亿美元。随着次贷危机的逐步深化,中铝的投资在不断缩水,中铝的此次投资最大亏损额高达 750 亿人民币。在中铝为自己一时冲动而懊悔的同时,中国的稀土资源面临着长期贱卖的窘境。

如果当时中国铝业及时作出转型,布局南方的稀土资源巨资完成南方稀土行业的整合,效仿三大矿山坐地起价,我想时至今日中铝将会赚得盆满钵满。在避免 750 亿元巨亏的同时,中国铝业也将分享稀土资源价格暴涨的饕餮盛宴。可惜的是中国资源企业中没人能够独具慧眼发现稀土的价值,让人颇感无奈的是,当时的中国稀土资源是被埋藏在戈壁之中黄金,久经狂风之后依然是黄沙未尽。中铝仅仅是中国众多资源型企业的一个缩影。抛开中铝不谈,包钢稀土是目前 A 股上市企业中最大的稀土资源开采企业,长期以来也是一直忍受稀土贱卖。

日前包钢稀土发布年报预告称,受到全球稀土价格上涨的影响,包钢稀土 2010 年的业绩增幅达 1 200％。我们为包钢稀土业绩暴增欣喜的同时,会想到为何稀土涨价来得这么晚?作为国内最大的稀土资源企业,面对必和必拓、淡水河谷等企业的坐地起价,包钢稀土是否应该拿来现学现卖?与国际三大矿山相比,包钢稀土的资源垄断要远远高于前者。

　　全球 95％ 以上的稀土金属都将由中国生产供应,可是中国却无法掌握稀土的定价权。这是一个简单但难以让人琢磨明白的现象,"中东有石油,中国有稀土,中国的稀土资源占全世界已知储量的 80％,其地位可与中东的石油相比,具有极其重要的战略意义,一定要把稀土的事情办好,把中国稀土的优势发挥出来"。这是 1992 年邓小平"南方谈话"中针对中国稀土资源的一段讲话。时至今日,在内蒙古包钢稀土大厦的大厅,依然悬挂着"中东有石油,中国有稀土"这句简洁有力的邓式语录。

　　可惜的是这句话仅仅停留在鼓励与骄傲的精神层面之上,中国企业没能将这句经典的"邓式语录"发扬光大。

　　2007 年飞涨的国际油价没有触动中国稀土行业迟缓的神经,在中国资源学者和经济学家无数次"呐喊"之后,中国的稀土行业迎来了迟来的规范。2010 年当我们告别稀土资源"白菜价格"时代的同时,我们也应反思,稀土贱卖仅仅是中国经济发展过程中种种弊端之一。举一反三,是一个企业和国家兴盛发展的必然之举。若干年后,我们应该避免下一个稀土贱卖的悲剧再度重演。

（资料来源:慧聪电子网,BWCHINESE 中文网,2011 年 1 月 3 日,作者:陶一然。）

本章小结

1. 一个国家的对外贸易政策是指该国在一定时期内对商品进出口贸易和服务贸易所实行的各种政策的总称,主要由外贸总政策、国别政策和进出口商品政策三部分组成。如果按照开放的类型来分,对外贸易政策基本上有两大类型:自由贸易政策和保护贸易政策。

2. 保护贸易政策是指国家广泛利用各种限制进口和控制经营领域与范围的措施,保护本国产品和服务在本国市场上免受外国商品和服务的竞争,并对本国出口商品和服务贸易给予优待和补贴。

3. 李斯特的幼稚工业保护论的提出,标志着从重商主义分离出来的西方国际贸易理论两大学派——自由贸易学派和保护贸易学派的完全形成。

重要概念

对外贸易政策　幼稚工业保护论　新重商主义　新贸易保护主义

练习思考题

一、名词解释

1. 保护贸易政策

2. 战略性贸易政策

3. 幼稚工业保护论

4. 新贸易保护主义

5. 超贸易保护主义

二、填空题

1. 资本主义自由竞争时期代表性的保护主义理论是_____,资本主义垄断时期代表性的保护主义理论是_____。

2. 20 世纪 70 年代中期以后,在世界贸易自由化的同时,出现了新贸易保护主义,在此基础上,形成_____。

3. 从 20 世纪 50 年代到 70 年代初,发达资本主义国家的对外贸易政策中出现_____。

4. 系统的提出保护幼稚产业理论的经济学家是_____。

5. 英国在产业革命时期提倡_____贸易政策。

三、单项选择题

1. 重商主义属于( )。

A. 保护贸易政策   B. 自由贸易政策

C. 超保护主义   D. 中庸政策

2. 李斯特保护幼稚产业理论主要是保护( )。

A. 衰落的工业   B. 垄断的工业

C. 有前途的幼稚工业   D. 没有竞争力的幼稚工业

3. 李斯特认为保护幼稚产业的最高期限为( )。

A. 10 年   B. 20 年   C. 30 年   D. 50 年

4. 幼稚产业保护论提出保护幼稚产业的措施是( )。

A. 关税   B. 配额   C. 进口许可证   D. 产品技术标准

5. 保护贸易政策的基本特征是( )。

A. 保护农业   B. 保护金银   C. 奖出限入   D. 鼓励出口

6. 世界贸易组织将( )作为允许发展中国家对某些产业进行保护的依据。

A. 幼稚产业保护理论   B. 重商主义

C. 战略性贸易政策理论   D. 贸易乘数理论

7. 70 年代中期以后,在世界贸易自由化的同时,出现了新贸易保护主义,在此基础上,形成了( )。

A. 保守贸易政策   B. 自由贸易政策   C. 协调管理贸易   D. 超贸易主义

8. 新保护贸易政策的理论基础是( )。

A. 李斯特的保护贸易理论   B. 李嘉图的自由贸易理论

C. 凯恩斯主义的对外贸易乘数理论   D. 亚当·斯密的自由贸易理论

四、思考题

1. 为什么用关税来减少一国的失业人口反而有可能导致该国失业人数的上升？

2. 简述幼稚工业保护论的要旨。

3. 我国在加入世界贸易组织时，称汽车产业是"幼稚产业"要求保护，请你对此作出评价。

4. 研究显示，发达国家中消费者为每一个被保护的行业付出的代价都不小，为什么政府要保护这些行业？

5. 既然自由贸易主义具有增加世界福利及各个国家福利的效果，为什么到目前为止没有一个国家实现完全的自由贸易？

6. 两国贸易模型中，如下表是假设不同政策下贸易对本国经济的影响：

		A 国	
		不保护	保护
B 国	不保护	(200, 200)	(−300, 500)
	保护	(500, −300)	(0, 0)

（1）如果 A、B 两国各自独立制定政策，它们会选择什么政策？

（2）说明 A、B 两国经过谈判，互相协作时，各国的福利都会提高。

7. 如何评价战略性贸易政策的主张？它在哪些方面是合理的？还存在一些什么样的问题？

8. 自由贸易政策信奉者的主要论据是什么？

9. 发达国家常以"保护公平竞争论"、"保护就业论"、"保护社会公平"为理由对贸易进行干预，结合本杰明·富兰克林在 1779 年所说的一句名言："从来没有一个国家是被贸易所摧毁的"，评析这些贸易政策。

第五章
关　税

在前面的几章中，我们看到自由贸易可以使世界产出最大化并且对各国都有利。可是在现实中，自由贸易却受到许多国家各种政策的干预，其中最主要、最普遍的是限制进口和鼓励出口。贸易保护主义从不同的角度强调了保护贸易存在的理由，贸易壁垒从国家福利的角度被合理下来。

历史上最重要的贸易壁垒措施包括关税和以配额为代表的非关税。关税通过提高进口商品的价格达到减少进口的目的，非关税壁垒则通过数量限制的手段来减少进口。本章先分析关税政策，非关税壁垒将在下一章中介绍。

第一节　关税的基本概念

关税（customs duties/tariff）是指进出口商品经过一国关境时，由政府设置的海关向其进出口商课征的一种税收。目前，世界上绝大部分国家只对进口商品征收关税。所以，如果没有特别的说明，人们所说的关税主要是指进口税。对于关税，我们可以从以下几个方面来理解这个概念：

（1）谁征收：国家委托海关征收。海关是设在国境上的国家行政管理机关，是整个国家行政机构的重要组成部分。海关对外代表国家，对内代表中央政府行使国家主权。其基本的职责是根据本国的有关进出口政策、法令、规章对进出口货物、金银、邮件等实行监督管理，征收关税，查禁走私货物，进行海关统计及保税业务等。

（2）对谁征收：对本国进出口商征收。

（3）为何征收：因为进口或出口商品而征收。进出口商品是关税的税收客体，货物通过海关时必须依法纳税。为了征收关税，海关会规定一个地域界限作为进出口的标志，货物进入这个区域作为进口，离开这个区域作为出口，这个地域界限称为关境（customs frontier）。关境所限定的领域，是海关征收关税及实施海关法规的管辖区域，也称为关税领域。一般说来关境与国境是一致的，但也有许多国家并不一致。

一般而言，关税具有以下特征：

（1）强制性：海关凭国家权力征税，纳税人无条件服从；

（2）无偿性：海关代表国家从纳税人方面征收，国家无任何补偿；

（3）预定性：海关据预先规定的法律与规章加以征收，双方不得随意变动；

（4）间接性：税收主体为进口商，最终承担者为消费者。

关税最初是作为政府增加财政收入的手段，故称为财政关税（revenue tariff）。征收财政关税的条件是进口商品的进口需求缺乏弹性，而且税率不宜过高。资本主义生产方式建立后，其保护作用才逐渐被发现和重视起来，并成为保护本国产业的重要手段。如今各国征收关税很难再区分财政性与保护性关税（protective tariff）。以财政收入为目的的关税客观上也可以产生保护作用；以保护为目的的关税，也会增加财政收入。如果保护关税的税率没有高到了完全禁止进口的程度，即不是禁止性关税。

第二节 关税的种类及特点

各国征收的关税形式很多,按照不同的标准,可进行不同的分类。

■ 一、按照征收的方法及征收标准

按照征收的方法及征收标准分类,关税可以分为:从量税、从价税、混合税以及选择税四种。

(一)从量税

从量税(specific tariff)是以商品的计量单位(重量、数量、长度、体积和面积等)作为征税,以每一计量单位应纳的关税金额作为税率。例如,每一米布征收 0.2 元,每一双鞋征收 2 元,每一吨钢征收 200 元等。从量税的计算公式为:

从量税税额 = 货物计量单位数 × 从量税率

从量税的优点操作比较简单,征收成本比较低,适合于数量众多、体积庞大、价值低廉的产品;缺点是对价格高的商品保护作用比较少。在第二次世界大战以前使用从量税的国家较多,目前单纯使用从量税的国家已经很少。

(二)从价税

从价税(ad valorem tariff)是以商品的价格为标准,制定一定的百分比征收的关税,其中一般不包括运输费用。从价税的计算公式为:

从价税税额 = 进口货物总额 × 从价税率

例如:假定我国对于外国电视机的进口征收 20% 的从价税,一台进口电视 800 美元,那么征收的关税则为 160 美元。

从价税的优点是适用范围比较广、税收负担较为公平,关税额会随着价格的上升而自动增加;缺点是进口商品的完税价格确定比较困难。

(三)混合税

混合税(compound tariff)又称复合税,是从量、从价税的合成,即对同一种商品同时采用从量、从价两种标准征收关税。例如,日本对于外国手表的进口既征收 15% 的从价税,又征收从量税,每一只征收 150 日元。其征税的方法有两种,从量税为主加上从价税或者从价税为主加上从量税。

混合税的好处是使税负适度。当物价上涨时,所征税额比单一从量税多;当物价下降时,所征税比单一从价税多,增强了关税的保护程度。但是混合税也有其缺点,主要表现在手续繁杂、成本费用高、从量税与从价税的比例难以确定。

（四）选择税

选择税（select tariff）指对同一物品同时规定从价税和从量税两种税率，征税时选择税额较高的一种征收。通常，当进口产品物价上涨时，选择从价税；当进口产品物价下降时，选择从量税。

选择税的优点是可以根据不时期经济条件的变化、政府征收关税目的及国别政策进行选择，具有灵活性。选择税的缺点是征税标准经常变化，易引起争议。

二、按照征收商品的流向分类

按照征收商品的流向来分类，关税可分为进口税、出口税、过境税。

（一）进口税

进口税（import tariff）是指一国对进口商品征收的关税。它一般是在外国货物进入关境、办理进口海关手续时征收的。

（二）出口税

出口税（export tariff）是出口国家的海关在本国产品输出本国关境时，对本国出口商所征收的关税。由于征收出口税不利于本国商品的出口，因此，目前大多数国家对绝大部分出口商品都不征收出口税，但有时会选择一些有关国计民生的敏感商品课征关税，少数特别落后的征收出口税，以增加财政收入。

我国历来采用鼓励出口的政策，但为了控制一些商品的出口流量，采用了对极少数商品征出口税的办法。被征出口税的商品主要有稀土、有色金属、化肥等，出口税率从10％—100％不等。

（三）过境税

过境税（transit tariff）又称通过税或转口税，是一国海关对通过其关境再转运第三国的外国货物所征收的关税。其目的主要是增加国家财政收入。第二次世界大战后，关贸总协定规定了"自由过境"的原则。目前，大多数国家对过境货物只征收少量的签证费、印花费、登记费、统计费等，而不征收过境税。

三、按照差别待遇和特定的实施情况分类

按照差别待遇和特定的实施情况，关税可分为进口附加税、差价税、特惠税和普惠制税。

（一）进口附加税

进口附加税（import surtax）是指对进口商品除了征收一般进口税外，还往往根据某

种目的再额外加征的关税。进口附加税通常是一种特定的临时性措施，又称为特别关税。其目的是为了应付国际收支危机，维持进出口平衡，防止外国产品低价倾销，对某个国家实行歧视或报复等。其主要类型有反倾销税、反补贴税、紧急关税、惩罚关税和报复关税五种。

1. 反倾销税

反倾销税（anti-dumping tariff）是指对实行商品倾销的进口货物所征收的一种临时性进口附加税，其目的在于抵制商品倾销，保护本国产品的国内市场。因此，反倾销税税额一般按倾销差额征收，由此抵消低价倾销商品价格与该商品正常价格之间的差额。

按《反倾销协议》规定，对进口商品征收反倾销税必须满足以下三个必要条件：(1)倾销存在；(2)倾销对进口国国内的同类产业造成实质性的损害或实质性的损害威胁；(3)倾销进口商品与所称损害之间存在因果关系。进口国只有经充分调查，确定某进口商品符合上述征收反倾销税的条件，方可征收反倾销税。

虽然WTO制定了《反倾销协议》，但反倾销法的执行主要依赖各缔约国的国内立法规定，因而具有很大的随意性。随着关税壁垒作用的降低，各国越来越趋向于利用反倾销手段，对进口产品进行旷日持久的倾销调查及征收高额反倾销税来限制商品进口。

专栏 5 - 1

欧盟对中国皮鞋反倾销划上"句号"

从4月1日起，欧盟正式取消对中国皮鞋征收16.5%的高额反倾销税，这是中国鞋企不懈努力的结果，这一维持了五年之久的不合理贸易保护措施终于被"打落"。

2006年10月，欧盟继此前持续对中国皮鞋实行配额限制后，首次对中国皮鞋实行反倾销，征收为期两年的16.5%的高额反倾销税。当反倾销征税期满后，欧盟再次发起复审，决定将反倾销措施再延长15个月，直到2011年3月31日。

这四年多来，中国奥康等5家企业3次奋起应诉、抗辩。期间，2010年4月，中国政府4月8日还上诉至WTO，但至今无果。

可喜的是，在中国政府和奥康等5家企业锲而不舍的抵制下，终于迎来曙光。中国皮革协会副理事长、奥康鞋业董事长王振滔告诫鞋业同行，反倾销税的取消对中国出口企业是一种"减负"，但不应该盲目乐观，要着眼于中国鞋业的未来。反倾销税的取消利大于弊，广大鞋企要以此为戒，要自立自强，提高产品研发和品牌附加值，开辟多元市场、优化出口产品结构，着重自主知识产权建设和保护。最终在国际市场上靠产品品质取胜，而不是靠低价走量，只有这样，中国鞋业在国际舞台上才能占领主动权，赢得话语权。中国皮革协会有关人士警示广大鞋企，虽然反倾销措施已终止，但中国鞋企一定要认真研究欧盟关于皮鞋出口的法律法规，规范企业自身经营行为,遵守行业规则,为中国鞋企出口打造好的筋骨。同时加强与欧盟鞋业的合作和沟通,加强双方的了解,在国际市场上实现共赢发展。

(资料来源:财经网,2011年3月31日,作者:张和平。)

2. 反补贴税

反补贴税(counter vailing tariff)是直接或间接地对接受奖励和补助的外国商品所征收的一种附加税。其目的在于增加进口商品的价格,抵消其所享受的贴补金额,削弱其竞争能力,使其不能在进口国的国内市场上进行低价竞争或倾销。

为了有效地约束和规范补贴的使用,防止补贴对国际贸易带来的扭曲作用,"乌拉圭回合"达成了《补贴与反补贴措施协定》。根据《补贴与反补贴措施协定》,征收反补贴税必须证明补贴的存在及这种补贴与损害之间的因果关系。如果出口国对某种出口产品实施补贴的行为对进口国国内现有的工业造成重大损害或产生重大威胁,或严重阻碍国内某一工业的新建时,进口国可以对该种产品征收反补贴税。反补贴税税额一般按奖金或补贴的数额征收,不得超过该产品接受补贴的净额,且征税期限不得超过5年。另外,对于接受补贴的倾销商品,不能同时既征反倾销税,又征反补贴税。

中国首起农产品反补贴案

专栏 5-2

2010年4月28日,商务部公布了对美白羽肉鸡产品反补贴调查初裁公告。这是我国首起对进口农产品发起的反补贴调查。

白羽肉鸡产品是活体白羽肉鸡屠宰加工后的肉鸡产品,从美国进口的白羽肉鸡产品数量占我国总进口量的70%以上。应国内产业代表中国畜牧业协会的申请,商务部(以下称调查机关)于2009年9月27日发布公告对原产于美国的进口白羽肉鸡产品进行反补贴立案调查,涉案金额超过7亿美元。立案后,美国政府、美国禽蛋品出口协会以及35家美国白羽肉鸡生产商、出口商登记应诉。调查机关采取了抽样调查的方法,对涉案国政府及三家抽样企业发放了调查问卷,在答卷回收后进行了依法审核,据此做出了反补贴调查初步裁决。美国抽样公司被裁定3.8%—11.2%不等的从价补贴率,应诉但未被抽样选取的公司从价补贴率为6.1%,未应诉公司从价补贴率为31.4%。

这是我国首起对进口农产品发起的反补贴调查。调查机关通过调查发现,长期以来,美国政府对白羽肉鸡产品饲料作物玉米、大豆提供的大量可诉性补贴,使美国白羽肉鸡产品在我国市场上获取了不正当的竞争优势,对我国白羽肉鸡产业造成了损害。

在本次反补贴调查中,国内申请人指控的补贴项目主要针对白羽肉鸡产品的上游产业——玉米和大豆的补贴,因此在本案调查中涉及了上游补贴利益的认定和传导分析。鉴于世界贸易组织协定对于此问题没有具体、详细的规定,各成员方有关上游补贴调查的立法和实践也非常少,为此,调查机关进行了审慎、反复的研究,经初步调查并通过比较应诉公司采购的受补贴玉米和大豆(豆粕)价格与未受补贴玉米和大豆(豆粕)价格,认定应诉公司在购买受补贴产品时获得了竞争性利益,进而使其生产被调查产品获得利益。

(资料来源:《中国首起农产品反补贴案》,中华人民共和国商务部网站,2010年4月28日。)

3. 紧急关税

紧急关税(emergency tariff)是为消除外国商品在短期内大量进口对国内同类产品生产造成重大损害或产生重大威胁,而征收的一种临时进口附加税。当短期内外国商品大量涌入时,一般正常关税已难以起到有效保护作用,因此需借助税率较高的特别关税来限制进口,保护国内生产。例如,韩国依据 WTO《农业协定》以及《关税法实行令》制定特别紧急关税制度。2008 年 1—11 月,韩国实际征收特别紧急关税商品 8 项,占指定敏感商品数(31 项)的 25.8%,征收金额达 8.7 亿韩元。由于紧急关税是在紧急情况下征收的,是一种临时性关税,因此,当紧急情况缓解后,紧急关税必须撤除,否则会受到别国的关税报复。

4. 惩罚关税

惩罚关税(penalty tariff)是指出口国某商品违反了与进口国之间的协议,或者未按进口国海关规定办理进口手续时,由进口国海关向该进口商品征收的一种临时性的进口附加税。这种特别关税具有惩罚或罚款性质。例如,1988 年,日本半导体元件出口商因违反了与美国达成的自动出口限制协定,美国海关对进口日本半导体元件征收了 100% 的惩罚关税。

另外,惩罚关税有时还被用作贸易谈判的手段。例如,美国在与别国进行贸易谈判时,就经常扬言若谈判破裂就要向对方课征高额惩罚关税,以此逼迫对方让步。这一手段在美国经济政治实力鼎盛时期是非常有效的。

5. 报复关税

报复关税(retaliatory tariff)是一国为报复他国对本国商品,船舶、企业、投资或知识产权的不公正待遇而对从该国进口的商品所课征的进口附加税。当他国取消上述不公正待遇时,报复关税也即取消了。但报复关税往往容易引起他国采取同样的手段,最终导致关税战。1962 年美国与欧洲共同体之间爆发的"冻鸡战"就是由双方都对对方采取报复关税引起的，持续了两年之久，最后以两败俱伤而告终。

（二）差价税

差价税（variable levy）又称差额税。当某种本国生产的产品国内价格高于同类的进口商品价格时，为了削弱进口商品的竞争能力，保护国内生产和国内市场，按国内价格与进口价格之间的差额征收关税，就叫差价税。差价税没有固定的税率和税额，而是随着国内外价格差额的变动而变动，因此是一种滑动关税（sliding duty）。

差价税的典型表现是欧盟对进口农畜产品的做法。欧盟为了保护其农畜产品免受非成员国低价农产品竞争，而对进口的农产品征收差价税。欧盟在征收差价税时，按照下列步骤进行。首先，在共同市场内部按生产效率最低而价格最高的内地中心市场的价格为准，制订统一的目标价格（target price）；其次，从目标价格中扣除从进境地运到内地中心市场的运费、保险费、杂费和销售费用后，得到门槛价格（threshold price），或称闸门价格；最后，若外国农产品抵达欧盟进境地的 CIF（到岸价格）低于门槛价格，则按其间差额确定差价税率。

实行差价税后，进口农产品的价格被抬至欧盟内部的最高价格，从而丧失了价格竞争优势。欧盟则借此有力地保护了其内部的农业生产。此外，对使用了部分农产品加工成的进口制成品，欧盟除征收工业品的进口税外，还对其所含农产品部分另征部分差价税，并把所征税款用作农业发展资金，资助和扶持内部农业的发展。因此，欧盟使用差价税实际上是其实现共同农业政策的一项重要措施，保护和促进了欧盟内部的农业生产。

（三）特惠税

特惠税（preferential duty）又称优惠税，它是指对从某个特定国家或地区进口的全部或部分商品，给予特别优惠的低关税或免税待遇，而其他非优惠国家或地区不得根据最惠国待遇原则要求享受这种优惠待遇。使用特惠税的目的是为了增进与受惠国之间的友好贸易往来。特惠税有的是互惠的，有的是非互惠的。

特惠税最早开始于宗主国与其殖民地及附属国之间的贸易。目前仍在起作用的，且最有影响的是欧共体（现欧盟）与非洲、加勒比海和太平洋地区的发展中国家签订的"洛美协定"（Lome Convention）。第一个"洛美协定"签订于 1975 年 2 月。按照"洛美协定"，欧共体在免税、不限量的条件下，接受 60 多个受惠国的全部工业品和 99.5% 的农产品，而不要求受惠国给予反向优惠，并放宽原产地限制。同时。欧共体还给予这些国家和地区由于一些产品跌价或减产时而遭到损失时的补偿。

"洛美协定"国家间实行的这种优惠关税是世界上最优惠的一种关税：一是优惠范围广，除极少数农产品外，几乎所有工业产品和农产品都在优惠范围之列；二是优惠幅度大，列入优惠的产品全部免税进口。它有力促进了欧盟和这些国家之间经济贸易关系的发展。

（四）普遍优惠制

普遍优惠制（generalized system of preferences，GSP）简称普惠制，是发达国家给予发

展中国家出口的制成品和半制成品(包括某些初级产品)普遍的、非歧视的、非互惠的一种关税优惠制度。普遍性、非歧视性和非互惠型是普惠制的三项基本原则。所谓普遍性,是指发达国家对所有发展中国家出口的制成品和半制成品,给予普遍的关税优惠待遇;所谓非歧视性,是指应使所有发展中国家都无歧视、无例外地享受普惠制待遇;所谓非互惠性,是指发达国家应单方面给予发展中国家做出特殊的关税减让,而不要求发展中国家对发达国家给予对等待遇。

普遍优惠制是发展中国家在联合国贸易与发展会议上长期斗争的成果。从1968年联合国第二届贸发会议通过普惠制决议至今,普惠制已在世界上实施了30多年。目前,全世界已有190多个发展中国家和地区享受普惠制待遇,给惠国则达到30个,分别是:欧洲联盟15国(德国、英国、法国、意大利、荷兰、比利时、卢森堡、爱尔兰、希腊、西班牙、葡萄牙、丹麦、奥地利、芬兰、瑞典)、瑞士、挪威、波兰、俄罗斯、乌克兰、白俄罗斯、日本、加拿大、澳大利亚、新西兰、美国、保加利亚、匈牙利、捷克、斯洛伐克。自1978年下半年以来,先后有21个工业发达国家宣布给予中国这一关税优惠待遇,美国是至今仍未给中国普惠制待遇的唯一一个西方发达国家。

各给惠国在提供普惠制待遇时,是按照普惠制方案来执行的。为此,有关国家分别制定了各自的普惠制实施方案,而欧盟作为一个国家集团给出共同的普惠制方案。目前全世界共有15个普惠制方案。从具体内容看,各方案各有特点、不尽一致,但大多包括了给惠产品范围、受惠国家和地区、关税削减幅度、保护措施、原产地规则、给惠方案有效期等6个方面。

1. 受惠国家或地区

按照普惠制的原则,给惠国应该对所有发展中国家或地区都无条件、无例外地提供优惠待遇。但是实际上,各给惠国往往从各自的政治、经济利益出发,制定了不同的标准要求,限制受惠国家和地区的范围。例如,美国公布的受惠国名单中,就不包括某些社会主义发展中国家、石油输出国成员等。

2. 给惠商品范围

各给惠方案都列有给惠产品的清单与排除产品的清单。一般农产品的给惠商品较少,工业制成品或半制成品受惠商品较多。一些敏感性商品,如纺织品、服装、鞋类以及某些皮制品、石油制品等常被排除在给惠商品之外或受到一定限额的限制。

3. 给惠商品减税幅度

给惠商品的减税幅度取决于最惠国税率与普惠制汇率之间的差额。最惠国税率越高,普惠制税率越低,减税幅度大,甚至免税;反之,减税幅度就小。例如,欧盟1994年12月31日颁布的对工业产品的新普惠制法规(该法规于1995年1月1日开始执行),将工业品按敏感程度分为五类,并分别给予不同的减税幅度。具体地说,对第一类最敏感产品,即所有的纺织品,如棉、麻、丝等,这类纺织品的减税幅度为15%;对第二类敏感产品,如化工、鞋、电器等的减税幅度为30%;对第三类半敏感产品,如塑料制品、毛皮革制品、伞类等的减税幅度为65%;对第四类不敏感产品,关税全免;而对第五类部分初级工业产品,将不给关税减让,仍征收最惠国税。

4. 保护措施

各给惠国为了保护本国生产和国内市场,从自身利益出发,均在各自的普惠制方案中制定了程度不同的保护措施,主要表现在免责条款、预定限额及毕业条款三个方面。

（1）免责条款(escape clause),是指当给惠国认为从受惠国优惠进口的某项产品的数量增加到对其本国同类产品或有竞争关系的商品的生产者造成或将造成严重损害时,给惠国保留对该产品完全取消或部分取消关税优惠待遇的权力。

（2）所谓预定限额(prior limitation),是指给惠国根据本国和受惠国的经济发展水平及贸易状况,预先规定一定时期内(通常为 1 年)某项产品的关税优惠进口配额,达到这个额度后,就停止或取消给予的关税优惠待遇,而按最惠国税率征税。

（3）所谓毕业条款(graduation clause),是指给惠国以某些发展中国家或地区由于经济发展,其产品已能适应国际竞争而不再需要给予优惠待遇和帮助为由,单方面取消这些国家或产品的普惠制待遇。毕业标准可分为国家毕业和产品毕业两种,由各给惠国自行具体确定。例如,美国规定,一国人均收入超过 8 850 美元或某项产品出口占美国进口的50%即为毕业。美国自 1981 年 4 月 1 日开始启用毕业条款,至 1988 年底,终止了 16 个国家的受惠国地位,免除了来自 144 个发展中国家和地区约 3 000 多种进口商品的普惠制待遇。鉴于亚洲"四小龙"达到美国规定的毕业标准,美国政府于 1988 年 1 月 29 日宣布,亚洲"四小龙"已从不发达国家和地区中毕业,从 1989 年起取消其向美国出口商品所享受的普惠制待遇。

欧盟对我国毕业条款普惠制的调整

专栏 5-3

在过去的二十多年里,中国一直是欧盟普惠制的最大受益国。2004年 5 月 1 日经第五次扩大后的欧盟成为中国的第一大贸易伙伴。但是由于对普惠制认识不足以及给惠方案认识不足等多种原因,普惠制利用率还不到 50%,而且近年来随着欧盟对中国贸易逆差的逐渐增加和欧盟的东扩,新加入欧盟的国家有很多产品能够替代取消对中国普惠制后形成的市场空缺,于是欧盟的保护主义呈抬头趋势。欧盟理事会对普惠制作了重大修正,并于 2006 年 1 月 1 日开始实施。在欧盟新普惠制下,更多的产品面临"毕业",因此很多产品在欧盟市场上的竞争力将被极大地削弱。

欧盟普惠制度中,毕业制度为调整力度最大的一个手段。"毕业条款"就是给惠国为了保护本国产业不受受惠国产品的冲击,特别制订的保护条款,其中有一款是"竞争需要标准",该条款规定,如果原产地受惠国的某一进口商品超过规定额度,就要取消下年度该商品的关税优惠待遇,也就是"产品毕业"了;如果受惠国的大多数产品在国际市场上已显示出较强的竞争力,将取消该受惠国全部商品的受惠资格,即所谓"国家毕业"。

对比 1999—2001 年、2002—2004 年、2006—2008 年的方案(见表)。

中国毕业产品清单

1999—2001 年方案		2002—2004 年方案		2006—2008 年方案
毕业及即将毕业产品	待毕业产品	2003 年前毕业产品	2003 年后增加毕业产品	毕业产品
第5章:他处未列明未包括的动物产品 第42—43章:皮革及皮毛制品 第64—67章:鞋类 第72章:贱金属及其制品 第94—96章:杂项制品	第12章:油料籽及油果;杂项籽粒及果实;工业及医药用植物;饲料 第28—38章:除化肥外的化工制品 第61—63章:服装 第68—70章:玻璃及陶瓷制品	第5章:他处未列明未包括的动物产品 第12章:油料籽及油果;杂项籽粒及果实;工业及医药用植物;饲料 第28—38章:除化肥外的化工产品 第42—43章:皮革及皮毛制品 第61—63章:服装 第64—67章:鞋类 第68—70章:玻璃及陶瓷制品 第72章:贱金属及其制品 第94—96章:杂项制品	第4章:动物源性食品;乳、蛋制品和天然蜂蜜 第39—40章:塑胶及橡胶制品 第47—49章:纸制品 第84—85章:电机产品及电子消费品 第90—92章:眼镜及钟	十四类项下67类产品,再加上目前仍能享受欧盟GSP待遇的HS第31(肥料)、41(生皮)、44—46(木制品)和86—89章(车辆等)的产品目前已毕业的HS第4、5、12章可重新获得普惠制待遇

　　根据欧委会起草的 2006—2015 年新普惠制方案,新的产品毕业标准为:如果某类产品向欧盟出口连续 3 年超过欧盟普惠制下进口同类产品总额的 15%,则该产品被宣布为毕业,不再享受普惠制待遇;纺织品的毕业标准更低,为 12.5%。按照新的标准,我纺织品已于 2005 年 7 月 1 日起遭到毕业,并已被列入欧委会提案中。

　　新的普惠制方案对所谓的"毕业条款"做了更为明确的规定,根据这一条款,普惠制受益国的任何一种产品如果在欧盟市场的份额超过 15%,则将失去关税优惠。这一改变,势必影响出口货物的竞争力。尤其在新方案下,我国约有 HS 编码 16 大类 50 章产品已经于 2005 年 4 月 1 日全部毕业,涉及工业品中的化学品、鞋类、玩具、家具、玻璃陶瓷制品、皮革及皮毛制品、游戏及运动用品、机电产品、塑料及橡胶制品、纸品、钟表等商品。只有农产品和工业制成品中的工艺品和收藏品等可以继续享受欧盟普惠制待遇。

　　(资料来源:《欧盟对我国毕业条款普惠制的调整》,中华管理学习网 http://www.zh09.com。)

5. 原产地规则

为了确保普惠制待遇只给予发展中国家和地区生产和制造的产品,各给惠国制定了详细和严格的原产地规则。原产地规则是衡量受惠国出口产品能否享受给惠国给予减免关税待遇的标准。原产地规则一般包括三个部分:原产地标准、直接运输规则和原产地证书。

(1) 原产地标准。原产地标准(origin criteria)是一个国家或地区为确定货物的"国籍"(原产地)而实施的普遍适用标准,是原产地规则中的一个核心的部分。普惠制的原产地标准分为两大类:一类是完全的原产品,它是指完全用受惠国的原材料、零部件并完全由其生产或制造的产品。完全的原产品是一个非常严格的概念,任何含有进口或来源不明的原料、零部件的产品,都不能视为完全的原产品;另一类是含有进口成分的原产品,它是指全部或部分使用进口原料或零部件生产的产品。这些原料或零部件经过受惠国或地区加工后,其性质和特征达到了"实质性改变"而成为另一种不同性质的商品,才能作为受惠国的原产品享受普惠制待遇。

(2) 直接运输规则。所谓直接运输规则(rule of direct consignment),是指受惠国原产品必须从出口受惠国直接运至进口给惠国。制定这项规则的主要目的是为了避免在运输途中可能进行的再加工或换包。但由于地理或运输等原因确实不可能直接运输时,允许货物经过他国领土转运,条件是货物必须始终处于过境国海关的监管下,未投入当地市场销售或再加工。

(3) 原产地证书。所谓原产地证书(certificate of origin),是出口商应进口商要求而提供的、由公证机构或政府或出口商出具的证明货物原产地或制造地的一种证明文件。原产地证书是出口国享受配额待遇、进口国对不同出口国实行不同贸易政策的凭证,同时还是贸易关系人交接货物、结算货款、索赔理赔、进口国通关验收、征收关税的有效凭证。

专栏 5 - 4

商品进入国际贸易领域的"护照"

中国—东盟自由贸易区给了商家发展空间,零关税给了商家上升空间,而要让自己的产品畅销中国—东盟自由贸易区,商家还应持有原产地证书。原产地证书简称产地证,是商品进入国际贸易领域的"经济国籍"和"护照"。企业持有普惠制产地证可以享受比最惠国税率更优惠的关税减让,使产品获得价格优势。

2009 年上半年,广西某机械进出口公司向东南亚国家出口了 6 000 余台农用机械,每台价格为 300—600 美元。该公司副总经理赵华说:"只要在广西检验检疫部门申办自贸区原产地证书,再向进口国海关提交原产地证书,就可享受 50% 的关税优惠。"

越来越多的中国企业已开始利用自贸区带来的这一优惠条件掘金东盟市场。据统计,仅 2008 年广西就签发原产地证书 35 072 份,2009 年 1—

8月共签发原产地证书 27 740 份。持有贸易区原产地证书的产品在东盟有关国家海关不仅可享受关税减免待遇,还能获得便利的通关条件。

(资料来源:《商品进入国际贸易领域的护照》,《中国食品报》,2010 年 1 月 4 日。)

第三节　关税的经济效应

　　关税的经济效应是指一国征收关税对其国内价格、贸易条件、生产、消费、贸易、税收、再分配及福利等方面所产生的影响。关税的经济效应可以从整个经济的角度来分析,也可以从单个商品市场的角度来考察,前者属于一般均衡分析,后者为局部均衡分析。为便于分析和理解,本节仅从局部均衡的观点讨论小国征收关税所产生的经济效应。

▍小国征收关税的经济效应

　　小国的特点是征收关税以后既不影响世界价格(因为国家很小),也不影响经济的其他部门(因为工业规模很小),就好像完全竞争的企业一样,只是价格的接受者。这样,该国征收关税以后,进口商品国内价格上涨幅度等于关税税率,关税完全由进口国消费者承担。

　　小国的关税均衡效应可以用图 5 - 1 来进行分析。假设 B 国为小国,其对商品 X 的供给、需求、贸易状况如图 5 - 1 所示。图中,横轴表示商品 X 的数量,纵轴表示商品 X 的价格,S_X 和 D_X 分别代表商品 X 的供给曲线和需求曲线,两线之交点 E 为没有贸易时孤立均衡点,P_E 为国内均衡价格。在自由贸易条件下,当不考虑运输成本时,国内价格等于国际价格 P_{X_1}。在此价格下,该国对商品 X 的需求量为 AB,本国自行生产的数量为 AC,需进口的数量为 CB。S_F 为该国进口所面对的出口供给曲线,平行于横轴,弹性无穷大。若该国对商品 X 的进口征收额度为 T 的从量关税(从价税率为 T/OP_{X_1}),则其进口面对的是包括关税在内的新的出口供给曲线 S_{F+T},征收关税对国内经济产生了以下影响:

(一)价格效应(price effect)

　　这是指征收关税对进口国价格的影响。由于小国对商品的国际价格没有影响力,因此课征关税后,商品 X 的国际价格仍为 P_{X_1},但其国内价格却升至 P_{X_2};且 $P_{X_2} = P_{X_1} + T$,即小国征收关税使进口品及其进口替代品的国内价格提高了与所征税额相当的幅度。

(二)消费效应(consumption effect)

　　即征收关税对可进口品消费的影响。在图 5 - 1 中,某小国征收进口关税后,对可进口商品 X 的需求量因价格提高而由 AB 减至 GH，即减少 BN 数量的 X 商品消费。

（三）生产效应（production effect）

即征收关税对进口国进口替代品生产的影响。如图 5-1 所示，某小国征收进口关税后，由于进口品价格提高了等同于关税额的水平，因而刺激进口替代品的生产扩张，直至生产者价格达到 $P_{X_2}(P_{X_1}+T)$ 的水平，即进口替代品的产量由 AC 增至 GJ。所增加的 CM 数量的进口替代品生产乃关税的生产效应，又称替代效应（substitution effect）或保护效应（protection effect）。关税愈高，保护程度亦愈高。当关税提高为 $P_{X_1}P_E$，或更高时，即为禁止性关税。

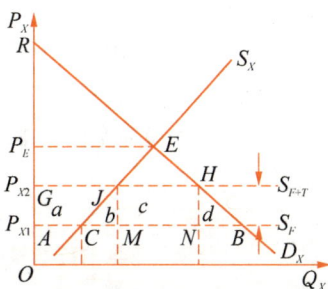

图 5-1　小国关税的局部均衡效应

（四）贸易效应（trade effect）

即征税引起的进口量变化。征收关税后，由于生产增加、消费减少，所以进口数量由 CB 减为 JH。其中，所减少的 BN 数量的进口乃消费减少所致；减少的 CM 数量进口则由生产增加所致。总共减少进口数量之和为 $BN+CM$。

（五）财政效应（revenue effect）

即征收关税对国家财政收入发生的影响。如图 5-1 所示，某小国征收额度为 T 的关税后，政府取得了 $T \times JH = \triangle MJHN$ 的关税收入，使财政收入增加，此乃关税的财政效应。

（六）收入再分配效应（income-redistribution effect）

图 5-1 中，征税前，商品 X 的消费量为 AB，消费者剩余为 $\triangle RAB$；征税后，商品 X 的消费量为 GH，消费者剩余为 $\triangle RGH$，故消费者剩余减少了 $\triangle AGHB(a+b+c+d)$。然而，征收关税后，生产者由于增加 CM 的进口替代品生产而增加了 $\triangle AGJC(a)$ 的生产者剩余，政府由于征收关税而增加了 $\triangle MJHN(c)$ 的财政收入。$\triangle AGJC$ 和 $\triangle MJHN$ 实际上是社会收入由消费者增加消费负担而转移给生产者和政府的部分。

（七）福利效应（welfare effect）

根据以上的分析，征税后，消费者剩余减少 $\triangle AGHB(a+b+c+d)$，其中 $\triangle AGJC(a)$ 转移为生产者剩余增加的部分，$\triangle MJHN(c)$ 成为政府的关税收入。因此，总体福利效果为 $\triangle JMC$ 和 $\triangle HNB(b+d)$ 的净损失（net welfare loss）或无谓的损失（deadweight loss），即关税的社会成本。$\triangle JMC$ 代表生产的净损失，由增加 CM 数量的进口替代品生产使资源使用效率下降所致；$\triangle HNB$ 代表消费的净损失，是关税人为地抬高了进口品价格进而扭曲消费所产生的消费效用的净损失。

以上所讨论的各种效应的大小,取决于征税商品的供给与需求弹性及关税税率高低。对于相同的关税税率,需求曲线愈富弹性,消费效应愈大;同样,供给曲线愈富弹性,生产效应愈大。因此,一国对某商品的供给与需求愈富弹性,关税的贸易效应愈大,而财政效应愈小(见图5-1)。

关税的负担决定于进口需求与出口供给的弹性大小,弹性愈大者,关税的负担愈轻;弹性愈小者,关税的负担愈重。由于小国进口所面对的出口供给弹性无限大,因此小国课征进口关税,关税完全由其本国消费者负担,而关税收入全部由小国的政府所获得。

第四节 关税水平与保护程度

世界各国出于保护国内生产和市场的目的,对不同的商品规定了不同的关税税率。因此,关税水平与保护程度的高低成了世界各国在缔结贸易条约或协定谈判的主要内容。

一、关税水平

关税水平(tariff level)是指一个国家的平均进口税率。关税水平的高低基本上可以用来衡量一个国家进口税的保护程度,也是一国参加国际贸易协定进行关税谈判时首先面临的主要问题之一。例如,在关贸总协定关税减让谈判中,就经常将关税水平作为比较各国关税高低及削减关税的指标。关税水平的计算主要有两种:一种是简单平均法,另一种是加权平均法。

(一)简单平均法

简单平均法是一国税则中各个税目的税率简单相加后再除以税目数。假如一个国家只进口三种商品,征收的从价税为:A商品10%,B商品15%,C商品20%,按照简单平均法这个国家的平均税率为:

$$关税水平 = \frac{10\% + 15\% + 20\%}{3} = 15\%$$

在这种方法中,由于不考虑每个税目实际的进口数量,因而不能如实反映一国的真实关税水平。如果这个国家大量进口A商品,15%的平均关税就显得太高;如果这个国家大量进口C商品,则15%的平均关税就显得太低。

(二)加权平均法

加权平均法是用进口商品的数量或价格作为权数进行平均。按照统计口径或比较范围的不同,又可分为全额加权平均法和取样加权平均法两种。

1. 全额加权平均法
用一个时期内所征收的进口关税总金额占所有进口商品价值总额的百分比计算。计算公式为：

$$关税水平 = \frac{进口税款总额}{进口总值} \times 100\%$$

在这种计算方法中，如果一国税则中免税的项目较多，计算出来的数值就偏低，不易看出有税商品税率的高低。因此，另一种方法是按进口税额占有税商品进口总值的百分比计算，这种计算方法比前一种方法相对合理一些，算出的数值比前一方法高一些。计算公式为：

$$关税水平 = \frac{进口税款总额}{有税商品进口总值} \times 100\%$$

由于各国的税则并不相同，税则下的商品数目众多，因而这种方法使各国关税水平的可比性相对减少。

2. 取样加权平均法

选取若干种有代表性的商品，按一定时期内这些商品的进口税总额占这些代表性商品进口总额的百分比计算。计算公式为：

$$关税水平 = \frac{若干种有代表性商品进口税款总额}{若干种有代表性商品进口总值} \times 100\%$$

现举例说明：假定选取 A、B、C 三种代表性商品计算，

	A	B	C
进口值（万元）	100	40	60
税率（%）	10	20	30

$$则，关税水平 = \frac{100 \times 10\% + 40 \times 20\% + 60 \times 30\%}{100 + 40 + 60} \times 100\% = 18\%$$

若各国选取同样的代表性商品进行加权平均，就可以对各国的关税水平进行比较。这种方法比全额加权平均更为简单和实用。在关贸总协定肯尼迪回合的关税减让谈判中，各国就是使用联合国贸易与发展会议选取的 504 种有代表性的商品来计算和比较各国关税水平的。

一般说来，上述计算出的百分比越大，说明该国的关税水平越高。关税水平越高，说明关税的保护程度就越强。

二、保护程度

一般说来，关税水平的高低大体上可以反映一国的保护程度，但两者并不能完全划等号，因为保护程度还与关税结构等其他因素有关。20 世纪 60 年代以后，西方经济学家对关税税率与保护程度进行了深入的研究，提出了名义保护率与有效保护率的概念。

（一）名义保护率

根据世界银行的定义，一种商品的名义保护率（nominal rate of protection, NRP）是由于实行保护而引起的，国内市场价格超过国际市场价格的部分占国际市场价格的百分比。

用公式表示为:

$$名义保护率 = \frac{进口货物国内市场价格 - 国际市场价格}{国际市场价格} \times 100\%$$

　　与关税水平衡量一国关税保护程度不同,名义保护率衡量的是一国对某一类商品的保护程度。由于在理论上,国内外商品的价格差与国外价格之比就等于关税税率,因而在不考虑汇率的情况下,海关根据海关税则征收的关税税率一般就可看作是名义保护率。名义保护率的计算一般是把国内外价格都折成本国货币价格进行比较,因此受外汇兑换率的影响较大。在其他条件相同的情况下,名义保护率越高,对本国同类商品的保护程度就越强。

(二)有效保护率

　　名义保护率考察的是关税对某些进口商品制成品价格的影响。征收名义关税的目的是为了提高国外商品在本国国内的销售价格,以削弱其在本国国内市场的竞争能力,从而达到保护国内生产的目的。这对于保护完全用本国原材料生产的产品是适用的,但对于用进口原材料生产的制成品则不能完全适用。因为名义关税率并没有将国内生产同类制成品所用进口原材料的进口税率包括在考察之内,而有效保护率则很好地考虑了这个问题。

　　有效保护率是 20 世纪 60 年代以后发展起来的一个概念,后被广泛应用于分析一整套关税结构对某一产业最终产品生产者的保护作用。

　　有效保护率(effective rate of protection, ERP)又称实际保护率,是指征收关税后使受保护行业每单位最终产品附加价值增加的百分比。具体地说,就是由于整个关税制度而引起的国内增值的提高部分与自由贸易条件下增值部分相比的百分比。由此,有效保护率被定义为:征收关税所引起国内加工增加值同国外加工增加值的差额占国外加工增加值的百分比。用公式表示为:

$$有效保护率 = \frac{国内加工增值 - 国外加工增值}{国外加工增值} \times 100\%$$

或 $ERP = \dfrac{V' - V}{V} \times 100\%$

式中,

ERP—有效保护率;

V—自由贸易条件下该生产过程的增值;

V'—保护贸易条件下被保护产品生产过程的增值。

　　在实际生活中,由于一个产业部门的投入要素是多种多样的,因此,有效保护率也可用下列公式计算:

$$ERP = \frac{t - a_i t_i}{1 - a_i}$$

式中,

t—进口最终商品的名义关税率;

a_i—进口要素投入系数,即无关税时进口要素成本在最终商品中所占的比重;

t_i——进口要素的名义关税率。

名义保护与有效保护的区别在于：名义保护只考虑关税对某种成品的国内市场价格的影响；有效保护则着眼于生产过程的增加值，考察了整个关税制度对被保护商品在生产过程中的增加值所产生的影响，它不但注意了关税对制成品的价格影响，也注意了原材料或中间产品由于征收关税而增加的价格。有效保护理论认为，对生产被保护产品所消耗的原材料或中间产品征收关税，会提高产出品的成本，减少制成品生产过程的增加值，从而降低对最终商品的保护程度。因此，一个与进口商品相竞争的行业中的企业，不仅要受到对进口商品征收关税的影响，而且要受到对所使用的原材料和中间产品征税的影响。

例如，在自由贸易条件下，1 件羊毛衫的到岸价格为 100 美元，其投入羊毛的价格为 80 美元，占其成品（羊毛衫）价格的 20%，余下的 20 美元是国外加工增值额，即 $V = 20$ 美元。如果我国进口羊毛在国内加工羊毛衫，原料投入系数同样是 80% 时，依据对羊毛和羊毛衫征收关税而引起的有效保护率如下：

（1）假设对羊毛衫进口征税 10%，原羊毛进口免税，则国内羊毛衫的价格应为 $100 \times 110\% = 110$ 美元。其中羊毛费用仍为 80 美元，则国内加工增值额为 $V' = 110 - 80 = 30$ 美元。按上式计算，羊毛衫的有效保护率为：

$$ERP = \frac{V' - V}{V} \times 100\% = \frac{30 - 20}{20} \times 100\% = 50\%$$

（2）对羊毛衫进口征税 10%，对羊毛也征税 10%，那么，国内羊毛衫的价格仍然为 110 美元，而其原料成本因羊毛征税 10% 而增加为 88 美元，国内加工增值 $V' = 110 - 88 = 22$ 美元，则其有效保护率为：

$$ERP = \frac{V' - V}{V} \times 100\% = \frac{22 - 20}{20} \times 100\% = 10\%$$

（3）对羊毛衫进口征税 10%，对羊毛征税 20%，则 $V' = 110 - 80 \times 120\% = 14$，有效保护率为：

$$ERP = \frac{V' - V}{V} \times 100\% = \frac{14 - 20}{20} \times 100\% = -30\%$$

根据上面公式的推导及其计算结果，我们不难发现有效保护率和最终商品的名义关税两者之间存在着以下的关系：(1)当最终产品的名义关税税率高于原材料进口名义税率时，有效保护率高于名义关税率；(2)当最终产品的名义关税税率等于原材料进口名义税率时，有效保护率等于名义关税率；(3)当最终产品的名义关税税率小于原材料进口名义税率时，有效保护率小于名义关税率，甚至会出现负有效保护率；(4)如果对一个行业中的原材料和中间投入的关税低于对最终产品的关税，对该行业的有效保护率会超过名义保护率；(5)反之，如果原材料和中间投入的关税高于最终产品的关税，对该行业的有效保护率低于名义保护率，甚至也会出现负保护。负有效保护率的意义是指由于关税制度的作用，对原料征收的名义税率过高，使原料价格上涨的幅度超过最终产品征税后附加价值增加的部分，从而使国内加工增值低于国外加工增值。这意味着生产者虽然创造了价值，但由于不加区别地对进口成品和原材料征收关税，使这种价值减低，生产者无利可图，因而会鼓励成品的进口。

■ 三、关税结构

前面我们所考察的关税效应,实际上指的是名义关税的福利效果,而且是以生产过程的单个阶段为假设条件。但在实际的出口商品中,除最终产品外,还包括大量中间产品,如原料、机器设备等。对一种最终产品征收进口关税,不但保护了该进口竞争商品的生产行业,而且保护了为这个行业提供原材料等投入的其他行业。例如,对小汽车征收进口关税,不但保护了小汽车行业的生产,而且还保护了为汽车生产提供投入的钢铁、机械、橡胶、仪表等行业的生产。

关税结构又称为关税税率结构,是指一国关税税则中各类商品关税税率之间高低的相互关系。世界各国因其国内经济和进出口商品的差异,关税结构也各不相同。但一般都表现为:资本品税率较低,消费品税率较高;生活必需品税率较低,奢侈品税率较高;本国不能生产的商品税率较低,本国能够生产的税率较高。

研究关税结构,区别名义保护率和实际保护率,具有重要的意义。当最终产品名义税率一定时,对所需的原材料等中间产品征收的名义税率越低,则最终产品名义税率的保护作用(即有效保护率)越大。因此,如果要对某种产业实行保护,不仅要考虑对该产业最终产品的关税率,而且要把整个关税结构与该产业的生产结构结合起来考虑,才能制定出相应的合理政策措施。

基于提高有效保护率的考虑,世界各国常常采用逐步升级的关税结构,即对原料进口几乎完全免税,对半制成品征收适度关税,但对最终产品,特别是对劳动密集型制成品征收较高关税。这种随着国内加工程度加深关税税率不断上升的现象称为关税升级或瀑布式关税结构(cascading tariff structure)。

名义关税率会直接影响消费者购买的进口商品价格,在分析关税政策对社会福利影响时通常用名义关税税率,而有效关税税率反映了一个国家的关税结构对国内产业的保护程度,在制定经济发展战略或产业发展规划时,有效关税率是一种有用的分析工具。考察一国对某商品的保护程度,不仅要考察该商品的关税税率,还要考察对其各种投入品的关税税率,即要考察整个关税结构。了解这一点,对于一国制定进口税率或进行关税谈判都有重要意义。

专栏 5 - 5

成品油进口关税下调 获益者未必是消费者

从 2012 年 1 月 1 日起,我国进出口关税将进行部分调整,对 730 多种商品实施较低的进口暂定税率,平均税率为 4.4%,比最惠国税率低 50% 以上。这其中,就包括了最为引人关注的成品油。然而人们更关心的是,这一旨在扩大进口、满足国内发展及消费需求的举措,究竟能否让广大消费者得益,能否缓解频频出现的"油荒"、延缓成品油涨价的节奏。

近年来,国内成品油供求矛盾反复出现,每到需求旺季就会出现成品油供应紧张局面。在国内产能尚不能完全满足的情况下,业界一直期待降低进口门槛以满足国内需求。此次成品油进口关税下调,成品油进口总量有望进一步提高,这或许能在一定程度上弥补成品油供应缺口,减少"油荒"的频繁出现。

然而,这一利好消息刚刚传出,就有不同的声音提醒:不要高兴得太早。关税下调后,如果没有相配套的系统性价格梳理机制,下游用油企业和成品油终端消费者可能无法分享到降税利好。

这样的忧虑不是没有道理。临近年末,正是物流运输的高峰时段,交通运输对成品油依赖性较大,偏偏此时,国内多地又再度传出"供油紧张"的讯息。在油价上调预期抬头、而国际原油价格尚未到达成品油上调标准的微妙背景下,此时"赶巧"出现的"油荒"难免让人猜想,掌握着批发大权的中石油、中石化等大型油企是否有"倒逼"之意。有业内人士指出,由于批发大权掌握在石油巨头手中,为他们带来了控制下游油品资源的便利性。如果迟迟等不到涨价的时机,就会上演"油荒"。如果这一逻辑成立,那么所谓"油荒"就不是意义单纯的资源短缺,也就不是仅靠下调关税、扩大进口就能解决根本问题的。

应该注意到,少数油企巨头手中也同时掌握着"人无我有"的进口资质。如果这样的局面没有改变,成品油进口关税下调后,他们可以用比原先更低的成本进口成品油,然后以高价销往国内市场。曾有数据显示,目前国内93号、97号汽油的最高零售价分别为每吨9 400元、9 820元,而从新加坡进口一吨95号汽油,即使算上运费和其他费用,完税到岸价也只有每吨8 746元。不难想象,如果进口关税下降,而市场售价不变,"两桶油"的获利会进一步增加。而如果市场对进口关税下调后依然很高的零售价格有所不满,或者如果国内成品油售价因为关税下调的因素而下降或放慢上调步伐,就有可能遭遇"油荒待遇"。

事实上,如果垄断不能被打破,价格机制不能彻底理顺,进口关税下调的最大获益者,依然是大型油企,而不是消费者。

（资料来源：《成品油进口关税下调获益者未必是消费者》,《解放日报》2011年12月29日,作者:杨群。）

本章小结

1. 关税是进出口商品经过一国关境时,由海关向其进出口商所征收的一种税。它是一国调节进出口贸易和实施本国贸易政策的重要手段。

2. 小国征收关税会降低征税国的整体福利水平。因此,对小国而言,"零关税"是最优关税。

3. 关税会保护国内特定的行业,并会对一个国家的整体经济产生深远影响。但是,我们必须强调,在考察关税对某行业的保护程度时,不仅仅要看名义保护率,还要看有效保护率。

重要概念

普遍优惠制　关税的经济效应　名义保护率　有效保护率

练习思考题

一、名词解释

1. 普遍优惠制

2. 反倾销税

3. 反补贴税

4. 有效保护率

5. 关税结构

二、单选题

1. 从量计征进口关税在商品价格(　　)不能完全达到保护关税的目的。

A. 上涨　　　　　B. 不变　　　　　C. 下降　　　　　D. 上涨或下降

2. 关税的税收客体是(　　)。

A. 外国进出口商　　　　　　　B. 本国进出口商

C. 进出口货物　　　　　　　　D. 海关

3. 关税是一种(　　)。

A. 间接税　　　　B. 直接税　　　　C. 附加税　　　　D. 调节税

4. 下列各种关税中,税率平均水平最高的是(　　)。

A. 普惠税　　　　B. 普通税　　　　C. 最惠国税　　　　D. 特惠税

5. 进口国家并不是对所有进口的商品都一律征收高关税,一般说来(　　)。

A. 对原材料的进口征收高关税　　　　B. 对半成品的进口征收高关税

C. 对工业制成品的进口征收高关税　　D. 对农产品的进口征收高关税

6. 普惠制的主要特点是(　　)。

A. 普遍的、歧视的、互惠的　　　　　B. 普遍的、非歧视的、非互惠的

C. 非普遍的、非歧视的、非互惠的　　D. 非普遍的、歧视的、非互惠的

7. 《洛美协定》规定欧盟对参加协定的发展中国家所提供的进口关税是(　　)。

A. 普惠税　　　　B. 差价税　　　　C. 最惠国税　　　　D. 特惠税

8. 在其他条件不变的情况下,当进口最终产品的名义关税税率高于其所用的进口原材料的名义关税税率时,(　　)。

A．有效关税保护税率小于进口原材料的名义关税率

B．有效关税保护税率等于最终产品的名义关税率

C．有效关税保护税率小于最终产品的名义关税率

D．有效关税保护税率超过最终产品的名义关税率

9． 实施从价税，当国际市场价格上涨时其名义保护程度（　　）。

A．降低　　　　　　B．提高　　　　　　C．不变　　　　　　D．不确定

10． 某国对进口电视机、显像管分别征收20％和10％的从价税，其中进口显像管价值在电视价值中所占的比例为40％，则其有效保护关税率为（　　）。

A．20％　　　　　　B．26.67％　　　　　　C．0％　　　　　　D．47.52％

11． 能反映关税对本国同类产品的真正有效地保护程度的关税是（　　）。

A．禁止关税　　　　B．名义关税　　　　C．有效关税　　　　D．保护关税

三、思考题

1． 关税有哪些特点？关税分成哪些类型？

2． "关税能为政府带来收入并且能为国内产业提供保护，因此，关税税率越高，政府的收入越多，且对国内产业保护越好"。请对此观点进行分析。

3． 为什么说征收关税对本国的出口并不一定有利？

4． 普惠制的基本原则是什么？普惠制方案一般包括哪些内容？给惠国自我保护的措施有哪些？

5． 什么是有效保护率？怎么确定有效保护率？

6． 设中国是汽车进口的小国，对汽车的需求和供给分别为：

$$Dc = 2\,000 - 0.02P \qquad Sc = 1\,200 + 0.03P$$

并设国际市场上汽车的价格为10 000美元，试计算：

（1）自由贸易下，中国汽车的产量及进出口量，自由贸易对国内消费及厂商的福利影响。

（2）中国对汽车征收每辆3 000美元的进口税，国内汽车的产量及贸易量；与自由贸易相比，消费者和厂商的福利变化。

（3）中国为汽车进口设定150单位的配额限制，国内汽车的价格、产量及贸易量。

7． 进口一台电视机价格为9 000元，征收20％的从价税，电视机的零部件等原材料的价格为6 000元，政府对于进口电视机的零部件等原材料不征税，该国对于电视机的有效保护率是多少？如果对原材料进口征收5％的从价税，有效关税税率又是多少？

8． 假设某国对轿车进口的关税税率为180％，国内某一典型的汽车制造商的成本结构和部件关税如下：

成本项目	钢板	发动机	轮胎
占汽车价格比重	20％	30％	10％
进口关税税率	60％	120％	30％

（1）计算该国轿车产业的有效保护率。

(2) 如果钢板、发动机和轮胎的进口关税分别降为 10%、30%和 5%,再计算该国轿车的有效保护率。

通过以上的计算,可以推出哪些有关有效保护率的一般结论?

9. 有一个劳动相对丰裕的小国,出口劳动密集的小麦,进口资本密集的布匹。如果它对布匹的进口征收关税,试问:

(1) 布匹的相对价格会发生什么变化?

(2) 国内两部门的生产会发生什么变化?

(3) 征收对该国的福利产生什么影响?

10. 假定一台彩电的价格是 500 美元,进口正常关税税率为 50%,彩电零部件价格为 400 美元,进口正常关税税率为 30%。请问:彩电的名义关税率和有效关税率分别为多少? 上述税率安排可称之为何种关税结构?

11. 两国贸易模型:中国和美国。

设中国对汽车的需求和供给分别为:$Dc = 2\,000 - 0.02P$ $Sc = 1\,200 + 0.03P$

美国对汽车的需求和供给分别为:$Dus = 1\,800 - 0.02P$ $Sus = 1\,400 + 0.03P$

试计算:

(1) 贸易前,双方汽车的均衡价格和产量。

(2) 自由贸易条件下,国际市场汽车的均衡价格、各国的产量及贸易量(不考虑运输成本)、自由贸易给两国的福利带来的影响。

第六章
非关税壁垒

历史上关税壁垒是最重要的贸易限制形式，但并不是唯一的手段。除了关税壁垒之外，各个国家还经常采取其他种种手段来限制与干预贸易。由于这些手段也能够与关税一样形成壁垒，所以被称作非关税壁垒。因此，从一般意义上可以将非关税壁垒（non-tariff barriers，NTBs）看作是关税措施以外的一切限制进口的措施。

1967 年，削减关税的"肯尼迪回合"谈判结束后，各缔约成员方的进口关税水平已经降到了较低的水平，工业发达国家为 5％以下，发展中国家为 10％—13％，关税在国际贸易中的作用变得越来越小。在这种背景下，许多国家纷纷将贸易政策的限制手段从关税壁垒转向了非关税壁垒，并把其作为限制进口的主要措施。

第一节　　非关税壁垒的特点与作用

非关税壁垒措施繁多，据 GATT 的统计，20 世纪 90 年代初世界上使用的非关税壁垒措施多达 3 000 多种。但是就它们的基本特点和作用而言，却可以做出并不复杂的归纳和描述。

一、非关税壁垒的含义及其发展历史

非关税壁垒早在资本主义发展初期就已出现，但普遍建立起来却是在 20 世纪 30 年代。由于世界性经济危机的爆发，各资本主义国家为了缓和国内市场的矛盾，对进口的限制变本加厉，一方面高筑关税壁垒，另一方面采用各种非关税壁垒措施阻止他国商品进口。第二次世界大战后，特别是 60 年代后期以来，在世界贸易组织的前身——关贸总协定的努力下，关税总体水平得到大幅度下降，因而关税作为政府干预贸易的政策工具作用已越来越弱。然而，从 20 世纪 70 年代中期以来，在 1974—1975 年和 1980—1982 年的两次世界性经济危机的冲击下，发达国家的贸易战愈演愈烈，竞相采取非关税壁垒限制商品进口，以抵消由于关税大幅度下降所造成的不利影响，出现了以非关税壁垒为主、关税壁垒为辅的新贸易保护主义。同时在 2008 年由于美国次贷危机所引发的全球性经济危机中，我们也不难看到以非关税壁垒为主要手段的贸易保护主义抬头。

非关税壁垒与关贸总协定和世界贸易组织促进贸易自由化的宗旨是相违背的。关贸总协定较早就意识到这个问题，并在第七轮谈判"东京回合"中第一次把谈判矛头指向了非关税壁垒，提出减少、消除非关税壁垒，减少、消除这类壁垒对贸易的限制及不良影响，以及将此类壁垒置于更有效的国际控制之下等条款。但这些条款和协议往往是有保留的，并且非关税壁垒花样繁多、层出不穷，关贸总协定也不可能对每一种非关税壁垒都用具体条款作出明确规定。因此，非关税壁垒越来越趋向采用处于总协定法律原则和规定的边缘或之外的、歧视性贸易措施（如自动出口限制等），从而成为"灰色区域措施"（gray area measures），以绕开关贸总协定的直接约束。目前，越来越多的西方发达国家使用灰色区域措施，这在一定程度上构成了对国际贸易体系的威胁。

二、非关税壁垒的特点

非关税壁垒和关税壁垒都有限制外国商品进口的作用,但与关税壁垒相比,非关税壁垒具有以下几个特点:

(一)灵活性

一般来说,各国关税税率的制定必须通过立法程序,并要求具有一定的连续性,所以调整或更改税率需要一定的时间。不仅如此,关税税率的调整直接受到世界贸易组织有关条款的约束,即使是非成员国也会受到最惠国待遇条款约束,因而各国海关不能随意提高以应付紧急限制进口的需要,因此关税壁垒缺乏灵活性。然而,非关税壁垒通常采用行政程序来制定和实施,程序和手续较为简便迅速,具有较大的灵活性和针对性。

(二)有效性

关税壁垒的实施旨在通过征收高额关税提高进口商品的成本,它对商品进口的限制主要是通过价格机制的作用。面对高额的关税,出口国可以通过商品倾销和出口补贴等鼓励出口措施来加以抵消。不仅如此,出口国还可以凭借降低生产成本(如节省原材料、提高生产效率、甚至降低利润率等)来降低出口商品的价格,从而抵消进口国关税对出口商品的影响。而相当多的非关税壁垒对进口的限制是绝对的,往往只能在能够还是不能够进口之间作出选择。比如用进口配额等预先规定进口的数量和金额,超过限额就禁止进口。这种方法在限制进口方面更直接、更严厉,因而也更有效。

(三)隐蔽性和歧视性

关税税率确定后,往往以法律形式公布于众,这是公开透明的。但是,一些非关税壁垒往往不公开,或者规定极为烦琐复杂的标准和手续,使得出口商难以适应和对付。出口商品往往由于某一个规定不符合进口国的某项要求而不能进入进口国的国内市场销售。同时,一些国家往往针对某个国家采取相应的限制性的非关税壁垒,结果,这大大加强了非关税壁垒的差别性和歧视性。

综上所述,非关税壁垒在限制进口方面比关税壁垒更有效、更隐蔽、更灵活和更有歧视性。正由于这些特点,非关税壁垒取代关税壁垒成为贸易保护主义的主要手段,有其客观必然性。

三、非关税壁垒的作用

随着关税在贸易中作用的逐步减弱,西方发达国家的贸易政策越来越把非关税壁垒作为实现其政策目标的主要工具。对他们来说,非关税壁垒的作用主要表现在三个方面:(1)作为防御性武器限制外国商品进口,用以保护国内陷入结构性危机的生产部门,或者保障国内垄断资产阶级能获得高额利润;(2)在国际贸易谈判中用作砝码,逼迫对方妥协让步,以争夺国际市场;(3)用作对其他国家实行贸易歧视的手段,甚至作为实现政治利益的手段。总之,发达国家设置非关税壁垒是为了保持其经济优势地位,继续维护不平等交换的国际格局。

　　虽然大多数发展中国家仍然以关税作为国际贸易政策的主要手段,但是,面对日益进行的贸易自由化浪潮,越来越多的发展中国家开始重视非关税壁垒措施的作用。但与发达国家不同的是,发展中国家设置非关税壁垒的目的主要是:(1)限制奢侈品、高档商品的进口;(2)限制发达国家资本密集型、技术密集型进口商品对国内的冲击,以保护民族工业和幼稚工业;(3)为国内民族产业的发展提供一个相对宽松的国内环境,以维护民族经济的独立,减少对发达国家的依赖程度。由于发展中国家的经济发展水平与发达国家相距甚远,完全不在同一条起跑线上,统一的贸易政策对发展中国家具有极大的不公平性,因而发展中国家设置非关税壁垒有其合理性和正当性。正因为如此,关贸总协定在"肯尼迪回合"中新增了"贸易和发展"部分,并陆续给予发展中国家以更大的灵活性,允许其为维持基本需求和谋求优先发展而采取贸易措施。乌拉圭回合达成的《WTO规则》也对发展中国家使用非关税壁垒保护国内民族产业给予了一定的特殊安排。但总的说来,无论是过去的关贸总协定还是今天的世界贸易组织,对于发展中国家采取非关税措施保护国内民族产业大都停留在道义的支援上,并没有多少实质性的保护条款。

第二节　非关税壁垒的主要种类

　　非关税壁垒名目繁多,据说有上千种之多,但就其种类来讲,可以做出并非十分复杂的归纳。从对进口限制的作用分,非关税壁垒可以分为直接和间接两大类。前者是指进口国直接对进口商品规定进口的数量和金额,以限制和迫使出口国直接按规定的出口数量和金额限制出口;后者是指进口国未直接规定进口商品的数量和金额,而是对进口商制定种种严格的限制条例,间接地影响和限制商品的进口。以上述2种分类为基础,派生出各种各样的非关税壁垒,其中影响较大且为各贸易国普遍接受的有以下几个方面种类:

一、进口配额

　　进口配额(import quotas)又称进口限额,是一国政府对一定时期内(如一年、半年或一季度,但一般是一年),对于进口的某些商品的数量或金额加以直接限制。在规定的期限内,配额以内的货物可以进口,超过配额的则不准进口或者征收较高的关税或罚款后才能进口。因此,进口配额制是限制进口数量的重要手段之一。

专栏 6-1

国际纺织品贸易配额

第二次世界大战以后,实施进口配额最为突出的实例是国际纺织品贸易配额。根据《关税与贸易总协定》的第十一条款规定,一般禁止使用进口数量限制。然而,20世纪60年代初,美国和其他发达国家认为,纺织品贸易的迅速发展,对其国内纺织品市场造成影响,应该使纺织品贸易有秩序地进行,避免对进口国市场造成混乱和破坏。因此,美国等发达国家要求对纺织品贸易实行数量限制。他们提出实施纺织品进口配额的目的是:减少纺织品贸易中的矛盾和摩擦;防止纺织品市场被破坏;逐步扩大纺织品贸易;最终实现纺织品的自由贸易。1960年7月,《关税与贸易总协定》主持召开了世界纺织品进口国和出口国会议。这次会议达成了第一个《国际棉纺织品短期协定》,该协定的有效日期是从1961年10月到1962年10月。在第一个协议完成以后,美国等发达国家又要求签订了第二个协议,即从1962年到1973年的《长期棉纺织品协定》。到20世纪70年代,一方面是由于未受国际棉纺织品贸易协议限制的化纤纺织品的贸易有了大幅度的增长;另一方面,虽然日本纺织品的出口在实施配额的条件下有所限制,但是东亚一些较小的国家和地区纺织品出口发展得较快,市场份额不断扩大。70年代,第二个协议结束之时,在美国的要求下,又签订了新的协议。即从1974年至1977年的第一个《多种纤维协定》。从1973年至1977年,法国和英国等欧洲国家纺织品进口数量增长了21%。与此同时,欧共体纺织业就业下降了16%。在欧共体的强烈的贸易保护主义的压力下,又签订了从1978年至1981年的第二个《多种纤维协定》。这个协定对配额的规定比第一个限制的范围更加广泛,更加严格。该协议满期后,紧接着又签订了从1982年至1986年的第三个《多种纤维协定》。这个协定不仅保留了前几个协定的限制内容,又增加了对于出口国扩大出口的补充限制。尽管受到配额的严格限制,但是发展中国家的纺织品和服装的生产和出口仍然在不断增长。为此,又签订了从1986年到1991年的第四个《多种纤维协定》。这一协定的限制,包罗了所以可以想象到的纤维产品。它除了限制棉纺织品和化纤纺织品以外,还增加了对于亚麻织品、黄麻织品、丝织品等的限制,力图最终控制所有的纺织品的贸易。

在开始实施配额之初,美国等发达国家提出的目的是逐步扩大纺织品贸易,最终实现自由贸易。但是,实施的结果却是相反,协议一而再,再而三地延长;限制的范围越来越扩大;限制也越加严格;最终不是朝着自由化的方向,而是朝着贸易保护主义的方向发展。

(资料来源:王俊宜、李权:《国际贸易》,中国发展出版社2003年版。)

（一）按限制严格程度分类

进口配额按限制的严格程度可分为绝对配额（absolute quotas）和关税配额（tariff quotas）。前者是指某些商品进口数量或金额达到进口额度后，便不准继续进口的配额管理；后者是指在某些商品进口数量或金额达到规定的额度后，继续进口便需提高关税的配额管理。关税配额不绝对限制商品的进口总量，而是在一定时期内对一定数量的进口商品，给予低税、减税或免税的待遇，对超过此配额的进口商品，则征收较高的关税或附加税和罚款。

两者的主要区别在于：绝对配额规定一个最高进口额度，超过就不准进口，而关税配额在商品进口超过规定的最高额度后，仍允许进口，只是超过部分被课以较高关税。可见，关税配额是一种将征收关税同进口配额结合在一起的限制进口的措施。两者的共同点是都以配额的形式出现，可以通过提供、扩大或缩小配额向贸易对方施加压力，使之成为贸易歧视的一种手段。

（二）按实施方式的不同分类

进口配额还可以按照实施方式不同，分为全球配额、国别配额和进口商配额三种形式。

（1）全球配额（global quotas；unallocated quotas），又称总配额，是指对某种商品的进口规定一个总的限额，对来自任何国家或地区的商品一律适用。主管当局通常按进口商的申请先后或过去某一时期内的进口实际额发放配额，直至总配额发完为止，超过总配额就不准进口。

（2）国别配额（country quotas），即在总配额内按国别或地区分配给固定的配额，超过规定的配额便不准进口。实行国别配额，进口国可根据它与有关国家或地区的政治经济关系分别给予不同的额度，这样可以贯彻国别地区政策；为了区分来自不同国家或地区的商品，在进口时进口商必须提交原产地证明书。

（3）进口商配额（importer quotas）是指某些进口商品的数量限额直接分给本国的进口商。进口商按政府机构分配的额度组织进口，超额不得进入的一种进口配额制。实施进口商配额的国家往往把配额给予本国的垄断商、进口商，而中小商人则难以得到额度。

二、"自动"出口配额制

"自动"出口配额（voluntary export quotas），又称"自动"出口限制（voluntary export restriction），是指出口国在进口国的要求或压力下，"自动"规定在某一时期内某种商品对该国的出口配额，在限定的配额内自行控制出口，超过配额即禁止出口。它是在二战后出现的非关税壁垒措施，出口限制实际上是进口配额制的变种，同样起到了限制商品进口的作用。它的重要特点就是带有明显的强制性。"自动"出口限制往往是出口国在面临进口国采取报复系贸易措施的威胁时被迫做出的一种选择。进口国往往以商品大量进口使其有关工业部门受到严重损害，造成所谓的"市场混乱"为理由，要求有关国家的出口"有秩序地增长",“自动"限制商品出口,否则就单方面强制性地限制进口。在这种情况下,一些出口国被迫实行自愿出口限制。

“自动"出口配额制与绝对进口制在形式上略有不同。绝对进口制是有进口国直接控制进口配额来限制商品的进口,而"自动"出口配额制则是由出口国直接控制这些配额对指定进口国家的出口。但就进口国来说,“自动"出口配额制和绝对配额制一样,都起到了限制进口的作用。是指出口国家或地区在进口国的要求和压力下,“自动"规定某一时期内(一般为3—5年)某些商品对该国的出口限额,在限定的配额内由出口国自行控制出口,超过配额即禁止出口。“自愿"出口配额带有明显的强制性。

“自动"出口配额制一般有非协定的"自动"出口配额和协定的"自动"出口配额两种形式:(1)所谓非协定的"自动"出口配额指不受国际协定的约束,而是出口国迫于进口国的压力,自行单方面规定出口配额,限制商品出口。这种配额有的是由政府有关机构规定配额,并予以公布,出口商必须向有关机构申请配额,领取出口授权书或出口许可证才能出口。有的是由本国大的出口厂商或协会"自动"控制出口。(2)所谓协定的"自动"出口配额是进出口双方通过谈判签订"自限协定"或有秩序的销售协定。在协定中规定有效期内的某些商品的出口配额,出口国应根据此配额实行出口许可证或出口配额签证制,自行限制这些商品的出口。进口国则根据海关统计进行检查,“自动"出口配额大多数属于这一种。

专栏 6 - 2

日本汽车遭遇"自动"出口限制

80 年代初,美国要求日本"自动"限制汽车出口的数量。至 1963 年,世界的小汽车生产集中在美国和西欧国家,日本的汽车生产只占世界产量的 2.6%。然而,到 1980 年,日本小汽车产量占世界产量的比重上升到28%,日本汽车出口量占世界市场的比重达 37%。日本汽车大量出口到美国和西欧国家。1978 年,美国汽车生产的数量为 930.8 万辆,然而到1980 年下降至 658.1 万辆,减少产量 272.7 万辆。同年日本汽车进入美国市场达 199.2 万辆。出现这一情况的原因:其一,当时日本汽车的竞争力较为强劲,主要是日本汽车的质量较高,返修率较低。其二,特别是 20世纪 70 年代,在世界石油价格两次大幅度上涨的条件下,日本生产的主要是小型的节油车,因而受到消费者的普遍欢迎。而美国三大汽车公司在石油大幅度上涨的情况下,依然生产耗油量多的豪华型小轿车。1979 年,在世界市场上每桶石油的价格上涨至 38 美元时,美国汽车公司陷入困境,美国三大汽车公司在 1980 年亏损 40 亿美元,第三大汽车公司克莱斯勒濒临破产。在这种形势下,1981 年美国政府要求日本"自动"出口限制,出口到美国市场上的汽车数量,每年不得超过 168 万辆,为期三年。

日本和一些发展中国家为什么又接受这种"自动"出口限制呢?据一

些经济学家分析,这种"自动"出口限制重要的原因在于,日本和东亚一些新兴工业化国家和地区对美国和其他发达国家的市场依赖较大。面对美国和西欧国家的政府所施加的压力,如果日本和东亚一些新兴工业化国家和地区不接受这种较为体面的"自动"出口限制,那么他们就会受到其更加强硬的制裁,如实施进口配额,或者征收 100%、200% 的报复性关税等等。此外,如果日本在汽车的出口方面不接受"自动"出口限制,美国和其他发达国家会在其他商品的进口方面采取更加严格的限制措施。从政治方面来看,实施进口配额和报复性的关税等在美国等国是要通过国会的。因此,日本和一些发展中国家和地区面临这样的选择,是和美国政府打交道,接受"自动"出口限制呢? 还是和美国国会打交道接受更加严厉的惩罚? 众所周知,美国国会是以贸易保护主义的"大本营"而出名的。因此,究竟是和美国政府,还是和美国国会打交道? 面对必须在两坏之中选择其一,那么选择次坏是比较明智的。

(资料来源:王俊宜、李权:《国际贸易》,中国发展出版社 2003 年版。)

三、进口许可证制

进口许可证制(import license system),是指一国政府规定某些商品的进口必须申领许可证,否则一律不准进口的制度。它实际上是进口国管理其进口贸易和控制进口的一种行政管理措施与直接干预。

从进口许可证与进口配额的关系上看,进口许可证可分为两种:一种为有定额的进口许可证,即国家有关机构预先规定有关商品的进口配额,然后在配额的限度内,根据进口商的申请对每一笔进口货发给进口商一定数量或金额的进口许可证;另一种为无定额的进口许可证,即进口许可证不与进口配额相结合,即预先不公布进口配额,只是在个别考虑的基础上颁发有关商品的进口许可证。由于这种许可证的发放权完全由进口国主管部门掌握,没有公开的标准,因此更具有隐蔽性,给正常的国际贸易带来困难,起到更大的限制进口的作用。

从进口商品的许可程度来看,进口许可证可分为公开一般许可证、特种商品进口许可证两种。公开一般许可证(open general license,OGL),它对进口国别或地区没有限制,这一类商品实际上是可"自由进口"的商品。填写许可证的目的不在于限制商品进口,而在于管理进口。特种商品进口许可证(specific license,SL),又称非自动进口许可证。它要求进口商必须向政府有关当局提出申请,经政府有关当局逐笔审查批准后方能进口。特种进口许可证适用于特殊商品以及特定目的的申请,如烟、酒、麻醉物品、军火武器或某些禁止进口物品。大多数国家在使用这种许可证时都指定进口国或地区,具有一定的歧视性,并且对进口的限制作用很强。

四、外汇管制

外汇管制(foreign exchange control)也称外汇管理,是指一国政府通过法令对国际结算和外汇买卖加以限制,以平衡国际收支和维持本国货币汇价的一种制度。

一般而言,外汇管制的方式包括数量管制和汇率管制。数量管制是对外汇买卖的数量实行限制和分配。通过集中外汇收入、控制外汇支出、外汇分配等办法来达到限制进口商品品种、数量和国别的目的。一些国家还规定进口商在进口商品时首先要获得进口许可证,才能向外汇银行购买所需外汇。汇率管制是国家外汇管理机构利用外汇买卖成本差异影响不同商品的进口,方法是实行复汇率制度,即进出口的不同商品采用不同的汇率,鼓励(采用优惠的汇率)或限制(采用不利的汇率)不同的商品出口和进口。

负责外汇管理的机构,一般都是政府授权的中央银行(如英国的英格兰银行),但也有些国家另设机构,如法国设立外汇管理局担负此任。一般说来,实行外汇管制的国家,大都规定出口商须将其出口所得外汇收入按官方汇率(official exchange rate)结售给外汇管理机构,而进口商也必须向外汇管理机构申请进口用汇。此外,外汇在该国禁止自由买卖,本国货币的携出入境也受到严格的限制。这样,政府就可以通过确定官方汇率、集中外汇收入、控制外汇支出、实行外汇分配等办法来控制进口商品的数量、品种和国别。例如,日本在分配外汇时趋向于鼓励进口高精尖产品和发明技术,而不是鼓励进口消费品。

五、进口押金制

是指一些国家规定进口商在进口时,必须预先按进口金额的一定比率和规定的时间,在指定的银行无息存放一笔现金的制度。这种制度无疑增加了进口商的资金负担,影响了资金的正常周转,同时,由于是无息存款,利息的损失等于征收了附加税。所以,进口押金制度能够起到限制进口的作用。有些国家还规定进口方必须获得出口方所提供的一定数量的出口信贷或提高开出信用证押金等方式限制进口。例如,意大利政府从1974年5月7日到1975年3月24日,曾对400多种进口商品实行进口押金制度。它规定,凡项下商品进口,无论来自哪一个国家,进口商必须先向中央银行交纳相当于进口货值半数的现款押金,无息冻结6个月。据估计,这项措施相当于征收5%以上的进口附加税。又如,巴西政府曾经规定,进口商必须先交纳与合同金额相等的为期360天的存款才能进口。

进口押金制对进口的限制有很大的局限性。如果进口商以押款收据作担保,在货币市场上获得优惠利率贷款,或者国外出口商为了保证销路而愿意为进口商分担押金金额时,这种制度对进口的限制作用就微乎其微了。

六、最低限价制和禁止进口

最低限价(minimum price)制,是指一国政府规定某种进口商品的最低价格,凡进口商品的价格低于这个标准，就加征进口附加税或禁止进口。美国为抵制欧洲、日本等国的低价钢材和钢制品的进口，在 1977 年制定实施了启动价格制（trigger price mechanism, TPM），这也是一种最低限价制，它规定了进口到美国的所有钢材及部分钢制品的最低限价，即启动价格。当商品进口价低于启动价格时必须加以调整，否则就要接受调查，并有可能被征收反倾销税。以后，欧共体步美国后尘，也对钢材及钢制品实行启动价格制。

欧共体为保护其农产品而制定的"闸门价"（sluice gate price），它也是一种形式的最低限价。它规定了外国农产品进入欧共体的最低限价，即闸门价。如果外国产品的进口价低于闸门价，就要征收附加税，使之不低于闸门价，然后在此基础上再征收调节税。我国农产品对欧出口就深受闸门价的影响。以冻猪肉为例，去骨分割冻猪肉是我国一项传统出口产品，在欧洲国家十分畅销。1983 年欧共体规定了其闸门价每吨 1 800 美元，调节税每吨 780 美元，而当时欧共体内的销售价只有 2 500 美元。由于进口成本远超出市场价格水平，中国冻猪肉于 1983 年全部退出欧共体市场。仅"闸门价"这一项农产品贸易壁垒措施，就使我国冻猪肉出口每年损失 6 000 万美元。

禁止进口（prohibitive import）是进口限制的极端措施。当一国政府认为一般的限制已不足以解救国内市场受冲击的困境时，便直接颁布法令，公开禁止某些商品进口。例如：2010 年 4 月，印度通信部禁止该国移动运营商进口由华为和中兴等中国厂商生产的任何设备。

专栏 6 - 3

巴黎统筹委员会

巴黎统筹委员会（简称"巴统"）的正式名字是"输出管制统筹委员会"（Co-Ordinating Committee for Export Control），是 1949 年 11 月在美国的提议下秘密成立的，因其总部设在巴黎，通常被称为"巴黎统筹委员会"。"巴统"有 17 个成员国：美国、英国、法国、德国、意大利、丹麦、挪威、荷兰、比利时、卢森堡、葡萄牙、西班牙、加拿大、希腊、土耳其、日本和澳大利亚。

"巴统"是冷战的产物，是第二次世界大战后西方发达工业国家在国际贸易领域中纠集起来的非官方国际机构，其宗旨是限制成员国向社会主义国家出口战略物资和高技术。列入禁运清单的有军事武器装备、尖端技术产品和稀有物资等三大类上万种产品。被"巴统"列为禁运对象的不仅有社会主义国家，还包括一些民族主义国家，总数共约 30 个。随着国际政治经济形势的变化和科技水平的提高，西方国家为了自身的经济利益，不断突破"巴统"的禁运限制，"巴统"不得不缩小其管制范围。1990 年，"巴统"大幅度放宽对原苏联和东欧国家的高技术产品出口限制，禁运项目由成立初期的 400 个减少到 120 个，1991 年中又减少 2/3。受其禁运的国家也越来越少。

冷战结束后，世界格局发生重大变化，加上"巴统"的禁运措施与世界经济科技领域的激烈竞争形势也不相适应,一些西方国家又把"巴统"作为相互进行贸易战的工具。"巴统"会员国的高级官员 1993 年 11 月在荷兰举行会议,一致认为"巴统"已经失去继续存在的理由。1994 年 4 月 1 日,"巴统"正式宣告解散。

(资料来源:《巴黎统筹委员会》,新华网 2004 年 3 月 15 日。)

七、国内税

国内税(internal taxes)是指一国政府对本国境内生产、销售、使用或消费的商品所征收的各种捐税,如周转税、零售税、消费税、销售税、营业税等。任何国家对进口商品不仅要征收关税,还要征收各种国内税。

国内税的制定和执行完全属于一国政府,有时甚至是地方政府的权限,通常不受贸易条约与协定的约束,因此,把国内税用作贸易限制的壁垒,会比关税更灵活和更隐蔽。

国内税的目的在于增加进口商品的纳税负担,达到保护本国产品的竞争力,抵制进口商品的输入。例如,美国、日本和瑞士对进口酒精饮料的消费税都大于本国制品。

八、进出口的国家垄断

进出口的国家垄断(state monopoly)也称国营贸易(state trade),是指对外贸易中,某些商品的进出口由国家直接经营,或者把这些商品的经营权给予某些垄断组织。经营这些受国家专控或垄断的商品的企业,称为国营贸易企业(state trading enterprises)。国营贸易企业一般为政府所有,但也有政府委托私人企业代办。

具体做法是:由国营贸易公司或专设机构在国外购买某些产品,然后低价出售给本国垄断组织;在国内向垄断组织高价收购某些产品,然后以低价在国外市场倾销;或为了保证军需原料供应,然后输出到受"援"国家。各国国家垄断的进出口商品主要有四大类。第一类是烟酒。由于可以从烟酒进出口垄断中取得巨大财政收入,各国一般都实行烟酒专卖。第二类是农产品。对农产品实行垄断经营,往往是一国农业政策的一部分,这在欧美国家最为突出。如美国农产品信贷公司,是世界上最大的农产品贸易垄断企业,对美国农产品国内市场价格能保持较高水平起了重要作用:当农产品价格低于支持价格时,该公司就按支持价格大量收购农产品,以维持价格水平,然后,以低价向国外市场大量倾销,或者"援助"缺粮国家。第三类是武器。它关系到国家安全与世界和平,自然要受到国家专控。第四类是石油。它是一国的经济命脉,因此,不仅出口国家,而且主要的石油进口国都设立国营石油公司,对石油贸易进行垄断经营。

九、歧视性政府采购政策

歧视性政府采购政策(discriminatory government procurement policy),是指国家通过法令和政策明文规定政府机构在采购商品时必须优先购买本国货。有的国家虽未明文规定,但优先采购本国产品已成惯例。这种政策,实际上是歧视外国产品,起到了限制进口的作用。

美国从1933年开始实行、并于1954年和1962年两次修改的《购买美国货物法案》是最为典型的政府采购政策。该法案规定,凡是美国联邦政府采购的货物,都应该是美国制造的,或是用美国原料制造的。凡商品的成分有50%以上是国外生产的就称外国货。以后又作了修改,规定只有在美国自己生产数量不够或国内价格过高,或不买外国货有损美国利益的情况下,才可以购买外国货。

除了美国之外,主要发达国家都有相应的歧视性政府采购政策规定。如英国规定政府机构使用的通信设备和电子计算机必须是英国产品;日本也规定,政府机构需用的办公设备、汽车、计算机、电缆、导线、机床等不得采购外国产品。由于发达国家政府采购的数量非常庞大,因此,这是一种相当有效的限制进口的非关税壁垒措施。

为限制各成员运用歧视性政府采购政策限制进口,GATT在东京回合多边贸易谈判中制定了《政府采购协议》,该协议现已成为世界贸易组织框架下的多边协议之一。

十、专断的海关估价制度

海关估价制度(customs valuation system)原本是海关为了征收关税而确定进口商品价格的制度,但在实践中它经常被用作一种限制进口的非关税壁垒措施。进口商品的价格可以有许多种确定办法,如:成交价,即货物出售给进口国后经调整的实付或应付价格;外国价,即进口商品在其出口国国内销售时的批发价;估算价,即由成本加利润推算出的价格等等。不同计价方法得出的进口商品价格高低不同,有的还相距甚远。海关可以采用高估的方法进行估价,然后用征从价税的办法征收关税。这样一来,就可提高进口商品的应税税额,增加其关税负担,达到限制进口的目的。在各国专断的海关估价制度中,以"美国售价制"最为典型。

为防止外国商品与美国同类产品竞争,美国海关当局对煤焦油产品、胶底鞋类、蛤肉罐头、毛手套等商品,依"美国售价制"(American Selling Price System)这种特殊估价标准进行征税。这4种商品都是国内售价很高的商品,按照这种标准征税,使这些商品的进口税率大幅度地提高。例如,某种煤焦油产品的进口税率为从价20%,它的进口价格为每磅0.50美元,应缴进口税每磅0.10美元。而这种商品的"美国售价"每磅为1.00美元,按同样税率,每磅应缴进口税为0.20美元,其结果是实际的进口税率不是20%,而是40%,即增加了一倍。这就有效地限制了外国货的进口。

"美国售价制"引起了其他国家的强烈反对,直到"东京回合"签订了《海关估价守则》后,美国才不得不废除这种制度。

"乌拉圭回合"达成了《海关估价协议》,该协议修改了《海关估价守则》。《海关估价协议》正式名称为《关于实施关税与贸易总协定第七条的协议》(Agreement on Implementation of Article Ⅶ of the General Agreement on Tariffs and Trade)。此协议包括 4 个部分,共 31 条。其中有大量注释和一个议定书。它规定了主要以商品的成交价格为海关完税价格的新估价制度。其目的在于为签字国的海关提供一个公正、统一、中性的货物估价制度,不使海关估价成为国际贸易发展的障碍。这个协议规定了下列 6 种不同的依次采用的新估价法:

(1) 成交价格(transaction price)即指进口商实际支付的价格,它可包括进口商实际支付的佣金、集装箱费及包装材料费等。若成交价格不能成为计算完税价格的基础,按规定可以用下面 5 种方法替代来确定完税价格。

(2) 相同货物(identical goods)的成交价格,即所有方面都相同的货物,包括相同的原产国。如果相同的货物有一个以上的成交价格时,应以最低的成交价来确定进口货物的海关估价。

(3) 类似货物(similar goods)的成交价格不需要与被估价货物在各方面都相同,但它应具有相同的特点和组成材料,具有相同的功能,在商品上可以互换,与被估价的货物产自同一国家,而且通常是由同一生产商生产的。

(4) 倒扣法价格即以货物在进口国销售价格减去进口税、国内税,再减去运杂费和合理管理费、利润,从而得出进口货物的完税价格,用以计征进口税。

(5) 计算价格(computed price)即指一般的成本加合理管理费、杂费,再加合理的利润得出。

(6) 其他合理的方法(reasonable means)。如上述方法都难以确定其完税价格,则进口地海关根据进口商现有资料确定一个进口商、进口地海关双方都较满意的价格作为完税价格。

海关估价协议首先应使用第一种实际成交价格,如第 1 种实施有困难,再依次类推按以下数种方法来确定。如在进口商的要求下,也可以将第 4 种倒扣法价格与第 5 种计算价格使用次序予以颠倒。但对发展中成员来说,只有征得进口国海关同意,进口商才可就采用倒扣法价格或计算价格之间作出选择。

专栏 6 - 4

俄罗斯的海关程序限制

为符合《WTO 海关估价协议》的要求,俄罗斯于 2004 年制定了新的《海关法典》,该法简化了进口产品的申报和纳税程序,并修改了其海关估价方法,但俄罗斯在通关环节仍然存在着明显的壁垒。

俄罗斯海关法并未完全履行《WTO 海关估价协议》的相关义务。为防止低价报关,俄罗斯海关通常在既不公开发布,也不向贸易伙伴通报的情况下,对进口货物进行内部评估,该内部评估往往直接作为海关估价的依据。2006 年 6 月 10 日,俄罗斯发布《关于加强俄罗斯对外经济活动商品目录第 42 和 43 章分类商品完税价格的监控的函》,对原产于中国的第

42 和 43 章分类的进口商品实施完税价格监控措施,并明确规定了自中国进口的上述产品将征收每公斤 5 美元到每公斤 90 美元不等的数量税。2007 年,所有接受中国商品报关的俄罗斯海关站点都接到通知,对中国商品报关估价从 0.2—0.4 美元/公斤提高到不低于 3.5 美元/公斤。俄罗斯针对中国商品的上述行动,既没有下达正式文件,也没有事先向中国方面通报,并且具有明显的针对性和歧视性,对中方出口产品造成了极大的负面影响。中方希望俄罗斯能够严格按照《WTO 海关估价协议》实施海关估价和监管。

俄罗斯海关各口岸和地区的监管缺乏统一性,不同地区和不同口岸在进口通关、海关监管和海关估价方面差异明显,相关的管理条例变动频繁,并且缺乏合理的过渡期,导致进口商品常常滞港,并承担不合理的费用和成本。为了整顿"灰色清关",俄罗斯还对原产于中国的进口商品实施通关特别处理。这些措施包括减少办理从中国进口商品入关手续的海关口岸、对从中国进口商品实行集中管理、对从中国进口的商品另加征 30% 的关税、对从中国进口的全部商品按每公斤 3.5 美元征税等。

俄罗斯海关根据《海关法典》制定的管理法规、实施条例及做出的其他行政决定,往往都不公开发布,俄《海关法典》也未对进出口商提供司法审查的救济,无论进口商还是出口商都无法对俄罗斯海关作出的决定提请司法审查,从而导致俄罗斯海关具有很大的自由裁量权。这明显不符合WTO 协定的相关规定。

2007 年 10 月 29 日,俄联邦海关局发布第 1327 号《关于部分商品报关地点》的命令,规定自 2007 年 12 月 12 日起,燃料用木材、原木、制桶材、枕木及锯材等(商品代码分别为 4401、4403、4404、4406、4407)五类木材产品出口报关只能在政府规定的 128 个海关口岸办理清关手续。

俄罗斯海关还对从中国进口的农业机械及零部件收取很高的报关手续费,其报关手续非常繁琐,时间长,通常需要一个半月左右,临时性急需的农机零配件进口往往因为通关延误而耽误相关进口企业的播种和收割,造成巨大损失。此外,在俄罗斯海关发生货物丢失的现象非常普遍。

(资料来源:童生华:《俄罗斯的海关程序限制》,技术壁垒资源网 http://www.tbtmap.cn。)

十一、技术性贸易壁垒

技术性贸易壁垒(technical barriers to trade,TBT),是指一国或区域以维护国家或区域安全、保障人民健康、保护动植物健康和安全、保护环境、防止欺诈行为、保证产品质量等为理由,制定一些复杂、苛刻且经常变化的技术标准、卫生检疫以及商品包装和标签规定等措施,从而提高产品的技术要求,增加进口的难度,最终达到限制外国商品进入,保护市场的目的。由于这类壁垒大量的以技术面目出现,因此常常会披上合法外衣,成为当前国际贸易中最为隐蔽、最难对付的非关税壁垒。

综观西方发达国家的技术性贸易壁垒,其限制进口产品方面的技术措施主要有以下几个方面:

1. 严格繁杂的技术法规和技术标准

利用技术标准(technical standard)作为贸易壁垒具有非对等性与隐蔽性。在国际贸易中,发达国家是国际标准的制定者,而发展中国家往往是国际标准的执行者。发达国家凭借着他们在技术上的优势,制定较高的技术标准,而且这些标准经常变化,使得发展中国家的出口厂商要么无从知晓、无所适从,要么为迎合其标准就要付出较高的成本,从而失去产品在国际市场上的竞争力。

目前,欧盟是目前世界上技术贸易壁垒最多、要求最严、保护程度最高的,其工业标准就不下 10 万种。进入欧盟市场的产品至少应该满足以下三个条件之一:一是符合欧洲标准 EN,取得欧洲标准化委员会 CEN 认证标志;二是取得欧盟安全认证标 CE;三是取得 ISO9000 合格证书。不仅如此,欧盟成员国也有各自的标准。如德国就有自己的 1.5 万个标准。

2. 复杂的合格评定程序

在贸易自由化渐成潮流的形势下,质量认证和合格评定对于出口竞争能力的提高和进口市场的保护作用愈益突出。目前,世界上广泛采用的质量认定标准是 ISO9000 系列标准。此外,美、日、欧盟等还有各自的技术标准体系。

3. 严格的商品包装和标签的规定

商品包装和标签的规定(packing and labelling regulation)适用范围很广。许多国家对在本国市场销售的商品订了种种包装和标签的条例,这些规定内容繁杂、手续麻烦,出口商为了符合这些规定,不得不按规定重新包装和改换标签,费时费工,增加商品的成本,削弱了商品的竞争力。以法国为例,法国根据 1975 年 12 月 31 日颁布的第 75—1349 号法观,宣布所有商品的标签、广告传单、使用手册、保修单及其他说明材料都要强制性地使用法文。加拿大政府于 1998 年 11 月决定,从 1999 年 6 月 1 日开始,对所有自我国输出到加拿大商品的货物木质包装不得带有树皮,不能有直径大于 3 毫米的虫蛀洞,必须对木质包装进行烘干处理,使木材的含水量低于 20%。

专栏 6-5

中药出口壁垒森严 呼唤"国标"先行

原料出口为主　成药注册障碍大

1996 年我国提出"中药国际化"的概念,至今已有 15 年。中药产品已畅销到世界 160 多个国家,出口额更是连创新高,由 1996 年的 6 亿美元,增加到 2010 年的 19 亿美元,15 年内增长了 2 倍,可以说中药出口已取得骄人业绩。

但细分析我国中药产品的出口类别,不难发现中药出口仍以原料类产品为主,如 2010 年中药材及提取物出口额占比超过 80%,而真正的中成药出口额仅为 1.9 亿美元,占出口额的 10%,更需要指出的是这 10% 的中成药出口基本是以食品、保健食品的身份出口。时至今日,我国尚没有一种中药产品在欧美国家以药品身份注册上市,更不用说进入欧美国家的主流医疗体系。

在中药国际化的道路上,天津天士力集团可以说是走得最快的企业,其"复方丹参滴丸"已顺利通过美国 FDA 的 II 期临床,进入 III 期临床阶段,然而"复方丹参滴丸"真正以药品身份在美国上市尚有太多不可知因素,中成药在美上市依然荆棘重重。

而在欧盟方面,2004 年欧盟发布《欧盟传统草药注册指令》,中成药可以传统药的身份申请简易注册,只需提供相关研究资料,免做毒理及临床试验,即可获得欧盟的药品身份。然而由于各种原因,时至今日,离过渡期结束仅剩 3 个月,依然没有一个中成药在欧盟注册成功,可以想见未来中成药在欧盟销售将会面临多大的挑战。

虽然亚洲是传统中药的销售市场,但是由于各种原因中药仍然不能畅通地以药品身份注册进入各个国家。我国中成药基本是以食品或保健食品身份出口到日本和韩国,由于这两个国家都拥有自己的传统药,并且近年来发展迅速,已成长为我国中药的重要竞争对手。而在东南亚地区,由于华人移民原因,大部分国家认可中成药药品地位,中成药可以药品身份申请注册,但注册品种依然受到各种限制。

贸易壁垒森严　　国标建立情急

当前,我国中药产品的出口受到国际市场的诸多限制,其中尤以重金属、农药残留和微生物限量为主。随着国外对天然药物研究开发热潮的不断升级,一些发达国家为了保障其在国际草药市场上的利益,以"安全"为借口设置了形形色色的贸易壁垒,不断加强对进口中药的管理措施,制定或提高对相关质量的技术要求,提高"绿色贸易壁垒",严重阻碍了中药走向世界的进程。

而国外市场挥舞着食品标准的大棒,频频对我国中药质量提出苛刻要求。据统计,我国被拒之门外的中药产品,60% 以上是倒在绿色壁垒之下。报告显示,2009 年,我国植物源性中药材受阻 85 批次,特殊膳食受阻 79 批次,动物源性中药材受阻 24 批次。与发达国家相比,我国在中药材種植方面对重金属、农药残留的控制较晚。很多企业尚未掌握国外关于植物药或食品的重金属、农药残留限量标准数据。

一定程度上讲，谁掌握了标准的制定权，谁就在一定程度上掌握了技术和经济竞争的主动权。中国在中药国际标准主导权上的弱势，与中医药在国际上所处的尴尬地位不无关系。近年来，韩国不时上演着"拟将中医改为韩医申报世界遗产"的闹剧，在此形势下，如果中药不尽快找到解决问题的方法和途径，快速走向国际，丧失的将不仅仅是技术，也不仅仅是局部市场，而可能是对评审法规、行业标准的参与权、话语权。

因此，"十二五"期间，我国应该把制定和推广中医药国际化标准作为一项战略重点，着力推进中医药现代化进程，以此带动我国中医药产业的整体升级。

（资料来源：中国中医药报及分析测试百科网 http://www.antpedia.com/news/44/n-125044.html。）

十二、环境贸易壁垒

环境贸易壁垒（environmental trade barrier）又称绿色贸易壁垒，指一个国家以保护环境为借口，对外国商品进口专门设置贸易障碍的措施。

绿色贸易壁垒是近年来国际上出现的一种新的非关税壁垒措施。绿色贸易壁垒产生于20世纪80年代后期，90年代开始兴起。但绿色贸易壁垒真正成为重要的壁垒形式并扮演重要角色还是以1995年世贸组织成立专门的贸易与环境委员会为标志的，到1999年11月世界贸易组织第三届部长会议，才使贸易与环境这两个原本并不相关的方面被一条绿色的纽带紧紧地联系起来，绿色贸易壁垒也随之盛行，并成为发展中国家难以逾越的贸易障碍。

目前，各国尤其是发达国家实施的环境贸易壁垒措施主要有环境技术标准、多边环境协议、环境标志、环境管理体系标准、绿色补贴等。例如，在包装制度方面，日本分别于1991年、1992年颁布并强制推行《包装物回收条例》《废弃物清除条例修正案》等，要求产品的包装必须利于回收处理且不能对环境产生污染。1998年，美、加、英、欧盟等相继以天牛虫问题为由，禁止我国所有未经熏蒸处理的木制包装进入其境内，增加包装成本20%，影响我国对上述地区出口总额的1/3。

美、日、欧围绕汽车的"绿色壁垒"展开论争

最近,在美国,西欧主要国家以及日本之间,又展开了建立汽车贸易壁垒的新较量,这标志着世界汽车三大市场之间的贸易摩擦又将升级。由于日本轿车在美国和欧洲市场上长期受到顾客的欢迎,日本轿车在美欧市场的份额是美欧企业在日本市场份额的几倍。欧盟试图通过制订和实施新的汽车排放标准来限制日本汽车在欧洲市场的增长。新的环境保护标准要求,到 2008 年欧洲市场销售的所有轿车的二氧化碳排放量要比 1995 年下降 25%,这无疑是冲着日本和韩国企业而来的。对此,韩国的汽车企业认为"在技术上难以达到"而反对;日本汽车工业协会则表示"与欧洲企业共同努力",但是不明确表示保证届时达标。欧盟准备在各成员国一致通过新的排放标准之前,先拿日本和韩国企业开刀,即首先强制要求日韩企业先达标,否则不能向欧洲市场出口。据分析,由于在欧洲市场上,从日本进口的轿车以高级休闲车和大型轿车为主,其平均的二氧化碳排放水平比欧洲当地生产的车要高出近 10%。若要达标,日本车就要平均减 31% 以上的二氧化碳排放量。日本政府也不示弱,在 1999 年 3 月 19 日,日本政府与欧盟就汽车废气排放标准谈判破裂后,日本立即采取了针锋相对的策略:实施"歧视性"的《节能修正法》新法案。在 1999 年 4 月 1 日实施的该法案规定,到 2010 年,在日本市场上销售的不同质量和用途的汽车,必须达到相应的节能标准,以减少汽车的废气排放。具体规定是:两人(按 110 千克计)乘坐时总质量在 1 000 千克以下的汽油轿车,到 2010 年要比 1995 年的相当车型节能 17.7%;同期 1 000—1 249 千克的轿车,要节能 25.7%;1 250—1 499 千克的轿车要实现 30% 以上的节能;1 500—1 749 千克及以上的轿车,到 2010 年要比 1995 年分别实现节能 24% 和 9.7%。由于美国和欧洲生产的轿车在日本市场有近 90% 属于 1 250 千克以上的范围,即几乎所有的美欧轿车都要在日本市场上受到更加严格的节能要求;而日本车在国内市场由于主要是轻型和微型车,因此受此修正法案的影响就没有外国企业那样大。为此,美国政府向世贸组织提交了一份意见书,该意见书指出,日本单方面提高汽车节能标准是直接阻碍国外汽车进口的不正当行为。要求世贸组织正式调查。

(资料来源:吉林省质量信息网 http://www.jlqi.gov.cn/wto/anli/lusebilei.htm。)

第三节　非关税壁垒的经济效益

非关税壁垒种类繁多,无法对其效应逐一进行具体分析。这里仅对进口配额制、出口补贴的非关税壁垒措施进行效应分析,并将进口配额制与关税的效应作一比较。

一、进口配额的经济效应

进口配额的局部均衡效应可用图 6-1 表示,这和图 5-1 几乎完全一样,该小国商品 X 的世界价格为 P_{X_1},其国内价格与国际价格相同。在这一价格水平下,其国内需求量为 AB,生产量为 AC,进口数量为国内需求与国内生产的差额 BC。现假设该国发放进口配额 $Qn = JH$,由于配额量少于国内进口的需求量,从而为国内生产者提供了生产的机会,从而使国内生产量扩大到 GJ,价格上涨至 P_{X_2}。在此价格水平上,该国国内消费减少至 GH,进口量则被限制为 JH,即配额数。这样,配额的消费效应(即国内消费量的减少)损失了 $AGHB$,生产效应(即国内生产者得到保护增加的产量)为 $AGJC$,配额收益(如果通过拍卖转化为政府的财政收入)为 $MJHN$,则配额限制的利益和代价为:$\triangle JMC$ 和 $\triangle HNB$ 的社会福利净损失,其中,$\triangle JMC$ 为国内生产者低效率地扩大生产所致的社会福利损失。$\triangle HNB$ 为国内价格提高因而扭曲消费所致的社会福利损失。若实行配额的国家为大国,则配额的经济影响除包括上述小国实行配额的各种效应外,还有贸易条件效应,即其贸易条件得到改善。

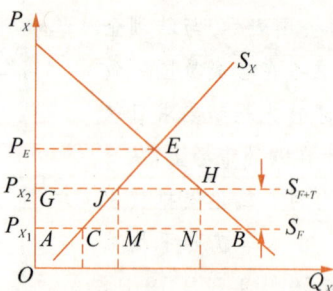

图 6-1　进口配额的经济效应

二、配额效应与关税效应的异同

在需求没有变化的情况下,如果配额使进口商品提价的幅度与进口关税相同(等效关税),则进口配额的效果就相当于征收一个"隐含的"进口关税,它们所产生的经济效应在数量上基本一致。但二者仍然存在着明显的区别。

首先,国内需求发生变化的情况下,进口配额可以通过国内价格的变化来固定进口的数量,而进口关税的征收则固定了国内的价格,从而使得国内进口的数量处于不稳定状态。不仅如此,即使在国内需求不发生变化的情况下,外国厂商既可以用提高劳动力、降低成本的办法来降低出口价格,部分抵消进口关税的作用,也可以用降低赢利率的办法来降低出口价格,抵消进口关税所引起的价格上涨。结果使得关税的保护作用被大大削弱。但在进口配额的情况下,外国厂商难以通过降价来扩大出口,因为允许进口商品的数量是固定的。

其次,关税配额与进口关税的第二个区别是 $MJHN$ 这部分收益的归属。在征收关税的情况下，$MJHN$ 所代表的收益归政府所得，产生财政收入效应。在实施进口配额制的情况下，$MJHN$ 的归属取决于进口国分配配额的方式及国际市场上该商品的出口商状况。

再次，进口配额往往涉及进口许可证的发放，而这种发放往往具有极大的随意性，是一种政府行为。由于进口许可证可以带来垄断利润，潜在的进口者有可能花费一定的精力来游说甚至贿赂政府官员以获得许可，即所谓的寻租行为。这样进口配额不仅取代了市场行为，而且有可能成为腐败的温床。而关税的征收是一种市场行为，具有很高的透明性。

应该看到，上述结论的条件是该商品的国际市场是完全竞争的市场，存在无数个出口商。如果该商品的国际市场是垄断市场，即进口商除了从垄断出口商处进口外不能从其他来源进口，则出口商便可凭借其垄断地位，抬高出口价格，从而分享到部分配额利益。若出口商能把出口价格抬高至 P_{X_2} 时，则配额利益全部归出口商所有。

通过以上分析可以看到，与关税相比，进口配额可能给本国的经济福利造成更大的损失，也更容易导致经济效率的损失，且其分配机制还易于在政府官员中滋长腐败习气，因而进口配额是一种劣于关税的贸易保护措施。但也要看到，进口配额作为一种纯粹的行政干预手段，在进口限制方面比关税手段更准确、更有效。从实际情况看，发达国家仅仅在农产品和纺织品等少数国际贸易活动中还广泛使用这一不利于效率和福利增进的措施，而广大发展中国家则仍把进口配额制作为贸易政策的重要手段。

表 6 - 1   进口配额与关税政策效果比较

	国内市场需求增加		国内市场需求减少	
	配额	关税	配额	关税
进口量	不变	增加	不变	减少
国内价格	上升	不变	下降	不变
国内生产	增加	不变	减少	不变
国内消费	增加	增加	减少	减少
政府收益或配额租金	增加	增加	减少	减少
相对自由贸易的损失	增加	不变	减少	不变

三、出口补贴的经济效应

从经济效应上看，出口补贴的结果会使得出口企业增加生产，增加出口量，从而减少国内消费，推动国内价格上涨。由于出口补贴使得出口比在国内销售更加有利可图，而且政府没有限制出口数量，企业为了追求最大的利润，当然要扩大生产，并尽量扩大出口。又由于补贴只是限定在出口的商品，要想在国内市场获得同样的收入，除了提价别无他法。而国内涨价之后，消费需求自然减少。从另一个角度说，国内消费者也必须付出与生产者出口所能得到的一样的价格，才能确保一部分商品留在国内市场而不是全部出口。图 6 - 2 对出口补贴进行了分析，这与图 6 - 1 的分析很相似。在图 6 - 2 中，S_X、D_X 分别

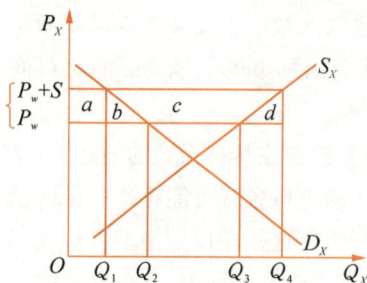

图 6-2 出口补贴的经济效应

代表该国对 X 商品的供求曲线。如果自由贸易时出口产品的国际价格为 P_w,在没有补贴时,生产量为 OQ_3,国内需求量是 OQ_2,出口量 Q_2Q_3。

如果该国政府(现在假设是个小国)对每单位商品的出口补贴为 S,对国内 X 的生产者和消费者而言,价格上涨到 (P_w+S)。在这一价格下,生产者愿意扩大生产增加出口,新的生产量为 OQ_4,国内的需求量则因为国内市场价格的上升而下降至 OQ_1,供给在满足了国内需求之后的剩余 Q_1Q_4 即为出口。由于国内价格上涨,消费者剩余减少面积 $(a+b)$,生产者剩余增加面积 $(a+b+c)$。因政府又提供了面积 $(b+c+d)$ 的补贴,所以,政府补贴与消费者损失之和减去生产者盈余后,整个社会仍发生净损失 $(b+d)$。

但是,如果受补贴方是个出口大国,出口补贴对其国内价格、生产、消费及社会利益虽然具有相同的经济效应,但程度是不同的。因为出口大国增加出口的结果会造成国际市场价格下降,出口商品生产者就不能得到全额出口补贴效益,生产和出口的增长也会小于小国,国内价格的涨幅和消费量的下降也会低于小国,但整个社会的净损失却比小国实行补贴时要大。因此,对于大国来说,使用补贴来刺激出口未必是明智之举。

从上面的分析可以看出,出口补贴行为会扭曲商品在国际市场上的价格,使得出口国在价格竞争中获取一定优势,甚至会对进口国的商品或同类商品的生产造成损害。但这种损害同样会发生在出口国,使得出口国国内福利减少。既然出口补贴既损害出口国的福利水平又会对进口国的同类产业造成损害,那么为什么还要出口补贴呢?对于经济落后的发展中国家来说,给予某些出口工业制成品以适度的补贴,不仅可以减少其国际收支逆差,而且有利于扶持国内幼稚产业的发展;而对于发达国家来说,该类产业可能是迫切需要发展的战略性产业。

本章小结

1. 20 世纪 70 年代以来,随着贸易保护主义的日益加强,非关税壁垒逐步取代关税壁垒而成为国际贸易发展的主要障碍。

2. 非关税壁垒措施的种类繁多,常见的有进口配额制、自愿出口限制、反倾销、歧视性政府采购、进出口贸易的国家垄断、进口许可证制度、技术性贸易壁垒等等。

3. 就增进效率和福利而言,非关税壁垒是一种劣于关税的贸易保护措施。但是,非关税壁垒也有其自身的优点:非关税壁垒具有更大的灵活性和针对性;非关税壁垒的保护作用更为强烈和直接;非关税壁垒的保护方式具有隐蔽性和歧视性;非关税壁垒达到更有效的约束性和排斥性以及非关税壁垒具有形式上的合法性。

4. 配额是对进口数量的直接限制。当国内需求不变时,配额对本国生产、消费、价格的影响相当于同等数量的关税。但是配额对国内各个集团和整个社会的经济效益的影响与关税略有不同,社会所付出的代价要高于征收关税时的情况。

重要概念

非关税壁垒　进口配额　"自动"出口配额制　技术性贸易壁垒　绿色贸易壁垒

练习思考题

一、名词解释

1. 非关税壁垒

2. 进口配额

3. 自动出口配额

4. 海关估价制度

5. 技术性贸易壁垒

二、单选题

1. 20 世纪 70 年代美国为抵制欧洲国家和日本等低价钢材和钢制品进口,实行名为"启动价格制"的非关税壁垒是(　　)。

A. 国家垄断　　　B. 征收国内税　　　C. 最低限价　　　D. 禁止进口

2. 非关税壁垒的特点是(　　)。

A. 隐蔽性较强　　　　　　　　B. 透明度较高

C. 针对性较差　　　　　　　　D. 不能有效限制进口

3. 在一定时期内,对某些商品进口数量或金额规定一个最高额数,超过者便不准进口,这叫(　　)。

A. 绝对配额　　　B. 全球关税配额　　C. 国别关税配额　　D. 关税配额

4. 政府机构在采购货物时优先购买本国产品的政策,属于(　　)。

A. 歧视性政府采购政策　　　　B. 进口押金制

C. 进出口国家垄断　　　　　　D. 国内税

5. 在实行国别配额的国家里,进口商必须提供(　　)。

A. 原产地证明　　B. 商检证明　　　C. 出口许可证　　D. 进口许可证

6. 属于非关税壁垒的措施是(　　)。

A. 反倾销税　　　B. 自然垄断　　　C. 垄断竞争　　　D. 寡头垄断

7. 西方发达国家的限制进口措施发生了很大变化,重点在于(　　)。

A. 关税壁垒和非关税壁垒措施都日益加强

B. 从关税壁垒转向非关税壁垒

C. 进一步提高关税

D. 关税壁垒措施加强,非关税壁垒措施削弱

8. 一些国家的技术标准之所以有效地限制进口,是因为(　　)。

A. 外国产品不易达到其技术标准　　　B. 各国进出口技术标准不统一

C. 其技术标准严格保密　　　　　　　D. 其技术标准要求太低

9. 进口押金制是指进口商在商品进口时,不得不预先按照进口金额的一定比率(　　)。

A. 在任意银行高息存入一笔现金才能进口

B. 在指定银行低息存入一笔现金才能进口

C. 在指定银行无息存入一笔现金才能进口

D. 在任意银行无息存入一笔现金才能进口

10. 美国、日本等国规定进口酒精饮料的消费税大于本国制品,这种措施属于( )。

A. 关税壁垒　　　　　　　　　B. 鼓励出口的措施

C. 非关税壁垒　　　　　　　　D. 出口管制措施

三、填空题

1. 进口配额制主要有以下两种:_____和_____。

2. 绝对配额可分为:_____和_____。国别配额可分为_____和_____。

3. 关税配额按商品进口来源可分为_____关税配额和_____关税配额。按征收关税的目的可分为_____关税配额和_____关税配额。

4. 自动出口配额制主要有以下两种形式:_____和_____。

5. 从进口许可证与进口配额的关系上看,进口许可证可分为:_____和_____两种类型。

四、思考题

1. 试述技术性贸易壁垒的具体类型及特征。

2. 什么是进口配额制?绝对进口配额与关税配额、"自动"出口配额的主要区别是什么?

3. 比较绝对配额与关税配额的异同。

4. 用一般均衡的方法分析非关税壁垒的经济效应。

5. 简述绿色贸易壁垒的含义及其盛行的原因。

6. 简要说明进口配额与进口关税有何异同?这2种保护措施孰优孰劣?

7. 出口补贴和关税的异同点是什么?为什么关税要比出口补贴更受政策制定者的欢迎?

8. 为什么用关税来减少一国的失业人口反而有可能导致该国失业人数的上升?

9. 既然出口国对本国的出口企业的补贴增加了进口国的福利,为什么进口国政府还要征收反补贴税?

10. 日本SONY公司在全球有许多分公司。现在有一家国内公司分别向SONY的美国公司、泰国公司、韩国公司、日本公司进口一批同一型号的摄像机,请问海关在估价时,能否用美国公司产的摄像机来对日本产的摄像机来进行估价?为什么?

11. 设中国是汽车进口的小国,对汽车的需求和供给分别为:

$$D_C = 2\,000 - 0.02P \quad S_C = 1\,200 + 0.03P$$

并设国际市场上汽车的价格为10 000美元,请用数字和图形说明下列问题。

(1) 自由贸易下,计算中国汽车的产量及进口量。分析自由贸易对国内消费者及厂商的福利影响。

(2) 假设中国对汽车每辆征收3 000美元的进口税,计算国内汽车的产量及贸易量;

分析与自由贸易相比,消费者、政府、厂商的福利变化。

(3) 假设中国为汽车进口设定 150 单位的配额限制,计算国内汽车的价格、产量及贸易量;分析与自由贸易相比,消费者、政府、厂商的福利变化。

(4) 假设给予汽车厂商每轮 3 000 美元的生产补贴,计算国内汽车的价格、产量及贸易量;分析与自由贸易相比,消费者、政府、厂商的福利变化。

(5) 上述(2)、(3)、(4)中的三种政策都是保护国内汽车制造业,你认为政府应该实行哪一种政策?

(6) 如果国内汽车降为 8 000 美元,分析关税(仍为 3 000 美元)和配额(仍为 150)对国内价格、进口量及政府消费者、厂商的福利影响。

第七章
区域经济一体化

第二次世界大战以后，在世界经济领域出现了两种引人注目的趋势：一是在以世界贸易组织（WTO）为代表的全球多边经贸体制及其机制的作用下，国际间多边经贸关系的范围不断扩大、领域不断深化；二是以自由贸易协定为中心的区域经济一体化进程也在不断加快，区域经济一体化始于第二次世界大战后，20世纪50年代和60年代出现了大批经贸集团，70年代到80年代初期处于停顿状态，80年代后期又掀起世界范围经贸集团化的高潮。进入到20世纪90年代以后出现了飞速发展。如今，区域经济一体化的浪潮对世界经济与国际贸易的影响越来越大，并在逐步改变原有的国与国之间实行自由贸易或者保护贸易政策的形式，使自由贸易政策与保护贸易政策出现了相互融合的状况——集团内部贸易更加自由，在集团之外则形成一定的贸易壁垒。

第一节　区域经济一体化概述

一、区域经济一体化的含义

所谓区域经济一体化（regional economic integration），是指区域内两个或两个以上的国家或地区，通过制定共同的经济贸易政策等措施，消除相互之间阻碍要素流动的壁垒，实现成员国的产品甚至生产要素在本地区内自由流动，从而达到资源优化配置，促进经济贸易发展，最终形成一个超国家的和经济贸易高度协调统一的整体。区域经济合作往往要求参加一体化的国家或地区让渡部分国家主权，由一体化合作组织共同行使这一部分主权，实行经济的国际干预和调节。

一般来说，作为区域经济一体化组织，至少应具有以下特点：（1）它是契约性的组织，即它是国与国之间通过达成某种协议而建立的经济合作组织和经济联合关系；（2）它是互惠性的组织，即组织内各成员国之间相互提供非成员国享受不到的贸易优惠待遇，而且优惠可能涉及商品、资本、劳动力流动等各方面；（3）它是排他性组织，即对内提供优惠待遇，资源配置向组织内部集中，对外则相对保护和排斥；（4）一般多为区域性组织，地理上相连、相近是一体化进程的自然出发点，同时这些国家一般在历史、文化上联系密切，有着开展经济合作的传统历史。

二、区域经济一体化的形式

区域经济一体化包括不同的类型和不同的程度，无论从内容还是层次来看差异都很大。从不同角度考虑可以分为不同的类型。

（一）按一体化的程度划分

按照贸易壁垒取消的程度或按一体化目标的高低，区域经济一体化可分成以下6种形式：

1. 优惠贸易安排

优惠贸易安排(preferential trade arrangements)是经济一体化的最低级和最松散的一种形式,它是指成员国之间通过协定或其他形式,对全部或部分商品规定特别的关税优惠,也可能包含小部分商品完全免税的情况。1932年英国与其成员国建立的大英帝国特惠制,第二次世界大战后建立的"东南亚国家联盟"、"非洲木材组织"都属于此类。

2. 自由贸易区

自由贸易区(Free Trade Area)是一种区域内的自由贸易,它是指各成员国之间相互取消关税及进口数量限制,使商品在区域内完全自由流动,但各成员国仍保持各自的关税结构,按照各自的标准对非成员国征收关税。这是一种松散的经济一体化形式,其基本特点是用关税措施突出了成员国与非成员国之间的差别待遇。例如1960年成立的欧洲自由贸易联盟和1994年1月1日建立的北美自由贸易区就是典型的自由贸易区形式的区域经济一体化。

3. 关税同盟

关税同盟(customs union)是指各成员国之间不仅取消关税和其他壁垒,实现内部的自由贸易,还取消了对外贸易政策的差别,建立起对非成员国的共同关税壁垒。其一体化程度上比自由贸易区更进了一步。它除了包括自由贸易区的基本内容外,而且成员国对同盟外的国家建立了共同的、统一的关税税率。结盟的目的在于参加国的商品在统一关境以内的市场上处于有利地位,排除非成员国商品的竞争,它开始带有超国家的性质。世界上最早最著名的关税同盟是比利时、卢森堡和荷兰组成的关税同盟。比利时和卢森堡早在1920年就建立了关税同盟,而第二次世界大战中,荷兰加入比卢关税同盟,组成比卢荷关税同盟。

4. 共同市场

共同市场(common market)是指除了在成员国内完全废除关税与数量限制并建立对非成员国的共同关税壁垒外,还取消了对生产要素流动的各自限制,允许劳动、资本等在成员国之间自由流动,甚至企业主可以享有投资开厂办企业的自由。欧洲经济共同体在20世纪80年代接近发展到这一水平。

5. 经济同盟

经济同盟(economic union)是指成员国之间不但商品与生产要素可以完全自由流动,建立对外统一关税,而且要求成员国制定并执行某些共同经济政策和社会政策,逐步消除各国在政策方面的差异,使一体化程度从商品交换,扩展到生产、分配乃至整个国家经济,形成一个庞大的经济实体。如1991年已解散的经济互助委员会。

6. 完全经济一体化

完全经济一体化(complete economic integration)是区域经济一体化的最高级形式。完全经济一体化不仅包括经济同盟的全部特点,而且各成员国还统一所有重大的经济政策,如财政政策、货币政策、福利政策、农业政策,以及有关贸易及生产要素流动的政策,并由其相应的机构(如统一的中央银行)执行共同的对外经济政策。这样,该集团相当于具备了完全的经济国家地位。

完全经济一体化和以上几种一体化形式的主要区别在于:它拥有新的超国家的权威

机构,实际上支配着各成员国的对外经济主权。1993 年欧洲统一大市场以及欧洲联盟的建立,就标志着欧共体迈进了完全经济一体化的阶段。

从理论上看,完全的经济一体化是最高级别的经济一体化组织。第一种形式(联邦制)就是一个联合在一起扩大了的国家。只是从历史的形成上,将其作为一个一体化组织。后者也仅次于一个国家。现实中,苏联解体后形成的独立国家联合体基本上属于此种类型。

需要说明的是,从经济一体化的程度看,存在由低级到高级的上述 6 种形式的经济一体化组织。但是,在理论上并不存在经济一体化组织由低级向高级发展的必然性,即自由贸易区并不一定会升级到关税同盟,关税同盟也不一定升级到共同市场,共同市场不一定升级到经济联盟等等。当然,在现实中,要使关税同盟彻底地贯彻执行,有必要使关税同盟向共同市场甚而向经济联盟发展,1958 年成立的欧洲共同体就是一例。实际上,随着成员国经济相互依赖关系的逐步加强,成员国也可能提出要求,使某种形式的经济一体化组织逐步升级。

区域经济一体化的类型与特点见表 7-1。

表 7-1   区域经济一体化的类型与特点

政策 类型	自由贸易	共同对外 关税	生产要素 流动	共同的经济政策 (货币、财政等)	建立统一的超 国家经济机构
自由贸易区	√	×	×	×	×
关税同盟	√	√	×	×	×
共同市场	√	√	√	×	×
经济同盟	√	√	√	√	×
完全经济一体化	√	√	√	√	√

(二)按一体化的范围划分

按参加经济一体化的范围,可将区域经济一体化分为:

1. 部门一体化

部门一体化(sectoral integration),指区域内各成员国的一种或几种产业(或商品)的一体化。如 1952 年建立的欧洲煤钢共同体与 1958 年建立的欧洲原子能共同体均属此类。

2. 全盘一体化

全盘一体化(overall integration),指区域内各成员国的所有经济部门加以一体化,欧洲经济共同体(欧洲联盟)就属此类。

(三)按参加国的经济发展水平划分

按参加国的经济发展水平划分,可将经济一体化分为:

1. 水平一体化

水平一体化(horizontal integration),又称横向一体化,是由经济发展水平相同或接近的国家所形成的经济一体化形式。从区域经济一体化的发展实践来看,现存的一体化大多属于这种形式。如欧洲经济共同体(欧盟)、中美洲共同市场等。

2. 垂直一体化

垂直一体化(vertical integration),又称纵向一体化,是由经济发展水平不同的国家所形成的一体化。如1994年1月1日成立的北美自由贸易区,将经济发展水平不同的发达国家(美国、加拿大)和发展中国家(墨西哥)联系在一起,使建立自由贸易区的国家之间在经济上具有更大的互补性。

第二节　区域经济一体化的经济学分析

西方学者大多把关税同盟作为区域经济一体化的典型形式。维纳在1950年出版的《关税同盟问题》一书中指出,关税同盟提倡在成员国之间实行自由贸易,而对非成员国实行保护贸易。因此,关税同盟会产生两种效应,即贸易创造(trade creation effect)效应和贸易转移(trade diversion effect)效应。本节集中讨论分析关税同盟静态的贸易创造效应和贸易转移效应,并简单介绍区域经济一体化其他动态经济效应。

一、贸易创造效应

当关税同盟中的一个国家的一些国内产品,被来自同盟中另一国家的较低生产成本的进口产品所替代时,就产生了贸易创造效应(trade creation effect)。假定关税同盟建立前后,全部经济资源得到充分利用,那么贸易创造效应就增加了成员国的福利,因为它带来在比较优势基础之上更大程度的产品专业化生产。贸易创造型关税同盟同样可以增加非成员国的福利,因为某一成员国实际收入增加(由于它生产的专业化程度增加)的同时也将增加从世界其他国家的进口。

图7-1说明了贸易创造关税同盟效应,图中的 D_X 和 S_X 分别表示B国X商品的国内需求曲线和供给曲线。假定A国X商品的自由贸易价格 $P_X = 1$ 美元,C国(或世界上其他国家)X商品的自由贸易价格 $P_X = 1.5$ 美元,并且假定B国是小国,不能影响这些商品价格。如果B国首先对所有进口X商品施加一个非歧视性的100%的从价税,那么B国将从A国以 $P_X = 2$ 美元的价格进口X商品。在这一价格下,B国消费50单位X(GH),其中国内生产20单位(GJ),另30单位(JH)从A国进口。B国还获得30美元的税收($MJHN$)。图中,S_1 是A国对B国在自由贸易下X商品的完全供给弹性曲线。$S_1 + T$ 代表包括一切税收在内的供给曲线。B国没有从C国进口X,因为如这样X的价格包括税收在内将是 $P_X = 3$ 美元。

如果B国现在和A国建立关税同盟(即仅仅是取消A国进口商品关税),B国X商品的价格 $P_X = 1$ 美元。在此价格下,B国消费70单位

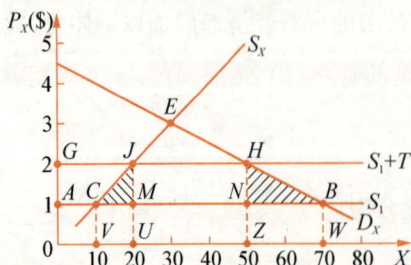

图7-1　贸易创造效应

X(*AB*)，其中国内生产 10 单位 X(*AC*)，另外 60 单位 X(*CB*)从 A 国进口，在此种情况下，B 国没有税收收入。B 国的消费者由于关税同盟的建立获得的福利等于 *AGHB*。然而从 B 国整体看，仅仅是其中的一部分才能代表它的净赢利，也就是说，*AGJC* 代表了生产者剩余的减少，*MJHN* 代表了税收损失，剩下的阴影三角形 *CJM* 和 *BHN* 共 15 美元才是 B 国静态的净福利所得。

三角形面积 *CJM* 代表了从贸易创造中获利的产量组成部分，它来自于将 10 单位 X(*CM*)的产量从生产效率较低的 B 国（成本为 *VUJC*）转变为 60 单位 X(*CB*)的从生产效率较高的 A 国进口（成本为 *VUMC*）。*BHN* 是从贸易创造中获利的消费组成部分，它来自于 B 国增加 20 单位 X 的消费(*NB*)，仅耗费 *ZWBN* 就获得 *ZWBH* 的收益。

二、贸易转移效应

当一国的进口从一个非关税同盟的低成本国家被另一关税同盟国的高成本国家所代替时，就发生了贸易转移(trade diversion)。单就贸易转移本身来说，是减少福利的，因为它把生产从效率较高的非同盟国转移到效率较低的盟员国了。因此，贸易转移使国际资源配置恶化，使生产背离了比较优势的原则。

贸易转移型关税同盟既导致了贸易创造又造成了贸易转移，因此这两种相反的力量既能够增加也能减少个别成员国的福利。可以预计，在这种情况下，非成员国的福利将减少，因为它们的经济资源利用率不如以前未发生贸易转移时那样高。因此，贸易创造型关税同盟只导致贸易创造效应，并且不容置疑地增加成员国和非成员国的福利，而贸易转移型关税同盟不仅导致贸易创造效应而且导致贸易转移效应，它一方面能够增加但同时也会减少成员国的福利，并减少世界其余国家的福利。

图 7-2 说明了关税同盟的贸易转移效应。图中，*D_X* 和 *S_X* 分别代表 B 国 X 商品的国内需求曲线和供给曲线。*S_1* 和 *S_3* 分别代表 A 国和 C 国在自由贸易条件下的完全供给弹性曲线。以非歧视性百分之百的关税，B 国从 A 国按 *P_X* = 2 美元的价格进口 X 商品，沿 *S_1* + *T* 线购买（与图 7-1 完全一样）。如前面所见到的，在价格 *P_X* = 2 美元下，B 国消费 50 单位 X(*GH*)，其中 20 单位 X 国内生产，另外 30 单位 X 从 A 国进口(*JH*)，B 国获得 30 美元的税收收入(*JMNH*)。

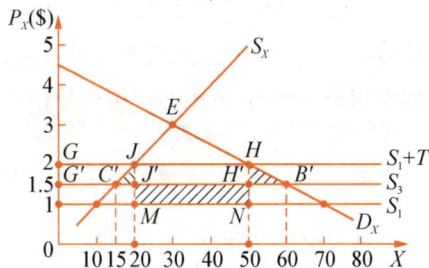

图 7-2 贸易转移效应

如果 B 国现在仅和 C 国建立关税同盟（也就是说，仅取消从 C 国的进口关税）。B 国发现可从 C 国以 *P_X* = 1.5 美元的比较便宜的价格进口 X。在 *P_X* = 1.5 美元的价格下，B 国消费 60 单位 X(*G'B'*)，其中国内生产 15 单位 X(*G'C'*)，另外 45 单位 X(*C'B'*)从 C 国进口。在这种情况下，B 国未获得税收收入。B 国 X 商品的进口现在已从生产效率较高的 A 国转移到生产效率较低的 C 国，这是因为 A 国被收取歧视性进口关税（A 国不在同盟国之内）。注意 B 国进口的 X 商品在关税同盟建立之前是 30 单位 X，而建立以后是 45 单位 X。这样，贸易转移型关税同盟也导致产生了某种程度的贸易创造。

B国由于与C国建立关税同盟所得到的静态福利效应,能够通过图7-2的阴影部分计算出来。三角形阴影$C'JJ'$和$B'HH'$面积之和(3.75美元)的福利所得仅仅来源于贸易创造。但矩形阴影面积$MNH'J'$(15美元)的福利损失,是由于将30单位X的进口从较低成本的A国转移到较高成本的C国所造成的。特别需要指出的是,$G'GHB'$的消费者剩余是由关税同盟产生的,$G'GJC'$代表B国的生产者剩余转移到消费者的部分,这样一来就扯平了(即对B国总体来说既没有净所得又没有净损失)。$JMNH$(30美元)是B国与C国建立关税同盟之前的关税收入,$J'JHH'$是B国由于关税同盟的建立导致X的价格下降从而转移到消费者的所得部分。这样仅仅留下阴影三角形$C'JJ'$和$B'HH'$作为B国的净所得,阴影四边形$MNH'J'$为其仍未计算的关税收入的损失。由于阴影矩形的面积15美元(即衡量B国在贸易转移中的损失数额)超过阴影三角形贸易创造所获得的数额3.75美元,因此,这个关税同盟导致B国的净损失就是11.25美元。当然,情况并不总是这样的,从图7-2中我们可以看到,S_X曲线与D_X曲线越平缓(即在相关范围内弹性越大),并且S_3越靠近S_1,那么阴影三角形面积越大,阴影四边形的面积越小。这样,甚至对于一个参加贸易转移型关税同盟的国家来说,它获得净福利所得的机会就更大。

综上所述,一国参加区域经济一体化组织的主要静态尺度,就是权衡一个一体化组织给它带来的贸易创造效应大还是贸易转移效应大,如果贸易创造效应大于贸易转移效应,该国就可以选择加入;如果贸易转移效应大于贸易创造效应,该国就不应该参加该一体化组织。从整体上来说,如果一个经济一体化组织的贸易创造效应大于贸易转移效应,该一体化组织的吸引力就大,生命力就强,反之则弱。

三、区域经济一体化的动态效应

从动态的角度看,区域经济一体化组织会给各参加国带来各方面的影响。如规模经济效应、竞争加强效应、投资刺激效应、经济增长效应以及扩大和深化效应等。其中,积极的作用是主要的,消极的作用也是存在的。

(一)规模经济效应

从规模经济看,建立一体化组织以前,如果一个成员国某一产业的国内市场不够大,尚不足以完全获得规模经济利益,那么,建立经济一体化的组织使成员国市场连成一体,使自由市场规模可以扩大,产品成本趋于下降,企业获得规模经济的利益。

美国经济学家巴拉萨(B. Balassa)认为,关税同盟可以使生产厂商获得重大的内部与外部经济效应。内部规模经济主要来自对外贸易的增加,以及随之带来的生产规模的扩大和生产成本的降低;外部经济来源于整个国民经济或一体化组织内的经济发展。国民经济各部门之间是相互关联的,某一部门的发展可能在许多方面带动其他部门的发展。同时,区域经济合作还可导致一体化内部市场的扩大,市场扩大势必带来各行业的相互促进。

举例来说:若甲、乙两国都生产X商品,乙国生产成本低于甲国,但甲、乙两国的平均生产成本均高于丙国。因此,在自由贸易条件下,甲、乙是无法与丙国竞争的,只能依赖进口满足国内需求。因为只有在高关税保护下,国内需求才有可能由本国厂商提供。但是,如果甲、乙两国建立关税同盟,则乙国由于其生产成本低而成为同盟内的出口国,并满足了甲、乙两国对 X 商品的需求。随着市场规模的扩大,乙国的专业化生产发展,资源配置发生了变化,X 商品的生产规模随之扩大,单位产品成本随产量增加而降低。这就是区域经济一体化的规模经济效应。

(二)竞争加强效应

区域经济一体化组织为各成员国提供的第二种效应是竞争效应。在一国的情况下,国内的主要工业部门,如重化工业部门、高科技部门等都会形成某种程度的垄断,这种垄断在一定程度上不利于国内竞争局面的形成。而且这些部门在长期稳定的情况下,缺乏竞争的压力,进而缺乏技术进步的动力。组建经济一体化组织后,各国的垄断企业在一个较大的市场范围内变成了竞争性企业。为了企业自身的生存发展,它必须改进技术、扩大生产规模、力争实现规模经济,进而占领整个一体化市场。因此,经济一体化组织为企业间的竞争注入了动力,客观上有利于各个企业生产规模的扩大和技术的进步。

西托夫斯基(T. Scitovsky)认为,竞争加强是对欧洲经济共同体最重要的影响。他认为关税同盟建立后,促进了商品流通,可以加强竞争、打破独占,经济福利也因此提高。因为高关税会促进垄断,使一两家大公司统辖为数较多而效率低下的小生产者。大公司喜欢平静的生活,他们宁愿用高价来获取垄断利润而不肯提高产量。如果关税降低,大公司则不得不进行竞争,小企业也会联合、合并,提高效率。因此,区域经济一体化加强了竞争,提高了福利水平。

(三)投资刺激效应

区域经济一体化组织的建立有助于吸引外资。一方面,建立统一的大市场以后,在更大市场范围内经营的跨国企业可以很容易获得规模经济效应,不必再花大力气开拓新的市场。特别是在成员国之间各种生产规范及技术标准趋同的基础上,企业的生产经营活动环境日趋简化和优化,有助于企业降低成本、增强竞争力。这些优点无疑对国际性跨国企业的进驻具有很大的吸引力。另一方面,区域经济一体化组织"对内自由,对外保护"的特征也决定了,如果某个企业的最终产品销售市场是一体化组织内某些成员国的话,那么一体化组织的排他性使得企业生产基地设在成员国内还是其他国家就有着明显的差别,其产品在一体化组织内部市场上的价格竞争力也会明显不同。在此情况下,非成员国企业为抵消一体化组织建立带来的不利影响,愿意将企业某些生产经营环节转向一体化组织成员国内部,这样就带来了促进外资流入的效应。

(四)经济增长效应

经济增长效应是建立在以上三点都能成立的前提下,也就是说,区域经济一体化组织建立后,促进了商品和生产要素的自由流动,刺激了投资增加,厂商面临更加激烈的竞争并能实现规模经济。然后,大规模的厂商能提供充裕的资金用于研究与开发,更激烈的竞争环境使厂商致力于更多的创新活动,从而促进区域内各成员国的经济加速成长。此外,随着区域经济一体化组织的建立，生产要素趋向于自由流动，资本和劳动力从边际生产力低的地区流向边际生产力高的地区，使生产要素配置更加合理，提高要素利用率，降低了要素闲置的可能性，从而使产量增加，提高了经济效益。

（五）扩大和深化效应

在客观上，经济一体化组织存在扩大和深化的效应，或者扩大和深化倾向性。因为，如果一个经济一体化组织得以建立并完成其既定目标后，成员国对内部市场的依赖性会逐步加强。随着新的市场竞争结构的确立，也会形成在新的较大市场范围内的企业垄断。并且由于一体化组织明显的排外性特征，设在一体化组织内部的企业会在一体化组织的"保护"之下平稳地生存，而不必担心来自外部的强有力的竞争威胁，因而不思进取、缺乏改进技术和降低成本的动力。结果，一旦某种力量使得一体化组织内部市场遭受到外部冲击，一体化组织内部企业可能就会处于不利的境地，甚至不堪一击。因此，为解决此类问题，区域经济一体化组织的首选对策就是扩大一体化范围，即通过增加成员国的数目，不断注入新的竞争激励要素，使一体化组织内部总是处于比较激烈的市场竞争之中。在一体化扩大有困难，或者新成员的加入对原有成员国的利益构成威胁时，一体化组织还会有第二种选择，即使成员国之间经济一体化程度加深。通过经济一体化程度的加深，进一步扫除经济一体化组织内部的竞争障碍。

第三节 区域经济一体化的实践

区域经济一体化组织已经有 100 多年的历史了。最早的区域经济一体化组织是原普鲁士各个城邦组成的同盟，它最终导致了除奥地利以外的日耳曼族 51 个独立城邦的统一。现代的区域经济一体化组织开始于第二次世界大战以后。20 世纪 90 年代以来，区域经济一体化进程明显加快。在本节，我们将通过回顾分析欧洲、美洲以及亚太地区的一体化组织的建立发展进程，来观察区域经济一体化趋势在现实世界中的表现。

一、欧洲经济一体化进程

二战以后，欧洲一体化进程开始启动，获得越来越快的发展。时至今日，欧洲经济一体化进程可以说已成为世界上区域经济一体化的成功范例。如果从 1951 年法国、意大利、荷兰、比利时等 6 个国家签订《巴黎公约》，建立"欧洲煤钢共同体"算起，欧洲一体化已走过近 70 年的历程。这个过程可以归纳为 4 个阶段。

（一）建成阶段

自法国、原联邦德国、意大利、荷兰、比利时、卢森堡 6 国政府于 1957 年 3 月签署《欧洲经济共同体条约》（又称《罗马条约》），并于 1958 年在布鲁塞尔正式成立西欧共同市场以来,随着英国、丹麦、爱尔兰、希腊、西班牙、葡萄牙、奥地利、瑞典、挪威、芬兰的先后加入,这个一体化组织逐渐发展壮大,规模不断扩大,并两度易名(先发展为"欧洲共同体"(European Communities,EC),后又定名"欧洲联盟"(European Union,EU),成为一个强大的经济和政治实体,在国际生活中发挥着日益重大的影响。

(二)签署并实施《马斯特里赫特条约》(以下简称《马约》)

1991年12月各成员国通过的《马约》提出了实现真正的全面的欧洲统一的新目标,其中包括:建立欧洲货币体系,并设立欧洲货币单位(European Currency Unit,ECU),成员国之间实行固定汇率,对外实行联合浮动,并建立欧洲货币基金,使得欧共体成为相对稳定的货币区;加强政治一体化的进程,组成统一的政治联盟。例如建立欧洲议会,实行防务合作的军事体制,经常磋商和协调对重大国际问题的立场等等。

(三)建设欧洲经济区

欧共体与欧洲自由贸易联盟于1991年10月22日在卢森堡达成了建设欧洲经济区的协定。按照该协定,欧洲19个发达国家将建成一个能保证货物、服务、资本和人员自由流动的贸易集团,1994年1月1日,欧洲经济区正式启动。

(四)签订、实施《欧洲协定》

早在1991年12月16日,欧共体即与波兰、匈牙利、前捷克斯洛伐克签署协定,双方建立联系国关系。1995年2月1日,欧洲联盟与捷克、斯洛伐克、罗马尼亚、保加利亚四国签订"欧洲协定"正式生效。根据该协定规定,双方将在协定生效后5—10年内,逐步相互取消关税及其他贸易壁垒,同时在一定限度内实现人员和资本的自由流动。该协定将使中东欧国家完全融入欧洲一体化进程,为它们日后正式加入欧盟创造了条件。

(五)欧洲货币联盟

1999年1月,欧洲单一货币——欧元进入实施阶段,确定欧元区成员国本国货币兑欧元的永久汇率,欧元成为欧元区的法定统一货币,奥地利、比利时、芬兰、法国、德国、爱尔兰、意大利、卢森堡、荷兰、葡萄牙和西班牙11国为欧元区成员。2001年1月1日,希腊加入欧元区。2002年1月1日,欧元开始进入流通,并与各成员国货币共同流通。2002年3月1日,欧盟各成员货币完全退出了流通,欧盟单一货币区正式成立。欧元诞生后,迅速成为国际贸易、进入交易和官方外汇储备中的一大主要货币,形成全球贸易结算货币和外汇储备结构新格局。

(六)东扩计划

欧盟早在2000年的尼斯会议上,正式决定实施欧盟的"东扩"计划,2002年12月13日,欧盟哥本哈根首脑会议闭幕,同时宣布与东欧的10个国家就加入欧盟的谈判结束,并于2004年5月1日起正式成为欧盟成员国。所有这些都大大加强了欧共体作为一个整体的经济实力和政治力量。欧盟原有成员15个(芬兰、瑞典、奥地利三国于1995年1月1日正式加入欧洲联盟),2004年扩大到25个。2007年1月1保加利亚和罗马尼亚加入欧盟。2007年6月,参加欧盟峰会的28国首脑在布鲁塞尔就替代《欧盟宪法条约》的新条约草案达成协议。2007年12月13日,欧盟28个成员国的首脑在葡萄牙首都里斯本,就《里斯本条约》的文本内容达成共识,并签署,交给各成员国批准。2009年11月3日,捷克总统克劳斯宣布他已经签署了《里斯本条约》,至此欧盟28个成员国已全部批准该条约。2009年11月19日,欧盟28国领导人在布鲁塞尔召开特别峰会,选举比利时首相赫尔曼·范龙佩为首位欧洲理事会常任主席,英国的欧盟贸易委员凯瑟琳·阿什顿为欧盟外交和安全政策高级代表。欧洲理事会常任主席和欧盟外交与安全政策高级代表是按照2009年11月3日通过的《里斯本条约》设立的。根据职务特点和内容,这两个职务还被形象地称为"欧盟总统"和"欧盟外长"。2009年12月1日,《里斯本条约》正式生效。2013年7月1日,克罗地亚正式加入欧洲联盟成为第28个成员国。

表7-2　历次欧盟成员国扩张一览表

过　　程	成员国
欧洲共同体成立:1957年6月	法国、德国、意大利、荷兰、比利时、卢森堡
第一次扩张:1972/1973	英国、丹麦、爱尔兰
第二次扩张:1979/1981	希腊
第三次扩张:1985/1986	西班牙、葡萄牙
第四次扩张:1994/1995	奥地利、瑞典、芬兰
第五次扩张:2004年5月1日	波兰、匈牙利、斯洛伐克、拉脱维亚、立陶宛、爱沙尼亚、塞浦路斯、捷克、斯洛伐尼亚、马耳他。
2007年1月1日	保加利亚、罗马尼亚
2013年7月1日	克罗地亚

到2013年底,欧盟总共有28个成员国,总人口数量达到5亿740万人,GDP总额高达17.36万亿美元,人均34 038美元。已成为目前世界上生产国际化、经济贸易一体化程度最高、影响最大的一体化组织。

二、北美自由贸易区的发展

关于建立北美自由贸易区的设想,最早出现在1979年美国国会关于贸易协定的法案提议中,1980年美国前总统里根在其总统竞选的有关纲领中再次提出。但由于种种原因,该设想一直未受到很大重视,直到1985年才开始起步。

1985年3月,加拿大总理马尔罗尼在与美国总统里根会晤时,首次正式提出美、加两国加强经济合作、实行自由贸易的主张。由于两国经济发展水平及文化、生活习俗相近,交通运输便利,经济上的互相依赖程度很高,所以自1986年5月开始经过一年多的协商与谈判于1987年10月达成了协议,次年1月2日,双方正式签署了《美加自由贸易协定》。经美国国会和加拿大联邦议会批准,该协定于1989年1月生效。是世界上最大的自由贸易区。

《美加自由贸易协定》规定在 10 年内逐步取消商品进口（包括农产品）关税和非关税壁垒，取消对服务业的关税限制和汽车进出口的管制，开展公平、自由的能源贸易。在投资方面两国将提供国民待遇，并建立一套共同监督的有效程序和解决相互间贸易纠纷的机制。另外，为防止转口逃税，还确定了原产地原则。美、加自由贸易区是一种类似于共同市场的区域经济一体化组织，标志着北美自由贸易区的萌芽。

由于区域经济一体化的蓬勃发展和《美加自由贸易协定》的签署，墨西哥开始把与美国开展自由贸易区的问题列上了议事日程。1986 年 8 月两国领导人提出双边的框架协定计划，并于 1987 年 11 月签订了一项有关磋商两国间贸易和投资的框架原则和程序的协议。在此基础上，两国进行多次谈判，于 1990 年 7 月正式达成了美墨贸易与投资协定（也称"谅解"协议）。同年 9 月，加拿大宣布将参与谈判，三国于 1991 年 6 月 12 日在加拿大的多伦多举行首轮谈判，经过 14 个月的磋商，终于于 1992 年 8 月 12 日达成了《北美自由贸易协定》。该协定于 1994 年 1 月 1 日正式生效，并同时宣告北美自由贸易区（North America Free Trade Area，NAFTA）正式成立。

成立之初，北美自由贸易区拥有 3.6 亿人口，国民生产总值约 6.45 万亿美元，年贸易总额 1.37 万亿美元，其经济实力和市场规模都超过欧洲联盟，成为当时世界上最大的区域经济一体化组织。但与欧盟性质不同的是，北美自由贸易协议不是凌驾于国家政府和国家法律上的一项协议。

北美自由贸易区的建立是发达国家和发展中国家在区域经济合作组织内实行垂直型国际分工的一种新的尝试，是南北合作的一种新尝试。尽管墨西哥和美加之间经济发展水平相差较远，其政治、法律、文化等社会环境不同，北美自由贸易区在运行过程中也产生了一些困难，但总体运行效果一直是朝着良好方向发展。经过 8 年多时间的努力，北美自由贸易区已经基本上实现了自由贸易区的目标，总体上取消了关税与非关税壁垒，实现了商品和投资的自由移动。

1994 年 12 月 10 日，美洲 34 国领导人在美国迈阿密举行 27 年来的首次美洲国家首脑会议。根据会上达成的协议，美洲各国计划于 2005 年前完成关于建立"美洲自由贸易区"的谈判。为此，各国首脑还签署了《原则宣言》和《行动计划》。目前，由于如巴西等拉美国家与美国在建立自由贸易区的问题上存在较大分歧，谈判遇到了前所未有的困难，谈判进度受到遏制。作为替代模式，一些国家纷纷与美展开了多、双边自由贸易谈判。

北美自由贸易区的效应　　专栏 7-1

北美自由贸易区的建立，给三国带来了巨大的经济、政治利益。同时，北美自由贸易区的建立给南北国家在区域范围内利用自由贸易区进行合作开了先河，从而给世人以巨大的启示，具有一定的示范效应。另外，作为区域经济合作的形式之一,自由贸易区也充分发挥了其优点,证明了其有效性。

在经济利益方面,北美自由贸易区为三国取得了以下宏观利益:(1)规模经济效益。作为世界上最大的自由贸易区,北美自由贸易区可以从规模经济中获益,降低平均成本,从而取得竞争优势;(2)实现优势互补。三国经济水平、文化背景、资源禀赋等各方面的差异,使得区域内经济的互补性很强,有了更多专业化生产和协作的机会,促进了三国整体经济的发展;(3)改善投资环境。《北美自由贸易协定》在行业惯例、服务贸易、投资规则、争议解决等方面均有详细的规定,有利于在法律制度的层面上增强北美地区投资人的信心并保障他们的利益。这种宏观利益的表现就是,近几年来,北美自由贸易区无论是在商品进口总额还是在出口总额方面都保持国际贸易地区份额的首位,远高于排名第二的欧盟国家的相应总额,已经占世界进出口总额的1/4左右。

北美自由贸易区的建立,对三国各自的经济发展也产生了积极影响。美国取得的利益包括:扩大出口、市场准入、墨西哥的廉价劳动力等,从而极大地增强了其国际竞争力。加拿大获得的利益主要包括:扩大了对美、墨两国出口,促进了对美、墨两国投资,提高了劳动生产率等。而作为发展中国家的墨西哥是北美自由贸易区的最大受益者,北美自由贸易区促进了其国内的经济增长,吸引了大量外资,并引进了先进技术和管理经验。这样,墨西哥已成为世界上最具发展潜力和发展最快的国家之一。

北美自由贸易区成立11年后,从墨西哥的角度来评估北美自由贸易区,应该说墨西哥从中获益匪浅,在经济建设的许多方面取得了很大的成就。墨西哥通过自由贸易区从美国吸引了大量投资,年平均吸引外国直接投资120亿美元。同时,出口额从520亿美元增加到了1 610亿美元,而人均收入也增加了24%,目前已经达到4 000多美元。墨西哥国内生产总值也从4 030亿美元增加到了5 940亿美元,从世界排名第15位上升到了第9位。另外,1994年末,墨西哥爆发了金融危机,经济增长一度受到重挫,但正是由于美、加的支持,特别是美国先后给予了墨400亿美元的金融援助,又说服世界银行、国际货币基金组织拿出数百亿美元救援,才使墨西哥免遭更大的金融危机损失,并较快地摆脱了金融危机的影响,恢复了经济的正常发展。近年来,受到自由贸易区发展形势的鼓舞,墨西哥先后同30多个国家签订了贸易协定,已经成为世界上签订此类贸易协定最多的国家。

(资料来源:沈四宝、王秉乾:《北美自由贸易区的经验及对我国的启示》,《法学杂志》2005年6月。)

三、亚太地区的经济贸易合作

（一）亚太经济合作组织

随着欧洲经济一体化和北美自由贸易的发展，亚洲太平洋地区国家亦日益感到有必要加强地区内的经济贸易联系。1989年11月，亚太经济合作组织（Asia-Pacific Economic Cooperation，APEC）应运而生。与欧美区域经济一体化进程蓬勃发展形成鲜明对照的是，亚洲地区的经济一体化进程却明显滞后，亚太经济合作组织的建立由于历史和现实的原因，长期停留在论坛构想之中。

1989年1月，澳大利亚总理霍克访问韩国时建议召开部长级会议，讨论加强亚太经济合作问题。经与有关国家磋商，1989年11月5日至7日，澳大利亚、美国、加拿大、日本、韩国、新西兰和东盟6国在澳大利亚首都堪培拉举行亚太经济合作会议首届部长级会议。1993年6月改为现名，简称亚太经合组织或亚佩克（APEC）。

1991年11月12日至14日，第三届部长级会议在韩国汉城（今首尔）举行并通过《汉城宣言》，正式确定亚太经合的宗旨目标、工作范围、运作方式、参与形式、组织架构、亚太经合前景。亚太经合的目标是为本区域人民普遍福祉持续推动区域成长与发展；促进经济互补性，鼓励货物、服务、资本、技术的流通；发展并加快开放及多边的贸易体系；减少贸易与投资壁垒。这次会议也正式将中国、中国香港、中华台北三个经济体同时纳入亚太经合会。

1992年9月第四届曼谷部长级会议决定成立常设性秘书处，拉开了亚太地区经贸合作的序幕。1993年11月20日至21日，亚太经济合作组织第一次领导人非正式会议在美国西雅图举行。

1994年11月15日，在印度尼西亚茂物举行的经济领袖会议设立"茂物目标"：发达成员国在2010年前、发展中国家成员在2020年前，实现亚太地区自由与开放的贸易及投资。

2014年11月5日至11日，亚太经合组织领导人会议周在北京京举行。会议通过了《北京纲领：构建融合、创新、互联的亚太——亚太经合组织领导人宣言》《共建面向未来的亚太伙伴关系——亚太经合组织成立25周年声明》等成果，进一步明确了亚太的发展方向、目的、举措。决定启动亚太自由贸易区进程，批准亚太经合组织推动实现亚太自由贸易区路线图，这是朝着实现亚太自由贸易区方向迈出的历史性一步。

迄今为止，亚太经济合作组织包括21个国家和地区，分别是中国、澳大利亚、文莱、加拿大、智利、中国香港、印度尼西亚、日本、韩国、马来西亚、墨西哥、新西兰、巴布亚新几内亚、秘鲁、菲律宾、俄罗斯、新加坡、中国台湾、泰国、美国和越南。

跨太平洋战略经济伙伴关系协定　　　　　　　　**专栏 7 - 2**

跨太平洋伙伴关系协议（Trans-Pacific Partnership Agreement，TPP），也被称作"经济北约"。前身是跨太平洋战略经济伙伴关系协定

（Trans-Pacific Strategic Economic Partnership Agreement），是由亚太经济合作会议成员国中的新西兰、新加坡、智利和文莱四国发起，从 2002 年开始酝酿的一组多边关系的自由贸易协定，原名亚太自由贸易区，旨在促进亚太地区的贸易自由化。

2005 年 5 月 28 日，文莱、智利、新西兰、新加坡四国协议发起跨太平洋伙伴关系，签订并生效的经贸协议，成员之间彼此承诺在货物贸易、服务贸易、知识产权以及投资等领域相互给予优惠并加强合作。其中最为核心的内容是关税减免，即成员国 90%的货物关税立刻免除，所有产品关税将在 12 年内免除。协议采取开放的态度，欢迎任何 APEC 成员参与，非APEC 成员也可以参与。该协议的重要目标之一就是建立自由贸易区。

2008 年 2 月美国宣布加入，并于当年 3 月、6 月和 9 月就金融服务和投资议题举行了 3 轮谈判。2008 年 9 月，美国总统奥巴马决定参与 TPP谈判，并邀请澳大利亚、秘鲁等一同加入谈判。2009 年 11 月，美国正式提出扩大跨太平洋伙伴关系计划，澳大利亚和秘鲁同意加入。美国借助TPP 的已有协议，开始推行自己的贸易议题，全方位主导 TPP 谈判。自此跨太平洋战略经济跨太平洋伙伴关系协议将突破传统的自由贸易协定(FTA)模式，达成包括所有商品和服务在内的综合性自由贸易协议。自此跨太平洋战略经济伙伴关系协议，更名为跨太平洋伙伴关系协议，开始进入发展壮大阶段。

跨太平洋伙伴关系协议将对亚太经济一体化进程产生重要影响，可能将整合亚太的两大经济区域合作组织，亦即亚洲太平洋经济合作组织和东南亚国家联盟重叠的主要成员国，将发展成为涵盖亚洲太平洋经济合作组织(APEC)大多数成员在内的亚太自由贸易区，成为亚太区域内的小型世界贸易组织(WTO)。

目前 TPP 有 12 国成员国参与谈判，其 GDP 约占世界 GDP 的近 4 成。

（资料来源：根据百度百科相关词条整理。）

（二）东南亚经济联盟

东南亚国家联盟（Association of Southeast Asian Nations，ASEAN）简称东盟，其前身是马来亚（现马来西亚）、菲律宾和泰国于 1961 年 7 月在曼谷成立的东南亚联盟和 1963 年 8 月诞生的马、菲、印尼组织。1967 年 8 月 7—8 日，印度尼西亚、泰国、新加坡、菲律宾四国外长和马来西亚副总理在曼谷举行会议，发表了《东南亚国家联盟成立宣言》，即《曼谷宣言》，正式宣告东南亚国家联盟的成立。东盟成为东南亚地区以经济合作为基础的政治、经济、安全一体化合作组织，并建立起一系列合作机制。

东盟成立之初只是一个保卫自己安全利益及与西方保持战略关系的联盟,其活动仅限于探讨经济、文化等方面的合作。1976 年 2 月,第一次东盟首脑会议在印尼巴厘岛举行,会议签署了《东南亚友好合作条约》以及强调东盟各国协调一致的《巴厘宣言》。此后,东盟各国加强了政治、经济和军事领域的合作,并采取了切实可行的经济发展战略,推动经济迅速增长,逐步成为一个有一定影响的区域性组织。

东盟的宗旨是"通过共同努力,加速本地区的经济增长、社会进步和文化发展","促进东南亚的和平与稳定"。文莱于 1984 年 1 月 8 日加入,越南于 1995 年成为东盟的第 7 个成员。老挝和缅甸于 1997 年 7 月正式被接纳为成员,柬埔寨于 1999 年成为东盟的第 10 个成员。

根据 2003 年 10 月在印尼巴厘岛举行的第九届东盟首脑会议发表的《东盟协调一致第二宣言》(亦称《第二巴厘宣言》),东盟将于 2020 年建成东盟共同体。为实现这一目标,2004 年 11 月举行的东盟首脑会议还通过了为期 6 年的《万象行动计划》(VAP)以进一步推进一体化建设,签署并发表了《东盟一体化建设重点领域框架协议》《东盟安全共同体行动计划》等。会议还决定起草《东南亚国家联盟宪章》以加强东南亚国家联盟机制建设。

为了早日实现东盟内部的经济一体化,东盟自由贸易区于 2002 年 1 月 1 日正式启动。自由贸易区的目标是实现区域内贸易的零关税。文莱、印度尼西亚、马来西亚、菲律宾、新加坡和泰国 6 国已于 2002 年将绝大多数产品的关税降至 0—5%。越南、老挝、缅甸和柬埔寨 4 国于 2015 年实现这一目标。

东盟总部设在印尼首都雅加达,常务委员会主席由每年主持外长会议的东道国外长担任,任期一年。东盟秘书长由东盟各国根据资历和条件轮流提名,任期 5 年。东盟每三年召开一次正式首脑会议,两次正式首脑会议期间每年召开一次非正式会议,就重大问题和发展方向作出决策。东盟外长会议是制定东盟基本对外政策的机构,由东盟各国外长组成,每年轮流在成员国举行。而东盟与对话国外长会议在每年的东盟外长会议后召开。目前,东盟已逐步发展成为一个重要的具有活力的区域性组织。

(三)东亚"10+3"经济合作机制

东亚"10+3"经济合作机制是指东盟 10 成员国(印尼、马来西亚、泰国、菲律宾、新加坡、文莱、越南、老挝、缅甸和柬埔寨)与中国、日本、韩国之间的对话合作框架与运行机制。

20 世纪 90 年代以来,随着国际和地区政治经济形势的发展变化,东盟开始认识到与中国、日本和韩国等国开展合作的重要性。1995 年,东盟曼谷领导人会议首次提出举行东盟与中日韩领导人会议的建议。1997 年,马来西亚作为东盟轮值主席国身份,在承办东盟领导人会议期间,积极促成了首次东盟与中日韩领导人非正式会议的召开。此后,"10+3"领导人会议每年举行一次,由东盟主办。其中,1999 年马尼拉会议时,由于柬埔寨加入东盟,东盟成员国扩大为 10 国,会议名称由原来的"9+3"变成"10+3"领导人非正式会议。2000 年新加坡会议上,会议名称由原来的"10+3"领导人非正式会议改为"10+3"领导人会议。

1999 年"10+3"马尼拉会议上发表了《东亚合作联合声明》,确定了东亚合作的方向,并将经济、货币和金融、社会和人力资源开发、科技、文化和信息技术等领域确定为合作的重点,而经济与金融领域的合作又是东亚合作的重中之重。《东亚合作联合声明》的发表可以视为东亚区域联合的发端,具有划时代意义。在 2000 年的新加坡会议上,中方提议将"10+3"机制定位为东亚国家合作的主渠道,逐步建立起金融、贸易和投资合作的框架,最终实现地区经济的更大融合。在 2001 年的文莱会议上,中方又提出了双方在侧重经济合作的同时,逐步开展政治安全领域的对话与合作,可以首先从非传统安全领域着手,其他国家领导人对此予以了积极回应。目前,"10+3"已经在首脑会议的基础上,实现了外长会议、经济部会议和中央银行行长会议等组织机制,分别探讨各领域合作的方向和内容。

"10+3"合作框架凸现了"东亚意识"的增强,将有力地推动东亚地区的经济合作以及全面合作走向机制化进程。

(四)中国—东盟自由贸易区

近年来,中国与东南亚国家的经贸往来日益密切。在 20 世纪最后 10 年中,中国与东盟的贸易额增长了 4 倍左右,特别是 1995 年以来,中国和东盟的双边贸易额年均增长 15% 以上。1997 年东亚爆发金融危机后,中国以区域内大国的姿态,本着为地区经济负责任的精神,坚决维持住了人民币的汇率稳定,并向东南亚有关国家提供了力所能及的援助。在此基础上,中国也开始以更加积极的态度参与和推动各种形式的区域经济合作。自 1997 年 12 月首次举行东盟与中日韩"10+3"领导人会议以及东盟与中国"10+1"领导人会议以来,中国与东盟国家在各个领域展开了广泛的交流与合作。

2001 年 11 月,中国总理朱镕基在参加第五次"10+3"以及"10+1"领导人会议时,与东盟领导人达成共识并共同宣布:在未来 10 年内建立"中国—东盟自由贸易区"。2002 年 11 月 4 日,中国与东盟 10 国领导人签署了《中国与东盟全面经济合作框架协议》,决定到 2010 年建成"中国—东盟自由贸易区"。《框架协议》成为建立中国—东盟自由贸易区的法律基础,从总体上确定了中国东盟自由贸易区的基本框架。该协议共有 16 项条款,规定了自由贸易区的目标、范围、措施、起止时间,先期实现自由贸易的"早期收获"方案、经济技术合作安排,给予越南、老挝、柬埔寨三个非世贸组织成员以多边最惠国待遇的承诺,以及在货物、服务和投资等领域的未来谈判安排等内容。该《框架协议》的签署标志着中国与东盟的经贸合作进入了崭新的历史阶段,将为中国和东盟带来互利双赢的局面,具有里程碑意义。

2003 年 10 月,东亚"10+3"及东盟与中国"10+1"会议在印尼巴厘岛举行。10 月 7日,中国与东盟达成协议,双方同意开始实施一项大规模削减相互关税的计划。这是双方对《框架协议》的具体落实步骤之一,也标志着中国东盟自由贸易区的正式开始实施。10月 8 日,中国正式加入了《东南亚友好合作条约》,并与东盟国家签署了"面向和平与繁荣的战略伙伴关系"联合宣言。这是中国首次与一个地区组织结成战略伙伴关系,对促进双边政治互信关系的建立与深化具有重大的意义。

2004 年 11 月,第八次中国—东盟领导人会议期间,中国与东盟发表了《落实中国—东盟面向和平与繁荣的战略伙伴关系联合宣言的行动计划》。会后,双方签署了《中国—

东盟全面经济合作框架协议货物贸易协议》(简称《货物贸易协议》)、《中国—东盟争端解决机制协议》。根据《货物贸易协议》的规定,《中国—东盟全面经济合作框架协议货物贸易协议》于2005年7月1日正式实施,双方将用20天的时间对彼此的关税减让表进行技术性核查,并调整相关的海关数据系统。从2005年7月20日起,正式开始按照协议规定的时间表,对原产于中国和东盟的产品相互给予优惠关税待遇。

2010年1月1日,中国—东盟自由贸易区正式启动。成为一个涵盖11个国家、19亿人口的巨大经济体,是目前世界人口最多的自贸区,也是发展中国家间最大的自贸区。

专栏 7 - 3

美韩自贸协定正式生效

美韩自由贸易协定于2012年3月15日正式生效,这是韩国自2003年起推动与贸易伙伴签署自贸协定以来的另一大成就。韩国是唯一与美国、欧盟,东南亚世界三大经济体都签署自由贸易协定(FTA)的国家,拼图剩下的最后一块是与大陆和日本签署中日韩自贸协定。

美韩自贸协定是韩国签署的自贸协定中,规模最大的,也是美国自1994年的北美自由贸易协定之后,规模最大的贸易协定。韩国与欧盟的自贸协定已于去年7月生效。

根据美韩自贸协定,从3月15日开始,美国出口韩国的大约80%的工业产品和三分之二的农业产品将免关税,包括航空航天设备、农业设备、汽车零部件、建筑产品、化学品、电子设备、环境产品、鞋类及旅游产品、纸制品、科技设备、运输产品,以及饲养用的小麦、玉米、大豆和生皮、酒、坚果等。对于较敏感的美国牛肉和猪肉,将在未来10年和15年内分阶段取消关税。两国将在五年内分阶段取消95%的工业及消费产品关税。

这是美国与亚洲国家的第一个自贸协定,将有助于韩国创造35万个工作机会,未来十年国内生产总值(GDP)增长5.7%。

而在协定生效的头一年,美国对韩国出口将增加109亿美元。两国贸易额去年达1 000亿美元。

奥巴马政府希望美国的出口能在2015年增加一倍,目标锁定对亚洲国家的出口,已有九国加入美国主导的跨太平洋伙伴协定(TPP)协商。

韩国与美国于2007年即签署自贸协定,由于两国国内都出现强烈反对声浪,加上政府更迭,在2010年重启谈判,韩国在美方关切的开放汽车市场妥协后,才于去年分别获得两国国会通过。美国对韩国的汽车与零件出口可望增加54%。

十名接受韩国时报访问的韩国著名经济学家和市场分析师中,有六名认为美韩自贸协定对韩国有利,三位持中立看法,一位认为不利。

(资料来源:《国际财经时报》2012年3月15日)

TTIP:理想总比现实美

怀揣着"建立世界最大的自贸区,涵盖全球 40% 的经济产出和 50% 的贸易活动"的梦想,欧盟与美国于 2 月 2 日在布鲁塞尔又开启了为期一周的"跨大西洋贸易和投资伙伴关系协定"(TTIP)第八轮谈判。

一、谈判枝节横生

担心的问题总会发生,经历游行、抗议后,TTIP 第八轮谈判刚开始,"民意"这个难跨的坎儿又横在了参与谈判的欧美官员之间,这次"跳"出来的是希腊政府。

此前,商务部国际贸易经济合作研究院欧洲研究部副主任姚铃就直言:"欧洲一体化走了多少年,至今在重大决策上仍有分歧,如今想满足协调'28 国'之间的立场又谈何容易。"

抛开本届希腊新政府的激进性和其在欧元区对其援助问题上"出尔反尔"的"前科"不谈,就算希腊政府不会成为 TTIP 的"终结者",可谁又能保证欧盟 28 个成员国都不会?

姚铃一直认为,欧美在 2015 年底结束 TTIP 谈判的目标难以达成,理由是 TTIP 生效需美国国会和欧盟 28 个成员国议会的批准,而 28 个成员国议会能否批准,取决于各国民意。截至目前,情况并不乐观。

欧盟委员 1 月 13 日发布的一份分析报告显示,在其收到的 15 万份公众咨询回复中,约 97% 的公众对 TTIP 及其所包含的 ISDS 条款持负面意见,理由是这会损害欧洲国家和公众利益。

二、平衡难拿捏

TTIP 谈判中,"建立世界最大的自贸区"是欧美双方官员屡次强调的"美景",可惜,这个理想中的自贸区涵盖的范围越大,问题的冲突就会越多,在冲突中找到平衡就越困难。

中国世贸组织研究会常务理事何伟文就强调,TTIP 谈判最棘手的问题是,无论是行业标准还是管理体制文化,美国和欧洲标准都存在着明显差异,双方很难在短时间内达成一致,前景不容乐观。《欧洲之声》近期刊登了美国驻欧盟前任大使埃森斯塔特(Eizenstat)的一篇文章。文中,埃森斯塔特虽然对 TTIP 的作用肯定有加,还指出 2014 年美国国会选举、美国经济亟待复苏,欧盟经济需要增长动力的背景,可能会给 TTIP 谈判带来动力,但其也毫不讳言地指出,规制的协调、公众对转基因食品的担忧、地理标志、农业补贴、ISDS、美国对金融服务的限制性立场以及欧盟更严格的隐私保护等一系列问题都是 TTIP 谈判中面临的巨大挑战。

在此次第八轮谈判的重点中,关税谈判问题不大。不同于世界其他地区的自贸协定谈判,货物贸易领域市场准入问题并非 TTIP 谈判重点所在,因为欧盟和美国的关税水平已经很低了。

但是监管问题呢？姚铃称,美国对欧盟实施电子监控和电话监听事件的曝光,以及之前美国当局表示要对包括巴黎银行在内多家欧盟境内的银行处以巨额罚款等都给欧洲政府造成了不小的困扰。

在此背景下,姚铃认为,TTIP还会继续谈,也会在约定时间前达成协议,但是这个达成的协议将是真正承载得起"建立世界最大的自贸区"梦想的实质性协议还是"妥协性"协议,或许只有欧美两国之间体会最为深刻。

资料显示,欧盟委员会方面最新透露的"口风"中,将原有"2015年年底完成谈判"的措辞,降格到了"年底仅完成对TTIP的'框架'谈判"。且欧盟方面还向民众承诺,不到最后的谈判完成阶段,不会同美国敲定是否将ISDS核心条款加入TTIP协议之中。

(资料来源:《国际商报》2015年2月5日。)

本章小结

1. 区域经济一体化是指区域内两个或两个以上的国家或地区,通过制定共同的经济贸易政策等措施,消除相互之间阻碍要素流动的壁垒,实现成员国的产品甚至生产要素在本地区内自由流动,从而达到资源优化配置,促进经济贸易发展,最终形成一个超国家的和经济贸易高度协调统一的整体。

2. 经济一体化依据其自由化的程度可分为优惠贸易安排、自由贸易区、关税同盟、共同市场、经济同盟和完全的经济一体化。

3. 目前,欧盟、北美自由贸易区、东盟自由贸易区是当今世界上具有一定影响力和典型意义的区域一体化组织。

4. 关税同盟的贸易创造效应是指由于关税同盟内实行自由贸易后,产品从成本较高的国内生产转往成本较低的成员国生产,从成员国的进口增加,从而得以"创造"出新的贸易。关税同盟的贸易转移效应是指一国的进口从一个非同盟的低成本国家被另一关税同盟国的高成本国家所代替,从而使得贸易对象发生了"转移"。

重要概念

区域经济一体化　自由贸易区　关税同盟　共同市场　经济同盟　贸易创造　贸易转移　欧洲共同体　欧盟　北美自由贸易区　亚太经合组织

练习思考题

一、名词解释

1. 经济一体化
2. 优惠贸易安排
3. 自由贸易区
4. 关税同盟
5. 共同市场
6. 经济同盟
7. 贸易创造
8. 贸易转移

二、单选题

1. 经济一体化最低级和最松散的形式是(　　)。

A. 经济同盟　　　　B. 共同市场　　　　C. 关税同盟　　　　D. 优惠贸易安排

2. 根据关税同盟理论,使同盟国的社会福利水平下降的是(　　)。

A. 贸易创造效果　　　　　　　　B. 贸易转移效果

C. 贸易扩大效果　　　　　　　　D. 进口产品间替代

3. 与共同市场相比,关税同盟不存在(　　)的问题。

A. 要素自由流动　　　　　　　　B. 生产要素自由流动

C. 贸易偏转　　　　　　　　　　D. 要素密集度偏转

4. 能够实现生产要素自由流动的经济一体化形式是(　　)。

A. 优惠的贸易安排　　　　　　　B. 自由贸易区

C. 关税同盟　　　　　　　　　　D. 共同市场

5. 按参加国的经济发展水平划分,经济发展水平差异较大的国家与地区间所组成的一体化是(　　)。

A. 垂直经济一体化　　　　　　　B. 水平经济一体化

C. 部门经济一体化　　　　　　　D. 全盘经济一体化

6. 形成关税同盟后,本国进口的产品从成本低的供给来源转向成本高的供给来源,这种效果叫(　　)。

A. 贸易扩大效果　　B. 贸易利得效果　　C. 贸易创造效果　　D. 贸易转移效果

7. 以下四个国家中不是欧盟创始国的是(　　)。

A. 法国　　　　　B. 荷兰　　　　　C. 意大利　　　　D. 英国

8. 所谓"10＋1"通常是指(　　)。

A. 10 种产品的自由贸易和 1 种产品不自由贸易

B. 欧盟中的 10 国家和美国开展自由贸易

C. 独联体 10 国和日本建立自由贸易区

D. 东盟和中国建立自由贸易区

三、填空题

1. 按照贸易壁垒取消的程度划分,经济一体化可分为以下几种形式:＿＿＿＿、＿＿＿

_____、_____、_____、_____和_____。

2. 按照一体化程度和经济范围划分,经济一体化可分为_____和_____。

3. 按照参加国经济发展水平划分,经济一体化可分为_____和_____。

4. 经济一体化按照地域范围划分,可分为_____、_____和_____。

四、思考题

1. 试分析区域性经济合作迅猛发展对全球化进程的影响。

2. 经济一体化会产生哪些静态效应?

3. 经济一体化会产生哪些动态效应?

4. 简述 EU、NAFTA、APEC 三大区域性一体化组织各自的形成背景及特点。

5. 作图分析关税同盟的经济效应。

6. 分析欧盟东扩的原因,并论述其东扩对我国的影响。

7. 有人说区域性经济合作比全球经济一体化要好,请对此发表评论。

8. 简述 10+1、10+3 对各国及世界经济的影响。

9. 一个小国以世界市场价格每袋 10 元进口花生,它的需求曲线是 $D = 400 - 10P$,供给曲线是 $S = 50 + 5P$。试问:

(1) 自由贸易时它的进口量。

(2) 如果它征收每袋 50% 的进口关税,它的国内价格和进口量各是多少?

(3) 如果它与邻国结成关税同盟,相互取消关税,但对外关税不变,其邻国以每袋 12 元的价格向它出口花生,它的国内价格和进口量各是多少?

第八章
国际要素流动与跨国公司

传统的国际贸易理论对国际贸易的研究基本上都是建立在生产要素不能在国际间流动的假设条件上的。但在世界经济和贸易现实中,特别是在经济全球化迅速发展的今天,生产要素在国际间不能流动的假设是难以站得住脚的。生产要素之所以能像货物和服务一样在国际间流动,是因为生产要素作为一种商品,同样受到经济规律的作用。正如俄林在其要素比例理论中所阐述的,拥有较丰富要素量的国家,其要素价格就较低;相反则较高。因此,只要条件允许,生产要素拥有者为追逐高价格和高利润,就会使生产要素从要素丰裕的国家向要素稀缺的国家转移。尽管经济学家们预言,随着国际贸易的发展,各国的要素价格会趋于均等。但到目前为止,各国要素价格仍然相去甚远。因此,对于一个劳动力稀缺的国家,它可通过国际贸易进口劳动密集型的商品,但它也可以通过直接吸收外来劳动力来增加劳动力的供给,从而解决劳动力不足的问题。资本也是一样。

随着全球经济的迅速发展,跨国公司也不断发展壮大,并且在很多行业占有重要位置。它们整合了资源和要素,以公司为依托在全球重新进行资源配置,直接推动了国际贸易和国际资本流动的发展。跨国公司的迅猛发展已经成为当代经济的一个重要特征。

专栏 8-1

人民币升值致成本上升,部分美国厂商拟迁出中国

据华尔街日报报道,随着人民币升值,在华有分支的美国公司正考虑各种措施来抵消升高的劳动力和出口成本。有些公司在考虑将工厂搬出中国。

生产跑鞋和运动服的生产商 Brooks Sports Inc. 在中国每小时的工资率增长了 50%。该公司正加速在亚洲其他地区生产商品的计划。

报道引述公司首席运营长博汉说法,公司在考虑使用正在中国境外建厂的现有中国合作伙伴,以及印度尼西亚和越南的新合作伙伴。

首席执行长韦伯说,公司预计会提高某些产品的价格并在其他产品上削减利润。

同样生产运动鞋的耐克的代工厂也已经悄然发生变化,越南已经成为耐克鞋类产品的第一大来源地,中国制造退居第二。

生产奥的斯电梯、西科斯基直升机、开利空调设备等产品的联合技术公司也正在考察越南和马来西亚的工厂。其首席财务长海斯说,浮动的人民币可能会使该公司的劳动力成本更加昂贵。公司在中国约有 1.7 万雇员,过去五年工人的工资翻了一倍。

海斯说,由于从成本角度看,中国的竞争力在降低。

音响设计制造商 Harman International Industries Inc. 首席执行长包利华表示,从中国采购的零部件成本正在上升。

Harman 从中国制造商采购的零部件约占总量的 25%。

Harman 正在同中国供应商合作,以帮助这些供应商搬迁到工资上涨

没有那么严重的国内其他地区。包利华说,他已经说服一些零部件制造商和磁铁制造商转移到成本较低的中国西部地区。

据华尔街日报报道,中国人民银行研究生部党组书记、中国人民银行研究生部部务委员会副主席焦瑾璞在 7 月 5 日表示,预计人民币兑美元汇率未来 2—3 年内将有 15%—20% 的升值空间。

(资料来源:《财经网》2011 年 7 月 6 日。)

第一节　劳动力要素的国际流动

一、国际劳动力流动的动因

国际劳动力的流动既有经济的因素,也有非经济的因素。19 世纪及以前的国际移民,多数是为了逃避当时欧洲政治和宗教的迫害;第二次世界大战以后,大多数的国际劳动力流动则是受到国外高收入的美好前景等吸引的结果。现代国际移民大多以经济因素为主导,非经济因素大大减少。移民如同任何其他投资一样,都涉及成本和收益。其成本因素主要包括:(1)交通费用的支出;(2)在新到国家中安置与重新寻找工作所花时间的工资损失;(3)其他一些难以量化的成本,比如与亲戚、朋友、熟悉环境的分离。要熟悉新的风俗习惯以及学习一门新的语言所需的花费,在新的土地上寻找住房以及其他的东西所涉及的风险;(4)非经济因素成本。由于移民往往呈波浪状和链状出现,许多移民都共同流动,或移到一个已有一定数量来自同一地方的早期移民聚居的区域,因而许多非经济因素的成本可以大大地减少。移民的经济收益则是通过他们在剩余工作寿命内从国外所能获得的,比他(她)在国内所得要高的工资和收入来衡量。此外还包括子女可能享有比较好的教育与工作机会等。如果移民的收入按某一贴现率进行折算的现值超过移民所发生的成本的现值,该劳动力就会发生国际流动。另外,年轻的劳工比年老的劳工更倾向移民,除了其他原因,还因为他们有更长的剩余劳动寿命来从国外的高收入中获利。

劳动力流动主要采取两种形式:国际移民和到别国临时工作。一般来说,在国际上劳动力较为缺乏流动性。巴格瓦迪(J. N. Bhagwati)指出,在商品、资本和劳动力的国际流动中,劳动力的国际流动是最困难的,而大规模的国际移民(immigration)在现代条件下依然非常困难。但是,在世界经济发展历史上,也出现过几次大的移民浪潮。例如,19 世纪欧洲出现了流向美洲新世界的巨大移民潮;第一次世界大战前后至第二次世界大战期间,英、法等国大量熟练工人和技术工人向新兴工业国,如美国、加拿大、澳大利亚、新西兰等国家迁移;20 世纪 50 年代之后,经济相对落后国家劳动力向北美和新兴工业国家迁移。

二、国际劳动力流动的效应分析

　　劳动力流动会对劳动力市场产生影响,进而影响一国经济发展。这里将要分析的是劳动力流动对流入国、流出国乃至世界福利的影响。借助图8-1,能够很方便地分析国际劳动力流动的福利效应。假设只有两个国家A和B,两国劳动供给分别为OA、$O'A$,并且没有国际商品流动。在该图中,A国劳动力移民之前的真实工资率为OC,总产出为$OFGA$。在B国,真实工资率为$O'H$,总产出为$O'JMA$。曲线$VMPL_1$和$VMPL_2$分别给出了A和B国劳动的边际产品收益。在完全竞争条件下,$VMPL$等于劳动的真实工资率,并且真实劳动工资率随着劳动供给增加而下降。以A国为例,当劳动供给为OA时,A国的真实工资率为OC,总产出为$OFGA$;当劳动供给为OB时,真实工资率为ON。B国真实工资率的变动特征与A国相同。

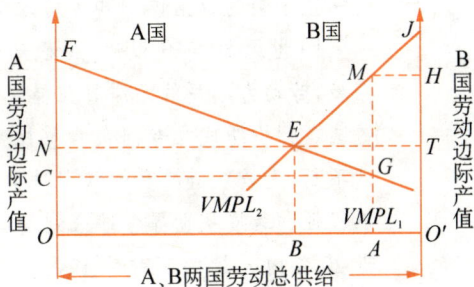

图8-1　国际劳动力流动的福利效应

　　假定两国政府允许劳动力自由流动,且不考虑流动成本。由于B国的工资率高于A国,AB段的劳动就会从A国流向B国,移民过程将一直持续到两国的工资率相等为止,均衡点为E。此时,A国劳动供给下降到OB,工资率上升到ON;相反,B国劳动供给上升到$O'B$,工资率下降到$O'T$,$ON=O'T$。可见,A国的工资率上升而B国的工资率下降,国际劳动力流动有助于拉平两国工资率,即劳动力流动同商品贸易一样可以实现要素价格的均等化。另一方面,A国的国民收入从$OFGA$下降到$OFEB$,而B国的国民收入则从$O'JMA$升到$O'JEB$,世界总收入净增加EGM。

　　在不考虑其他可能性的时候,增加的世界总收入完全为劳动力流入国所得。但是,要注意,例如,A国居民可能会收到移民汇回的侨汇,并将进入A国的国民收入,A国因此将获得部分劳动力流出创造的额外收益,弥补了一部分劳动力流失给国民福利造成的损失。更进一步,假如AB数量的劳动在移民之前在A国已经处于失业状态,即这部分劳动力原本就是剩余劳动力,那么,无论A国是否会发生劳动力流出,其工资率均为ON,国民收入均为$OFEB$。移民后,世界总收入的净增加额将为$ABEM$。换言之,A国的国民收入不发生任何变化,只有B国的国民收入增加。这个时候,劳动力流动对双方国家都是好事情,因为移民活动既解决了A国的失业问题,也弥补了B国的劳动力欠缺。劳动力被吸引到工资收入较高的B国。因此开放经济下,劳动力国际自由流动在全球范围内最优配置,从而整体上改进了世界福利。

　　综上所述,劳动力流动导致(1)可以使两国工资水平均等化;(2)减少了移出国家的国民收入,但是提高了该国真实的工资水平;(3)对移入国来说,则是国民收入的增加和真实工资水平的下降;(4)世界总收入增加。

专栏 8-2

人才战略:美国兴盛的根本所在

建国只有200多年的美国发展成为当今世界唯一的超级大国,从其历史可以看出,美国的成功有多种因素,但人才的吸引和培养是美国兴盛的根本所在。源源不断的外来高素质移民和国内教育培养的大量创新型人才,不仅创造了美国强大的综合国力,并且塑造了一种能够进行自我调节的保持平衡的政治体制和可持续发展的领先型的经济模式。

19世纪30年代以后,随着美国经济的不断发展和领土向北美西部的拓展,劳动力不足的矛盾日益显现,移民开始成为美国有组织的政府行为。美国各州纷纷成立专门负责移民事务的移民局。20世纪上半叶,欧洲战乱不断,大量躲避战乱的欧洲科学家来到美国;二战后,大约20万科学家、工程师和教授从世界各地来到美国,推动了美国第三次科技革命的发展。近20年内大量的高技术移民更是推动和支撑了美国新经济的发展和兴盛。

移民一方面补充了美国劳动力尤其是高素质劳动力的缺乏;另一方面,大量的外国高技术移民离开本国来到美国,相应也就削弱了本国的竞争力。而且源源不断的移民还使美国始终充满创新活力,形成一种吸引人才和促进经济发展的良性循环。关于移民对美国发展的贡献,美国前总统里根曾经有过精辟的论述:"我们是一个由外来移民组成的国家。我们的国力源于我们自己的移民传统和我们欢迎的异乡侨客。这一点为其他任何一个国家所不及。"除了大量吸引外国移民外,美国一贯重视教育,着力培养本国人才。建国之初,美国领导人就把教育作为立国之本,通过教育培养"美国公民"观念,使外来移民"美国化",并在教育中倡导创新精神和独立意识。美国建立了世界上最早的公立学校体系,大部分州制定了有关义务教育的法规。可以说,美国早就开始着力通过教育培养高素质的劳动力,这成为美国早期经济迅速发展的关键因素,也是美国工业技术革命能够快速发展并推广应用的重要原因。前总统克林顿曾经在美国《新闻周刊》发表题为《没有哪项任务比这更重要》的文章,文中指出:"在2000年以后的年代,我希望整个民族竭尽所能,使我们所有的孩子都获得他们所需要的世界一流的教育。随着美国步入新的世纪,没有哪项任务比这更重要。"

随着全球化进程的加速,人才流动成为一种最大的资本流动,世界各国几乎都从国家战略的高度来重视人才的培养和吸引。人才争夺正成为一场没有硝烟的战场,谁能在这个战场上取得胜利,谁就正能在全球化的竞争中居于领跑地位。

从现实情况来看,在人才争夺的战场上,美国占据了绝对的主导地位。

可以说,在人才安全方面,美国在与全世界较量。

美国实行的面向全世界吸引人才的战略,已经对世界各国形成人才安全威胁。据统计,每年全世界 150 万留学生中有 48.1 万人在美国学习,从 1998 年到 2000 年,每年都有十几万外国人进入美国高科技领域工作。全世界优秀的人才都向美国集中,甚至发达国家也不例外。据英国官方的一份报告显示,仅 1958 年到 1963 年间获得博士学位的物理学家中,就有 37% 在国外(主要是美国)工作。基于这种情况,有英国学者把人才的流失称为英国国际收支中最大的一项逆差。近两年以来,德国和美国之间的人才交流成了德国人才流向美国的单向通道,据统计,在德国获得博士学位的每 7 人中,就有 1 人前往美国从事研究,这种人才严重流失的局面已经引起德国领导层的关注。

美国之所以至今仍然是世界各国高级人才的向往之地,除了具有优越的生活环境这一因素外,还在于美国政府实行的一系列政策给优秀人才提供了优厚的待遇、充足的科研经费和宽松的科研环境,这三个因素既是吸引人才的重要原因,也是保证科学研究能不断获取新成就的关键因素。为了补充国内高层次人才的不足,美国还通过发放高科技签证、设立多种奖励基金等等方法来吸引人才和鼓励科研发明。

需要强调的是,不仅仅是美国已经制定并实施了人才安全战略,为了应对美国的挑战,为了在全球化竞争中占据自己的一席之地,人才战略已经成为世界各大国的重要国家战略。其中,首要策略就是重视教育,加大教育投资,着力培养本土人才,提高全民族素质。其次就是制定相应的政策,防止本国优秀人才的流失,并尽量吸引外国人才。早在 20 世纪 70 年代,欧共体就意识到必须制定和采取紧急措施以制止"智囊外流"。近年来,日本、英国都放宽了向引进信息技术等人才发放绿卡的限制;从 2000 年开始,法国计划五年内给两万信息技术人才发放入境的签证;就是对移民一向保守的德国也于 2000 年开始实施"绿卡工程",专门开设了"网络征才热线"。一轮新的人才争夺战正在全球范围内展开。

(资料来源:《环球时报》2005 年 12 月 13 日。)

第二节　国际资本流动

国际资本流动(international capital flow)是国际贸易领域的一个重要内容。在当今的国际收支格局中,国际资本流动而不是商品贸易流动占据主导地位。甚至,国际资本流动开始带动商品流动,而不是传统理论所认为的商品流动带动资本流动。运用与分析劳动力流动相似的方法来分析资本流动,非常有用。但是,这两者之间毕竟存在一些重大差别。当谈起劳动力流动时,我们明确知道工人由一国流向另一国,而国际资本流动的含义就丰富得多。因为资本有多种表现形式,而货币资金或者存款只是其中一种,机器设备、人才、技术、专利等无形资产等等也都是资本的表现形式。很多时候,国际资本流动不仅仅是货币资金或者存款的流动(这实际上是金融交易),同时还伴随着机器设备、技术、商品等的转移。有时候,国际资本流动甚至可能不发生资金流动,而仅仅体现为其他形式资本的国际转移。

一、国际资本流动的主要形式

国际资本流动是指资本要素为追求更高的收益由一国向另一国的流动、转移。

国际资本流动形式多样,可以从不同的角度加以分类:按资本持有者的性质可以分为国家资本与民间资本移动两大类;按投资移动期限的长短可以分为长期资本移动与短期资本移动;按投资方式可以分为直接投资与间接投资。本节主要介绍直接投资与间接投资这两种形式。

(一)直接投资

国际直接投资,又称外国直接投资(Foreign Direct Investment,FDI)是指一国的自然人、法人或其他经济组织单独或共同出资,在其他国家的境内创立新企业,或增加资本扩展原有企业,或收购现有企业,并且拥有有效管理控制权的投资行为。直接投资指投资者直接开厂设店从事经营,或者投资购买企业相当数量的股份,从而对该企业具有经营上的控制权的投资方式。直接投资的主要特征是投资者对另一经济体的企业拥有永久利益。永久利益意味着直接投资者和企业之间存在着长期的关系,并对企业经营管理施加相当大的影响。直接投资可以采取在国外直接建成分支企业的形式,也可以采用购买国外企业一定比例股权的形式。

FDI分为2种,一种是FDI流入(inward FDI),指外国人获取本国资产或者外国投资者对本国的投资;另外一种是称为FDI流出(outward FDI),是指本国投资者获取外国资产或者对外国的投资,又称对外直接投资。我们将投资者所在的国称为投资国,将投资流入的国家称为东道国。

(二)间接投资

间接投资是指投资者以其资本购买公司债券、金融债券或公司股票等,各种有价证券,以预期获取一定收益的投资,国际间接投资由一国流向另一国时,不涉及对流入国企业的所有权和控制权,即通常所说的"金融资本"的流动,而非"实物资本"的流动。例如,A国的公司在B国银行的资金存款,或C国的公民或公司购买D国的公司或政府的债权等。这些金融资本的流动会立即影响到国际收支或汇率,但不会影响到生产或收入创造。

　　直接投资与间接投资同属于投资者对预期能带来收益的资产的购买行为,但二者有着实质性的区别:直接投资是资金所有者和资金使用者的合一,是资产所有权和资产经营权的统一运动,一般是生产事业,会形成实物资产;而间接投资是资金所有者和资金使用者的分解,是资产所有权和资产经营权的分离运动,投资者对企业资产及其经营没有直接的所有权和控制权,其目的只是为了取得其资本收益或保值。

二、国际资本流动的动因

　　资本的天性就是追逐利润。当某些国家出现资本相对过剩,势必导致其国内投资市场趋于疲软,经济发展的速度减缓,这又会带来新一轮的投资收益下降。资本的逐利天性驱使相对过剩的资本四处寻找有利可图的投资机会,在假定资本流动可以自由进行的条件下,资本必然流向投资回报率相对较高的国家(或地区)。在当前的世界经济中,一方面,越来越多的短期资金从实际生产领域中游离出来,造成国际金融市场上游资充斥的局面;另一方面,欧洲货币市场的运行与发展,以及金融创新层出不穷,各类金融衍生工具不断花样翻新,又为资本在国际间加速流动创造了现实条件。而且,一般来说,引入外资也意味着可以借鉴和学习外国的先进科学技术和管理经验,增强国家长期发展的动力。所以,多数国家对外资都采取了欢迎态度。以吸引外资加快自身经济发展为目的,各国都在努力使本国的金融市场更加开放,实行了一系列更加优惠的投资政策和汇率制度。特别是大多数低收入的发展中国家,它们在经济发展中普遍存在着资金短缺的瓶颈。从长期看,解决这些国家开发建设资金短缺问题的根本途径当然需要提高其国内居民的储蓄率,但总体国民收入水平的低下,更是迫使这些发展中国家不得不主要依赖外资的流入来弥补资金缺口。

　　国际直接投资在战后得到迅速发展,特别是今天,资本在国际间的流动已经成为了世界级经济贸易中的一个重要现象。国际直接投资的迅速发展,究其原因虽然很多,但基本上离不开一个根本,就是通过对外投资,寻求和追逐更高的利润。具体来讲,主要原因如下:

　　(1)通过国际直接投资,利用东道国廉价的原材料,降低生产成本。尤其在20世纪70年代发达国家对发展中国家的投资中,大部分都是出于该目的而进行的。通过对东道国输出生产资本,获准以低价格使用当地的原材料进行加工生产,从而获得巨额利润。

　　(2)通过国际直接投资,利用东道国廉价的劳动力,降低生产上的成本。这是发达国家企业对外进行直接投资的另一重要原因。把劳动密集型产品的生产转移到劳动力较为低廉的发展中国家生产是这种对外直接投资的主要模式。

　　(3)通过国际直接投资避开东道国的贸易壁垒。20世纪70年代中期以后新贸易保护主义的出现、贸易壁垒增多是导致战后国际直接投资迅速发展的一个重要原因。为避开各种贸易壁垒,增加出口,很多企业发现直接在东道国国内投资设厂进行生产和加工是一个有效的办法。

三、影响国际资本流动的主要因素

　　影响国际资本流动的因素很多,其中主要的因素有以下一些:

（一）跨国投资风险

国际资本流动要求在保证安全性的前提下实现资本的盈利。而金融风险在跨国借贷、交易和投资过程中随时都可能发生。所以，外国投资者在决定是否向某一国家投资时，一般都会先做认真的投资可行性研究，对可能的投资风险进行全面评估。在投资收益率相当的条件下，外国投资者一般选择投资风险较小的项目。而当投资风险相当时，则倾向于选择收益率较高的项目。然而，国际投资是一个非常复杂的过程，也是投资者对风险和收益的博弈选择。国际投资的风险还包括了一些非经济的风险，如国家的政治局势，一国发生政治局势的动荡，该国经济势必无法稳定发展。在经济形势恶化时，汇率、利率、资本收益率等重要经济指标则将出现无规律的剧烈波动。再如，各国不同的文化背景、历史传统、人文习俗等等都会在一定程度上造成文化冲突（cultural shock）。倘如在尚未对东道国的政治、文化、社会各方面情况缺乏全面研究与评估的情况下，盲目地贸然进行投资，则势必面临极大的投资风险，也一定会最终影响到投资的回报。所以，国际资本一般都倾向于投向政治上安全稳定、经济上收益率高、社会文化环境较为和谐的国家和地区。

（二）投资的收益率

如前文所述，国际资本流动的终极目的始终在于获取高额的投资回报。从现实情况看，除了国际金融组织和政府间的借贷在一定程度上带有援助或赠予的性质外，国际资本流动在绝大多数情况下都是为了追求利润。从世界范围看，资本收益率高的国家和地区成为了国际资本流动的首选投资地。

（三）金融市场因素

金融市场是国际资本流动借以顺利进行的重要平台和现实载体。金融市场上的利率和汇率是反映一国经济运行状况的重要指标，其中利率将对外资的投入回报率发生直接的影响，成为决定资本收益率高低的一个重要因素。汇率更是直接影响到外资在外汇市场上进行的货币兑换活动。同时，汇率还通过对国际收支状况的影响进而影响到国际资本的流动。

（四）各国的经济政策

各国制定并实施的经济政策直接影响到资本投入的成本和收益。因此，东道国政府对外资是采取鼓励政策还是实施某种程度上的限制，将直接影响到国际资本的流向。这些政策包括一国的宏观经济发展计划、财政税收政策和市场准入政策等等。

四、国际直接投资的特点与趋势

受跨国公司的迅速发展及经济全球化加深等因素的影响，国际投资呈现出一些新的变化。根据联合国贸易与发展会议发布的《2014 世界投资报告》，国际直接投资呈现以下一些特点与趋势：

（一）国际直接投资总量仍将呈现持续增长

经过 2012 年的黯淡之后，2013 年全球投资乐观情绪回归。《2014 世界投资报告》显示，全球 FDI 规模继 2012 年大幅下降之后，2013 年上扬了 9％至 1.45 万亿美元，预计今年会进一步上扬 12.5％至 1.6 万亿美元，明、后年将分别达到 1.75 万亿美元和 1.85 万亿美元。

据联合国贸发会称，2013 年全球各阵营经济体外国直接投资全部上扬，无论是发达经济体、发展中经济体，还是转型期国家。受欧债危机影响，全球 FDI 规模在 2012 年大幅下降。伴随欧债危机渐趋缓和，去年流入发达经济体的 FDI 总量上扬 9％至 5 660 亿美元。流入转型期国家的 FDI 同样大幅上扬，2013 年流入总规模达 1 080 亿美元。不过，进入富裕国家的 FDI 在全球 FDI 总量中占比仍然处于 39％的历史低位。相比之下，流入发展中经济体的 FDI 目前仍处于纪录高位，约 7 780 亿美元，占去年全球 FDI 总额的 54％。此外，FDI 最大目的地仍然是中国和亚洲其他发展中国家。数据显示，2013 年整个亚洲地区总计吸引外国直接投资 4 260 亿美元，而欧盟和北美吸引外国直接投资总量为 2 500 亿美元。

（二）流入发展中经济体的外国直接投资（FDI）将很快见顶，而流入发达经济体中的 FDI 则有望大幅上升

在全球经济特别是欧美经济加快复苏的大背景下，受国内企业加快海外投资及拓展影响，中国可能最快在今年就由 FDI 净流入国转为 FDI 净流出国，标志其将结束过去 20 多年来，作为全球主要 FDI 目的国的角色，变身为全球 FDI 的重要来源国。

《2014 世界投资报告》认为：发展中经济体吸引 FDI 拐点将至。过去 10 多年来，FDI 流入发展中国家始终是主流，但这种情况行将变化。2000 年，流入发展中国家和转型期国家的 FDI 仅占全球总量的 19％，到去年这个比例已经增至近 60％。但联合国贸发会的经济学家认为，发达国家的复苏正在进行中，这可能会改变现有格局。他们预期今年流入发达经济体的 FDI 将增加 35％，而流入发展中国家的 FDI 可能会出现 0.2％的下降。到 2016 年，预期流入发达国家的 FDI 会超过发展中国家，占到全球总量的 52％。

（三）中国将成为 FDI 来源国而非目的国

自从 1978 年改革开放以来，积极引进外资成为中国经济发展外向型战略的一个核心组成元素，并取得了举世瞩目的成就。2013 年中国 FDI（外国直接投资）流入量达到 1 240 亿美元，创历史新高，仅次于美国居全球第二位。在大力引进外资的同时，中国企业加快了对外投资步伐。据中国商务部统计，2014 年中国双向投资首次接近平衡，如果加上第三方地区融资再投资，以全行业对外投资计算，2014 年中国对外投资规模在 1 400 亿美元，已高于吸引外资 200 亿美元。这意味着，中国已成为资本净输出国，对外经济从以商品输出为主过渡到以资本输出为主。

2014 年中国对外投资第一次超过吸收外资，这是一个非常可喜的变化，这说明中国正在进入一个高水平引进来和大规模走出去同步发展的新局面。中国企业正在购买发达经济体的资产，并且将生产基地转向柬埔寨、缅甸和非洲等成本低廉、贸易条件更优惠的地区。

（四）2013年跨国公司回归本土迹象明显

联合国经济学家从全球百家最大规模跨国公司收集的数据显示，这些总部大多位于发达经济体的跨国公司似乎已经停止将就业岗位转移到海外的做法，其在本土扩张生产的速度也快于海外运营扩张。调查显示，虽然这些公司的海外雇员占比仍为多数，但其比例在2013年已连续第二年下降。2013年，这100家最大跨国企业雇员总数为1 730万人，其中980万为海外雇员，750万为国内雇员。从趋势上看，大型跨国公司海外雇员的数量自2011年开始下降，而2013年这100家公司的本土雇员数量较2011年时增加了逾100万人。

（五）跨国公司的海外现金留存及收益再投资在发达经济体海外投资占比中大幅上升

联合国贸发会的研究发现，2013年，发达经济体海外投资总量为8 570亿美元，其FDI流出构成自2007年至2008年危机后发生了显著变化。2007年，从美、英、德这三大发达国家流出的FDI中，超过一半为股市流出，只有30%左右是跨国公司现金流出及收益再投资。而2013年，跨国公司现金流出和其他收益再投资在这三国海外投资总量中的占比大幅增至三分之二。

五、国际资本流动的福利效应分析

国际资本流动的福利效应分析和劳动力流动的福利效应一样，可以用与图8-1相似的图形来加以分析。但是，资本流动与劳动力流动有所不同，因而福利效果也有所区别。

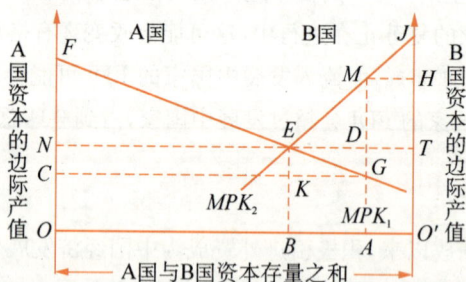

图8-2 国际借贷的福利分析

在图8-2中，纵轴表示两国的资本收益率、资本的边际产品MPK和市场利率，横轴表示全球财富总量。在这个两国模型中，全球总资本等于两国资本之和，这些资本可以用于进行国际借贷投资。在完全竞争条件下，资本边际产值代表了资本的报酬或收益。A国是资本相对充裕的国家，曲线MPK_1和MPK_2分别给出了A国和B国资本边际产品收益。在没有资本流动的时候，A国的资本总量OA对应的均衡资本边际收益为OC；B国的资本总量为$O'A$，相应的均衡资本边际收益率为$O'H$。显然，B国的投资收益率高于A国。

假定国际资本能够自由地无成本流动，由于B国的资本报酬（$O'H$）比A国的资本报酬（OC）要高，出于资本追逐利润的本性，A国的财富持有者和B国的借款者会走到一起，

A国的财富持有者会向B国投资,在B国形成更多的真实资本,而A国的财富和真实资本减少。经过一段时间之后,全球金融市场和两个国家的国内金融市场都会在 E 点实现均衡,此时,世界投资收益率和资本边际产品以及 A、B 两国国内的投资收益率和资本边际产品都是 $ON(ON=O'T)$。A国输出资本量为 AB,这正是B国输入的资本量。

　　资本流动给两国带来的福利效果与国际劳动力流动有所不同。对资本输出国 A 国来说,虽然国内资本供给量减少,并直接导致国内总产出下降了 $ABEG$。但是,A 国投资者又能够获得利息收入 $ABED$。国民总产出反而增加了 EDG。对资本输入国 B 国来讲,国内资本供给量增加直接导致国内总产出提高到了 $ABEM$,但由于要向 A 国支付 $ABED$ 的利息,因此资本输入仅仅增加了 EDM 的国民收入。这样,全球总福利增加为 EGM,并且分为两个部分,分别被资本输出国和资本输入国分而享之。与劳动力流动增加的世界总产出分享途径不同,资本国际借贷导致的世界产出增加必然会在两个国家之间进行分配。

六、国际资本流动对输入国及输出国的其他影响

　　资本流动过程对其他要素也会产生影响。根据边际生产力分配理论,随着资本的流出,资本输出国劳动的边际产量将下降,而资本输入国的劳动边际产品会提高。这使得两国的劳动受到与资本相反方向的影响。另外还要注意,尽管投资国的资本不会增加其国民收入,但是这部分资本收益如果不汇回其国内而进行用于追加投资,那么从短期看,资本流动也不能增加资本输出国的总产出。

　　我们可以通过分析资本市场供求变动来考察国际资本流动带来的利益变动和社会福利变化。从资本输出国的角度看,对外投资不仅使外流资本的收益增加(否则这些资本不会投到国外去),也使留在国内资本变得相对稀缺,平均收益上升。对于资本输出国的工人来说,本国资本的外流则会减少他们的工作机会,使本国劳动力的平均工资下降。近年来,美国等发达国家中的许多大公司因国内劳动力成本太高,纷纷将工厂搬至发展中国家进行生产,引起这些发达国家工人的强烈反对。由此可见,资本输出会使本国劳动力利益受损。但是,从整体来看,资本的收益会大于劳动力的损失,整个社会从资本流动中获得净收益。此时,如果政府能通过适当的税收和转移支付政策来分配收益,也有可能使劳动力保持其在资本输出前的状况而资本获得额外收益,从而不仅使整个社会的福利水平上升而且减少社会矛盾。对于资本输入国来说,得益的主要是劳动力。资本和技术的流入使就业水平和劳动生产率都得到提高,因此劳动力的收益增加。另一方面,外来资本的流入会使国内原有资本的收益率下降。当然,这只是一种不考虑资本流动外部效应的静态分析结果。事实上,引进资本还会产生许多外部经济效应。如果引进外资的同时引进了先进的技术等,使本国的许多未开发资源或闲置劳动力得到更充分的利用,由此带动的经济发展和经济起飞不仅使外来资本和本国劳动力的收益提高,也会使国内资本的收益增加。不过,即使不考虑这些外部效应,引进外资给本国劳动力所带来的收益也会超过本国资本的损失。因此,资本的国际流动使资本输入国也获得净收益。总之,资本的国际流动会使资本输出国和输入国都获得净收益,因此提高了整个世界的福利水平。

第三节　跨国公司理论

战后世界经济发展的一个重要特征就是跨国公司(multi-national corporations)的产生与蓬勃发展。他们已经成为世界范围内对外直接投资的主要组织者和承担者。世界上绝大多数的对外直接投资都是由跨国公司完成的。据统计,全球最大的 500 家跨国公司的海外直接投资额占了全球对外直接投资总额的 80% 以上,跨国公司的对外直接投资在世界经济中的地位可见一斑。

一、跨国公司的定义及标准

跨国公司是指由两个或两个以上国家的经济实体所组成,以本国为基地,通过对外直接投资,在世界各地设立分支机构或子公司,从事国际化生产和经营活动的垄断企业。

国际上,判断跨国公司的标准很多,大体上是按照跨国程度、所有制、组织方式、股权比重、控制程度、企业经营战略等划分。从不同角度考察,可以对跨国公司的含义做出不同的界定。目前普遍使用的是联合国对跨国公司下的定义,即跨国公司是指在其基地所在国之外拥有或控制着生产或服务设施的企业。

联合国跨国公司委员会认为跨国公司应具备以下三要素:第一,跨国公司是指一个工商企业,组成这个企业的实体在两个或两个以上的国家内经营业务,而不论其采取何种法律形式经营,也不论其在哪一经济部门经营;第二,这种企业有一个中央决策体系,因而具有共同的政策,此等政策可能反映企业的全球战略目标;第三,这种企业的各个实体分享资源、信息以及分担责任。

1983 年,联合国跨国公司中心在其发表的第三次调查报告《世界发展中的跨国公司》中明确指出了跨国公司应包含的三个基本要素:第一,包括设在两个或两个以上国家的实体,不管这些实体的法律形式和领域如何;第二,在一个决策体系中进行经营,能通过一个或几个决策中心采取一致对策和共同战略;第三,各个实体通过股权或其他方式联系起来,其中一个或多个实体有可能对别的实体施加重大影响,特别是同其他实体分享知识资源和分担责任。

二、跨国公司的特征

跨国公司各有其形成与发展的历史。行业不同,其经营方式也不相同。撇开各个行业所特有的特征,跨国公司一般具有如下一些主要特征:(1)一般都有一个实力雄厚的大型公司为主体,通过对外直接投资或收购当地企业的方式,在许多国家建立有子公司或分公司;(2)一般都有一个完整的决策体系和最高的决策中心,各子公司或分公司虽各自都有自己的决策机构,都可以根据自己经营的领域和不同特点进行决策活动,但其决策必须服从于最高决策中心;(3)一般都从全球战略出发安排自己的经营活动,在世界范围内寻求市场和合理的生产布局,定点专业生产,定点销售产品,以牟取最大的利润;(4)一般都因有强大的经济和技术实力,有快速的信息传递,以及资金快速跨国转移等方面的优势,所以在国际上都有较强的竞争力;(5)许多大的跨国公司,由于经济、技术实力或在某些产品生产上的优势,或对某些产品,或在某些地区,都带有不同程度的垄断性。

三、跨国公司对国际贸易的影响

传统理论认为,商品流动和要素流动都会对要素的边际生产力产生影响,从而改变商品和要素的相对价格使其趋于均等。这样看来,商品流动和要素流动中只要有一项能够充分实现,另一项就没有必要发生,因为它们的作用是一样的。这就是所谓的投资和贸易之间的替代关系。可见,从传统贸易理论出发,国际直接投资与国际贸易之间有一定程度的相互替代,投资国对东道国的直接投资、就地生产、就地销售,往往被认为是原来的投资国商品为了节约成本,或者绕过关税壁垒而间接出口到东道国。因此,跨国公司的直接投资活动应该会减少贸易量。但是研究发现,跨国公司是当代国际贸易的主要实施者,并且极大地推动了国际贸易发展。

事实上,跨国公司不仅没有减少贸易伙伴国家之间的贸易量,反而因为推动了国际分工的深化和国际生产一体化的扩大,跨国公司使贸易伙伴国之间的商品往来大幅度增加。据《2000年世界投资报告》统计,目前世界上约有5万多家跨国公司,其海外分支机构达30余万家,累计跨国直接投资总计约4万亿美元,其中30%是由全球最大的100家跨国公司控制,由这些投资所创造的商品销售额,比世界出口总额还要多。2000年跨国公司海内外分支机构的销售额达6.5万亿美元(其中30%是公司内部交易)。跨国公司大规模向各地区渗透,进行跨国生产、经营和销售,不仅增加了东道国的对外贸易量,而且其开创的以公司内部分工为特征的国际生产一体化体系,使母公司分支机构间的公司内贸易(intra-firm trade)量急剧增长,成为当今国际贸易增长中的重要构成。由于公司内部贸易可以大大减少"交易成本",所以,跨国公司生产、销售越来越多地在内部进行。据统计,20世纪70年代跨国公司的内部贸易占世界贸易的20%,80年代至90年代这一比重上升至40%,目前世界贸易总量中有70%—80%与跨国公司有关。需要指出的是,WTO《与贸易有关的投资措施协议》要求各成员通报其与此相关的法规中存在的限制情况,并要求各成员根据确定的时间表在最长7年时间内取消这些规定。可见,国际贸易发展使跨国公司在世界市场上的竞争地位不断加强,同时也为跨国公司的发展提供了更多的机会和制度保证。为什么跨国公司如此热衷于国际贸易呢? 其原因还需要从国际直接投资理论和跨国公司特征去寻找。

(一)跨国公司的内部贸易带动了国际贸易发展

跨国公司生产和交易内部化倾向,是跨国公司对国际贸易产生巨大影响的重要原因。跨国公司用公司内贸易来代替外部市场的交易,是跨国公司有别于非国际化经营公司的一大特征。由于跨国公司的各个分支机构分散在世界各地,因此跨国公司内部化交易的数量和金额越大,国际贸易的数量和金额也就越大。

(二)跨国公司的内部结构有利于国际贸易发展

无论是进行生产的纵向一体化还是横向一体化,跨国公司的内部化交易都带动了国际贸易的发展。例如,通过纵向一体化,跨国公司把最终产品生产过程中的各道工序、各个零部件生产分散在世界各地。到最终产品生产出来之前,这些零部件和半成品就会从这个国家运送到另一个国家。而通过横向一体化,跨国公司尽管生产同一种最终产品的分支机构散布在世界各地,但是由于合理分工的考虑和有效利用当地比较优势的考虑,每个分支机构只生产一种或者少数几种产品。各地销售市场上顾客多样化的消费需要,要求跨国公司把一个分支机构某种或者某些类型的产品运送到世界各地,以满足每个地方不同顾客的不同需求。

(三)跨国公司各分支机构的外部交易也促进了国际贸易发展

除了公司内贸易,跨国公司各分支机构还要同外部企业发生交易。有些贸易类型对国际贸易统计数据有明显的放大作用,例如加工贸易。来料加工型跨国公司分支机构,来料来件被统计在东道国的进口之中,成品外销又被统计在该国的出口之中。但是,加工贸易的特点是当地附加价值低,原料和销售市场都以当地市场为主。因此,从事这类贸易的跨国公司对国际贸易统计量的影响甚大。

(四)跨国公司可以采用更好的策略促进国际贸易

相对于非国际化公司,跨国公司可以利用其全球范围安排生产和经营的优势,用不同的销售策略、竞争策略来促进国际贸易。跨国公司的营销策略可以增加国际贸易流量,这已是一个不争的事实。例如,跨国公司详细周到的市场调查和环境分析,保障了营销规划的成功率高于一般工商企业的营销计划;跨国公司可以灵活运用贸易进入、投资进入、协议进入等多种方式,有效进入目标市场进行营销;跨国公司的产品策略、定价策略、渠道策略、促销策略等也比一般企业更有效;跨国公司有雄厚的资金和研究与开发实力,能够承担周期长、投资大但风险也高的研发活动;大型跨国公司之间经常也会在竞争的同时开展研究与开发合作、结成战略联盟。所有这些,都使得跨国公司在国际市场竞争中更加具有竞争力,极大地促进了国际贸易活动。

专栏8-3

华为公司成功之路:研发投资为重

为什么华为公司会有现在的成就?纵观华为发展史,我们不难发现,华为的成功皆因为他的创新。

华为技术有限公司(Huawei Technologies Co.,Ltd.)凭借向世界各地的客户供应网络设备而远近闻名,但这家中国公司更多地强调研发而不是硬件制造的事实却相对来说鲜为人知。

　　近年来华为一直在扩大研发支出。去年,该公司将约 47 亿美元用于研发,约占公司总收入的 13%。该公司其实并不进行太多的硬件制造,而是将一半以上的生产外包给代工商。实际上,华为全球员工约有一半从事研发,华为大部分工程师开发的是软件,而不是硬件。

　　在华为位于上海的研发中心,有 10,000 多名工程师正在开发能够解决无线网络技术各个方面问题的产品:如何扩大基站的容量? 电信运营商如何更加容易、以更低的成本从 3G 网络升级到 4G LTE(长期演进技术)网络? 如果运营商想有选择地向愿意额外付费的客户提供更好的网络连接环境,他们需要什么技术?

　　该研发中心位于上海浦东,是一座庞大而极长的建筑,有半公里长。占地面积共 277,000 平方米。乍看上去,这个研发中心与传统办公楼并无二致。但研发中心内,办公桌之间的空间都是复杂的图纸和图表,软件工程师们在埋头工作。地下一层有一个面积很大的自助餐厅,按照不同种类的食品进行了分区。一名员工说,这里的食物比华为深圳总部自助餐厅的要好。

　　华为去年净利润增长了 32%,该公司用强劲的收益来支持其研发支出。华为最近的增长速度超过了瑞典的爱立信(Ericsson)和法国的阿尔卡特朗讯(Alcatel-Lucent)等西方竞争对手。

　　在欧洲,一些电信运营商担心欧洲设备供应商未来几年可能无法跟上华为的研发投资,从而使这家中国公司成为为数不多的几个先进设备来源之一。

　　　　　　　　　　　　　(资料来源:571 商学院 2013 年 7 月 4 日,作者:丁昌峻。)

四、跨国公司理论的主要内容

　　二战后,随着跨国公司的迅速发展,对外直接投资已经成为世界经济的重要推动力量,这种现象引起了许多西方经济学者关注,从不同的角度探讨企业对外投资的原因,形成了许多不同的理论流派。这些理论观点有的从对外直接投资的动因进行切入,有的强调国际市场进入方式,而有的则注重时间的推移。这些研究既相互区别,又互为补充,从而形成了一个相对独立的丰富的理论体系。

　　早期的经济学理论试图在比较优势的框架下解释国际直接投资,认为生产要素价格的差异是导致国际直接投资的原因。但到了 20 世纪 60 年代以后,一些经济学家开始质疑用传统国际贸易理论解释国际直接投资行为的合理性。并试图从多角度来解释国际直接投资产生的原因,形成了一系列有关国际直接投资的理论。下面我们主要对垄断优势理论、内部化理论、国际生产折衷理论、产品生命周期学说、边际产业扩张理论、投资发展阶段理论的主要观点进行一个简要的介绍。

(一)垄断优势理论

美国学者海默(S. Hymer)于 1960 年在他的麻省理工学院博士论文——《国内企业的国际经营,对外直接投资研究》(International Operations of National Firms：A Study of Direct Foreign Investment)中,提出了跨国公司依据其垄断优势来开展对外投资的论点,即垄断优势理论(ownership advantage theory)。其时,美国企业在生产技术上的垄断优势和规模优势十分明显,美国企业的海外投资也不断增加。海默外国直接投资理论与古典的不完全竞争模型共同解释了美国大规模对外直接投资的原因。

该理论的核心内容是"市场不完全"与"垄断优势"。传统经济学理论认为,企业面对的海外市场是完全竞争的,即市场参与者所面对的市场条件均等,且无任何因素阻碍正常的市场运作。而在完全竞争市场条件下,企业不具备支配市场的力量,它们生产同样的产品,同样地获得生产要素,因此对外直接投资不会给企业带来任何特别利益。海默认为,完全竞争是一种过于纯粹的市场结构,在现实中并不多见。大部分情况下,市场是不完全竞争的。而在市场不完全条件下,企业则有可能在国内获得垄断优势,并通过对外直接投资在国外生产并加以利用。此时,企业扩大规模以具备一定的垄断优势,就有必要对外投资以求在更大的市场范围内实现垄断利润。可以发现,外国直接投资者通常具有某种垄断优势。

垄断优势主要由三部分组成:一是产品或工艺过程中的技术优势。即实施对外直接投资的跨国公司拥有诸如以专利性差异产品和新的工艺生产方法等为形式的技术资产。二是企业拥有的管理优势。这种管理优势是以企业长期生产和销售主要传统产品的经验积累为基础的。三是企业的经济规模优势。这是指跨国公司在单个工厂的规模效益穷尽后,往往通过增加企业工厂数来减少单位经营成本,获得多厂经营效益。而当国内市场不能容纳这种工厂数量时,企业便自然向外扩展来开拓新的市场。垄断优势说解释了规模经济是对外直接投资的必要条件。利用这些垄断优势的生产者也就是相应产品的市场垄断者,或者更为常见的是寡头垄断者。他们对外国企业进行直接投资,以便抑制竞争和维护自己的市场优势。他们愿意保持对这些企业的控制而拒绝与他方分享股权,以避免这些公司与本公司其他分公司之间的竞争,同时也有利于保守公司秘密。

海默的论点得到其导师金德尔伯格(C. P. Kindleberger)的支持,后者更加系统地发展了垄断优势理论,使之成为跨国公司和国际直接投资领域的一个完整理论,因此一些文献中将他们的研究称为海—金传统(H－K Tradition)。这一理论中的一些观点影响深远,以至于西方学者普遍认为,垄断优势理论奠定了当代跨国公司与对外直接投资理论研究的基础,并对以后的各种理论产生了深远的影响。

但是,垄断优势理论只解释了企业进行海外投资的一部分原因。由于研究依据的是 20 世纪 60 年代初对西欧大量投资的美国跨国公司的统计资料,因此对美国跨国公司对外直接投资的动因有很好的解释力,但却无法解释 60 年代后期日益增多的发展中国家跨国公司的对外直接投资,因为发展中国家的企业并不比发达国家有更强的垄断优势。另外,垄断优势理论无助于解释国际市场上经常出现的"防御性投资"。有时候,一些大公司在海外建立的企业并不盈利或者只有微利,他们之所以进行这样的投资是为了抢先占领市场,对潜在竞争者形成威胁。从事这种防御性投资的企业未必拥有垄断优势,其目的似乎只是排挤对方。再次,至于企业为什么不采取商品直接出口,或者转让特许权的方式进行海外投资,垄断优势理论没有作出很好的解释。

（二）内部化理论

内部化理论（internalization advantage theory）是由英国学者巴克利（Peter J. Buckley）和卡森（M. C. Casson）共同提出的。1976年,两人在共同出版的《跨国企业的未来》中指出,跨国公司为了避免外部市场的种种不便和障碍,用公司内部的市场来代替外部市场进行产品的交换和各种要素的转移。因此,"跨国公司是替代市场交易的一种产业组织形式"。

内部化理论从外部市场不完全与企业内部资源配置的关系来说明对外直接投资的动因。该理论认为,中间产品市场不完全,特别是像专利、图纸、技术诀窍、组织和营销技巧等技术市场存在定价困难,从而导致交易成本增加。为了保证自己的产品和半成品、专利技术和管理经验获得应有的价值和利润,跨国公司倾向于通过对外直接投资开辟内部市场,将原本通过外部市场进行的交易转化为内部所属企业间的交易以降低交易成本。内部市场上各种交易的流向和价格,可以和国际市场上本来有的交易流向和价格非常不一致。从这个意义上说,跨国公司根据自己的布点情况,扭转了世界市场上商品和要素的流向,根据自己的保本或者盈利需要抬高或者压低世界市场上的价格。又如,在市场不确定性增大、交易成本增加的情况下,跨国公司的内部化交易保持了商品和要素交易的顺畅,回避或者减少了市场风险和交易成本。再如,在专利和知识的开发或者获得上成本越来越大,保护越来越困难的情况下,跨国公司的内部化交易起到了有效保护知识产权、有效控制销售渠道、有效保护商标品牌的作用。

内部化理论一定程度上解释了跨国公司对国际贸易的影响。但是,内部化交易也需要投入管理、维持和协调成本。只有当内部交易成本小于其可能产生的收益时,跨国公司才会选择内部化。因此,内部化理论的缺陷是无法解释跨国公司外部的交易活动。

（三）国际生产折衷理论

国际生产折衷理论（the eclectic theory）是由英国里丁大学教授邓宁（J. H. Dunning）提出来的。该理论的核心是把垄断优势理论、区位优势理论（location theory）和内部化优势综合起来,简称OLI理论。

根据邓宁的观点,企业如果想对外进行投资,一般应该满足三个条件:

（1）一个企业必须具有其他企业所不具备的与所有权相联系的特殊优势,即垄断优势。这些所有权优势具体表现为独占某些无形资产的优势、规模经济产生的优势等;

（2）当一个企业拥有对其他国家企业的净所有权优势,那么,企业使用这种优势必须要比转让给外国企业使用更有利。即企业通过扩大自己的经营活动,将优势的使用内部

化,要比通过与其他企业的市场交易,将优势的使用外部化更有利;

(3) 如果企业既有所有权优势,又有内部化优势,那么,对该企业而言,把这些优势与当地要素,即区位因素的结合必须使企业有利可图。

当然,当一个企业所面临的所有权、区位及内部化优势给定时,国际生产还必须与企业的长期管理战略相一致。根据以上观点,当企业拥有所有权优势越多,内部化动机越强,区位优势越明显,才越有可能倾向于选择到国外生产。

关于所有权优势、内部化优势、区位优势,邓宁的进一步解释为:

(1) 所有权优势包有形资产与无形资产上的占有产生的优势、生产管理上的优势、多国经营的优势等;

(2) 内部化优势是指拥有所有权特定优势的企业,为了避免外部市场不完全对企业利益的影响而将企业优势保持在企业内部的能力;

(3) 区位优势是指某一国外市场相对于企业母国市场在市场环境方面对企业生产经营的有利程度,也就是东道国的投资环境因素上具有的优势条件,具体包括:当地的外资政策、经济发展水平、市场规模、基础设施、资源禀赋、劳动力及其成本等。如果某一国外市场相对于企业母国市场在市场环境方面特别有利于企业的生产经营,那么这一市场就会对企业的跨国经营产生非常大的吸引力。

(四)产品生命周期学说

美国学者弗农提出的产品生命周期学说(product life cycle theory)不仅可以用来解释当代国际贸易,也可以用来解释为什么会发生国际直接投资。弗农利用产品生命周期的变革来解释美国企业战后对外直接投资的动机、时机与区位选择。产品生命周期分为产品创新、成长、成熟和衰退四个阶段。企业对外直接投资是企业在产品生命周期运动由于生产条件和竞争条件变动而做出的决策。

在产品的创新阶段,企业具有一定的垄断地位,对于国外需求完全可以通过出口加以满足。产品在成熟和衰退阶段,国外需求增加,产品的各种技术、式样等已完全标准化了,企业的技术优势丧失,寡头和垄断地位不复存在。此时,企业处在激烈竞争中,竞争焦点集中在价格和成本上。于是,劳动力成本低的发展中国家就成了跨国公司生产的最佳区位,跨国公司海外直接投资也就转向发展中国家。在发展中国家生产的产品可以运回国内销售,也可以运往第三国市场销售,与当地企业进行有效竞争。

产品生命周期学说是以垄断优势论为基础的,动态化解释了跨国公司对外直接投资形成的过程。但是,该理论只能说明企业最初作为一个投资者进入国外市场的情况,而不能说明跨国公司的投资行为。因为跨国公司的全球国际生产体系形成之后,并不遵循产品生命周期的模式进行。例如,企业在国外原材料产品的投资以及非出口替代投资,就与产品周期无关。因此,20世纪70年代的时候,弗农修正了他的理论,将产品周期重新定义为以创新为基础的寡占、成熟的寡占以及老化的寡占三个阶段。跨国公司将依据不同的进入障碍来建立和维护其寡占地位。

(五)边际产业扩张理论

20世纪60年代,随着日本经济的高速发展,其国际地位日益提高,与美国、西欧共同构成国际直接投资的"大三角"格局。在这种背景之下,以日本学者小岛清(K. Kojima)教授为代表的一些日本学者对日本的海外投资进行了专门的研究,根据日本国情,提出了边际产业扩张理论。

边际产业扩张理论(theory of marginal industry dilation)也称为比较优势说或者小岛清模型。1978年,小岛清在其代表作《对外直接投资》一书中系统地阐述了对外直接投资理论。其基本主张是:对外直接投资应该从本国(投资国)已处于或已经陷于比较劣势的产业(可称作边际产业),同时也是对方国家(东道国)具有显在或潜在比较优势的产业开始依次进行投资。

小岛清认为,与美国式对外直接投资是把经营资源作为一种特殊的生产要素,并产生了寡头垄断不同的是,日本则在国内发展另一有前途的新产业,将资本和劳动力从相对不利的产业转到该新兴产业。具体说来,日美的对外投资具有以下三个方面的差异:首先,美国的海外企业大多分布在制造业部门,从事海外投资的企业多处于国内具有比较优势的行业或部门,同时在世界市场上具有垄断优势;而日本对外直接投资主要分布在自然资源开发和劳动力密集型行业,这些行业是日本已失去或即将失去比较优势的行业,但在投资国则具有一定的比较优势,对外投资是按照比较优势进行产业转移。其次,美国从事对外直接投资的多是拥有先进技术的大型企业;而日本的对外直接投资以中小企业为主,所转让的技术也多为适用技术,比较符合当地的生产要素结构及水平。最后,美国对外直接投资是贸易替代型的,对外直接投资的增加会减少这些行业产品的国内出口;而日本的对外直接投资是贸易创造型的,对外直接投资的增加会带来国际贸易量的扩大。

小岛清的"边际产业扩张论"是在运用国际贸易理论中的赫克歇尔—俄林的资源禀赋差异导致比较成本差异的原理来分析日本对外直接投资,是在当时国际对外直接投资理论无法解释和指导日本的对外投资活动的背景下提出的。反映了20世纪60—70年代日本的对外投资是以垂直分工为基础的。实践证明,它对日本的对外直接投资的确起到了积极的促进作用。甚至在今天的日本对一些发展中国家的投资中,很少出口高技术,可能就是受到"小岛理论"中的"从技术差距最小的产业依次进行移植"影响。但由于跨国公司的投资既有垂直分工,同时还有水平分工,小岛清模型只能反映日本及少数欧洲国家战后某个时期的特点,决定的因素也仅仅局限在国际分工的比较成本上,因而并不具有普遍意义。实际上,进入20世纪80年代以后,日本对美国与欧盟的制造业投资增加,且以进口替代性投资为主,这与美国式投资的差异也日益缩小。

(六)投资发展阶段理论

邓宁的投资发展阶段理论(investment development path)是折衷理论的动态发展,其主要观点是发展中国家对外直接投资倾向,取决于经济发展阶段以及该国所拥有的所有权优势、内部化优势和区域优势,揭示了经济发展水平与对外直接投资规模之间的正相关关系。邓宁采取实证分析方法,对67个国家1967—1978年间的直接投资流量与经济发展水平的资料进行了分析,结果发现一国的直接投资流量与该国的经济发展水平有密切关系。邓宁用人均国民生产总值(GNP)代表一个国家的经济发展水平,用一国的人均直接投资流出量(ODI)、人均直接投资流入量(IDI)和人均直接投资净流出量(NODI)表示

一国对外直接投资的水平。根据不同的经济发展阶段,对外投资从无到有,其发展过程可以划分为四个阶段:

(1)第一阶段基本无外资。人均 GNP 低于 400 美元(1980 年美元价格,下同)的最贫穷的发展中国家,几乎没有所有权优势和内部化优势,也不能利用国外的区位优势,对外直接投资处于空白状态,国外直接投资的流入处于很低的水平。

(2)第二阶段开始吸收外资。人均 GNP 在 400—2 000 美元之间的发展中国家,由于区域内部产量的增加,内部市场需求相对饱和,国内厂商必然会根据比较优势原则,寻求外部市场,通过出口来扩展产能,增大经济福利。但是,总的来看,国内企业的所有权优势与内部化优势不显著,对外直接投资相对较少,但国家投资环境的改善吸引了大量外资。因此,对外直接投资净额为负值,且绝对值有增大的趋势。

(3)第三阶段出现对外投资成长。人均 GNP 在 2 000—4 750 美元之间的国家在这一阶段,外国对本国的直接投资量仍然大于其对外直接投资,不过两者之间的差距缩小。

(4)第四阶段为净对外投资阶段。邓宁的实证分析认为,当一国或地区人均 GNP 超过 4 750 美元时,既有大量对外投资,又大量吸收外资,但已成为净对外投资地。

由此可见,一国的经济发展水平决定了它所拥有的所有权优势、内部化优势和区位优势的强弱,三个优势的动态组合及其消长变化决定了一国的对外直接投资地位。

专栏 8-4

美国产"中国制造"正在崛起?

美国消费者新闻与商业频道(CNBC)2 月 8 日文章,原题:美国产"中国制造"正在崛起? 中国经济的发展令中国企业的"出海"成为可能,而在越来越多中国企业扩大海外业务的背景下,"中国制造"这一名词正在被赋予新的内涵。未来,随着制造业"出海"的脚步日渐加快,"中国制造"或许不再会是一个单纯的产地定义,而更像是一种能力的证明,就算以后印有"中国制造"的产品其实完全是由美国人生产,也不会再是什么天方夜谭。以下为文章摘编:

美国弗吉尼亚州首府里士满郊外的詹姆斯河沿岸,一所造纸厂即将于今年晚些时候动工。工厂的主人是一家来自中国的造纸企业。完工后,它将会消化该地区出产的稻草、玉米秸秆,并将之转化为纸巾、面纸、有机肥料等家庭用品,而所有的这些产品还会被贴上一个"产自美国"的标签。

有预测称,截至到 2020 年,投资建造这座工厂的山东林泉纸业有限公司,将会给当地创造大约 2 千个就业岗位,而山东林泉纸业有限公司也是最新一家投资美国的中国制造业企业。

荣鼎咨询集团(Rhodium Group)提供的数据显示,2014 年中国对美国的直接投资已经达到了 120 亿美元,连续第二年突破 100 亿美元大关。荣鼎咨询集团正在密切关注着中国流向美国的资金情况。3 年前的 2012

年,中国对美国投资首次超过了美国对中国的投资。

亚洲人投资美国似乎并不是什么新闻。早在 20 世纪 80 年代,日本企业就已经率先走上了这条道路。当时他们这么做的部分原因,是为了应对美国在进口于日本的产品上施加的关税。虽然在中国企业来美国投资的原因中关税也是一个考量,但相比日本对美国的投资,中国企业做得却更加高调,在其他方面也更另辟蹊径一些,这也让许多美国当地的制造业企业有所担忧。

中国企业对美国的投资大部分是借助收购的形式。中国双汇集团耗资约 47.2 亿美元收购史密斯菲尔德,就是中国企业借助收购对美投资的典型。但其他的中国企业也在采取另外一种形式,即在美国当地开设工厂。这些工厂将会从美国的土地上拔地而起。荣鼎咨询集团的研究显示,中国企业目前正花费上亿美元扩展其在美的项目、发展在美的分公司。

除了关税之外,还有什么原因令中国制造业企业选择进驻美国、在美国当地设立工厂呢?

过去,在一些人眼中,"中国制造"无非就是一些用集装箱拉来的低成本产品,比如廉价的玩具和纺织品。但很显然,目前中国正试图向产业链的上端移动。2014 年,中国国内 GDP 增速达到 7.4%,为近 24 年来最低。国内经济的放缓,令中国产生了升级为"高附加值产品制造者"的欲望。但这些"高附加值产品"(例如昂贵的建筑机械设备等),其生产制造和销售都是依赖于高科技和创新的,相比集中于低附加值的国内一些地区,毫无疑问在国外获得这些技术要更加容易一些。

与此同时,带有一些讽刺意味的是,虽然在美国设立工厂会白白把工作机会送给美国人,但有些中国企业却似乎乐于让自己的产品带上"产自美国"的标签,荣鼎咨询集团的研究显示,外国品牌以及国外的质量控制水准,对于富裕的中国中产阶级来说正显得越来越重要。

尽管中国的慷慨投资一定程度上振兴了美国部分地区的制造业,但一些观察人士却仍然心存疑虑。中国在美国开设的工厂,让一个有关海外投资的"老担忧"再度浮上一些美国人的心头:中国企业在美国开厂,会不会只是想要获得美国人的技术?中国企业的入驻,会不会让美国本土的企业最终遭到淘汰?

这些忧虑似乎也来得早了些,虽然中国制造业企业正在扩大赴美的脚步,但毕竟目前它们的到来还只是一个开始,算不上繁荣期。不过,放眼未来,中国制造业布局美国的势头却也不可小觑。荣鼎咨询集团预测称,2015 年将会是中国制造业企业进军美国的"大年",目前谈判中的类似协议总额就已经达到了 30 亿美元。越来越多的中国制造业企业进军美国,将无疑会令 2015 年中国对美投资总额达到一个新的高度。近一段时间以来国际油价一直盘旋于 50 美元的低位,也给了不少中国企业以机会,预计未来中美能源企业之间还有可能达成更多类似的协议。

此外,有关消息称,截至目前,有至少三家企业在积极运作他们位于美国当地的工厂。这之中就包括科尔集团位于南卡罗莱纳州、耗资 2.18 亿美元的棉纱厂,三一重工位于佐治亚州、耗资 6 千万美元的办公用地及建筑机械设备厂和联想集团在北卡罗来纳州的电脑工厂。

(资料来源:中国日报网 2015 年 2 月 9 日,作者:海闻。)

本章小结

1. 劳动力流动引起的福利变动是:劳动力流入国福利增加,劳动力流出国企业的损失大于劳动力所得,但移民本身有净收益。如果包括参与流动的劳动力的所得,劳动力流出国的福利也得到改善。世界整体福利水平提高。

2. 国际资本流动引起的利益变动是:资本输出国有净收益;资本输入国的劳动力获利、资本受损,但国家整体福利水平上升。

3. 跨国经营是企业适应客观条件追求利润最大化的结果。跨国公司在国际经济中的主要作用是,促进了商品的生产和流通,促进了资本的国际流动,也促进了技术的国际转移与外溢。

4. 除了传统理论的解释,对国际直接投资更多地是从跨国公司行为角度来说明直接投资产生的动因。这形成了较为成熟的国际直接投资和跨国公司理论流派。主要有垄断优势论、内部化理论、折衷理论、产品生命周期理论、边际产业理论、投资发展阶段理论等。

重要概念

国际直接投资   国际间接投资   垄断优势理论   内部化理论   边际产业扩张理论
国际生产折衷理论

练习思考题

一、名词解释

1. 劳动力流动
2. 国际直接投资
3. 国际间接投资

4. 跨国公司

二、单选题

1. 对外直接投资与对外间接投资的根本区别在于（　　）。

A．企业拥有一定控制权

B．对企业拥有经营管理权

C．是否对企业拥有控制权和经营管理权

D．直接投资涉及有形资产的投入，而间接投资只涉及无形资产

2. 关于构成跨国公司基本要素的片面理解是（　　）。

A．位于多国的经营实体

B．分享权利和分担责任

C．股权参与形式

D．统一决策体系下的共同战略和配套政策

3. 英国海默关于跨国公司的理论称之为（　　）。

A．垄断优势论　　　　　　　　　B．内部化理论

C．国际生产折衷理论　　　　　　D．要素禀赋学

4. 跨国公司是垄断资本主义高度发展的产物，跨国公司的出现与（　　）密切相关。

A．资本输出　　　B．劳务输出　　　C．技术输出　　　D．商品输出

5. 战后海外投资发展速度最快的是（　　）。

A．美国　　　　　B．日本　　　　　C．英国　　　　　D．法国

三、思考题

1. 作图分析国际劳动力流动的福利效应。

2. 假设越南是劳动密集型国家，新加坡是资本密集型国家。东盟自由贸易区成立以后，新加坡的资本大量到越南投资。请用图形分析越南与新加坡两国资本市场的利益变动。在这个变动过程中，越南是否获益？新加坡是否能够从中得到好处？

3. 战后跨国公司迅速发展的主要原因？

4. 请运用国际投资理论分析我国成为世界上主要接受外国投资的国家之一的原因。

5. 有一种观点认为："绝大多数的外国投资者都是为了利用东道国的廉价劳动力"，请分析此种观点是否准确？理由是什么？

6. 在下列情况下，哪些属于对外直接投资，哪些不是？

（1）一个中国商人购买了美国苹果公司 800 万美元的股票。

（2）一个德国人在上海买了一套别墅。

（3）一家日本公司与一家美国公司合并。美国公司的持有人将他们的股票换成日本公司的股票。

（4）联想公司在墨西哥的蒙特雷设立生产工厂。

第九章
国际贸易与经济发展

在当今的世界上,除了北美、欧洲和日本等一部分发达国家之外,世界上绝大部分国家仍然被划分为不发达国家和发展中国家。尽管不同的发展中国家表现出很大的差异,但他们具有一些共同的特点:生活水平低、生产率水平低下、人口增长率高而受教育水平比较低、市场发育不健全、产品主要依赖原材料与初级产品、在国际市场处于被支配地位。从战后世界经济的发展实践来看,虽然发展中国家的经济发展取决于自身的国内的经济政策与要素禀赋条件,但国际贸易对于经济发展的促进作用是不容置疑的。尽管如此,由于传统的国际贸易理论是产生于市场经济发达国家,其历史传统、文化背景、经济条件完全不同于许多战后刚刚独立的发展中国家,用传统国际贸易理论去指导发展中国家的国际贸易问题时,由于缺乏必要的条件难以直接应用,即使部分应用也必须修改前提条件。一部分发展中国家甚至认为,建立在比较优势基础上的传统国际贸易理论,根本就不适应发展中国家。因而,他们主张通过进口替代来实现工业化和逐步减少对国际贸易的依赖,他们同时倡议改革现有国际经济制度以使其更加符合发展中国家的情况。本章将以发展经济学的研究为基础,介绍对外贸易与经济发展的关系及贸易发展战略。

第一节　对外贸易与经济发展相关关系的理论

关于对外贸易与经济发展的相互关系问题,古典学派和新古典学派认为,对外贸易的发展能够带动一国经济的发展,而经济的发展又能促进对外贸易的发展,两者呈现相辅相成的关系。对此,发展经济学家却持有不同的看法。尽管他们承认对外贸易能够在一定程度可以促进对外贸易的增长,但是这种促进的机制要想发挥作用,是需要一定条件的。尽管发展经济学家对西方传统理论的主要结论提出了种种挑战,但他们关于对外贸易与经济发展关系的理论探讨仍在受到了传统国际贸易理论的影响。因此,为理解和叙述方便,我们在介绍发展经济学关于对外贸易促进经济增长的理论之前,简要介绍西方传统贸易理论关于对外贸易促进经济增长的思想。

一、西方传统理论关于对外贸易促进经济增长的思想

西方传统理论关于对外贸易促进经济增长的思想中对以后的理论发展有重要影响的主要有:古典学派和新古典学派的贸易的动态利益思想、亚当·斯密的"剩余出路"论、因尼斯的"大宗商品"理论、马克斯·科登的"供给启动"论、罗伯特逊和纳克斯的"增长引擎"论。

（一）贸易的动态利益思想

以亚当·斯密和大卫·李嘉图为代表的传统国际贸易理论者,不仅阐述了对外贸易的静态利益,同时也表达了有关对外贸易促进经济发展的动态利益思想。

最早涉及国际贸易与经济发展相互关系的问题的,应是英国古典经济学家亚当·斯密。斯密认为,分工的发展是促进生产率长期增长的主要因素,而分工的程度则受到市场范围的强烈制约。对外贸易是市场范围扩展的显著标志,因而对外贸易的扩大必然能够促进分工的深化和生产率的提高,加速经济增长。斯密的这些论述包含了国际贸易具有带动经济增长作用的最初思想。

大卫·李嘉图认为,对外贸易是实现英国工业化和资本积累的一个重要手段。他指出,经济增长的基本动力是资本积累。随着人口的增加,食品等生活必需品的价格会因土地收益递减规律的作用而逐渐昂贵,工资(劳动力的价格)也将随之上涨。在商品价格不变的条件下,工资上涨将使利润下降,从而妨碍资本积累。英国通过废除《谷物法》转向谷物的自由贸易,不仅将获得建立在比较优势理论之上的静态利益,而且通过降低食品价格,制造部门可吸收更廉价的劳动力,从土地所有者那里转移更多的利润,增加资本家的利润和投资,加快制造部门的扩展和整个经济的增长,从而获得动态贸易利益。

较为系统地论述贸易的发展利益的古典经济学家,是英国的约翰·穆勒。他关于贸易对经济发展贡献的论述给后来的经济学家很大的启发。他第一次明确区分了贸易利益和发展利益。他认为,国际贸易具有两种利益,一种是直接利益,另一种是间接利益。直接利益包括两个方面:一是通过国际分工,使生产资源向效率较高的部门转移,从而提高产量和实际收入;二是通过贸易可以得到本国不能生产的原材料和机器设备等该国经济活动持续进行所必需或不可缺少的物质资料。间接利益则表现为:通过贸易分工推动国内生产过程的创新的改良,提高劳动生产率;通过产品进口造成新的需求,刺激储蓄的增加,加速资本积累等等。

(二)"剩余出路"论

"剩余出路"论(vent-for surplus theory)最早由亚当·斯密提出,其主要观点为:对外贸易可以为本国的剩余产品提供出路,刺激国内需求,从而促进本国经济的增长。

亚当·斯密假定,一国在开展对外贸易之前处于不均衡状态,存在闲置的资源或剩余产品。当该国由封闭转向开放后,便可出口其剩余产品或由闲置资源生产的产品,即对外贸易为本国的剩余产品提供了"出路"。他说道,不管对外贸易在哪些国家之间发生,它都具有两种明显的利益,即它使用本国土地和劳动力生产出来的剩余产品得以实现,并且换回本国有需求的其他产品,通过用剩余产品与国外产品相交换,"剩余"产品也就被赋予了价值。由于出口的是剩余物或由闲置资源生产的产品,因而无需从其他部门转移资源,也不必减少其他国内经济活动。进而出口所带来的收益或由此而增加的进口也就不存在机会成本,因而必然能够促进该国的经济增长。

以一国在贸易前存在闲置资源或剩余产品为假设前提的"剩余出路"论,得出了对外贸易必然促进一国经济增长的结论。然而在比较优势理论中,出口部门的扩张是通过进口替代部门转移资源来实现的,涉及进口替代部门的缩减,则不一定能够得出经济总量同时增加的结论。因此,"剩余出路"论可在一定程度上与比较优势理论互补。

(三)"供给启动"论

与"剩余出路"论主要从需求的角度来分析对外贸易如何带动经济增长不同的是,澳大利亚经济学家马克斯·科登则将对外贸易与宏观经济变量联系起来,从供给的角度剖析对外贸易对经济增长的影响。该理论特别强调对外贸易对生产要素供给量的影响和对劳动生产率的作用,被称为"供给启动"。

科登认为,一国开展对外贸易,将产生以下五方面效应:(1)收入效应,即通过将对外贸易取得的静态利益转化为国民收入总量的增加;(2)资本积累效应,即当来自贸易利益的收入中增加部分用于投资时,将使该国的资本积累增加;(3)替代效应,即若投资品为进口含量较大的产品,则对外贸易的开展会使投资品的供给增加,导致投资对消费的比率提高,而投资率的提高必将推动经济增长率的上升;(4)收入分配效应,即对外贸易的开展,将使出口生产密集使用的生产要素的报酬和这些要素的所有者收入大为提高,若这些要素所有者属于国内储蓄倾向较高的集团,则在其他条件不变的前提下,这种收入分配的变化将会提高经济的储蓄率,因而提高资本的积累率;(5)要素加权效应,即假定生产要素的劳动生产率增长不一致,则产出的增长率可视为各种生产要素增长率的加权平均。当出口贸易扩大,而且出口生产大量使用的是劳动生产率增长更快的要素时,出口生产增长率将会提高更快。科登认为,所有上述效应都是累积性的,这意味着贸易对经济增长的贡献作用将随着经济的发展逐渐得到强化。

(四) 对外贸易是"经济增长的发动机"

1937 年英国学者罗伯特逊提出"对外贸易是经济增长发动机"的命题,其主要着眼点在于阐述后进国家可以通过对外贸易尤其是出口增长来带动本国经济的增长。50 年代纳克斯(Ragnar Nurkse)对其作了进一步补充和发展。该理论的基本观点是主张对外贸易是经济"增长的发动机"。纳克斯通过分析 19 世纪英国与新殖民地区国家如美国、加拿大、澳大利亚、新西兰等国家经济发展的原因后认为:19 世纪的英国(中心国家)的经济增长,通过外贸带动了加拿大、澳大利亚、新西兰(外围国家)的经济增长,外贸是经济增长发动机的关键因素,是中心国家经济增长使得对初级产品需求的扩大。这样,初级产品的生产国即外围国家就成为国际分工格局的受益者,其初级产品的出口迅速增加,而高度的出口增长率会通过一系列的动态转换过程,把出口部门的经济增长传递到国内其他各个经济部门,从而带动国民经济的全面增长。

20 世纪 60 年代以后,西方经济学者进一步补充了这一学说。他们认为,对外贸易,尤其是出口的高速增长是通过以下途径来带动经济增长的:(1)一国的出口扩大意味着进口能力增强,而进口中的生产资料对促进经济增长具有特别重要的意义;(2)出口增长使一国更加趋于按比较优势原则配置资源,提高生产专业化程度,从而提高劳动生产率;(3)出口增加使一国的市场扩大,从而能够进行大规模生产获取规模经济的利益;(4)出口扩大使一国出口产业及相关产业面临激烈的竞争,迫使企业加速技术改造,降低成本,提高质量,提高经营管理水平;(5)出口的扩大会鼓励外国投资的流入,刺激国民经济各部门的发展。

尽管这一理论在许多国家得到了验证,但纳克斯同时也认为,对外贸易是"经济增长的发动机"这种观点只适应于解释 19 世纪,而不能用来解释 20 世纪以后对外贸易与经济发展的关系。

二、发展经济学关于对外贸易与经济增长关系的理论探讨

在传统国际贸易理论的基础上,发展经济学家联系发展中国家的对外贸易和经济发展的实际情况,对国际贸易和经济增长之间的关系进行了深入的分析探讨,发展和完善了传统理论的观点,同时也提出了某些质疑。

(一)资源非充分利用与剩余出路论

传统国际贸易理论关于充分就业的假定不适合发展中国家的实际情况,发展中国家普遍存在着大量剩余劳动力。从这一实际出发,缅甸经济学家迈因特发展了亚当·斯密的"剩余出路"论。根据剩余出路的贸易理论,迈因特认为,发展中国家可以以很低的成本甚至零成本来扩大生产能力去出口剩余产品,并换回国内需要的进口品,提高消费水平,加速经济增长。

根据剩余出路理论,为偏僻的农业社会打开世界市场并不像传统国际贸易理论所设想的那样,是对已经充分就业的劳动力和已经充分利用的自然资源进行再配置,而是对以前没有充分利用的劳动力与自然资源进行充分的利用,为国际市场生产更大的产出。剩余出路理论的解释可以用图9-1来说明。图中曲线 AB 为某发展中国家的生产可能曲线,斜线 cd 为该国的贸易条件。在贸易之前,在封闭的条件下,由于资源没有得到充分利用,该国在生产可能曲线内的某一点(假设 X_1 和 M_1 的交叉点 V),生产 X_1 的初级产品和 M_1 的制成品。该国开展国际贸易以后,国际市场的需求刺激了该国的生产,从而使初级产品生产量由 X_1 向 X_2 扩张,国内由生产可能性曲线内的 V 点向生产可能性曲线上的点 d 点移动,表明国内已经充分就业。若贸易条件不变,且该国维持原有的初级产品消费水平,则可通过出口 $X_1 X_2$ 的初级产品,换回 $M_1 M_2$ 的制成品,从而使本国的制成品消费由 M_1 提高到 M_2,其结果最终消费达到 c 点,可见,对外贸易不仅能够改善一国的资源配置,而且能够促进其闲置资源的充分利用,为剩余产品提供出路,同时提高生产与消费水平,促进经济增长。

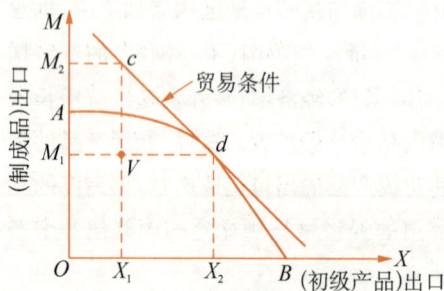

图9-1 剩余出路的贸易理论

迈因特认为,与比较优势理论相比,剩余出路论更能够解释19世纪发展中国家出口的快速增长。原因在于:第一,如果没有未利用的资源,扩张过程不可能持续;第二,比较优势理论不能解释为什么两个相似的国家,一个能发展出重要的出口部门,而另一个则不能,剩余出路论却提供了一种可能的解释;第三,剩余出路论更适合于解释贸易的开始,因为我们很难想象,一个没有剩余产品的国家会按照比较优势原理去参与国际分工与国际贸易,以期达到更高的消费可能性。在解释贸易模式上,剩余出路论更适合于解释贸易的原始基础,而比较优势理论则能够解释贸易的商品类型,而剩余出路论在这方面显得无能

为力。

　　在大卫·李嘉图的动态利益思想基础上,刘易斯(W. A. Lewis)于 1954 年提出了与发展中国家关系特别密切的二元经济模型。他把发展中国家的经济划分为低效率的农业(即传统部门)和现代化的工业(即现代工业部门)这样两个性质完全不同的部门。一国的经济发展就是在拥有大量低效率的传统农业部门里,创造出具有极大活力的现代部门。由于传统农业部门存在着大量"无限"供给的劳动力,因而现代工业部门的任务就是运用再生产资本,雇用工资劳动力,进行以利润最大化为目的的资本积累,并在积累的过程中,不断地吸收传统农业部门的剩余劳动力。随着现代工业部门比重的不断上升,在某个时间段里,就会迎来经济发展的"转换点"。一旦一国越过了转换点之后,就会迎来一个以现代工业为主,同时现代农业也得到充分发展这样一种新局面。如果现代工业部门生产的是出口产品,通过扩大现代工业部门的出口,有助于扩大现代工业部门产品的市场和需求,增加现代工业部门的劳动就业,使传统农业部门的"无限"剩余劳动力转移到现代工业部门。由于传统农业部门的劳动力具有"无限"供给的特点,又使得现代工业部门可以用非常低的工资雇用大量的剩余劳动力,从而进一步增加资本主义部门的利润和积累,促进经济增长。

（二）贸易条件恶化论

　　传统贸易理论认为按照比较优势进行国际贸易能够提高资源的利用效益,进而促进经济发展。但由于发展中国家主要生产并出口劳动密集型产品,而发达国家主要生产并出口资本密集型产品,他们相互之间的分工与交换往往难以在平等基础上进行的,大多数情况下可能对发展中国家不利。

　　1949 年 5 月,阿根廷著名的经济学家劳尔·普雷维什针对 1929 年大危机后拉丁美洲国家初级产品的贸易条件的不断恶化,在向联合国拉丁美洲经济委员会提交的一份题为《拉丁美洲的经济发展及其主要问题》的报告中提出贸易条件恶化论(deteriorating trade terms theory)。该理论提出后经过索洛的历史考查、辛格的进一步完善,得到了大多数发展经济学家的认同。

　　该理论认为,传统贸易理论认为按照比较优势进行国际贸易能够提高资源的利用效益,进而促进经济发展这样一种观点没有考虑到各个国家内部的充分条件,并且是假设国家与国家之间的商品交换是在平等基础上进行的。但事实上,发展中国家出口的是初级产品,进口的是制成品,而初级产品的需求弹力性低于制成品;同时,发达国家人工合成替代品的大量使用以及节约原材料技术的发展,使发展中国家出口的需求进一步减少;再加上发达国家与发展中国家市场结构的差异——即一方面发达国家垄断进口初级产品市场,而另一方面又垄断出口制成品市场,因而造成发展中国家贸易条件处于不利地位。在这种条件下,出口初级产品的国家不可能由于对外贸易而提高其长期经济增长率。而米达尔则进一步主张对外贸易将会使发展中国家的经济落后领域持久化,甚至创造出更多的落后领域。为了扭转贸易条件下降的趋势,改变不利的贸易地位,发展中国家应该发展内向型进口替代工业化的发展道路。

　　1970 年,美国经济学家克拉维斯(I. B. Kravis)明确地把对外贸易称为"增长的侍女"。他认为，一国的经济增长主要由其国内因素决定，外部需求只构成了对增长的额外刺激，这种刺激在不同国家的不同时期有不同的重要性；在他看来，对外贸易既不是增长的充分条件也不是必要条件，而且还不一定必然对经济增长有益。这种折衷观点虽然得到许多人的赞同，但克拉维斯并没有进一步指出在什么机制和条件下对外贸易能够促进经济增长。

就连提出"增长引擎"论的经济学家也认为，由于在20世纪世界市场对于初级产品的需求已发生变化，初级产品在世界贸易总值中所占的比重已下降，发展中国家已不能依靠初级产品的出口来带动它们的经济发展。而且发展中国家输出制成品的前景也是暗淡的，这是因为发展中国家的劳动生产率低下和国内市场狭窄，因而不能取得最低限度的生产效益。同时，发达国家所生产的制成品在世界市场上的强劲的竞争力和它们所采取的保护关税政策，也阻碍了发展中国家的制成品进入世界市场。刘易斯把贸易对不发达国家的重要性的这种变化称为"增长发动机的降速"。他认为，要使对外贸易这台"发动机"重新加速，较好的政策选择就是建立发展中国家之间的关税同盟，走"南南合作"的道路。

普雷维什和辛格等人所提出的贸易条件恶化论是对传统国际贸易理论的否定。它否定了自由贸易对所有国家都有好处的结论。它认为在现有的贸易格局下，贸易只对出口制成品的中心国家有利，对出口初级产品的外围国家是不利的。因此，它的政策意义是很清楚的，即反对自由贸易，主张贸易保护。它为发展中国家走进口替代的工业化道路，为实行贸易保护提供了一个有力的理论根据。20世纪50年代至60年代许多发展中国家，尤其是拉丁美洲国家普遍采用内向型发展战略，可以说，在理论上受普雷维什等人的观点的影响是很大的。但是，从近几十年世界经济与贸易发展的状况来看，贸易条件恶化论受到了极大的挑战，建立在贸易条件恶化论基础上的进口替代工业化战略在许多发展中国家的实践中只取得了有限的成功或遭到了失败。与此相对的是，20世纪60年代以后，一批发展中国家与地区开始按照比较优势与全世界开展分工与贸易，转向以出口为导向战略，先是以韩国、香港、台湾和新加坡为首的亚洲四小龙的强劲崛起，接着是泰国、印尼、马来西亚、菲律宾这四只小虎的腾飞，最后是中国这条老龙以前所未有的速度追赶上来，形成了一波又一波的发展浪潮。从上述国家与地区的发展历程来看，他们的经济的腾飞正如世界银行的研究报告《东亚奇迹》报告所指出的那样：东亚经济发展速度之所以高于拉丁美洲、非洲等新兴市场，是因为东亚经济体注重基本权利、促进投资、培养人力资本并开放出口型制造业。日本、亚洲"四小龙"、亚洲"四小虎"、中国等东亚国家与地区实现经济成功的核心所在。比较优势战略使得经济发展在每个阶段上都能发挥当时资源禀赋的比较优势，从而维持经济的持续增长并提升资源禀赋的结构。

专栏 9 - 1   刘易斯拐点

刘易斯拐点，即劳动力过剩向短缺的转折点。它由诺贝尔经济学奖得主刘易斯在人口流动模型中提出。

刘易斯指出：在一国发展初期存在二元经济结构，一个是以传统农业部门为代表的、以传统生产方式生产的部门；一个是以工业部门和城市为代表的、以现代生产方式生产的部门。从劳动力报酬变化规律看，刘易斯的"二元经济"发展模式可以分为两个阶段：一是劳动力无限供给阶段，此时劳动力过剩，工资取决于维持生活所需的生活资料的价值；二是劳动力短缺阶段，此时传统农业部门中的剩余劳动力被现代工业部门吸收完毕，工资取决于劳动的边际生产力。由第一阶段转变到第二阶段，劳动力由剩余变为短缺，相应的劳动力供给曲线开始向上倾斜，劳动力工资水平也必然不断提高。

"刘易斯拐点"预示着廉价劳动力无限供给的时代不是永久的，同时也警示一国不可过分依赖廉价劳动力优势，否则久而久之便会失去创新的能力，以致在"人口红利"枯竭时，就将可能处于不可持续发展的不利境地；从影响上看，数目庞大的廉价劳动力出现市场短缺将直接影响那种粗放的、低水平的、劳动力密集型产业，其经济增长点将面临严重萎缩，"倒逼"这类产业升级。在人力资本对产业的要求更高之后，政府、企业在创新环境和制度文化等方面也必须作出调整和改善，例如改革税收制度、户籍管理制度和社会保障制度，提供农民工子女就学、职业技能教育等公共产品。

（资料来源：《四川日报》2010年8月4日，作者：李志强。）

第二节　贸易条件与经济发展

在第一章中，我们定义了商品或者纯易货贸易的贸易条件（the terms of trade）。然而，除此之外还有其他类型的贸易条件，如收入贸易条件、单因素贸易条件、双因素贸易条件等，本节我们将通过举例来加以详细的说明。

一、贸易条件的形式

贸易条件有四种不同的形式：

（一）商品贸易条件或净贸易条件（commodity or net barter terms of trade）

商品贸易条件（N）指出口商品价格指数（P_X）与进口商品价格指数（P_M）之比，为以百分比反映，通常乘以100。其公式为：

$$N = \frac{P_X}{P_M} \cdot 100$$

例如，如果我们把 1950 年作为基年 ($N = 100$)，2010 年时出口价格指数 P_X 降低了 5%（为 95），而进口价格指数上升 10%（为 110），则该国的商品贸易条件为：

$$N = (95/110) \times 100 = 86.36$$

这表明该国从 1950 年到 2010 年，商品贸易条件恶化了 13.64。

（二）收入贸易条件(income terms of trade)

以出口量指数 (Q_X) 与商品贸易条件相乘来表示总贸易量变化的指数称为收入贸易条件 (I)。其计算公式为：

$$I = \left(\frac{P_X}{P_M}\right) \cdot Q_X$$

仍以上例说明。在进出口价格指数相同的条件下，如果 Q_X 从 1950 年的 100 上升到 2010 年的 120，则该国的收入贸易条件上升为：

$$I = (95/110) \times 120 = 103.64$$

它说明尽管该国的商品贸易条件恶化了，但由于出口量的上升，以出口收入为基础的进口量上升了 3.64%，也就是说收入贸易条件好转了。

（三）单因素贸易条件(single factorial terms of trade)

在商品贸易条件基础上，考虑出口商品劳动生产率 (Z_X) 的作用所得到的贸易条件称单因素贸易条件 (S)。其计算公式为：

$$S = \frac{P_X}{P_M} \cdot Z_X$$

它表示包含在出口商品中的每单位生产要素所获得的进口商品数量。通过一国不同时期的单因素贸易条件的比较，可反映该国每单位生产要素贸易利益的变化。

例如，假定进出口商品价格指数与上例相同，而该国的劳动生产率从 1950 年的 100 上升到 2010 年的 130，那么该国的单因素贸易条件为：

$$S = (95/110) \times 130 = 122.27$$

这意味着该国 2010 年与 1950 年相比，尽管贸易条件恶化，但由于此期间出口劳动生产率提高弥补了净贸易条件的恶化，从而使得该国单因素贸易条件好转。

（四）双因素贸易条件(double factorial terms of trade)

双因素贸易条件 (D) 是在商品贸易条件的基础上，考虑出口商品劳动生产率变化和进口商品劳动生产率 (Z_M) 变化后贸易条件的变化。其计算公式为：

$$D = \left(\frac{P_X}{P_M}\right) \cdot \left(\frac{Z_X}{Z_M}\right) \cdot 100$$

假定上例中的进口价格指数不变,出口劳动生产率指数不变,而进口商品劳动生产率指数从 1950 年的 100 上升到 2010 年的 105,则双因素贸易条件为:

$$D = (95/110) \times (130/105) = 106.93$$

在上述的 4 种贸易条件中,商品贸易条件 N、贸易收入条件 I、单因素贸易条件 S 比较重要,也应用得比较多,而双因素贸易条件在实践中,尤其是对发展中国家意义不大,极少使用。由于商品贸易条件最易计算,也应用得比较广泛,故大多数参考文献中常常将商品贸易条件 N 简称为"贸易条件"。

二、贸易条件与经济发展

自劳尔·普雷维什和汉斯·辛格提出"贸易条件恶化论"以来,西方经济学界围绕这一论点引起了广泛争议,由此引发了一场历经数十载的"贸易条件之争"。几十年来,发展中国家的贸易条件是改善了还是恶化了,一直存在两种不同观点,并且随着社会发展而得到不同学派的支持或反对。

(一)经济落后国家贸易条件长期恶化

普雷维什和辛格具体分析了发展中国家的贸易条件问题。他们认为,近一百多年来,初级产品的价格比制成品的价格下降幅度大得多,发展中国家初级产品的贸易条件存在长期恶化的趋势。在资本主义国际分工下形成的"中心—外围"体系,从一开始就是不平等的,滋生了一些不利于外围国家初级产品贸易条件的因素:

1. 技术进步的利益不能平均分配

普雷维什认为,传统的国际贸易和国际分工理论虽然从逻辑上说是正确的,但其前提条件与现实状况相去甚远,只能适用于中心国家之间,而不适用于中心与外围之间。因为在中心—外围体系中,中心首先发生技术进步,是技术创新者,以向外围出售工业品为主;外围是经济和技术落后的地区,主要从事初级产品的生产和出口。一般说来,工业部门更容易吸收新技术,技术水平和劳动生产率更高,工业品的价格较高。而初级产品部门技术落后,劳动生产率低,投入要素的边际收益递减,因而其价格较低。所以,外围国家初级产品在国际市场上的价格相对工业品而言呈现出下降趋势。

2. 制成品的市场结构具有垄断性

结合经济周期来看,在高涨时期,初级产品价格和制造品价格都会上涨;在危机时期,初级产品价格猛烈下降,但是制成品市场却因具有垄断性质,商品价格下降的幅度小于在高涨时期的上升幅度,也就小于初级产品价格下降的幅度。这样,在连续的周期变化中,两类商品价格的差距就不断扩大了。

3. 工业国和发展中国家对进口商品需求的增长率不同

辛格指出,由于恩格尔规律的作用,实际收入的增加会引起对制成品需求更大程度的增加,但对食物需求增加的程度较小。故而,初级产品的价格不但是周期性的下降,而且还是结构性的下降。在提出贸易条件恶化论的同时,经济学家们还具体分析了国际贸易对发展中国家经济发展的其他作用和影响。辛格曾指出:发展中国家"从贸易中虽然获得一些'静态'利益,但他们在自己的历史上却未曾得到使工业国富强的那种动态的、有辐射力量的因素"。

初级产品不利的需求条件,也是外围国家贸易条件长期恶化的重要原因。根据恩格尔定律在国际贸易中的应用,随着一国收入的增长,总收入中分配给初级产品部门的比重将下降,分配给工业品生产部门的部分会上升。假如初级产品和工业品的需求收入弹性一致,两者的生产、供求和贸易将趋于平衡。然而,初级产品的需求收入弹性大大低于制成品,实际收入的增加会引起对工业品需求的增加,但对初级产品的需求不会产生同样的效果。此外,工业技术的进步往往会减少单位产品的原材料消耗量,所形成的节约抑制了对初级产品的需求;而大量合成产品的出现,更是直接替代了对天然原材料的需求。

(二)发展中国家贸易条件没有恶化

西方主流经济学家则对贸易条件恶化论进行了批判。以范纳和哈伯勒为代表的经济学家却持完全相反的观点,并从五十年代初起和普雷维什等展开了激烈的论战。

哈伯勒认为,贸易条件恶化论的解释是错误的,推断是草率的,政策结论是不负责任的。它不能全面反映问题。这是因为:

(1)以"比较成本说"为理论基础的国际分工同样会给发展中国家带来利益。

(2)普雷维什以1876—1938年英国进出口产品的平均价格指数这一统计数据为依据是不妥的,它并不具有代表性,因而是不能得出"发展中国家贸易条件长期恶化"的一般性结论的。

(3)不能完全用制成品与初级产品来分别代表工业中心和不发达外围各自的出口品。因为"即使在整个世界都实现了工业化的时候,一些国家仍然会保留其在农业上的比较优势,继续充当农产品出口国。

(三)"依附论"

另外,在20世纪60年代以后又兴起了一股被称之为"依附论"(dependency theory)或者"外围—中心论"的激进主义思潮,主要代表人物有阿根廷的劳尔·普雷维什、埃及的萨米尔·阿明、英国的A·G·弗兰克和美国的I·沃勒斯坦等。他们认为,世界被分为中心国家(发达国家)和外围国家(发展中国家),前者在世界经济中居支配地位,后者受前者的剥削和控制,后者依附于前者。由于中心与外围之间国际地位的不平等,导致中心与外围之间的贫富分化越来越严重。

为了摆脱对发达国家的依附,"依附论"者主张发展中国家沿着自力更生的道路重建自己的经济结构,减少对外部经济的依赖。

由此可知,随着经济发展思想的演变,发展经济学关于国际贸易对经济发展影响的认识也在逐步深化。这些理论虽然都难免有其偏颇之处,但是,它们对于分析国际贸易对发展中国家和整个世界经济发展的实际影响和作用,对于一个国家制定对外贸易政策和处理好对外贸易与经济发展的关系有着一定的参考价值。

中国制造业超美国跃居世界第一虚名背后存隐患

2011 年是"中国制造"喜忧参半的年份。年初的数据显示,中国 2010 年制造业产值超过美国,跃居"世界第一"。然而,这一喜讯还没有散开,沿海地区就传来"美国制造"正回迁本土的消息,中国似乎又面临"制造业撤离"的风险。

业内人士的研究表明,中国是世界上制造业高、中、低端产业链条相对比较完善的少数国家,过去中国经济飞速发展,主要是承接世界中低端制造业转移的结果,今后则必须在高端制造领域确立地位,否则"从前取得的成就也可能失去"。

据美国研究机构 HIS 测算,2010 年世界制造业总产出达到 10 万亿美元。其中,中国占世界制造业产出的 19.8%,略高于美国的 19.4%。而制造业世界第一的"宝座",美国从 1895 年一直保留至 2009 年。

也有论者引用联合国的统计数字,发现按 2011 年年初的汇率计算,中国制造业产值为 2.05 万亿美元,而美国制造业为 1.78 万亿美元。

无论怎么说,单就数据而言,制造业在产值上超过了美国,这对中国人是个喜讯。许多分析人士称之为"历史性的超越"。事实上,中国在 19 世纪 30 年代制造业产值曾占全球的 30%,但随后爆发的鸦片战争,却将该成就打入谷底,到 1900 年,这个份额降至仅大约 6%。之后,中国用了 100 多年来实现追赶。

其实,有更详尽的数据可以佐证中国制造能力"第一"是名副其实的。

比如,从基础工业数据看,2010 年中国粗钢产量 6.27 亿吨,占世界总产量的 44.3%,超过第 2 至第 20 名的总和;水泥产量 18.68 亿吨,占世界总产量 60%;电解铝 1 565 万吨,占世界总量 65%;精炼铜产量占世界 24%,而消费量占世界一半;煤炭产量 32.4 亿吨,占世界总产量的 45%;化肥产量占世界 35%,化纤产量占世界 42.6%;玻璃产量占世界 50%。除了石油、乙烯,中国的基础工业产能大多名列前茅。

在具体产品上,中国的成绩单同样出众——汽车产量 1 826.47 万辆,超过美国,占世界总产量的 25%;船舶产量占世界 41.9%;工程机械占世界 43%。中国还为世界生产了 68% 的计算机、50% 的彩电、65% 的冰箱、80% 的空调、70% 的手机、44% 的洗衣机、70% 的微波炉和 65% 的数码相机……有趣的是,随着黄金投资热在中国兴起,2010 年中国还生产了 340 吨黄金,排名世界第一。

不过,中国庞大的制造业生产能否可持续发展则需要探讨。尤其是今年以来,中国土地、原材料和人工等生产要素价格上涨,很多人对"中国制造"能否保持既有优势表示担忧。

据报道,一些零散的"外资"撤离现象确有发生。比如,福特汽车公司宣布,准备在美国本土制造某些汽车零部件,此前中国是他们建新工厂的首选。美国 ATM(银行柜员机)供应巨头 NCR,已经把部分 ATM 的生产从中国移回美国。工程机械巨头卡特彼勒也准备"回家"建厂,以此为本土创造就业岗位。

在珠三角地区,一家生产高端棒球碳纤维的美国企业准备迁回本土。而高端耳机制造商 Sleek Audio,则要从东莞撤走。研究者就此分析,全球新一轮产业转移正出现新的特征,发达国家高附加值产业"转移"之风似乎悄悄刮来。

HIS 也称,美国大可不必对失去"第一"过于悲观。因为,美国拥有巨大的劳动生产率优势,体现于这样一个事实:美国在 2010 年的制造业产出仅略低于中国,但美国制造业只有 1 150 万工人,而中国制造业雇用了 1 亿人。同时,中国的制造业产出中,"很大一部分来自美国企业的中国子公司"。

(资料来源:《中国青年报》2011 年 12 月 27 日。)

第三节　进口替代与出口导向

鉴于工业化在一国经济发展中的作用,第二次世界大战以后独立的发展中国家经过深思熟虑后认为,发展中国家如果要在经济上保持独立,必须摈弃传统国际贸易理论所倡导的专业化生产初级产品以供出口的道路,而必须实现工业化。在工业化的道路,有两种途径可以供发展中国家选择:进口替代与出口导向。

一、进口替代战略

所谓进口替代战略,是指依靠高关税、配额等保护政策手段,限制外国工业品的进口,通过引进必需的技术和设备,在国内建立生产能力,发展本国的工业制成品以替代同类商品的进口,以此来实现工业化的发展战略。从 20 世纪 50 年代起,许多发展中国家都相继实施了进口替代战略,试图通过限制工业品进口促进本国制造业生产的方式,加速它们的发展。

在实施进口替代时,有的国家从消费品的进口替代开始,有的国家则全面地从消费品、中间投入品和资本品(即生活资料和生产资料)的进口替代开始。进口替代战略理论的奠基人赫希曼(Hirschman)认为,限制进口有助于腾出一部分国内和地区内市场的需要。通过保护这种需要,将促进国内企业用国内生产来逐步填补这部分需要,最终将有助于更快地诱发国内工业的发展。而发展经济学家普雷维什则强调,从国际分工及其发展的角度看,发展中国家继续向发达国家出口初级产品并从发达国家进口工业制成品是没有出路的,因为由于需求结构变化和技术进步等原因,初级产品与制成品的交换价格将会朝着不利于初级产品生产者的方向变化。发展中国家和地区必须走面向国内和地区内市场的独立工业化道路。

进口替代战略的配套措施通常是工业制成品进口限制、本国币值高估及进口替代工业扶植和保护。进口替代战略的实施进程一般为:首先发展加工工业,如纺织品、鞋类、加工食品和家用电器等产品,实行消费品进口替代;随后发展中间产品生产,实行中间产品进口替代;最后发展到重化工业产品生产,实现资本货物进口替代。但由于发展中国家各国具体条件不同,各国实施进口替代的具体进程有一定差异。工业基础比较薄弱的国家,一般从消费品进口替代入手,再根据工业发展水平依次过渡到中间产品进口替代和资本货物进口替代。工业基础相对较好、第二次世界大战前已建立一定规模的工业的国家,可直接从中间产品进口替代开始,并逐步向资本货物进口替代过渡。

(一)进口替代战略的实践

最早采用进口替代国际贸易战略的菲律宾,借助于国内丰富的资源和给予外国企业以国民企业待遇,吸引了大量外国资本来菲律宾投资,工业化比率借此得以迅速提高。20世纪50年代中期工业化率尚只有8%,而60年代初期则升至17%。国民经济长期依存于橡胶、锡等自然资源出口的马来西亚,通过以纺织、电子机械为中心的进口替代国际贸易战略的实施,奠定了大规模工业化发展的基础。同样,建国以后,中国面临在一个极端贫困的农业大国里如何建设社会主义现代化的难题,在当时东西冷战这样一种特殊的国际环境下,通过实施进口替代国际贸易战略,初步形成一个完整的工业体系。为了验证进口替代工业化对工业发展的贡献程度,钱纳里借助于投入产出表对工业增长进行了数量分析。根据钱纳里的研究成果,1960年发展中国家中,对工业增长的贡献度,最终需要生产为22%,中间需要生产为28%,进口替代生产为50%,后者的贡献程度远远超过前二者,显示出相当高的贡献度。

不仅是发展中国家和地区,工业化时代以来的经济强国或多或少都曾实行过进口替代,进口替代甚至是产业革命的促成者。在19世纪初期,英国的棉纺织工业远远落后于当时的印度和中国,为了鼓励国内棉纺织工业的发展,英国禁止从东方进口棉纺织品,以便能够用本国生产棉纺织品来替代进口。正是在这样繁荣起来的棉纺织业生产中发生了"产业革命",从而使整个人类进入了工业化时代,也使英国成了很长时期中的世界第一经济强国。当今世界的3大经济体中最强的国家美国、德国和日本,也无一不是靠进口替代而致富。

美国和德国在19世纪末和20世纪初分别赶上和超过了英国,成了当前世界的经济强国。而在它们落后于英国的时候,也曾经实施过进口替代发展战略。按照刘易斯的估算,在1883年以后的30年间,德国制成品进口的增长慢于制造业的增长,从而在整个时期中都在搞进口替代;而美国19世纪80年代的经济繁荣也靠的是国内需求而非出口的拉动。美国在1873年到1899年间的进口增长率一直远远低于其实际GDP的增长率,原因之一是那些年的美国是一个以高关税保护国内产业的国家,其总体关税率往往在30%—40%左右,到1912年平均还只有18%。可以说,没有那一时期的进口替代型经济增长,就不会有今日美国和德国在世界经济中的领导地位。

(二)进口替代战略存在的问题

进口替代国际贸易战略的实施,极大地加快了从殖民地中解放出来的发展中国家和地区工业化的进程,并且奠定了发展中国家和地区开始走向工业化的基础。但是,这种发展战略是建立在政府统制和保护基础上的,在市场经济不发达,经济结构单一,工业发展水平极度低下这样一种初期条件下,通过对市场进行人为的干预和政府强有力的保护来遮断国内、国际市场的联系,将有助于避免国内幼稚产业过早地面临海外跨国企业的竞争,促使本国、本地区幼稚产业尽快地成长。然而,随着经济的发展和市场经济化的进步,进口替代国际贸易战略的局限性日益明显。归纳起来,有以下几个方面的问题:

第一,国际收支不断恶化、外汇不足。进口替代国际贸易战略主要是通过关税和配额来限制工业制成品的进口。如印度、巴基斯坦等国,采取100%—200%甚至更高的有效保护率是很常见的。但由于国内工业基础的制约,工业制品所必需的零部件、原材料、机械设备往往同时也不得不依赖进口。在实施进口替代国际贸易战略时,各国普遍过高地评价本国货币的汇率,这样就使得产业部门积极扩大进口,而不太愿意出口。由于发展中国家出口的主要产品是自然资源等初级产品,人为地过高评价本国的汇率,使得初级产品部门与工业制成品的交易条件进一步恶化,从而阻碍初级产品行业的良性发展,进而带来出口潜力的低下。工业部门的进口偏向和传统出口部门潜力的低下,又使得实施进口替代的发展中国家普遍地存在着国际收入不断恶化、外汇收入不足的现象。

第二,实施进口替代的产业由于受国内市场制约,往往难以充分享受规模经济效果。发展中国家和地区人口的大部分在农村,人均收入水平低,城乡之间、地域之间的收入水平差距较大,因而国内市场规模本身比较小。进口替代国际贸易战略主要是通过限制进口政策来确保国内市场,在国内和地区内市场尚未饱和时,通过满足国内和地区内市场的需要可以较快地扩大生产规模。但由于国内和地区内市场本来就很小,国内市场的需要将很快达到饱和状态,这样进口替代的机会就将会枯竭,以后的增长将取决于国内生产需要和经济增长率的高低。由于难以充分地享受规模的经济效果,进口替代产业的发展往往停留在进口替代水平上,很难发展成为具有国际竞争力的出口产业。

第三,产业结构急剧地向劳动节约、资本集中型过渡,从而面临着巨大的就业压力。对工业的高度保护和补贴实际上是在鼓励使用资本、限制使用劳动,从而产生资本替代劳动,导致国内产业吸收过量的资本而吸收少量的劳动。这种政策导向的结果很快耗尽了发展中国家和地区的资金,同时涌现出就业严重不足的问题。由于发展中国家和地区普遍重视工业而忽视第三产业的发展,随着工业中资本代替劳动的不断加强,工业中吸收的劳动就业人口也越来越少。

第四,产业结构呈现一种畸形状态。受政策、资金的扶持,进口替代产业将得到较快的发展,而与之相反的是,其他的产业将处于十分不利的位置。这样一来,国内和地区经济将在进口替代产业与非进口替代产业之间产生巨大的经济差距,从而带来资金、资源、技术向进口替代产业集中,国家的产业结构处于极不平衡的状况。

第五,政府干预过度,会造成巨大的"寻租"成本。进口替代战略的实施,有赖于进口许可证、信贷及财政补贴、平价外汇等政策手段。在如何运用这些手段时,发展中国家和地区往往没有明确的法律或者制度依据,大多数是依赖于官僚的自由裁量。对于企业来说,能够得到来自政府的配额或者平价外汇无疑是获得了一笔额外的利润。为了得到这些利益,企业会进行一系列游说活动,甚至不惜采用行贿和其他拉拢手段,导致资金和企业家的精力流入到非生产性活动中,这部分资源被称为"寻租"成本。由于政府官员并不能从进口许可证、信贷及财政补贴、平价外汇等政策手段获得收益,而这实际上会转换成经营者选择机制中的"廉价投票权"。最终出现的结果是政策"租金"在企业和政府官员之间进行分配,导致政府官僚腐败的产生。

第六,进口替代国际贸易战略不具备自行改正的功能。由于进口替代是建立在政府自由裁量的基础上,是反对市场机制的,因而市场的自行调节机能很难发挥比较好的作用。

发展中国家的实践表明,进口替代工业化战略通常只取得了有限的成功或遭到了失败。有人估计,进口替代策略使发展中国家和地区白白浪费了10%以上的国民收入。

二、出口导向战略

所谓出口导向战略,是指一国和地区政府采取各种鼓励措施促进制成品出口工业的发展,用工业制成品的出口代替传统的初级产品的出口,以增加外汇收入,带动工业体系的建立和国民经济的持续发展。由于它是以制成品出口替代了初级产品出口,所以又称为出口替代战略。

(一)出口导向战略主要特征

进口替代战略在促进发展中国家和地区工业化发展的同时,因其本身的局限性,随着时间的推移,副作用也越来越大。采用进口替代的发展中国家和地区后来都遇到了国民经济停滞不前的困境。20世纪60年代中期,韩国、新加坡和我国台湾省率先成功地从进口替代转向出口导向。出口导向战略主要特征是:运用出口补贴、税收优惠等措施鼓励出口;对贸易控制程度轻微,不采用或很少采用直接控制和许可证办法;对本国市场的实际保护率很低;名义汇率接近实际汇率。

(二)出口导向战略的优点

通常认为,出口导向战略和政策的优点在于以下几点:

首先,由于面向国际市场生产,刺激了整个工业经济效率的提高。出口导向贸易战略的理论基础是比较优势或者要素禀赋,而按照比较优势和要素禀赋能够为发展中国家带来明显的比较优势,从而在国际贸易中占据有利的位置。而按照比较优势进行分工能够充分利用本国的资源与劳动力,进而促进整个工业经济效率的提高。

其次,信息灵通,容易抓住发展机遇。与进口替代战略不同,出口导向战略面向的是整个国际市场,其基础是自由市场经济下的自由贸易,这就要求实施出口导向贸易战略的发展中国家和地区不是根据自身的产业升级需要,而是根据自己的比较优势来发展国内和地区内的产业,因而必须充分了解世界市场的现状及发展动态,根据世界市场的需要来选择本国家和地区产业发展的方向。

第三,能够克服发展中国家(特别是中小发展中国家)国内市场狭小的限制,获取规模经济效益。与国内市场相比,国际市场的容量不知道要大多少倍,通过大力发展面向国际市场的产品,可以使企业的规模不断扩张,从而获取规模效益。

第四,出口导向政策下的庞大外需与内需之间存在统一性,从而能够形成以出口产业为中心的产业链条。巨大的外需通过前、后连锁作用拉动内需,来自发达国家的外需能够在投资和消费两个领域通过"示范效应"推动内需升级;反过来,内需市场的扩大也能够通过强化企业竞争力而促进扩大外需,而国内企业竞争力增强,意味着开拓国际市场、扩大外需的能力增强。

(三)出口导向战略的实践

从 20 世纪 60 年代开始,亚洲"四小龙"率先实施出口导向政策,并在较短时期实现了经济腾飞,给予了这一战略极大的实践支持。借鉴它们的经验,东南亚其他国家也纷纷从 20 世纪 70 年代开始实施这一战略,通过废除许多保护主义的经济政策,大力引进市场机制,以促进出口来带动本国的发展。出口导向极大地促进了以"四小龙"为中心的东南亚诸国或地区的经济发展。20 世纪 70 年代,韩国、我国台湾、印度尼西亚、马来西亚的制造业增长率超过 10%,远远高于发达国家 2.4% 的同期水平。高速成长的结果,是促使上述国家和地区工业化率也迅速提高。20 世纪 80 年代初期,亚洲四小龙的工业化率为 28%—38%,高于同期发达国家平均水平的 24%。除印度尼西亚以外,东盟国家的工业化率也达到了 18%—24%,接近发达国家工业化的水平。

20 世纪 80 年代以来,我国沿海地区首先实行了从进口替代向出口导向的过渡。通过充分发挥我国劳动力资源丰富的优势型,大力发展以劳动密集型产品为中心的加工贸易,中国的对外贸易取得了飞速的发展,外贸出口的迅速扩大改变了我国长时间闭关自守的封闭状态,形成了对外开放的新局面。借助于外贸出口的扩大,中国国民经济保持了年平均 10% 左右的高速增长。

有鉴于此,国际发展经济学界对出口导向战略给予了高度的评价,并以此作为发展中国家和地区首选的贸易模式。世界银行 1985 年年度报告在广泛考察了发展中国家的外贸政策之后得出了出口导向政策优于进口替代政策的结论。而《1987 年世界发展报告》在考察了 41 个发展中国家的经济发展实绩之后,通过对其制造业、农业年均增长率、工业增加值在 GDP 中比重、工业劳动力比重、制造业部门就业人数增长等指标的比较分析,结论认定选择外向型经济发展战略的国家各方面数据均优于实施内向型经济发展战略的国家。而在世界银行 1993 年出版的《东亚奇迹:经济增长与公共政策》的报告书中,对实施出口导向贸易战略而取得极大成功的日本、亚洲四小龙及泰国、印度尼西亚、马来西亚等国家和地区近30年的发展称作为"东亚的奇迹"，并认为出口导向战略为比其低一层次的发展中经济体树立了促进出口战略的样板，对其他发展中国家和地区具有重要的借鉴意义。

（四）出口导向战略的缺陷

然而，亚洲金融危机却暴露了出口导向战略的局限性。与进口替代国际贸易战略相比，出口导向国际贸易战略的最大特征是不断地推进市场经济化的进程，通过撤销各种政策限制，充分发挥发展中国家低工资劳动力的优势，扩大劳动密集型产业出口，以此带动经济的发展。但是，由于出口的市场主要是发达国家，过分地追求出口的结果是使得国内工业体系内部出现了"双重化"的倾向，即出口产业的过度膨胀和内需产业的相对萎缩。以韩国的半导体为例，在国际市场需求的刺激下，20世纪80年代韩国的半导体产业取得了快速的发展，但随着90年代半导体市场的急剧萎缩，韩国庞大的半导体出口产业顿时陷入了困境，并拖累了给予半导体产业大量资金支持的金融业，进而引发了20世纪90年代末的金融危机。不仅如此，急速的贸易自由化使得韩国来不及培育重化工业发展所需要的零部件产业，韩国的重化工业发展不得不大量进口零部件和中间产品。随着产业结构的不断升级，在轻工业让位于重化工业的发展过程中，国际贸易收支失衡，外汇短缺就成了经济结构调整中的一个制约因素。在这种背景之下，通过适当的关税及贸易限制来扶持国内重化工业的发展这样一种进口替代型的贸易战略又为被一些发展中国家所采纳，并重新被许多发展经济学家所肯定。

三、对外贸易发展战略小结

以上介绍的进口替代、出口导向贸易战略可以看成一国（地区）不同经济发展阶段上所采取的相应战略。从初级品出口到进口替代再到出口导向具有由低级到高级的阶段性和连续性。由于各国的情况不同，有的国家（地区）对外贸易战略的变换呈现阶段性和连续性，有的国家（地区）对外贸易战略的阶段性和连续性不明显。一个国家（地区）一定时期采取何种贸易战略是这个国家（地区）这个时期对外贸易政策的总趋势。

发展中国家（地区）历史背景、自然条件、生产力水平、政治体制各不相同，它们在经济发展和所采取的贸易战略上也会有所不同。一般地，地域较大、人口较多、资源较丰富的发展中国家（地区），因国内市场容量较大，工业品的销路国内有保障，可以进行大批量生产，获取规模经济利益，建立进口替代工业，采取保护措施，为幼稚工业的发展提供培养园地。随着技术水平的提高，产品可以进入国际市场，条件成熟时可转向出口导向。而较小的发展中国家（地区）由于缺乏幼稚工业的培养园地，实施进口替代战略很难成功，因此，它们应立足于本国（本地区）的情况走符合国情的对外贸易发展道路。

国际经验表明，由于失去了强大的技术与信息的支持，阻断了国内市场与国际市场的竞争，过度的内向型政策从长期来看会阻碍经济的发展。而且，许多国家（地区）国内（地区内）市场狭小，进口替代政策严重阻碍了规模经济。尽管如此，这并不等于进口替代发展战略毫无用武之地。如果没有进口替代的帮助，经济落后的发展中国家（地区）很难建立起现代化的工业,新加坡、韩国、中国的台湾地区,都是从进口替代工业化开始的,没有早期的进口替代工业化,这些国家和地区不可能在制成品方面取得初步成功。进口替代工业化的失败,除了本身存在着一定的缺陷之外,更重要的是采取这一战略的国家和地区没有能够及时评价和调整其政策,降低对国内制成品工业的高度保护,消除抑制出口的刺激,而改行激励出口的机制。

专栏 9-3

19世纪美国推行进口替代性贸易战略成功的原因

从第二次世界大战结束到20世纪70年代,许多发展中国家试图通过限制工业品进口,促进本国制造业的方式来加速它们的发展,但绝大多数国家经过实践的检验最终以失败而告终。但是19世纪美国采取进口替代战略却取得了成功,因此对美国取得成功的原因进行分析,对于中国这样一个大国今后发展还是有参考价值。下面总结了几点美国成功的原因:

第一,美国的特殊经历和对西方国家的存在意义极早地给自己注入了商品交易的平等意识和竞争意识。美国是一个殖民地国家,而且是一个殖民者人口远远超过本土居民的高移民国家。美国的独立也不仅仅是以殖民地本土人民获得独立而胜利,而且是以欧洲派往殖民地统治者摆脱宗主国的统治,在殖民地的土地上建立了一个自由、民主的联邦制国家的胜利。美国的历史没有封建割据市场现象,也没有封建君主专制的包袱。而且当时殖民者是带着明显的重商主义倾向开辟这块殖民地的。重商主义者认为殖民地应是母国所需要商品的生产者,同时又是母国货物与劳务的购买者。所以北美殖民地从开始注定有活跃的商品交易。由于美国的工业革命开始得较早,世界还没有形成较统一和根深蒂固的国际秩序规则,美国通过独立战争和1815年战争以及此后的若干事件,以政府的信用和能力为本国的生产者和消费者争到了市场的平等权利,这为美国从一开始就在平等自由的有效率的市场环境下培育独立的国家发展道路和经济增长模式扫除了障碍。简言之,美国从一开始就有一个高效率的平台。

第二,进口替代战略实行前(即工业革命完成前),美国首先实行的是对外开放政策,而且是全方位的开放政策。其中最有成效的是劳动力市场、资本市场和技术市场。美国的移民政策形成了高附加值资本的积累和技术引进的本土化和自我复制自我创新性,为进口替代战略保护的制造业的异军突起提供了原创性动力。据统计,当时美国因移民而形成的附加资本积累相当于国民生产总值的10%—20%。美国资本市场的发育几乎与世界资本市场的发育同步。19世纪50年代英国的工业革命告一段落,出现了大量剩余资金,然而美国、俄国、德国等新兴国家正处在工业革命的新时期,迫切需要贷款,此时在借款国和贷款国中专业机构也适时地建立和成长起来商业银行(经营外汇业务)和投资银行解决了对外投资技术和组织上的难题。到1870年,世界投资总额增加了3倍以上,美国引进的外资在1975年达到15亿美元。

第一次世界大战前10年,国际资本市场繁荣兴旺,早期的美国吸收了大量的先进技术。19世纪的技术市场是相对开放的,而且当时的技术保护和技术专利制度还不完善,这为当时的美国引进先进技术提供了前所未有的机会。特别是1825年英国取消了禁止机器、机器图样和熟练技术人员出口的禁令后,美国开始大量引进英国的技术。其中纺织、采矿、冶炼和铁路、水路交通等部门基本上是靠引进技术建立起来的。

第三,美国的专利制度催生美国的自主创新能力,完成一系列重大发明。发展起一系列新工业,如钢铁、电力、汽车、石油采炼等,尤其是它对19世纪30年代美国出现研制新式农业机械的高潮,起了重大推动作用。当时奥贝德·赫西和赛拉斯·麦考尔试制的收割机都在当时获得专利,并由于专利的施行,哈斯马尔的马拉收割机和曼宁的割草机也研制成功。到1895年,美国已拥有1万台当时世界上最好的收割机。1859年,美国造船、机车、农机三项产值达3 600万美元,为美国的进口替代战略的成功提供了决定性的条件。

第四,强有力的农业革命推动的农产品的低成本和高产出导致的强势出口为美国的进口替代战略提供了重要资本来源和外汇来源。1800—1860年美国农产品生产总值提高了5倍以上,从2.36亿美元增至15.76亿美元。1860年美国人均拥有粮食几乎达到1吨,因而有大量农产品可供出口。而且,当时欧洲棉纺织业革命增加了对棉花等农业原料的需求,这为美国扩大棉花出口提供了大好机会。1860年棉花出口量为2 800万磅,1862年增至19.68亿磅。1860年,美国棉花、小麦、烟草三项出口,占出口总额的70%以上(此处所引数字均出自高德步主编的《世界经济史》)。

第五,巨大的国内市场为进口替代产业提供了成长的舞台。首先是领土的扩大,意味着潜在市场的扩大。从1783年大规模拓殖领土开始,通过颁布土地法令、强行购买、战争等方式,到19世纪中叶,美国的国境线扩张到太平洋沿岸,国土面积从1776年的369 000平方英里扩大到1853年的3 026 798平方英里,增加了7倍多。再次,交通、通讯业的革命使美国潜在的大市场变为现实。1825年,新英格兰就建立了相当完备的免费公路和收费公路体系。同年竣工的伊利运河把东部和哈得孙同西部的大湖区连成一体,而且到1840年基本形成一个运河网。同时铁路运输在此期间也获得飞速发展,1840 年美国铁路总长度超过 3 000 英里。此外还有通讯业的革命。总之,交通通讯业的革命,使得分布于广阔国土上的村镇城市紧紧相连,降低了开拓市场的费用,实现了进口替代产品的更好内销。

此外,美国的独立战争实现了南北市场的统一,早期良好的市场素养培养起来的商业组织的创新及地区专业化分工也都为进口替代战略逐步走向成熟和拥有国际竞争力提供了重要条件。

（资料来源:董玉岭:《19 世纪进口替代战略在美日德三国成功的原因新分析》,《乐山师范学院学报》2008 年 23 卷 10 期。）

专题案例

自主型的进口替代与出口导向相互协调
——中国 30 年改革开放的展望

改革开放时期,我国选择了一条出口导向的工业化发展道路,从而使经济实现了持续快速的增长。但是,从近几年的国内外经济形势看,我国有别于日本出口导向的工业化发展道路似乎走到了尽头,探寻新的发展道路已成为我国经济发展"更上一层楼"的内在要求。历史地看,改革开放时期的出口导向的工业化发展道路是对计划经济时期的进口替代的工业化发展道路的否定。那么,未来取代出口导向的将会是一种什么样的发展道路呢? 这是在回望 30 年改革开放之际需要探讨的一个前瞻性的问题。

在近些年,转变经济增长方式或经济发展方式的问题,成为政界与学界关注的焦点。大多数人强调企业层面的创新是实现这种转变的根本途径。实际上,从国内外的现实情况看,经济发展方式的转变说到底,就是要改变外资主导型的出口导向的工业化发展道路。如果这样理解是正确的话,那么,仅靠企业层面的创新,是不足以改变外资主导型的出口导向的工业化发展道路的。

显而易见,我国要改变外资主导型的出口导向的工业化发展道路必须靠产业层面的创新而不是企业层面的创新。当然,这并非意味着否定现有产业中的企业创新的重要性。这里只是从不同层面来分析创新对改变外资主导型的出口导向的工业化发展道路所起的作用。需要进一步探讨的问题在于如何在我国实现产业创新或者说产业创新的领域在哪里。

从目前全球产业发展的趋势来看,产业创新非人工智能领域莫属。如果说生产工具是人手的延伸,那么,人工智能产品则是人脑的延伸。尽管人工智能产品是人脑的产物,但是它不能完全取代人脑。然而,由于它将人脑的某些功能外在化和科学化,因此能够在某些经济活动和非经济活动中代替人脑。从人手的延伸到人脑的延伸应该说是人类在经济活动中的一大飞跃。如果将人工智能定义为人脑功能的外在化和科学化,那么,人工智能产品究竟最先产自哪国,尚有待考证。但有一点是可以肯定的:到目前为止,人工智能领域还处于产业创新的过程之中。在这个过程中,日本和美国虽然取得了很大的突破,但就总体来看,人工智能并未在这两个国家形成真正的产业。实际上,日本并没有把它作为一个新兴的产业加以发展,而是作为一种自控技术加以开发,并应用于现有的一些产业之中,由此大大提升了日本制造业的国际竞争力。因此,在20世纪80年代,日本的许多工业制成品的国际市场占有率远远超过美国,从而加速了美国经济霸权的衰落。美国人惊呼"日本第一"的时代已为期不远了。而西方舆论则普遍认为美国时代已经结束,21世纪是日本时代。为了扭转这种局面,在军备上耗尽资源的里根政府只能采用非经济手段来遏制日本经济的发展势头。

综上所述,我国的产业创新应选在人工智能领域,从而无需从头开始。在利用日本和美国已取得的成果的基础上,继续进行这一领域的产业创新,将节省大量的时间和资金(当然,利用别国的产业创新成果绝没有"免费的午餐")。另外,之所以将产业创新选择在该领域,是因为这一领域的产业创新具有19世纪"工业革命"那样的划时代的意义。如果说"工业革命"将人类所有的经济活动导向了现代化的进程,那么,人工智能领域的产业创新,则会将人类所有的经济活动导向智能化的进程,从而势必改变"工业革命"以来的生产方式和生活方式。这将会改变我国在国际分工格局中的不利地位,占据21世纪全球经济的制高点。

显然,中国要完成人工智能领域的产业创新,既不能继续走外资主导型的出口导向的工业化发展道路,又不能回到过去的那种被动型的进口替代的工业化发展道路,而只能走自主型的进口替代与出口导向相互协调的经济发展道路。具体来说,随着中国加入世界贸易组织,并结束了5年的过渡期后,国内市场在一定程度上成为了国际市场的一部分。这样,在人工智能领域,国产的软件和硬件产品只有替代相应的进口产品,并在国内市场上处于支配地位,才有可能进行产业创新。在经济全球化的今天,任何一种高科技产品,都是国际分工协作的产物,关键的问题在于这类产品的核心技术掌握在谁的手里。从目前情况看,我国人工智能产品的核心技术基本上被外资企业所控制。如果这种情况不发生改变,我国是根本不可能在人工智能领域实现产业创新的。因此,自主型的进口替代的发展战略,是我国在人工智能领域实现产业创新的内在要求。另外,历史地看,产业创新或产业革命的动力都是源自国际市场的需求,而绝不仅仅局限于国内市场的需求。这样,自主型的出口导向的发展战略,同样是我国在人工智能领域实现产业创新的内在要求。

总之,我国要在人工智能领域实现产业创新,必须走自主型的进口替代与出口导向相互协调的经济发展道路。基于这一观点,可以将我国双向的对外开放,即"引进来"和"走出去"作这样的理解:"引进来"的最终目的是为了形成进口替代效应,以增强我国企业在国内市场的竞争力,否则,外资企业就会主导国内市场。而"走出去"的最终目的是为了形成出口导向效应,以增强我国企业的国际竞争力。否则,发达国家的跨国公司垄断国际市场的局面难以改变。这表明,真正实现双向的对外开放,必须走自主型的进口替代和出口导向相协调的经济发展道路。

(资料来源:方兴起、张球:《自主型的进口替代与出口导向相互协调》,《华南师范大学学报》2009 年第 1 期。)

▶ 本章小结

1. 尽管传统国际贸易理论认为国际贸易对经济发展起着促进作用,但一些发展经济学家并不这样认为。以普雷维什、辛格为代表的发展经济学家认为,鉴于初级产品的贸易条件不断恶化的事实,发展中国家与发达国家开展以比较优势为基础的国际贸易并不一定对经济增长有益,甚至可能有害。

2. 经济学界在"贸易条件对经济发展具有强大影响"这一论题上都持肯定态度,即贸易条件的改善或者恶化会影响一国经济的发展状况和经济增长速度。但是近几十年来,对于发展中国家的贸易条件是改善了还是恶化了,存在两种不同观点,并且随着社会发展而得到不同学派的支持或反对。

3. 第二次世界大战后,许多发展中国家力图通过进口替代战略来实现工业化。尽管这一战略对于一些发展中国家的进口替代部门的发展起到了一定的促进作用,但由于这种战略本身的缺陷,许多实行进口替代战略的国家出现了资本密度过强、国际收支失衡、生产效率低下等问题。

4. 20 世纪 80 年代后期,许多发展中国家转向实施出口导向发展战略,这种战略对一些发展中国家尤其是新兴工业化国家和地区的对外贸易与经济发展起到了一定的促进作用。

贸易条件　出口导向　进口替代

一、名词解释

1. 剩余出路论

2. 进口替代

3. 出口导向

4. 贸易条件恶化论

二、单项选择

1. 采取出口导向的国家倾向于采取（　　　）政策。

A．保护贸易　　　　　　　　　　B．自由贸易

C．非关税贸易壁垒　　　　　　　D．关税贸易壁垒

2. 适合小型经济的对外贸易政策类型是（　　　）。

A．进口替代型　　　B．出口导向型　　　C．自由贸易型　　　D．混合型

3. 发展中国家和地区的主要经济特征是（　　　）。

A．人口众多，收入低下

B．技术发达

C．经济富裕

D．在 GDP 中，农业比重小于发达市场经济国家

4. （　　　）认为可通过外贸减少国内资源的闲置和失业，增加国民收入和消费，提高储蓄和投资，以推动经济增长。

A．"剩余出路"论　　　　　　　　B．"大宗商品"论

C．"供给启动"论　　　　　　　　D．"增长引擎"论

5. 实施进口替代战略的国家对（　　　）征收的关税最高。

A．中间商品　　　B．初级产品　　　C．消费品　　　D．机械设备

6. "对外贸易是经济增长的发动机"理论认为（　　　）带动经济增长。

A．总贸易　　　B．出口贸易　　　C．进口贸易　　　D．贸易差额

7. 假设进出口价格指数不变，如果出口商品劳动生产率指数在同期内高于进口商品的劳动生产率指数，则贸易条件（　　　）。

A．恶化　　　B．改善　　　C．不变　　　D．无法确定

8. 以 1990 年为基期，1995 年的进出口商品价格指数分别为 120% 和 70%，出口商品劳动生产率指数为 150%，进口商品劳动率指数为 170%，则下列说法错误的是（　　　）。

A．双项因素贸易条件为 48.58%

B．出口商品劳动生产率的提高使贸易条件不利影响得到缓解

C．进口商品劳动生产率的提高进一步恶化贸易条件

D．贸易条件与 1990 年相比，有了很大改善

三、思考题

1. 为什么发展中国家要实现工业化？一个国家能否通过出口初级产品实现从发展中国家向发达国家的过渡？为什么？

2. 什么是商品或纯物物交换贸易条件？什么是贸易收入条件？什么是单边贸易条件？什么是多边贸易条件？对发展中国家来说，哪种贸易条件更为重要？为什么？

3. 假设某国净贸易条件以 1990 年为基期是 100，2010 年时出口价格指数较基期下降 6%，进口价格指数较基期上升 12%，通过计算以数字说明该国 2010 年净贸易条件的变化。

4. 进口替代和出口导向政策的含义是什么？

5. 总结归纳进口替代和出口导向对发展中国家实现工业化各有哪些优点和缺点？

第十章
贸易条约与协定
及世界贸易组织

　　贸易条约与协定是国际贸易政策措施之一。随着国际贸易的发展，国家与国家、国家与地区之间的贸易量迅速增加，而贸易量的增加带来了贸易条约与协定的数量日益增加，内容也日益复杂。世界贸易组织是国际贸易领域最大的政府间国际组织，统辖当今国际贸易中货物、服务、知识产权、投资措施等领域的规则。本章在介绍贸易条约与协定的基础上，着重介绍了世界贸易组织的产生、根本宗旨、组织运行及其与中国的关系。

第一节　贸易条约与协定

一、贸易条约与协定的含义

　　贸易条约与协定（commercial treaties and agreements）是两个或两个以上的主权国家为确定彼此在经济、贸易关系方面的权利与义务而缔结的书面协议。

　　贸易条约和协定按照缔约国的多少可分为双边贸易条约和协定与多边贸易条约和协定。前者是两个主权国家之间所缔结的贸易条约和协定，后者是两个以上主权国家共同缔结的贸易条约和协定。这些贸易条约和协定一般都反映了缔约国对外政策和对外贸易政策的要求，并为缔约国实现其对外政策和对外贸易政策的目的服务。在国际经济关系中，由于各国的社会经济制度和政治经济实力对比关系的差异，它们之间所缔结的贸易条约和协定的内容和作用也有所不同。

　　作为对外贸易政策措施之一的贸易条约和协定，同关税措施、非关税等对外贸易的措施相比较，有其不同之处。许多关税和非关税措施是由主权国家的政府以立法或行政措施来实现的，因而属于国内法范畴。而贸易条约和协定必须由两个或两个以上的主权国家进行协商达成协议，所以，它受到国际法规范的约束。但是，贸易条约与协定与其他对外贸易措施之间又有着密切的关系和相互配合的作用。这些国内立法和行政措施往往是一国政府与其他国家政府进行贸易条约与协定谈判的基础。当一个国家的立法或行政措施同其他国家的立法和行政措施发生利益上的冲突时，就必须通过双边或多边谈判，采取协商的方式进行解决。当一个国家立法和行政措施的某些规定转变为贸易条约与协定的条款或规定时，缔约国一方的政府就应承担贸易条约与协定的义务。

二、贸易条约与协定的种类

　　贸易条约与协定的种类很多，现仅就常见的几种，分别介绍如下：

（一）通商航海条约

　　通商航海条约（treaty of commerce and navigation）又称通商条约、友好通商条约等，是全面规定两国间经济和贸易关系的条约。其内容比较广泛，常涉及缔约国之间经济和贸易关系的各个方面的问题，主要包括：关税的征收与海关手续的规定、船舶航行和港口使用、铁路运输和过境问题、关于知识产权保护问题、商品进口的国内捐税问题、进出口数量限制问题、关于仲裁裁决的执行问题等。

（二）贸易协定

贸易协定(trade agreement)是指缔约国之间为调整和发展相互间经济贸易关系而签订的一种书面协议。其特点是对缔约国之间的贸易关系规定得比较具体，所涉及的面比较窄，有效期一般较短，签订的程序也较简单，一般只须经签字国的行政首脑或其代表签署即可生效。

贸易协定正文的主要内容通常包括以下几个方面：最惠国待遇条款的规定、进出口商品货单和进出口贸易额、作价原则和使用货币的规定、支付和清算办法的规定、优惠关税的规定、其他事项的规定等。

（三）贸易议定书

贸易议定书(trade protocol)是指缔约国就发展贸易关系中某项具体问题所达成的书面协议。这种贸易议定书往往是作为贸易协定的补充、解释或修改而签订的。有的贸易议定书是协定的附件，有的则不作为附件。此外，在签订长期贸易协定时，关于年度贸易的具体事项，往往通过议定书的方式加以规定。贸易议定书的签订程序和内容比贸易协定更为简单，一般由签字国有关行政部门的代表签署后即可生效。

（四）支付协定

支付协定(payment agreement)大多为双边支付协定，是规定两国间关于贸易和其他方面债权债务结算方法的书面协议。其主要内容包括：清算机构的确定、清算账户的设立、清算项目与范围、清算货币、清算办法、差额结算办法的规定等。

支付协定是外汇管制的产物。在实行外汇管制的条件下，一种货币不能自由兑换另一种货币，对一国所具有的债权不能用来抵偿对第三国的债务，结算只能在双边基础上进行，因而需要通过缔结支付协定来规定两国间的债权债务结算方法。

这种通过相互抵账来清算两国间的债权债务的办法，既有助于克服外汇短缺的困难，亦有利于双边贸易的发展。

1929年至1933年世界经济危机发生后，签订支付协定的国家日益增多，其中绝大部分国家是双边支付协定。自1958年以来，西方一些主要资本主义国家相继实行货币自由兑换，双边支付清算逐渐为多边现汇支付清算所代替。但对于一些目前仍实行外汇管制的发展中国家，往往还签订支付协定。

三、贸易条约与协定结构和内容

贸易条约与协定一般由序言、正文和结尾三个部分组成。

序言有一定的格式，通常载明条约当事方的国名、特命全权代表的姓名与权限、签订条约的目的、遵循的原则等。

正文是贸易条约与协定的主要组成部分,它是有关缔约各方权利、义务的具体规定,是实质性条款的部分。上面介绍的通商航海条约、贸易协定、支付协定的主要内容,通常在有关条约与协定的正文中予以规定。

结尾包括条约与协定的生效日、有效期、延长和废止的程序、份数、文字等内容,还有签订条约与协定的地点及双方代表的签名。缔结条约与协定的地点对于需要经过批准的条约与协定有特别的意义,如果条约是在一方首都签订的,按惯例批准书就应在另一方国家的首都交换。贸易条约与协定一般以缔约各方的文字写成,并且规定两种文本具有同等的效力。如果是多边贸易条约,还需使用国际通用的文字。

四、贸易条约与协定中适用的主要法律待遇条款

在贸易条约与协定中,通常所适用的法律待遇条款是最惠国待遇条款和国民待遇条款。

(一)最惠国待遇条款(most-favored nation treatment)

最惠国待遇是在进出口贸易、税收、通航等方面互相给予优惠利益、提供必要的方便、享受某些特权等方面的一项制度,又称"无歧视待遇"。其涵义是:缔约国一方现在和将来所给予任何第三国的一切特权、优惠和豁免,也必须给予缔约对方。其基本要求是使缔约一方在缔约另一方享有不低于任何第三国享有或可能享有的待遇。换句话说,即要求一切外国人或外国企业处于同等地位,享受同样的待遇,不给予歧视。

最惠国待遇可分为无条件的最惠国待遇和有条件的最惠国待遇两种。无条件的最惠国待遇,是指缔约国一方现在和将来给予任何第三国的一切优待,立即无条件、自动地给予对方。有条件的最惠国待遇,是指如果缔约国一方给予第三国的优惠是有条件的,则另一方必须提供同样的补偿,才能享受这种优待。无条件的最惠国待遇首先在英国被采用,所以又叫"欧洲式"最惠国待遇;有条件最惠国待遇最先在美国使用,所以又叫"美洲式"最惠国待遇。现在的国际贸易条约与协定普遍采用无条件的最惠国待遇原则。

最惠国待遇原则可以适用于两国经济贸易关系的各个方面,也可以只适用于贸易关系中某几项具体问题。在贸易协定中适用的范围一般包括:(1)有关进口、出口、过境商品的关税和其他捐税;(2)有关商品进口、出口、过境、存仓和换船方面的海关规则、手续和费用;(3)进出口许可证的发给及其他限制措施。在通商航海条约中,缔约双方的船舶驶入、驶出和停泊时的各种税收、费用和手续等也包括在最惠国待遇条款的适用范围内。

在贸易条约中,一般还规定了不适用最惠国待遇的限制和例外条款。在现代贸易条约和协定中最常见的最惠国待遇例外主要有以下几种:边境贸易、关税同盟、沿海贸易和内河航行、多边国际条约或协定承担的义务、区域性待遇条款、其他例外等。

(二)国民待遇条款(national treatment)

国民待遇条款是指外国货物或服务与进口国国内货物和服务享有平等待遇。国民待遇条款适用于外国公民和企业的经济权利,而非政治方面的待遇。一般国民待遇的适用

范围通常包括:国内税,运输、转口过境,船舶在港口的待遇,船舶遇难施救,商标注册,申请发明权、专利权、著作权、民事诉讼权等;不包括领海捕鱼、购买土地、零售贸易等。

与最惠国待遇例外一样,国民待遇条款也具有例外条款。一般说来,本国居民所享有的某些权利,如沿海贸易权、领海捕鱼权、沿海和内河航行权、购买土地权、零售贸易权以及充当经纪人等,不属于国民待遇的适用范围。

专栏 10 - 1

中美友好通商航海条约

签约国:中国,美国

签约时间:1946 年 11 月 4 日　　　　　　签约地点:南京

条约简介:

1946 年中国政府与美国政府签订的一个包括通商航海设领等内容的条约,简称《中美商约》。1946 年全面内战爆发后,国民党为了在内战中取得美国更大的支持和援助,于同年 11 月 4 日,由外交部长王世杰与美国驻华大使司徒雷登在南京签署该条约。条约共三十条,六十八款。主要内容是:(1)缔约此方之国民有在彼方"领土全境内"居住、旅行与从事商业、工业、文化教育、宗教等各种职业的权利,以及采勘和开发矿产资源、租赁和保有土地的权利;并且在经济上享受国民待遇。(2)此方商品在彼方享有不低于任何第三国和彼方本国商品的待遇,此方对彼方任何物品的输入,以及由此方运往彼方的任何物品,"不得加以任何禁止或限制"。(3)此方船舶可以在彼方开放的任何口岸、地方或领水内自由航行,其人员和物品有经由"最便捷之途径"通过彼方领土的自由;此方船舶包括军舰在内,可以在遇到"任何危难"时,开入彼方"对外国商务或航业不开放之任何口岸、地方或领水"。

(资料来源:中华年鉴社《中华年鉴》上册,1948 年版。)

评论:条约表面上双方享有对等权利,而实际上由于当时中国的远洋运输不发达及生产落后,根本无法与美国平等地实现其中规定的权利。通过条约,全中国领土均向美国开放。美国企业在华享有种种特许的待遇,使中国部分地丧失了关税自主权、沿海及内河航行权。

五、国际商品协定和商品综合方案

(一)国际商品协定

国际商品协定(international commodity agreement, ICA),是指某种商品的主要出口

国和进口国，出于稳定该项商品价格和保证供销等目的，所缔结的政府间多边贸易协定。

国际商品协定主要适用于一些初级产品，这些初级产品的生产出口国大多是发展中国家，主要进口国大多是发达国家。在第二次世界大战以前，只签订有小麦(1933年)和糖(1937年)两种国际商品协定。第二次世界大第二次世界大战后，共签订了糖(1953年)、锡(1956年)、咖啡(1962年)、橄榄油(1958年)、小麦(1949年)、可可(1973年)、天然橡胶(1979年)七种国际商品协定。到1989年尚存的仅有橡胶、糖、锡三种国际商品协定。

国际商品协定，一般由序言、宗旨、经济条款、行政条款和最后条款等部分构成，并有一定的格式。其中经济条款和行政条款是国际商品协定中两项主要的条款。

(二)国际商品综合方案

商品综合方案(integrate programmer for commodities)是发展中国家在1964年4月第六届特别联大会议上第一次提出来的，1976年5月联合国第四届贸易和发展会议上正式通过了商品综合方案的决议。这项方案主要解决发展中国家初级产品贸易问题，其主要内容有以下几个方面：

(1)建立多种商品的国际储存或称"缓冲存货"。由发展中国家出面筹集一笔共同基金，对香蕉、可可、咖啡、糖、茶、植物油(包括橄榄油籽)、肉类、棉花和棉纱、黄麻及其产品、硬纤维及其产品、热带木材、橡胶、铁矿砂、锡、铜、铝土、锰砂、磷矿石等18种初级产品实行国际储存或者缓冲存货。

(2)建立国际储存的共同基金，用来资助这些国际初级产品的缓冲存货和改善初级产品市场，提高初级产品的长期竞争力。当这些商品在国际市场上价格下跌到低于规定的最低水平时，储存机构就用共同基金买进这些商品，使价格回升；当其价格上涨到超过规定的最高水平时，储存机构就卖出这些商品，使其价格回跌到规定的范围以内。初步提出的金额为60亿美元。

(3)商品贸易的多边承诺。为了平衡这些初级产品的供求，参加商品综合方案的各国政府要在一定时期内承担义务，保证进口或出口其中一定数量的某种商品，以帮助提高国际储存的效能。

(4)当国际储存和其他更直接的办法不能维持发展中国家的出口收入时，则要求国际货币基金组织，按出口收入实际价值的下降程度，对出口收入处于不利地位的发展中国家提供补偿性贷款或赠款；为此目的，要求发达国家降低和取消对来自发展中国家的初级产品的加工产品的进口关税和非关税壁垒，并采取促进贸易的措施等。

商品综合方案是发展中国家为了打破旧的国际经济贸易秩序，建立新的国际经济贸易秩序所采取的一个重要步骤。但由于触动了发达国家在世界市场的垄断地位和利益，因此，要将方案的内容全部变成现实，还须经过长期艰苦的努力。从20世纪60年代开始，一些生产初级产品的发展中国家便组成了各种原料输出国组织。维护初级产品出口国的权益，其中第一个成立的组织就是大家非常熟悉的石油输出国组织(OPEC)。

《国际可可协定》简介

《国际可可协定》(International Cocoa Agreement)是世界主要可可生产国和消费国 1972 年所达成的单项商品的国际协定。1993 年 7 月 16 日达成新的《国际可可协定》,1994 年 2 月 22 日生效。

1972 年《国际可可协定》规定了可可的价格结构和价格水平,制定了一套半自动的价格调整机制和稳定价格机制,规定了可可的 3 个价格水平:(1)参考价格,又称"中间价格";(2)调节价;(3)干预价。为保证可可价格能稳定在调节价的自由区内。协定建立了两种基本稳价机制:(1)调节储存。当可可价格低于或高于调节价时,允许用调节储存基金买进或卖出,当价格低于或高于干预价格时,采用买进或卖出调节储存的办法,调节市场供求关系,调节储存基金由生产国和消费国共同负担;(2)市场收回。当市场价格连续 5 天等于或低于干预价时,可采取其他稳价措施,或按规定从市场收回可可豆。协定还规定了两种价格调节机制:(1)由国际可可组织每年对价格审查和调整一次,但每次的调幅不得超过规定的幅度;(2)当前一次调价后连续 6 个月内买进或卖出的调节储存量超过规定数量时,国际可可组织需召开会议,调整价格,但调幅不得超过限度。

国际可可协定的目标是加强在世界可可经济领域中的国际合作,促进其发展;为世界可可市场的稳定做出贡献,以维护各成员的利益;使生产方面的调节比较容易,促进消费,以确保供给与需求的中长期均衡,从而使世界可可经济得到均衡发展;在对消费者和生产者都为公正合理的价格基础上确保充足的供应;有利于国际可可贸易的扩大;通过收集、分析和发布相关统计资料和开展相关的研究,提高世界可可经济活动中的透明度;促进在可可领域中的科学研究和开发;提供适当的论坛,讨论与世界可可经济有关的各种事件。

为鼓励生产和消费的均衡发展,确保供给与需求的最优平衡,参加国际可可协定的出口方必须采用新的生产政策,制定每年的全球产量指标。为此,国际可可组织要做出世界可可生产和消费的年度预测,作为出口方执行和调节生产计划的依据。

可可协定成员有 35 个,其中:出口成员 13 个,都是发展中国家;进口成员 22 个,由发达市场经济国家和东欧国家中的捷克和俄罗斯组成。为监督国际可可协定的执行,建立了国际可可组织,总部设在英国伦敦。考虑到环境因素,国际可可组织建立了"研究和环境专家工作组",建立了环境基金,以促进和支持符合环保的可持续的可可生产、处理、存储和加工。

(资料来源:百度百科 http://baike.baidu.com/view/390649.htm,2011 年 3 月 29 日。)

第二节　关税与贸易总协定

一、关税与贸易总协定概述

关税与贸易总协定(General Agreement On Tariff and Trade，GATT)，简称关贸总协定，是关于关税与贸易政策的多边国际协定，它是在美国的策划下于 1947 年 10 月 30 日由 23 个原始缔约国在日内瓦订立的一项国际多边贸易协定。该协定于 1948 年 1 月 1 日正式生效，1995 年 1 月 1 日为世界贸易组织所取代。关贸总协定共存续了 47 年，共有 128 个缔约方(截至 1994 年底)。在总协定存续的 47 年间，总协定的成员不断增加，其涉及的领域不断扩大，缔约方之间的贸易额不断提高，在国际贸易中的作用日益加强。

（一）关贸总协定的产生与发展

20 世纪初，由于生产过剩的危机，各国都奉行高关税的贸易保护主义，严重阻碍了国际贸易的发展，并由此导致了 20 世纪 30 年代世界经济危机的产生，随之世界经济陷入了大萧条，资本主义国家之间爆发了关税战。高关税阻碍了商品的国际流通，造成国际贸易额大幅度萎缩，并由此延缓了世界经济的复苏。为了扭转困境，扩大国际市场，美国与 21 个国家签订了一系列双边协定，将关税平均水平降低了 30%—50%，这一举措缓解了当时的经济危机，同时也使各国认识到加强国际贸易协调与合作的重要性。

第二次世界大战期间，美国经济发展较快。战后初期美国在经济上处于领先地位。为了称霸世界，在二战尚未结束的 1943 年，美国就积极策划成立旨在协调国际经济、金融、贸易等方面的组织。1944 年 7 月，美国、英国等 44 个国家在美国新罕布什尔州的布雷顿森林城召开会议，讨论国际货币金融体系问题，建立以稳定国际金融、间接促进国际贸易发展为目的的国际货币基金(International Monetary Fund，IMF)和国际复兴开发银行(International Bank for Reconstruction and Development，World Bank)。

美国还拟设立一个处理国际贸易与关税的专门组织，为此在 1945 年 11 月倡议建立一个以实现贸易自由化为目标的国际组织(International Trade Organization，ITO)，作为国际贸易领域中与国际货币基金组织、国际复兴开发银行相对应的、专门协调各国对外贸易政策和国际贸易关系的第三个国际性的组织机构。1946 年 2 月，联合国经济与社会理事会开始筹建该组织，并于 1947 年 4 月在日内瓦举行的第二次筹备会议上通过了《国际贸易组织宪章》草案。在这次会议上，为了尽快地进行关税减让谈判，参加会议的代表将该草案有关关税的条文汇编成一个文件，即称为《关税与贸易总协定》。1947 年 10 月 30 日，筹委会在日内瓦结束，包括中国、澳大利亚、比利时、古巴在内的 23 个缔约国签署了《关税与贸易总协定》，并于 1948 年 1 月 1 日生效。

这个协定原为一个《临时规则》的协定，准备在各国政府批准《国际贸易组织宪章》后取而代之。1947 年 11 月，在哈瓦那召开的世界贸易和就业会议上通过了《国际贸易组织宪章》(即《哈瓦那宪章》)，但由于美国国会对其他国家提出的修正案不予批准，其他各国也持观望态度，《哈瓦那宪章》没有得到必要数量国家的批准，因而成立国际贸易组织的计划未能实现。关贸总协定就成为各缔约国在贸易政策方面确立某些共同遵守的准则,推行多边贸易和贸易自由化的唯一的、带有总括性的多边协定,一直沿用至世界贸易组织正式成立才结束其临时性地位。

顾名思义,关贸总协定只是一项"协定",并不是一个正式的国际经济组织,但是随着形势的发展,在关贸总协定的基础上逐步形成了一个临时性国际组织。总协定总部设在瑞士日内瓦,其组织机构主要有缔约国大会、代表理事会、委员会、工作组和专门小组、18国咨询组、总干事、秘书处。每年召开一次的缔约国大会是关贸总协定的最高权力机构。

关贸总协定的宗旨是:"各缔约方政府,认为在处理它们的贸易和经济事务的关系方面,应以提高生活水平、保证充分就业、保证实际收入和有效需求的巨大持续增长,扩大世界资源的充分利用以及发展商品生产与交换为目的。切望达成互惠互利协议,导致大幅度地削减关税和其他贸易障碍,取消国际贸易中的歧视待遇,以对上述目的作出贡献。"

关贸总协定自 1947 年 10 月 30 日成立时由 23 个原始缔约国组成,当时中国为原始缔约国之一,至 1993 年 12 月 15 日关贸总协定最后一次大会乌拉圭回合闭幕时,其成员已有 128 个。这些缔约方的总贸易额约占世界贸易额的 90％以上。

(二)关贸总协定的作用与局限性

1. 关贸总协定的作用

关贸总协定从 1948 年 1 月 1 日开始实施,到 1995 年 1 月 1 日 WTO 正式运行,前后存续了 47 年。在关贸总协定的主持下,100 多个主权国家和单独关税区参加关税与贸易总协定,进行了 8 轮的多边贸易谈判。经过 8 轮的谈判,各缔约方的关税水平大幅度下降,非关税措施受到约束。47 年间,关贸总协定的内容和活动领域不断扩大,缔约方不断增多,它在国际贸易领域发挥的作用日益加强,主要表现在以下几个方面:

(1) 促进国际贸易的发展和贸易规模的扩大。在关贸总协定的主持下,经过 8 轮多边贸易谈判,各成员方的关税大幅度下降,一些非关税壁垒也受到一定的限制,从而促进了世界自由贸易的发展。通过谈判,发达国家加权平均关税从 1947 年的平均 35％下降到 4％,发展中国家的平均税率则降至 12％左右。1950—1995 年,世界贸易的规模从 607 亿美元增加到 43 700 亿美元,增长速度超过了世界生产的增长速度。

(2) 缓和各缔约方的贸易摩擦和矛盾。关贸总协定及其一系列协议是各方谈判相互妥协的产物。执行协议产生的纠纷可以通过协商、调解、仲裁方式进行解决,这对缓和和平息各缔约方之间的贸易争端发挥了重要的作用。

(3) 形成了一套国际贸易政策和措施的规章。关贸总协定经过多轮谈判,形成一系列基本原则和一整套有关国际贸易的规章制度,这成为各缔约方制定国际贸易政策与措施,处理彼此间权利与义务的基本依据,并具有一定的约束力。关贸总协定要求各缔约方无论从事对外贸易活动,还是制定或修改其对外贸易政策措施,或处理缔约方经贸关系时,均应该遵守上述原则与协议。因此,在一定条件下,关贸总协定成为各缔约方进行国际贸易的主要法律依据。

(4) 为发展中国家对外贸易的开展提供一定的便利。最初,关贸总协定的有关条款基本上都是按照发达国家的意愿与旨意拟定的,许多条款都是为了维护他们的利益,发展中国家的要求往往得不到反映。随着许多发展中国家的壮大与纷纷加入,总协定成员方的构成发生了很大的变化,发展中国家超过了 3/4。通过谈判关贸总协定增加了有利于发展中国家的条款,并为发达国家与发展中国家在贸易上提供了对话的场所。因此,关贸总协定为发展中国家维护自身利益和促进其对外贸易发展起到了一定的作用。

2. 关贸总协定的局限性

由于关贸总协定产生背景的特殊性,其发展过程不可避免地存在一些局限。随着国际经济的不断发展,其本身难以克服的局限性日益突出,已经不能适应国际贸易和世界经济的发展。

首先,在法律地位上,关贸总协定仅仅是根据《关贸总协定临时适用议定书》生效时的临时协议,并不是正式生效的国际公约。从组织结构来看,关贸总协定并不是一个具有法人地位的正式国际组织,在众多国际机构中级别较低,在各国国内的法律地位也较低,没有自己的组织基础。根据联合国宪章,关贸总协定不是联合国的专门机构,只能算是一个"联系机构",因此,关贸总协定所设组织机构的法律地位始终是暧昧不清的,它设在日内瓦的总部和秘书处及有关人员,是由瑞士政府参照联合国正式机构的情况,授予外交特权和豁免。

其次,在管理范围上,关贸总协定仅管辖货物贸易,而且货物贸易中农产品、纺织品、服装长期游离在多边贸易体制之外,不受关贸总协定自由化的约束。不仅如此,服务贸易、知识产权、与贸易有关的投资措施等 20 世纪 80 年代以后出现的新领域在关贸总协定中没有涉及,从而使得关贸总协定已经不能适应 20 世纪 80 年代以来国际贸易领域迅速扩展的需要。

再次,关贸总协定的许多规则不规范,存在着"过多"的例外领域。由于关贸总协定是各缔约方妥协的产物,许多规则与条款缺乏明确的标准,并存在着大量的例外条款,这使得许多缔约方在贸易立法和政策执行中时常偏离关贸总协定的基本任务,导致诸如"自动"出口限制、有秩序的贸易安排等"灰色领域"措施泛滥,削弱关贸总协定的权威性。

最后,在争端解决机制上,关贸总协定要求在做出争端解决决定时,所有的缔约方"完全协商一致"决策,因而,存在着争端解决的时间拖得很长、专家小组权限很小、监督后续行动不力等问题。这极大地削弱了关贸总协定解决贸易争端的能力。

(三)乌拉圭回合多边贸易谈判

自 1947 年以来,在总协定的主持下,共举行了八轮多边贸易谈判,每一轮谈判都取得了一定的成果,参见表 10-1。

表 10-1　关税与贸易总协定历次多边贸易谈判简况表

届次	谈判时间	谈判地点与名称	参加方	谈判主要议题	谈判主要成果
1	1947 年 4—10 月	瑞士日内瓦	23	关税减让	就 45 000 项商品达成关税减让协议,使占发达国家进口值 54％的进口商品平均关税降低 35％,影响世界贸易额近 100 亿美元;关贸总协定随谈判的成功和临时适用协定的签订而临时生效

续　表

届次	谈判时间	谈判地点与名称	参加方	谈判主要议题	谈判主要成果
2	1949 年 4—10 月	法国安纳西	33	关税减让	谈判总计达成的双边关税减让协议 147 项,增加关税减让商品 5 000 项,使占应税进口值 56% 的商品平均降低关税 35%
3	1950 年 10 月—1951 年 4 月	英国托尔基	39	关税减让	达成关税减让协议 150 项,又增加关税减让商品 8 700 项,使占应税进口值 11.7% 的商品平均降低关税 26%
4	1956 年 1—5 月	瑞士日内瓦	28	关税减让	达成近 3 000 项商品的关税减让,但仅涉及 25 亿美元的贸易额,使占应税进口值 16% 的商品平均降低关税 15%
5	1960 年 9 月—1961 年 7 月	瑞士日内瓦(狄龙回合)	45	关税减让	达成约 4 400 项商品的关税减让,共涉及 49 亿美元的贸易额,使占应税进口值 20% 的商品平均降低关税 20%
6	1964 年 5 月—1967 年 6 月	瑞士日内瓦(肯尼迪回合)	54	关税减让和非关税壁垒问题	使分别列入各国税则的关税减让商品项目合计达 60 000 项,工业品进口关税税率下降了 35%,影响了 400 亿美元的商品贸易额;制定了第一个反倾销协议,为发展中国家新增了贸易与发展部分,开创了波兰作为"中央计划经济国家"参加关贸总协定多边贸易谈判的先例
7	1973 年 9 月—1979 年 4 月	瑞士日内瓦(东京回合、尼克松回合)	99	关税减让和非关税壁垒问题	以"一揽子"关税减让方式达成关税减让与约束,涉及 3 000 多亿美元贸易额,平均关税水平下降 35%;达成多项非关税壁垒协议和守则,通过了给予发展中国家优惠待遇的"授权条款"
8	1986 年 9 月—1993 年 12 月	瑞士日内瓦(乌拉圭回合)	105—124	共 15 项议题,大致可分为 4 大类:市场准入、贸易竞争规则、"新领域"的议题和贸易体制程序的议题	达成涉及 21 个领域的 45 个协议,减税商品涉及的贸易额高达 1.2 万亿美元,减税幅度近 40%,近 20 个产品部类实行了零关税;农产品的非关税措施全部关税化,并进行约束和减让,纺织品的歧视性配额限制在 10 年内取消;非关税壁垒受到严格规范;涉及的三个新领域即服务贸易、与贸易有关的知识产权和与贸易相关的投资措施等议题谈判成功;达成了关于建立世界贸易组织的协定

(资料来源:陈宪等:《国际贸易理论与实务》,高等教育出版社 2000 年版。)

　　在上述八个回合的谈判中,乌拉圭回合谈判具有特别重要的意义。东京回合后,关贸总协定受到多方面挑战。一方面,发达国家经济衰退与发展中国家不断增加的累计债务不断困扰着多边贸易体制,贸易保护主义日益抬头;另一方面,由于世界经济全球化,对外投资不断扩大,服务贸易急剧发展,但这些都游离于关贸总协定之外。而地区经贸集团迅速发展、世界农产品贸易中愈演愈烈的补贴问题、多种纤维协定对总协定原则的背离、争端解决程序的无力,这一系列问题均需新一轮的多边贸易谈判予以解决。为了解决上述问题,关贸总协定第八轮多边贸易谈判——乌拉圭回合于 1986 年 9 月 15 日乌拉圭埃斯特角城拉开帷幕。

1. 乌拉圭回合的目标与议题

乌拉圭回合力求达到下列目的:制止和扭转保护主义,削除贸易扭曲现象;维护关贸总协定的基本原则,促进关贸总协定的目标;建立一个更加开放、具有生命力和持久的多边贸易体制。

上述目的需要通过下列具体目标来达到:进一步放宽和扩大国际贸易,减少和取消各类关税和非关税壁垒,促进贸易自由化;加强关贸总协定的作用,在关贸总协定的原则和基础上,改善多边贸易体制,扩大关贸总协定对世界贸易的适用范围;增强关贸总协定体制对不断变化的国际经济环境的适应能力;促进国际合作行动,加强贸易政策与其他影响经济增长和发展政策之间的联系,改善国际货币体制的职能,向发展中国家投入更多的资金。

《乌拉圭回合部长会议宣言》阐明:乌拉圭回合多边贸易谈判分两个部分共 15 个议题。第一部分共含 14 个议题,分别为:(1)关税;(2)非关税措施;(3)热带产品;(4)自然资源产品;(5)纺织品和服装;(6)农产品;(7)关贸总协定条款;(8)保障条款;(9)多边贸易谈判协议和安排;(10)补贴与反补贴措施;(11)争端解决;(12)与贸易有关的知识产权,包括冒牌货贸易问题;(13)与贸易有关的投资措施;(14)关贸总协定体制的作用。第二部分是美国等发达国家力主纳入关贸总协定体制的服务贸易。

在乌拉圭回合的 15 个议题中,有三个为新议题,即服务贸易、与贸易有关的投资措施以及与贸易有关的知识产权。

2. 乌拉圭回合的成果

1993 年 12 月 15 日乌拉圭回合最终完成谈判,1994 年 4 月 15 日在摩洛哥马拉喀什签署《乌拉圭回合多边贸易谈判结果最后文件》,包括《建立世界贸易组织的马拉喀什协议》及 4 个附件,共 21 个协定和协议。此外,作为乌拉圭回合全部成果的重要组成部分,还通过参与《建立世界贸易组织马拉喀什协议》有关的 31 项部长决定、宣言及谅解。

专栏 10-3

刘显铭:中国接触关贸总协定第一人

刘显铭:1984 年被任命为常驻日内瓦参赞,开始了中国政府与关贸总协定的最初接触,见证了中国从“文革”时期的封闭保守到改革开放初期的小心试探。许多历史事件同时间一起流逝,带不走的是历史的记忆……

接触关贸总协定是在“文革”之后

中国虽然 1986 年才向关贸总协定递交复关申请,但自 1980 年就开始与关贸总协定正式接触。

1980 年 8 月 26 日合众国际社日内瓦的一份电稿中写道:“一些西方官员今天说,中国可能在准备谋求加入世界上最重要的贸易机构——关税与贸易总协定。表明北京要采取这种行动的一个迹象是在参加今天在日内瓦开学的法语训练班的21个人中,有一个是中国外贸部的一位副处长刘善明(译音)。一位西方官员说,苏联与东德从未表示有兴趣参加关税及贸易总协定,而中国人一些时候以来一直在做出友好的表示。"

文中指的那位中国官员就是我。当时关税及贸易总协定每年举办两个这样的为期4个月的训练班,一个是英语班,一个是法语班。联合国出资,GATT主持。我参加了半年的培训。这是中国政府正式接触GATT的开始。

"政治挂帅",中国与关贸失之交臂

中国1971年恢复联合国席位后一直拖到1980年才与关贸总协定接触有很深的历史背景。当时中国对外贸易由国家垄断,与提倡自由贸易的关贸总协定可谓水火不容,而关贸总协定也是被美国操纵,这是我们和关贸总协定保持距离的原因之一。

但中国恢复联合国席位之后和资本主义经济的两大支柱世界银行和国际货币基金组织立刻建立了关系,和关贸总协定接触迟缓又与台湾问题息息相关。在"文革"时期有一句口号"政治挂帅",经济为政治服务,外贸要服从外交。当时中国在世界银行和国际货币基金组织的席位均被台湾占据。在国际组织中"驱台"就成为当时一项政治任务。根据联大决议,台湾退出了世界银行和国际货币基金组织,而中国大陆就自然成为这两个机构的成员。

但在关贸总协定中,中国虽是关贸总协定生效时的创始国,但占据席位的台湾当局1950年退出了关贸总协定,十五年后台湾希望重新加入时,也仅是关贸总协定的观察员。中国恢复联合国席位后,关贸总协定主动按联大决议取消了台湾的观察员资格,台湾问题自动解决了。因为没有"驱台"任务,辅之在经济上暂时没有需要,这样加入关贸总协定就搁置了。

70年代末,全世界又诞生了一批独立国家,建立国际经济新秩序的呼声日益高涨,在国内我们结束了"文革"的混乱,改革开放已是大势所趋,而发展经济,不能再单方面依赖社会主义阵营的市场,这促使中国内部开始重新认识关贸总协定。

香港问题使中国下决心与GATT建立官方关系

80年代初国内许多单位对关贸总协定不以为然,只有外经贸部一家忙活。但中英香港谈判使中国下决心由接触GATT到派人入驻日内瓦与GATT进行往来。

1983年中英开始就香港问题进行谈判,我代表外经贸部参加了当年的谈判准备工作,负责重点研究回归后香港同关贸总协定的关系。香港当

时作为英国的殖民地,是欧共同体的成员,在关贸总协定英国代表团里有香港代表,香港作为自由港与大多数关贸总协定成员的贸易关系紧密。香港从关贸总协定中受益很大,我们得出结论香港回归之后与关贸总协定的关系肯定要保留。但回归之后,香港作为中国一个特别行政区,在关贸总协定中是什么身份,以后的澳门、台湾也都要涉及这个问题,可能在关贸总协定中能看到中国香港、中国澳门、中国台北的牌子却没有中国的牌子。中国作为主权国家处在关贸之外是一个令人尴尬的现实。这个问题让外交部和国家领导觉得有必要解决中国与关贸总协定的关系。这成为促使决定中国复关的一个因素。

1984 年国务院任命我为常驻联合国日内瓦办事处参赞,专门负责与GATT 的来往。1986 年,香港在关贸总协定中改称"中国香港",双方出具声明,确定香港在未来关贸的地位。从此中国把关贸总协定和中国的关系摆上了日程。同时中国的经济体制改革也出现了可喜的变化,计划经济开始松动,1986 时的提法已经是有计划的商品经济,这样中国提出申请复关也就有了基础条件。

复关还是重新加入?这是个问题

但当时回到关贸总协定是要求恢复中国关贸总协定缔约方地位还是重新加入又着实让中国政府费了一番脑筋——如果"复关",中国就可能从1950 年台湾退出关贸总协定之日起交纳关贸总协定的会费。而重新加入,则可免交几十年的会费。

但后来发现因中国没有参加多少国际贸易可免交这些年的会费。这样我们认为中国作为关贸总协定的创始缔约国的名誉还是要保留。经过长久的考虑后决定"复关",采取了同恢复中国在联合国席位一样的做法。但从现在的结果看"复关"与重新加入并无实质的差别,所有的谈判都要一项项来。

1986 年 7 月 10 日,我和中国驻日内瓦大使钱嘉东向关贸总协定递交了要求恢复中国关贸总协定创始缔约方地位的申请。但是向总干事邓克尔还是向副总干事马吐尔递交的申请书我已经记不清了,当时没把这一时刻看做是一个历史事件,只是按国内指示完成的一个普通的任务罢了。

但从现在看来正是从这一天起,中国踏上了十五年的复关入世谈判之路。

(资料来源:《刘显铭:中国接触关贸总协定第一人》,《北京青年报》2001 年 10月 28 日。)

第三节　世界贸易组织

世界贸易组织(World Trade Organization，WTO)简称世贸组织，它是根据乌拉圭回合谈判达成的《建立世界贸易组织协定》于 1995 年 1 月 1 在瑞士日内瓦成立的，是以市场经济机制和多边贸易规则为基础，以乌拉圭回合达成的各项协定为法律框架，并具有国际法人地位的正式国际经济组织，其前身为关贸总协定。

一、世界贸易组织的产生

为了适应日益复杂的国际贸易和经济全球化的发展需要，1986 年 9 月 15 日，第八回合谈判在乌拉圭的埃斯特角城举行，该谈判不仅包括传统的货物贸易问题，而且还涉及与贸易有关的知识产权、投资措施、服务贸易等问题。谈判取得了一系列重大的进展，不仅进一步降低了关税，达成了内容更为广泛的货物贸易市场开放协议，改善了市场准入条件，而且就服务贸易和与贸易有关的知识产权等方面达成了协议等。由于服务贸易和与贸易有关的知识产权等重大议题的谈判成果，很难在关贸总协定的框架内付诸实施，因此，各成员方普遍认为有必要在关贸总协定的基础上创设一个正式的比较完善的国际贸易组织，来协调、监督和执行乌拉圭回合的谈判成果。1990 年初，欧洲共同体首先提出了一个建立多边贸易组织的倡议，这个倡议后来得到了美国、加拿大等国的支持。1993 年12 月根据美国的提议，把"多边贸易组织"改为"世界贸易组织"。世界贸易组织协议于1994 年 4 月 15 日在摩洛哥马拉喀什部长会议上获得通过。协议由 104 个国家和地区签署生效。1995 年 1 月 1 日，世界贸易组织正式成立。1995 年 1 月 31 日，世界贸易组织举行成立大会，取代关贸总协定。世界贸易组织和国际货币基金、世界银行已经成为确定和维持国际经济运行秩序的三大支柱。

二、世界贸易组织的宗旨与目标

在《建立世界贸易组织的协议》的序言部分阐述了世界贸易组织的宗旨与目标：提高人民的生活水平，保证充分就业和大幅度稳步提高实际收入和有效需求，扩大货物与服务的生产和贸易，为实现可持续发展目标，合理利用世界资源，保护和维护环境，确保发展中成员在国际贸易增长中获得与其经济发展需要相适应的份额。

具体实施这一基本宗旨与目标的原则是：通过签订旨在大幅度削减关税与其他贸易壁垒的协议，取消国际贸易中歧视待遇，实行无条件的最惠国待遇、国民待遇，坚持非歧视贸易原则，对发展中国家给予特殊的优惠待遇，提高市场准入程度和贸易政策与法规的透明度，以及实施通知与审议等原则。

三、世界贸易组织的职能和机构

根据世贸组织协议第三条的规定，世贸组织的职能是：为该协议和各多边贸易协议的执行、管理、运作和进一步目标的实现提供方便并提供框架,为该协议及其附件有关各成员方的多边贸易关系谈判提供场所,为在部长级会议决定下谈判结果的执行提供框架,为该协议附件2有关争端处理规则和程序谅解书进行管理,以及对贸易政策评审机构进行管理。此外,为在全球性的经济决策方面形成较大的协调,世贸组织还应和国际货币基金组织和世界银行及其附属机构进行适当的合作。

为执行其职能,世贸组织在瑞士日内瓦设立相应的组织机构(见图10-1)。

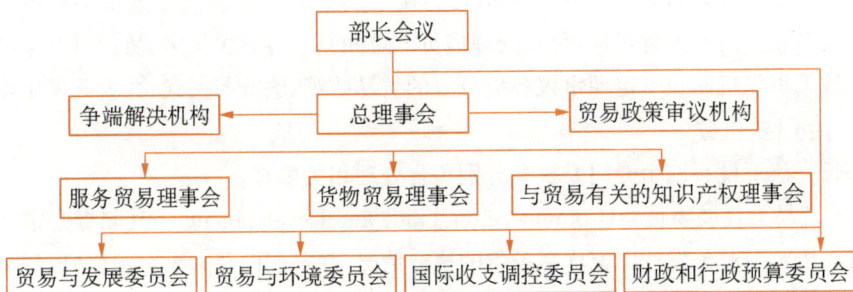

图 10 - 1　世界贸易组织机构

（一）部长会议（Ministerial Conference）

它是世贸组织的最高决策机构(非常设机构),由世界贸易组织成员方的部长组成。定期举行会议(至少每两年一次),对国际贸易重大问题作出决策,在适当时候发动多边贸易谈判。

（二）总理事会（General Council）

它是世贸组织的核心机构,负责日常对世贸组织的领导和管理。在部长会议休会期间代为执行各项职能。

（三）秘书处（The Secretariat）

它负责处理日常工作,由部长会议任命的总干事(Director-General)领导。总干事和秘书处的职责具有国际性,在履行职务中,不得寻求和接受任何政府或世贸组织以外组织的指示。

（四）分理事会

总理事会下设三个分理事会,分别履行不同的职责。

1. **货物贸易理事会**(Council for Trade in Goods)

该理事会主要负责管理监督1994年关贸总协定及其附属的12个协议的执行。其下分设12个委员会具体负责各项协议的执行。

2. **服务贸易理事会**(Council for Trade in Service)

该理事会主要负责管理监督服务贸易总协定的执行。下设基础电讯谈判小组、自然人移动谈判小组、海上运输服务谈判小组、金融服务委员会及专业服务工作小组。

3. 与贸易有关的知识产权理事会 (Council on Trade-related Aspects of Intellectual Property Rights)

它主要负责管理、监督世贸组织知识产权协定的执行。

4. 争端解决机构和贸易政策审议机制

争端解决机构 (Dispute Settlement Body，DSB) 和贸易政策审议机制 (Trade Policy Review Mechanism，TPRM) 这两个机构均直接隶属于部长会议或总理事会。争端解决机构下设专家小组和上诉机构，负责处理成员方之间基于各有关协定、协议所产生的贸易争端。政策审议机制负责定期审议各成员方的贸易政策、法律与实践，并就此做出指导。

5. 专门委员会

部长会议下设有四个专门委员会分别负责处理相关事宜。

(1) 贸易与发展委员会 (Committee on Trade and Development)。其职责是定期审议多边贸易协定中对欠发达国家优惠条款的执行情况，并定期向总理事会报告，以便采取进一步行动。

(2) 贸易与环境委员会 (Committee on Trade and Environment)。其职责是协调贸易与环境措施之间的矛盾，制定必要的规范，以促进贸易的持久发展。

(3) 国际收支调控委员会 (Committee on BOP Restrictions)。该委员会负责监督审查有关协定中涉及国际收支条款以及依据这些条款而采取限制进口措施的执行情况。

(4) 财政和行政预算委员会 (Committee on Budget，Finance and Administration)。该委员会负责确定并收缴成员方应交的会费，提出世贸组织的年度财务报告及预算，负责世贸组织的财产及内部行政事务。

四、世界贸易组织体制的特点

世界贸易组织是在关贸总协定的基础上建立的，并形成了一整套较为完备的国际法律规则。它与关贸总协定相比，具有以下一些特点：

(一) 管辖内容广泛

关贸总协定的管理范围狭窄单一，其规则只涉及货物贸易，且农产品和纺织品都是作为例外处理的。世界贸易组织体制不仅包括关贸总协定已有的货物贸易方面的规则，而且还包括服务贸易的国际规则、与贸易有关的知识产权保护的国际规则、与贸易有关的国际投资规则。这一整套国际规则涉及服务贸易、知识产权保护、投资措施等领域。

(二) 体制统一

关贸总协定体制由两层结构组成：一层是总协定文本和前七轮多边贸易谈判达成的关税减让表；另一层是多种纤维协议和东京回合的 9 个协议。多种纤维协议采用背离总协定的管理方法，东京回合守则采取自由选择参加方法，这样就导致缔约方在总协定体制内权利和义务的不平衡，还导致关贸总协定体制本身的分化。而世界贸易组织体制所管理的协议,除政府采购协议、牛肉协议、民用航空器贸易协议、国际奶制品协议等东京回合的四个协议外,成员方必须一揽子签署参加,确保了世界贸易组织体制的统一性。

（三）法律权威性

关贸总协定从法律上说并非一个组织,只是一项临时适用的契约,其组织机构和法律基础都不健全。世界贸易组织的体制不但把总协定临时适用变为正式适用,而且建立了一整套组织机构。这样,世贸组织将与其他国际组织在法律上处于平等地位,具有法人资格,对其所有成员国均有严格的法律约束力。作为正式国际组织,它是国际法主体,享有特权与豁免。由于它不是联合国专门机构,也不隶属于联合国体系,因此可避免联合国的各种影响,比较符合发达国家特别是贸易大国的愿望。

（四）完善了争端解决机制

关贸总协定是唯一有争端解决机制的准国际组织,但该机制不够健全。表现在:专家小组权限过小,争端解决时间过长,监督后续行动不力。"乌拉圭回合"中建立起来的综合争端解决机制健全了各种程序,特别是加强了对实施裁决的监督。为确保世界贸易组织规则的严格遵守和世界贸易组织体制的正常运作,综合争端解决机制适用该体制所管理的一切协议和决定。

（五）建立了贸易政策审议机制

为了监督缔约方是否严格维护关贸总协定秩序,许多国家要求通过"乌拉圭回合"建立贸易政策审议机制。1988年底各缔约方就建立贸易政策审议机制问题达成了协议,该协议于1989年4月12日临时生效后试行的结果表明,贸易政策审议机制不但能促进各国政策的透明度,而且有利于改善缔约方之间的贸易关系。

（六）加强了全球经济决策的协调

世界贸易组织通过加强其与国际货币基金组织和世界银行之间的联系,将使它们在全球经济决策过程中加强协调,以使政策和行动更加和谐一致,发挥更大的作用。

五、世界贸易组织的决策方式

世界贸易组织的决策承袭了关贸总协定"协商一致同意"的决策方式,即讨论一项提议或拟议中的决定时,应首先寻求协商一致,所有成员都表示支持或没有成员反对,即为协商一致通过。只有当无法达成共识时,再以投票的方式表决,具体可分为协调一致决策和投票决策形式。世界贸易组织对不同的问题,采取不同的投票方式,具体规定如下:

（1）部长级会议或总理事会在无法协商一致时通过表决决定,每个成员拥有一票。

（2）对某些关键条款的修正要以全体成员接受才能生效。

（3）关于条款解释的投票要以3/4多数通过。

(4) 有关豁免的表决要以 3/4 多数通过。但对有的义务在规定的"过渡期"内可暂不履行,在过渡期以后如果要继续豁免,就必须"一致同意"才行。

(5) 接收新成员、关于修正案的投票要以 2/3 多数通过。

(6) 对一般事项或某些普通条款的修正以简单多数通过。

此外,协议还规定了世贸组织的预算和会费原则,对成员资格、加入、特定成员之间互不适用多边贸易协议,以及接受、生效和保存、退出等都作了程序性规定。

六、贸易政策审议机制

贸易政策审议机制是指世贸组织成员集体对各成员的贸易政策、措施及其对多边贸易体制的影响,定期进行全面的审议和评估。其目的是促使所有成员提高贸易政策和措施的透明度,履行所做的承诺,更好地遵守世贸组织规则,从而避免和减少贸易争端,保证多边贸易体制平稳运行。

《贸易政策审议机制》主要内容是:所有世贸组织成员的贸易政策都要进行审议,贸易政策审议机构每年确立一个审议计划;它规定了审议频率、审议程序和具体审议方法;此外,还规定贸易政策审议机构应对多边贸易体制产生影响的国际贸易环境发展做出年度回顾。

七、争端解决机制

争端解决机制是解决成员政府间已发生贸易争端的事后解决机制,它使有关成员之间的利益和义务的平衡,避免采取歧视性的贸易限制措施,是保护和加强多边贸易体制稳定性和可预见性的关键因素,以及世贸组织正常运行的重要保障。争端解决机制的核心是精确的操作程序、明确的时间限制以及严格的交叉报复机制。

《关于争端解决规则与程序的谅解》主要内容有:争端解决的原则精神、鼓励成员通过磋商解决贸易争端,以保证世贸组织规则的有效实施为优先目标、解决争端的方法、争端解决时限、实行"反向协商一致"的决策原则,并规定了禁止未经授权的单边报复,但经争端解决机构授权,允许交叉报复。

八、世界贸易组织多哈回合谈判

世贸组织成立 10 年来取得了一系列的成果:落实乌拉圭回合协议内容,继续谈判并达成一些协议;吸收了中国等 20 个新成员;解决成员间的贸易争端;举行部长级会议,多边贸易体制发展中的问题,特别是多哈会议发动了新一轮多边贸易谈判。

多哈会议通过了《部长级会议宣言》《关于乌拉圭回合协议执行问题的决定》和《关于知识产权与公共健康问题的宣言》等文件。新一轮谈判的议题主要包括八个方面:农产品、服务业、非农产品市场准入、知识产权、贸易规则、争端解决、贸易与发展、贸易与环境等项议题;部长级会议讨论决定可能列入的议题:贸易与投资规则、贸易与竞争政策的相互关系、贸易便利化、政府采购等。此外,还将对电子商务、小型经济体、贸易与债务及融资、贸易与技术转让、技术合作与能力培训、低收入发展中成员、对发展中成员的特殊与差别待遇、谈判规划的组织与管理等 12 项议题进行研讨。

多哈回合贸易谈判又称多哈发展议程,是世界贸易组织于 2001 年 11 月在卡塔尔首都多哈举行的世界贸易组织第四次部级会议中开始的新一轮多边贸易谈判。议程原定于 2005 年 1 月 1 日前全面结束谈判,但至 2005 年底为止仍未能达成协议,最终于 2006 年 7 月 22 日世界贸易组织总理事会的批准下正式中止。截至 2010 年底,多哈回合谈判仍然处在"软重启"或"试探性重启"状态,无法达成最终协议。

多哈回合涵盖大约 20 个议题。其中农业和非农产品市场准入被认为是最关键也是世贸组织成员分歧最集中的两个议题。这两个议题基本上归为三大方面,即农业补贴、农产品关税和工业品关税。长期以来,世贸组织成员无法在农业补贴、农产品关税和工业品关税的削减幅度、削减公式和削减方法上达成一致。主要原因是发展水平不同,因此利益和需求也不同。美欧等发达成员的主要目标是进一步打开发展中成员的工业品和服务市场,而发展中成员则希望美欧降低农业补贴并开放农业市场,如何达成一项平衡的协议,使各方均得到好处而又尽量避免损失就成了谈判中的最大难题。

"巴厘一揽子协定"助益中国外贸出口

专栏 10 - 4

世界贸易组织(WTO)第九届部长级会议 7 日在印尼巴厘岛闭幕,会议发表了《巴厘部长宣言》,达成"巴厘一揽子协定",这是 WTO 成立 18 年来的首个全球贸易协定,多哈回合谈判 12 年僵局终获历史性突破。

长达十余年的冗长谈判,WTO 终于踏出成功的第一步!

《巴厘部长宣言》一锤定音,这是 WTO 在 1995 年成立以来第一个全球贸易改革协议,将给尚在艰困复苏的全球经济添加新的生机。我们注意到,这次 WTO 部长级会议本来外界不看好,然到最后却突破困境达成协议,使得 WTO 进展走向免于被边缘化。难怪在巴厘岛闭幕式上,世贸组织总干事阿泽维多会在致辞中说,"我们让世贸组织重焕生机";而大会主席、印尼贸易部部长吉塔更是感性地说:"'世界之晨'巴厘岛真的带给世贸组织一个美丽的晨曦。"

我们知道,WTO 多哈回合谈判从 2001 年开始,其意在解决全球贸易不平衡问题,让各成员可以分享到全球贸易带来的好处。为何历经 12 年的多哈回合谈判如此艰难,甚至是陷于瘫痪边缘,一方面是各方缺乏互信基础而不肯妥协,另一方面其谈判困难的核心问题——农业补贴,牵涉到粮食安全问题;还有就是世界贸易的话语权问题。

这次之所以达成具有全球贸易协议的重要里程碑意义的"巴厘一揽子协定",在于各成员国有个基础性共识,要为全球经济把注新活力,这也是与会部长们至最后一刻仍不放弃的主因。当然,我们也不能够忘记,

WTO总干事阿泽维多和大会主席、印尼贸易部长吉塔积极奔走和努力协调,的确"功不可没"! 还有,要促使国际贸易协议往较公平竞争的方向努力,在相当程度上需要各参与方有更平衡的声音,有妥协的意愿。我们看到,以往WTO里美国与欧盟等发达经济体独大的时代早已过去,中国、印度、巴西、东盟等一些新兴经济体不断发展壮大,其在WTO里的话语权也在逐步增强。还有,WTO巴厘岛会议谈判能在许多争议点中最终达成协议,打破多哈谈判僵局,除了中国等扮演促谈角色外,美国的适度妥协性让步是一大关键。

包括10份文件的"巴厘一揽子协定",内容涵盖了简化海关及口岸通关程序、允许发展中国家在粮食安全问题上具有更多选择权、协助最不发达国家发展贸易等内容。有分析预测称,协定将为全球经济增加9 600亿美元贸易额、创造2 100万个就业岗位,其中1 800万个在发展中国家。可以说,这份协议将有益于全球经济成长,也有利于延续多边贸易体制的进一步推进,给今后的WTO多哈回合谈判注入活水。

总的来看,为了全球贸易利益,WTO终于踏出成功的第一步,迎来"一个美丽的晨曦",但这仅是一个好的开端,它离全球贸易自由化、一体化的目标尚有不少差距。首先,"巴厘一揽子协定"的规范性内涵尚没有触及降低关税或开启"零关税"这一推动全球自由贸易的关键性问题。此外,与方兴未艾的区域性自由贸易协定签署进程(FTA)相比,WTO在推进效率上明显滞后,特别是FTA零关税造成的贸易效果更显而易见。从当前的实际效果来看,FTA创造的贸易环境优于WTO的协议规范。因此,WTO要继续推动全球自由贸易往前迈出更大的步伐,还需各缔约国积极投入和共同努力。

"巴厘一揽子协定"的达成,对于中国的外贸出口相对有利,助益不小。

首先,协定在促进贸易便利化方面成果丰颐,同意建立"单一窗口"以简化清关手续。我国中小企业在出口格局中占有相当大的分量,简化通关程序,外贸中小企业将因通关成本的降低而获得效益。欧盟曾作过研究发现,跨国公司对受通关延误的成本影响几乎可以被忽略,可对中小企业而言,一旦通关受到延误,所受到的影响几乎占成本的15%—20%,比例很高,影响也大。台湾WTO研究学者李淳研估,协定一旦落实,若按中国大陆2012年的出口值为据,按1%的通关效益换算,初估可为大陆带来新台币逾6千亿元经济效益。

其次,WTO达首个协议,可为全球经济挹注新的活水和增添就业机会,有利于世界经济加快复苏进程,加上贸易自由化便利化的进步,将对外需的拉动起着很好的影响,对于中国的外贸出口有正面帮助。

　　还有，中国重视建设自贸区战略，坚持双边、多边、区域次区域开放合作，而这也将影响中国的外贸出口。中国已与东盟十国组建了"10＋1"自由贸易区(CAFTA)，2013年，与欧洲国家自贸区建设取得零的突破，中国—冰岛自贸区协议、中国—瑞士自贸协定完成签署。此外，中韩自贸区举行了八轮谈判，谈判进入"出要价谈判阶段"，中日韩自贸区谈判也举行了三轮。WTO首个全球贸易协定的达成，对于中国加快相关的区域性贸易协定谈判也有个促进作用。

　　尽管与TPP、TTPI、CAFTA等区域性贸易协定相比，WTO首个全球贸易协定的含金量还有待进一步观察，WTO多哈回合谈判还会有新的合作—对抗—妥协的博弈过程，进而影响全球自由贸易的进展。中国外贸出口要争取更好的外部环境，还应通过推进FTA战略、世界贸易组织(WTO)争端解决机制等来解决贸易争端。与此同时，对于多边贸易体制面临的诸多挑战，中国也应继续与其他国家一道促使WTO加快变革，迎合21世纪的时代特征，争取更多的互利共赢！

（资料来源：中国网2013年12月9日，作者：王振峰。）

第四节　世界贸易组织的基本原则

　　《建立世界贸易组织的协议》本身并未包括具有实质性意义的贸易政策义务，有关协调多边贸易关系和解决贸易争端以及规范国际贸易竞争的实质性规定，均体现在4个附件中。附件1包括：(1)多边货物贸易协议，即1994年关税与贸易总协定及其具体协议；(2)服务贸易总协定；(3)与贸易有关的知识产权协定。附件2是关于争端解决规则与程序的谅解。附件3是有关贸易政策审议机制。附件4包括4个诸边贸易协议，即政府采购协议、民用航空器贸易协议、国际牛肉协议、国际奶制品协议，后两个协议于1997年年底废止。诸边贸易协议与多边贸易协议不同，世贸组织成员并无强制性义务加入这些协议，只在参加方之间生效。

　　世贸组织规则还包括与《建立世界贸易组织的协议》有关的一系列部长级会议决定、决议、宣言、谅解，以及世贸组织成立后达成的协议。

　　世贸组织的基本原则贯穿于世贸组织的各个协议、协定中，构成多边贸易体制的基础。但同时多边贸易体制还规定了种种例外与免责条款，使得这些基本原则在实施中具有灵活性。

一、非歧视原则

非歧视原则(non-discrimination principle)又称无差别原则,是 WTO 中最基本原则,构成了世贸组织的基石。非歧视原则是指在国际贸易中成员间平等地进行公平竞争,实行无差别待遇。这个原则是通过最惠国待遇与国民待遇原则来体现的。

(一)最惠国待遇原则

最惠国待遇原则(most favored nation treatment,MFNT)是指一成员在货物贸易、服务贸易和知识产权领域给予任何其他国家(无论是否世界组织成员)的优惠待遇(包括利益、特权、豁免等),立即和无条件地给予其他各成员。即要求一切外国人或外国企业处于同等地位,享受同样的待遇,不给予歧视。

最惠国待遇可以分为无条件的最惠国待遇和有条件的最惠国待遇两种:(1)无条件的最惠国待遇,是指缔约国一方现在和将来给予任何第三国的一切优待,应立即无条件无补偿地、自动地给予对方。(2)有条件的最惠国待遇,是指如果缔约国一方给予第三国的优惠是有条件的,则另一方必须提供同样的补偿,才能享受这种优待。无条件的最惠国待遇首先在英国被采用,所以又叫"欧洲式"最惠国待遇;有条件最惠国待遇最先在美国使用,所以又叫"美洲式"最惠国待遇。现在的国际贸易条约与协定普遍采用无条件的最惠国待遇原则,世贸组织的最惠国待遇是一种多边的无条件的最惠国待遇原则,它主要适用于对外国产品的进入适用于同一的关税税率,即采取最惠国税率。

在货物贸易方面,成员方给予任何其他国家产品的关税优惠,或其他与生产有关的优惠、优待、特权、豁免,均应立即和无条件地给予其他成员方的相同产品;在服务领域方面,一成员方应立即和无条件地将给予任何第三方的服务和服务提供者的优惠,给予任何其他成员方的相同服务和服务提供者。但服务贸易领域的最惠国待遇有其独特之处,它允许各成员方在进行最初的承诺时,将不符合最惠国待遇原则的措施列入最惠国待遇例外清单,附在各自的承诺表之后,但这种例外不应该超过 10 年。在知识产权领域,一成员方给予任何第三方的知识产权所提供的保护水平,应立即和无条件地给予来自任何其他世界贸易组织成员方的相同知识产权的所有人。

最惠国待遇原则的例外主要有以下几种情况:一是以关税同盟和自由贸易区等形式出现的区域经济安排,在这些区域内部实行的是一种比最惠国待遇还要优惠的"优惠制",区域外世界贸易组织成员无权享受;二是对发展中成员实行特殊和差别待遇;三是允许成员为便利边境贸易而只给予毗邻国家优惠;四是知识产权领域,允许在一般司法协助的国际协议中享有的权利方面保留一定的例外,在世贸组织成立前已生效的国际知识产权保护公约中可以不给予最惠国待遇;五是服务贸易的一次性例外。

(二)国民待遇原则

国民待遇原则(national treatment)是指对其他成员的货物、服务、服务提供者或企业、知识产权所有者或持有者所提供的待遇,不低于本国同类货物、服务、服务提供者或企业知识产权所有者或持有者可享有的待遇。即指外汇货物、服务与知识产权要与本国国内货物、服务及知识产权待遇一致。其目的是平等对待外国和本国货物、服务、知识产权所有者，实施非歧视待遇。国民待遇原则主要适用于进口产品在进口国国内纳税；以及涉及影响产品在国内市场上的买卖、运输、分销或使用的各项法律、法令及规章。亦即外汇的进口产品应视同国内产品一样，不能对进口产品实行有别于国内产品的歧视待遇。

在货物领域方面，国民待遇包含三个方面的内容：一是不对进口产品征收超过对国内相同产品所征收的国内税或其他费用；二是在影响产品国内销售、让售、购买、运输、分配与使用等政府规章管理方面，进口产品所享受的待遇不得低于本国同类产品所享受的待遇；三是一成员方不能强制要求其生产某一产品时，必须使用一定数量或比例的国内生产的原材料或半成品；在服务领域，一成员方给予外国服务或服务提供者的待遇不应低于本国服务或服务提供者所享受的待遇，但前者享有的此种待遇以该成员服务贸易承诺表中所列出的条件或限制为准，并且在一成员没有做出开放承诺的服务部门，外国服务或外国服务提供者不享受此种待遇。换句话说，服务贸易中的国民待遇是WTO成员通过谈判确定的，各个服务部门通过谈判做出具体的规定；在知识产权方面，一成员方给予其他成员方的待遇不得低于给予本国国民的待遇，但以该成员在现行国际知识产权协定中承担的义务为前提。

与最惠国待遇原则同样，国民待遇原则也有一些例外。这些例外主要包括以下几个方面：一是政府采购的例外，未参加《政府采购协议》的成员政府，在为自用或为公共目的采购货物时，可优先购置国内产品；二是符合《补贴与反补贴措施协议》和《农业协议》规定的，只给予某种产品的国内生产者补贴；三是在服务贸易领域，成员没有做出开放承诺的服务贸易部门，不适用国民待遇原则。即便在已经做出承诺的部门，也允许对国民待遇采取某些限制；四是在知识产权协定未做规定的，有关表演者、音像制品作者和广播组织的权利可不适用国民待遇。

二、自由贸易原则

WTO的一个重要目标是通过关税减让、取消数量限制等措施来促进开放贸易体制的形成。WTO的一系列协议都要求成员尽可能取消贸易壁垒，实行自由贸易。在世贸组织规则框架下，自由贸易原则（free trade principle）是指通过多边贸易谈判，实质性降低关税和减少非关税措施，扩大成员间的货物、服务和知识产权贸易。自由贸易原则以共同规则为基础，根据WTO的协议，有规则地逐步推进贸易自由化；以多边谈判为手段，根据多边谈判作出的承诺，逐步推进贸易自由化；以争端解决机制为保障，对违反承诺的提交WTO争端解决机构；以贸易救济措施为"安全阀"，消除或者减轻贸易自由化的冲击；以过渡方式体现差别待遇，允许发展中国家有更长的过渡期来实现贸易自由化；通过关税减让，减少非关税措施、开放服务贸易市场，努力实现世界贸易自由化。

自由贸易原则的例外包括以下两点：一是允许实施数量限制的例外，在特殊情况下，成员可以实行数量限制，但要做到"非歧视性"；二是《服务贸易总协定》中市场准入的例外，未谈判达成协议的部门即为限制或禁止的。

三、公平竞争原则

在世贸组织规则框架下,公平竞争原则(fair trade principle)是指成员应避免采取扭曲市场竞争的措施,纠正不公平的贸易行为,在货物贸易、服务贸易与知识产权领域,创造和维护公开、公平、公正的市场环境。

在货物领域方面,《1994年关税与贸易总协定》始终遵循公平竞争的原则。为实现公平竞争,要求成员方逐步降低进口关税并加以约束;要求成员方取消数量限制,实施国民待遇和最惠国待遇。即使某些产品由国营贸易企业经营,包括把经营的专有权和特权授予某些企业,这些企业的经营活动也应以价格、质量等商业因素为依据,使其他成员企业能够充分参与竞争。货物贸易领域中的其他协议,如《反倾销协议》、《补贴与反补贴措施协议》、《保障措施协议》和《农业协议》等,都体现了公平竞争的原则。

在服务领域方面,世界贸易组织鼓励各成员方通过相互开放服务贸易市场,逐步为外国的服务者或服务提供者创造市场准入和公平竞争的机会,并要求成员方保证服务提供者的行为符合最惠国待遇原则及该成员方在服务贸易承诺表中的具体承诺。

在知识产权领域,公平竞争原则主要体现为对知识产权的有效保护和反不正当竞争,防止伪造、假冒含有知识产权保护的产品。

四、透明度原则

为保证贸易环境的稳定性,世界贸易组织除了要求成员方遵守有关市场开放等具体承诺外,还要求成员方的各项贸易措施(包括有关法律、法规、政策及司法判决和行政裁决等)保持透明。

所谓透明度原则(transparency principle)是指成员应及时公布其所制定的各项贸易政策、法令、法规及具体措施,乃至实施细则以及变化情况(即修改、增补或废除等),不公布的不得实施,同时还应将这些贸易措施及其变化的情况通知世界贸易组织。成员所参加的与国际贸易政策有关的双边和多边国际协议也应予以公布,但对涉及商业秘密的事项可不予公布。

透明度原则的主要内容包括贸易措施的公布和贸易措施的通知两个方面。其目的是为了防止缔约方之间进行不公平的贸易。

根据该原则,世界贸易组织各成员方必须承担公布和公开有关贸易措施及其变化情况的义务,但不要求成员披露可能会影响到法律的执行,或违背公共利益,或损害某些企业合法商业利益的机密信息。比如,一国汇率、利率在调整之前,通常不要求予以公布。关于公布时间,世界贸易组织规定,成员方应迅速公布和公开有关贸易的法律、法规、政策、措施、司法判决和行政裁定,最迟应在生效之时公布或公开,使WTO其他成员和贸易商及时知晓。关于贸易措施的通知,世界贸易组织对成员方需要通知的事项和程序都作了规定,以保证其他成员能够及时获得有关成员在贸易措施方面的信息。

此外,为提高成员方贸易政策的透明度,世界贸易组织要求所有成员的贸易政策都要定期接受审议。这已经成为世界贸易组织是一种机制,即贸易政策审议机制。贸易政策的审议的内容,一般为世界贸易组织成员最新的贸易政策,它可以从一个侧面反映出被审议成员履行世界贸易组织义务的情况。

五、市场准入原则

所谓市场准入,是指一国允许外国的货物、劳务与资本参与国内市场的程度。市场准入原则旨在通过增强各国对外贸易体制的透明度,减少和取消关税、数量限制和其他各种强制性限制市场进入的非关税壁垒,以及通过各国对开放本国特定市场所做出的具体承诺,切实改善各缔约国市场准入的条件,使各国在一定的期限内逐步放宽市场开放的领域,加深开放市场的程度,从而达到促进世界贸易增长,保证各国的商品、资本和服务可以在世界市场上公平自由竞争的目的。

在货物贸易领域,市场准入原则几乎体现在所有"乌拉圭回合"最终文件的有关协议中,包括关税的减让、各种非关税壁垒的约束和取消以及长期游离于多边规则之外的纺织品和服装及农产品贸易领域。在服务贸易领域,市场准入原则的实施对各缔约国而言不是一般性义务,而是具体承诺的义务,只适用于各成员国所承诺开放的部门。虽然获得对外开放服务市场的具体承诺是一个极其艰难的过程,但市场准入原则的确立已制订了一个可以逐步开放市场的机制,其影响将持续于今后长期谈判的过程中。

六、公平解决争端的原则

国际贸易争端是伴随着国家间经济交往的开始和发展所不可避免的一种现象。世界贸易组织的争端解决机制是在关贸总协定所规定的争端解决程序和对其修改、补充基础上形成的。世界贸易组织争端解决机制体现了贸易争端处理的公正、平等原则。

世界贸易组织《关于争端解决机制与程序的谅解协议》指出:"世界贸易组织的争端解决机制是保障多边贸易体制的可靠性和可预见性的核心因素。"世界贸易组织成员承诺,不应采取单边行动以对抗违反贸易规则的事件,而应在多边争端解决机制框架下寻求救济,并遵守其规则与裁决。世界贸易组织实施了一套较为完整的解决争端的原则、规则和程序的体制,它适用于该组织所包括的全部多边贸易协定或协议,具体体现在以下几方面:实行调解制度、建立上诉机构、从全体一致通过机制到全体一致否决机制的转变、对发展中国家和最不发达国家的特殊规定及世界贸易组织的道义压力。与关贸总协定相比,世界贸易组织的争端解决机制更具有可操作性和有效性。

七、给予发展中国家和最不发达国家优惠待遇原则

这项原则是关贸总协定该原则的进一步加强。世界贸易组织大部分为发展中国家,因此,世界贸易组织继承与保留了关贸总协定对发展中国家的贸易与经济发展尽量给予关税和其他方面特殊优惠待遇的原则。这些规定主要有以下几点:

(1) 允许发展中国家用较长时间履行义务,或有较长的过渡期。例如,《农产品协议》规定,农产品进口数量限制等措施应以等量关税取代,并实行关税下降,发达国家在6年

内使关税降低 36%，发展中成员方在 10 年内使关税降低 24%，最不发达国家免除降税义务；在《与贸易有关的投资措施协议》中，对外资企业不可采用"当地成分、外汇平衡"措施，发达国家在 2 年内取消，发展中国家成员则可有 5 年过渡期，最不发达国家有 7 年过渡期。

（2）允许发展中成员在履行义务时有较大的灵活性。如《农产品协议》规定，原则上取消禁止进口数量限制，但在特定条件下对发展中成员给予"特殊待遇"，即仍可采用进口限制措施，通常可长达 10 年之久。

（3）规定发达国家向发展中国家提供技术援助，以便发展中国家更好地履行义务。如《与贸易有关的知识产权协定》规定，发达国家成员向发展中国家成员提供财政和技术援助，帮助后者有效地履行知识产权协定。

此外，世界贸易组织充分考虑到转型经济国家复杂的内部和外边条件，对他们加入该组织给予鼓励并承诺给予灵活处理。

八、豁免和实施保障措施原则

世界贸易组织继承并发展了关贸总协定允许例外和实施保障措施的原则，即在特殊的条件下，可以暂时不承担和履行已经做出承诺的义务，对进口产品实行紧急的保障措施，如提高关税、实施数量限制和特殊限制等，但加强了豁免和实施保障措施的约束条件。例如，保障措施协定规定，实施保障措施的期限一般不超过 4 年，特殊原因延长也不能超过 8 年。任何成员不得寻求、采取或维持任何自动出口限制、有秩序的贸易安排等灰色领域措施。

第五节　中国与 WTO

中国是关贸总协定的创始国之一。但在新中国成立后不久，台湾当局就非法退出了关贸总协定，使中国与关贸总协定的关系长期中断。为扩大开放、深化改革，中国政府于 1986 年 7 月向关贸总协定正式提出"复关"申请，从此踏上了"复关"的征途，直至 1995 年世贸组织建立，中国"复关"未果，1996 年世界贸易组织事实取代关贸总协定后，中国"复关"谈判成了"入世"谈判。历尽艰辛，1999 年 11 月 15 日中美签署中国入世双边协议，中国在"入世"谈判中取得重大突破。"入世"后的权利为中国经济发展带来机遇，但"入世"后应尽的义务也给中国带来一定挑战。

一、中国与关贸总协定

中国是关贸总协定 23 个创始国之一，并参加了总协定第一轮和第二轮关税减让谈判。新中国成立后，台湾当局因不甘心让中国大陆享受到从总协定谈判中获得的关税减让，于 1950 年以"中华民国"的名义非法退出总协定，1965 年，又非法取得关贸总协定的观察员资格。直到 1971 年联合国恢复中国的合法席位,台湾的关贸总协定观察员身份才被取消。

当时由于中国政府对关贸总协定的情况不够了解以及国内实行高度集中的计划经济,加之对外贸易在中国国民经济发展中的作用不大,因此,中国政府未在关贸总协定问题上作过任何表态,与关贸总协定的关系长期中断。

1978 年党的十一届三中全会把改革开放作为基本国策,从此,我国参加了关贸总协定主持下的一系列活动。1980 年 8 月,中国代表出席了国际贸易组织临时委员会执委会会议,参加了时任总干事邓克尔的选举。1981 年,中国代表列席了关贸总协定纺织品委员会主持的第三个国际纺织品贸易协议的谈判。1983 年,中国政府签署了该协议,并成为关贸总协定纺织品委员会的正式成员。1982 年,中国获准以观察员身份参加关贸总协定活动。1984 年又被授予关贸总协定"特殊观察员"身份,并被允许参加关贸总协定理事会及其下属机构的会议。

1986 年 7 月,中国正式提出了恢复在关贸总协定缔约国地位的申请,同时阐明了"以恢复方式参加关贸总协定,而非重新加入;以关税减让作为承诺条件,而非承担具体进口义务;以发展中国家地位享受相应待遇,并承担与我国经济和贸易发展水平相适应的义务"等三项重返关贸总协定的原则。1987 年 2 月,中国向关贸总协定正式递交了《中国对外贸易制度备忘录》(The Memorandum on China's Foreign Trade Regime),同年 3 月关贸总协定成立了中国问题工作组,开始进行恢复中国的关贸总协定缔约国地位的谈判。

但是,在此期间,国际经济与政治形势发生了剧烈的变化,原苏联解体,东欧国家剧变,以美国为首的西方国家出于对社会主义国家的歧视与偏见,对中国"复关"的要价层层加码,要价超过了我国的承受能力,从而使得谈判一拖再拖,直至 1994 年 12 月举行的工作组第 19 次会议,仍未能达成中国"复关"的协议。

二、中国与世界贸易组织

世界贸易组织成立后,中国原先的"复关"问题转变为中国"入世"问题。1995 年 7 月 11 日,中国正式提出了加入 WTO 的申请,并于 1996 年 3 月开始正式谈判。

在从"复关"到"入世"的谈判进程中,中国政府一贯持积极态度,并明确表示愿意在乌拉圭回合协议的基础上,根据中国的经济发展水平和按照权利与义务平衡的原则,本着灵活务实的态度,与各成员方进行认真的谈判,以早日加入世界贸易组织。因为"入世"不仅是中国对外开放的需要,也是中国进行经济体制改革和建立社会主义市场经济体制的需要。中国需要世界贸易组织。

从"入世"谈判以来,中国在贸易自由化方面做出了巨大的努力。在关税方面,中国多次自主降低关税,并承诺到 2005 年,将工业品平均关税降到 10%;在非关税方面,中国承诺在世界贸易组织纺织品配额取消之时,按照一个明确的时间表取消所有的非关税措施;在服务贸易方面,中国承诺对 30 个部门的服务业市场实行不同程度的开放。这些都表明了中国加入世界贸易组织的决心及愿意在经济发展水平允许的限度内承担相应的义务。

但是,以美国为首的西方发达国家出于其政治、经济的战略考虑,对中国加入世界贸易组织的谈判进行阻挠,要价超过了我国经济发展水平的承受能力。尽管如此,我国在入世谈判过程中，克服了许多困难，在平等互利的基础上与各成员国进行耐心的谈判，终于在 1999 年 11 月 15 日与美国就中国加入世界贸易组织问题达成了双边协议。中美谈判的结束，为中国加入世界贸易组织扫清了最大的障碍，也为中国与其他主要贸易伙伴的谈判奠定了基础。2001 年 9 月 13 日，中国与墨西哥就我国加入世界贸易组织达成了双边协议，完成了中国加入世界贸易组织的第 37 份也是最后一份双边市场准入协定，从而结束了与 WTO 成员的所有双边市场准入谈判。

双边谈判解决了市场准入问题，从 2000 年 6 月开始，WTO 工作组将谈判重点转向多边，起草中国加入世界贸易组织的法律文件——加入议定书和工作组报告书。经过 1 年多的努力，2001 年 9 月 17 日，世界贸易组织中国工作组举行 18 次会议，通过了中国加入世界贸易组织的所有法律文件，并决定将这些文件提交世界贸易组织总理事会审议。同时宣布工作组完成了各项工作，结束了历时 14 年零 6 个月的历史使命。

2001 年 11 月 9 日至 13 日，世界贸易组织在卡塔尔首都多哈举行第四次部长级会议，讨论启动新一轮多边贸易谈判。11 月 10 日，会议审议并通过了《中国入世议定书》。30 天后，即 12 月 11 日中国正式加入世界贸易组织，成为世界贸易组织第 143 个成员。

■ 三、中国加入 WTO 的市场化进程

市场经济机制是 WTO/GATT 的基础，因此，实行市场经济体制是加入 WTO/GATT 的基本前提条件。尽管在 WTO/GATT 的历史上，作为非市场经济国家，曾经有波兰、罗马尼亚和匈牙利分别于 1967 年、1971 年和 1973 年加入 GATT，但这只是当时冷战的背景下，西方资本主义发达国家为了争取更多的国家加入市场经济的行列而采取的一时措施。即使这样，当时的 GATT 成员还是对上述 3 个国家制定了非常严格的条件，比如说，在波兰加入 GATT 时，作为加入 GATT 的附加条件，波兰必须每年从其他 GATT 国家进口的增长率保持在 7% 以上。作为从计划经济向市场经济过渡的转型国家，中国从一开始就受到了 GATT 成员非常严格的要求。

中国按照 WTO/GATT 对成员国的要求，进行了一系列的市场化改革，通过这些改革，中国的经济实态、经济制度、经济管理正在逐步向 WTO/GATT 的规则靠拢。

（一）确立市场经济体制

改革开放初期，市场经济的作用主要局限于弥补计划经济的缺陷。1984 年中国共产党 12 届 3 中全会提出了"缩小指令性计划，扩大指导性计划，强化市场经济的作用"的经济体制改革方针，而在 1987 年初召开的中国共产党第 13 次代表大会上，又进一步提出了"政府调节市场，市场引导企业"的改革思路。1993 年 11 月在北京召开的中国共产党十四届三中全会通过了《中共中央关于建立社会主义市场经济体制若干问题的决定》。《决定》指出，社会主义市场经济体制是同社会主义基本制度结合在一起的；建立社会主义市场经济体制，就是要使市场在国家宏观调控下对资源配置起基础性作用；要进一步转换国有企业经营机制，建立适应市场经济要求，产权清晰、权责明确、政企分开、管理科学的现代企业制度。至此，社会主义市场经济的体制作为中国今后改革开放的方向得到了进一

步的确立。

（二）引入竞争原理，确立市场经济管理体制

改革开放初期，中国的企业基本上是国有和集体所有二种体制，企业不必面向市场，只需按照政府的计划来进行生产，生产的产品也完全由政府所有的国有企业和集体所有企业进行销售，价格也由政府统一制定，企业完全没有自主权。这种状况使得企业难以成为市场独立的个体，缺乏自我竞争的动力。为了打破这种格局，20 世纪 80 年代，中国在改革开放初期首先引进了激励机制，通过承包、奖金与效益挂钩、下放管理权限等手段来调动企业的积极性。这种手法在当时获得了比较好的效果，但由于当时市场经济秩序没有得到很好的确立，引进激励机制和下放管理权限也同时带来了经济过热、各自为政等一系列问题。为了解决这些问题，90 年代的改革开始引入通过利息、资金供应量等经济管理手段来调控经济的间接管理体制，并进一步优化了竞争环境，实现了优胜劣汰。

（三）进一步放开贸易管制

改革开放初期，中国的对外贸易体制实行的是双轨制，一方面，在一般贸易方面，政府通过法律、行政等手段来保护国内市场，严格限制进口，采取保护贸易的政策；另一方面，在加工贸易方面，政府又采取了积极鼓励的政策，通过出口退税、优惠的财政和税收政策，积极鼓励发展对外贸易，实行对外开放。WTO 的加盟，成为了这二种贸易体制并轨的契机。

20 世纪 90 年代中期开始，中国的对外贸易体制改革的主要目标是将上面提到的对外贸易体制双轨制实行并轨。这既是为了加入 WTO 的需要，同时也是为了改善国有企业的体质，在国有企业中引入竞争机制。根据 WTO 的国民待遇原则，国内国外企业必须一视同仁，而在当时，一方面存在着对外国企业的歧视，另一方面，外国企业又在许多方面享受着超国民待遇。对外贸易体制的并轨具体说来就是改变原来将一般贸易与加工贸易分离的贸易体制，逐步取消对外资企业的超国民待遇，进一步开放一般贸易。

作为开放一般贸易的第一步，中国政府先后在降低关税方面做出了积极的努力（见表 10-2），由于中国政府的努力，在加入世界贸易组织的谈判过程中，关税问题并没有成为一个大的障碍，谈判的焦点主要集中于对外贸易权的开放上。为此，中国政府首先对一些生产企业放开了进出口权，之后，在 1998 年批准了 3 家外资对外贸易企业可以办理进出口业务，并允许私人企业开展对外贸易，从而使中国的一般贸易体制逐步变得更加开放。

表 10-2　中国降低关税的推移

1992 年 1 月 1 日	调低 225 个税目（占全体 4.4%）的税率，关税税率的平均水平下降了 30%—45%。
1992 年 4 月 1 日	废除 18 种商品的进口调节税，其中 16 种商品（168 个税目）的平均关税下降了 28.6%—61.5%，汽车和摄像机 2 种商品的进口调节税取消。
1993 年 1 月 1 日	调低 3 371 个税目（占全体 53.6%）的商品关税税率，总体关税水平下降了 7.3%。

1994 年 1 月 1 日	调低 2 898 个税目(占全体 53.6％)的商品关税税率,总体关税水平下降了 8.8％。
1995 年 3 月 1 日	调低 19 个税目(酒、香烟)的关税。
1996 年 4 月 1 日	调低 4 971 个税目的进口税率,使关税税率的平均水平从 35％ 下降到 23％。
1997 年 10 月 1 日	降低 4 874 个税号商品的进口关税税率,关税平均水平从 23％ 下降到 17％。
1999 年 1 月 1 日	调低 1 014 个税目(玩具、林产品等)的商品关税税率。
2000 年 1 月 1 日	将 819 个税目(纺织品)的商品关税税率下调了 0.6—2 个百分点,调低了 202 个税目(化工产品、机械制品)的关税。
2001 年 1 月 1 日	中国政府决定再次自主降低关税,涉及 3 462 个税目,关税总水平下降为 15.3％。
2002 年 1 月 1 日	进口关税总水平从 1992 年的 43.2％ 降至 12％,彻底改变传统的高关税政策;共有 4 315 个税目达到最终减让税率,占税目总数的 59％。
2004 年 1 月 1 日	关税总水平从 2003 年的 11％ 下降到 10.4％。2005 年,工业品的平均关税降至 9.3％,其中机械产品大部分关税下调到 5％—10％,部分产品的关税直接降为零。
2009 年 1 月 1 日	税则税目总数由 2008 年的 7 758 个增至 7 868 个。经过此次降税,除鲜草莓等 5 种商品还有 1 年的降税实施期外,中国已经基本履行完毕加入世贸组织的降税承诺,关税总水平加入世贸组织时的 15.3％ 降至目前的 9.8％,其中农产品平均税率为 15.2％,工业品平均税率为 8.9％。

(资料来源:根据国际商报有关资料整理。)

　　与一般贸易体制逐步对外开放相对应的是加工贸易体制的进一步规范化。1998—1999 年中央政府在全国范围部署开展了一场大规模的反走私联合行动和专项斗争,查处了一大批大案和要案,其中最有代表性的就是福建"远华集团非法走私"案。紧接着,中央政府相继采取了一系列的措施来加强加工贸易的管理,具体措施包括银行保证金台账制度、对加工贸易企业实行 4 级信用管理、对进口的原材料和零部件实行"禁止、限制、许可"3 级分类、建立出口加工区。通过上述一系列措施,使原来处于放任自流状态的加工贸易纳入到国家规范管理之中。

　　一般贸易体制逐步对外开放和加工贸易的进一步规范化,使得原来处于分离状态的二种对外贸易体制逐步融合为统一的对外贸易体制。

四、中国加入 WTO 享受的主要权利与义务

　　按照世界贸易组织的基本原则和中国加入世界贸易组织议定书所作的承诺,加入世界贸易组织后,中国可以享受的权利与应该履行的义务如下:

（一）中国加入 WTO 享受的主要权利

中国加入 WTO 后，能够享受一般 WTO 成员所能享受的一切权利，主要包括以下几个方面：

（1）能够充分享受多边无条件的最惠国待遇。最惠国待遇原则是多边贸易体制的重要基石，而且 WTO 在货物贸易上的最惠国待遇是多边无条件的，它体现了缔约方之间消除差别待遇，在机会均等的基础上开展贸易竞争、推动贸易自由发展的精神。

在中国加入 WTO 之前，中国只能通过双边贸易协定从某些国家获得最惠国待遇，这种最惠国待遇很不稳定，容易受到政治关系的影响。中国入世后，其他所有 WTO 成员将无条件给予中国最惠国待遇，现行双边贸易中主要贸易大国对中国的歧视性做法将被取消或逐步取消。这些被取消和将逐步取消的做法主要有：美国长期对我国正常贸易关系的年度审议在中国加入 WTO 后不久取消，美国、欧盟等在反倾销问题上对中国维持的"非市场经济国家"标准将在中国加入 WTO 后 15 年内取消。

（2）参加多边贸易组织的活动，获得制定国际贸易规则的发言权。在没有加入 WTO 之前，中国只能以观察员的身份参加，只有表态权，没有表决权。正式成为 WTO 成员以后，中国既有发言权，又有决策权。中国可以利用 WTO 这一论坛及时了解和把握其他成员的经贸信息资料，增进相互了解，寻求合作机会；中国可以全面参与 WTO 所有正式、非正式的理事会、委员会会议，参加各项议题的谈判，表达自己的立场与观点，维护中国在世界贸易组织中的地位与合法利益；能够全面参与新一轮多边贸易谈判和多边贸易规则的制定，充分表达和反映中国及发展中国家的意见和要求，在建立国际经济新秩序和维护第三世界利益等方面发挥更大的作用；能够全面参与贸易政策的审定机制，对包括美、日、欧等重要贸易伙伴在内的所有 WTO 成员的贸易政策进行质询和监督，敦促其他成员履行多边义务；能够通过 WTO 这个大舞台，宣传中国的改革开放和对外贸易政策，减少其他国家对中国的误解，从而促进中国与世界上其他国家的合作和交流。

（3）享受大多数发达国家对发展中国家的"普惠制"，以及其他对发展中国家的优惠政策。"普惠制"又称"普遍优惠制"（generalized system of preferences，GSP），是发达国家给予发展中国家出口的制成品和半制成品（包括某些初级产品）普遍的、非歧视的、非互惠的一种关税优惠制度。普遍性、非歧视性和非互惠型是普惠制的三项基本原则。普遍性是指发达国家对所有发展中国家出口的制成品和半制成品给予普遍的关税优惠待遇；非歧视性是指应使所有发展中国家都无歧视、无例外地享受普惠制待遇；非互惠性即非对等性，是指发达国家应单方面给予发展中国家特殊的关税减让，而不要求发展中国家对发达国家给予对等待遇。目前，全世界已有 190 多个发展中国家和地区享受普惠制待遇，给惠国则达到 29 个，其中 25 个给惠国给予了中国普惠制待遇。但是，一些给惠国给中国商品的受惠程度比较低，而最大的给惠国美国按照其国内法，对非市场经济国家，必须同时成为国际货币基金和关贸总协定的成员，才能给予普惠制待遇。因此，中国加入世界贸易组织后，将在更大的范围、更大的程度上享受这些优惠待遇，这对中国扩大出口、提高出口效益是大有益处的。

除了普惠制以外，中国作为发展中国家能够享受世界贸易组织各项协议中给予的特殊和差别待遇，这些优待与差别待遇是单方面给予的，发展中国家无须做出对等的回报。

入世后,我国将享受到如下给予发展中国家的特殊优惠:较低水平的义务、更长的过渡期、对最不发达国家更优惠的待遇、发达国家尽最大努力对发展中国家开放货物和服务市场、发达国家提供的技术援助和人才培训。

(4)充分利用世界贸易组织的争端解决机制,公平客观地解决与其他成员的摩擦。随着中国对外开放程度的扩大和交往程度的加深,中国与其他国家的贸易摩擦也在同步增长。在双边贸易中,发达国家常常利用单边的国内法律对中国实行歧视性待遇,如美国、欧盟均以"非市场经济国家"为理由,在反倾销案件中主观地选用"第三国"的价格或成本作为测算中国价格或成本的依据,而完全无视中国已经基本上完成向市场经济转轨这一事实,从而使得中国的产品频频遭到这些国家反倾销的起诉。在加入WTO之前,这类问题只能通过双方的磋商来加以解决,受经济发展水平的限制,中国往往在双边谈判中处于不利的立场,不免会遭受到歧视待遇,难以获得公平、公正的处理。加入WTO之后,我们可以充分利用世界贸易组织的争端解决机制,比较公平地解决贸易争端,维护中国的利益。此外,在争端解决中,我们还可以要求WTO秘书处提供法律援助。WTO最明显的特点是它的争端解决机制具有较高的权威性和有效性,它可以保护弱小国家的利益,抑制大国在双边谈判时动辄实施单方面制裁的行为。

(二)中国应该履行的义务

根据权利与义务平衡的原则,中国在加入WTO后主要履行以下义务:

(1)削减进口关税。1994年关贸总协定规定:各成员方"在互惠互利基础上进行谈判,以大幅度降低关税和进出口其他费用的一般水平,特别是降低那些使少量进口都受到阻碍的高关税"。经过八个回合的谈判,世界关税总水平已经从GATT成立时的40%下降到目前的6%左右,而发达国家成员更是下降到3%左右,发展中国家成员方也降到10%左右。由于我国不是WTO的成员,也不是GATT的缔约方,八个回合谈判所要求的关税削减义务我们都没有承担,因而我国的平均关税在入世前仍然高达17%,高于发展中国家的平均水平。

入世以后,中国最大的变化是关税水平的逐步下降。在加入WTO时,中国承诺支持关税自由化的建议,并将充分参加WTO成员可能接受实施的、以该建议为基础的任何关税自由化倡议。如表10-3所示,为了适应1994年总协定关税减让的要求,中国自2002年1月1日起开始履行承诺,将关税水平降到了12.7%,到2010年降至9.8%。其中,工业品关税平均总水平由2002年的11.7%降至2010年的8.9%;农产品关税总体水平由2002年的18.5%降至2010年的15.2%。至此,中国加入世界贸易组织的降税承诺已全部履行完毕。

表10-3　中国关税减让的具体承诺　　　单位:%

年份	关税总水平	工业品平均	农产品平均
2000	15.6	14.7	21.3
2001	14.0	13.0	19.9
2002	12.7	11.7	18.5

续 表

年份	关税总水平	工业品平均	农产品平均
2003	11.5	10.6	17.4
2004	10.6	9.8	15.8
2005	10.1	9.3	15.5
2006	10.1	9.3	15.5
2007	10.1	9.3	15.5
2008	10.0	9.2	15.2
2010	9.8	8.9	15.2

（资料来源：申长友：《WTO规则与中国的对策》，中国发展出版社2002年版。）

随着关税水平的降低，中国的许多产业将更直接地面临着国际产品的激烈竞争，国家财政来自于关税的收入将逐步减少。但是，中国并不是因为入世才降低关税，而是完全从自身利益和发展的需要出发的，我国关税水平的设定始终是以维护我国的经贸利益、促进国内经济发展为基本原则的。入世只不过是补这一课，补其他国家四十年降税的课。因此，关税的降低将会使得我国的关税水平更好地适应经济全球化的需要，最终可使广大的国民从中受益。

（2）逐步取消若干非关税壁垒。历史上关税壁垒是最重要的贸易限制形式。然而经过关贸总协定的多次减税谈判，各缔约成员方的进口关税水平已经降到了较低的水平。为此，许多国家纷纷将贸易政策的限制手段从关税壁垒转向了非关税壁垒，并把其作为限制进口的主要措施。

非关税壁垒早在资本主义发展初期就已出现，但普遍建立起来却是在20世纪30年代。到70年代中期，非关税壁垒已经成为贸易保护的主要手段，形成了新贸易保护主义。据统计，非关税壁垒从60年代末的850多项增加到70年代末的900多项，目前已达1000多项。近年来，非关税壁垒有不断加强的趋势。消除非关税壁垒是世界贸易组织的一个重要原则，为此，1994年总协定第11条第1款规定："不得设立或维持配额、进口许可证或其他措施，以限制或禁止其他缔约方领土的产品的输入，或向其他缔约方领土输出或销售出口产品。"从而为贸易的进一步自由化创造了条件。除此之外，乌拉圭回合达成了多项旨在减少和约束非关税壁垒的多边贸易协议，这些协议包括《技术性贸易壁垒协定》、《与贸易有关的投资措施协议》、《海关估价协议》、《原产地规则协定》、《进口许可程序协定》等。

由于长期以来实行计划经济的管理体制，我国一直对进出口贸易实行了严格的管制措施，除了关税之外，还存在着许多非关税措施，因此，入世谈判的主要议题之一就是要求中国削减如配额、进口许可证、外汇管制等非关税壁垒。加入世界贸易组织之后，作为我国承担的"学费"，我国将不得不在非关税壁垒削减方面做出一系列的调整，从而使得我国在运用贸易政策和竞争规则来保护国内产业上受到越来越多的限制。

（3）增加贸易政策的透明度。透明度原则是世界贸易组织重要的原则之一，许多世界贸易组织协议包括了透明度条款，例如，所有有关影响到国际贸易政策的协议，不公布的不得执行;各成员方必须通过官方杂志的出版或建立咨询网站等方式,及时披露现行的贸易政策及其变化状况;世界贸易组织成员每年必须向秘书处提供一份综合通报,包括所有与贸易有关的法律、法规、政策文件的变革。此外,为了提高成员方政策的透明度,世界贸易组织要求所有成员方的贸易政策都要定期接受审议,并成为 WTO 的一种机制,即贸易政策审议机制。审议的频度是:四个最大的贸易方(欧盟、美国、日本、加拿大)每 2 年一次,其次的 16 个最大的成员方每 4 年一次,其余成员每 6 年一次。而根据中国入世议定书中第 18 条承诺,中国入世后一方面除了接受 WTO 的正常评审,即按照中国所处第 5 位贸易量的地位,每 4 年接受一次贸易政策评审之外,中国还必须接受针对中国的过渡期贸易政策评审,即在入世后的前 10 年内接受世界贸易组织对中国一年一次的贸易政策评审。中国以往除了公开颁布一些重要的法律、法规之外,还常常习惯于通过"红头文件"制定一些内部的规定、政策,供有关部门弹力性地使用,因此中国一直被世界认为是缺乏透明度的国家之一。为了适应加入世界贸易组织的需要,中国已经开始分阶段、分步骤地废除了许多的内部规定。随着加入世界贸易组织后透明度要求的提高,我国的各项贸易政策的制定几乎完全置于各 WTO 成员的监督之下,贸易政策"越轨"行为的难度越来越大。

(4) 开放服务贸易。服务贸易是战后新发展起来的新贸易领域,但近些年的发展速度却远远超过了以往的各类产业。以信息、金融、邮电、通讯、教育等行业为主体的服务贸易正在成为当今世界贸易的主流。随着服务贸易在世界贸易中所占比重的不断提高,要求对服务贸易进行规范的呼声也越来越高。为了在透明和逐步自由化的条件下扩大全球服务贸易,乌拉圭回合谈判中首次将服务贸易作为一个议题进行了深入的谈判,并于 1993 年 12 月 15 日达成了《服务贸易总协定》。该协定将货物贸易的基本规则扩大到适用于服务贸易,并进行了适当的修改。要求成员方在开展服务贸易时应该执行非歧视和无条件的国民待遇、最惠国待遇、透明度和逐步降低贸易壁垒,开放金融、保险、建筑、教育、邮电、零售等一系列服务行业。

(5) 按照争端解决机制公正地解决与其他成员的贸易摩擦。建立强有力的争端解决机制是乌拉圭回合谈判的一项重要成果之一。世界贸易组织《关于争端解决的规则与程序的谅解协议》指出:"世界贸易组织的争端解决机制是保障多边贸易体制的可靠和可预见性的核心因素。"世界贸易组织成员承诺,各成员方都应该按照争端解决机制公正地解决与其他成员的贸易摩擦,不搞单方面报复。

为了保证世界贸易组织争端解决机制的有效运行,世界贸易组织有一个严格的法律程序,并详细地规定了解决争端应遵循的程序与时间表。它吸收了以往 GATT 争端解决机制的长处,并参考了传统国际法上多边争端解决的原则,又有新的创新。其目的是"为争端解决寻求积极的解决办法"。为此,世界贸易组织专门成立了争端解决机构(DSB),负责管理《关于争端解决的规则与程序的谅解协议》中的共同规则及程序的执行,并对乌拉圭回合最后文件中任何协议产生的争端进行处理,WTO 的所有成员均是该机构的成员。这样一来,争端解决机构具有独断的权利来建立专家组,通过专家小组做出上诉报告,保持对裁决和建议执行的监督,在建议得不到执行时授权采取报复措施。因此,WTO 的争端解决机制是 WTO 法律规则体系中重要的组成部分,是保证多边贸易体制的可靠性和可预见性的核心因素,为成员各方贸易摩擦得到迅速的解决、确保 WTO 规则的有效运作提供了重要的保证。

中国政府在加入 WTO 时承诺接受争端解决机制,这对于中国的法制建设具有重要的意义。争端解决机制将有利于中国与 WTO 成员方贸易摩擦的顺利解决,促进中国企业更好地参与全球竞争,为免受歧视性待遇提供法律保障,从而为我国赢得一个良好的对外贸易环境。但也应该看到,由于我国市场经济建立的时间还非常短暂,有关市场经济的各项法律还不是十分完善,这将使得我国在入世后的相当一段时间里在争端解决机制中处于劣势地位。

(6) 按《知识产权协定》规定,进一步规范知识产权保护。乌拉圭回合将与贸易有关的知识产权列入多边谈判的议题,这是对关税与贸易总协定的重大突破,并达成了《与贸易有关的知识产权协定》。与已有的知识产权公约相比,《知识产权协定》对各成员方的知识产权保护提出了更高的要求。该协定要求各成员方扩大对知识产权的保护范围,规定所有成员必须达到知识产权保护的最低标准。《与贸易有关的知识产权协定》为世界贸易的发展起到了较好的保障作用,同时也对各国知识产权国内法的制定和改进带来了重大的影响。

作为乌拉圭回合三大新议题之一,扩大知识产权保护取得突破性的进展反映了发达国家的愿望。由于发达国家在发明专利、名牌商标、工业设计、软件开发等方面拥有很大的优势和利益,加强和扩大知识产权保护有助于维护发达国家的既得利益,同时也使得发展中国家在开展对外贸易时将受到更大的来自知识产权方面的约束。中国作为一个尚且还比较落后的发展中国家,在知识产权的运用、管理及执行方面还存在着很大的差距,因此,在知识产权保护的执行方面常常遭到发达国家的指责。根据中国入世的承诺,中国在知识产权保护方面,扩大了保护的范围,如增加了保护化工产品、药品、计算机软件、驰名商标、地理标志等方面知识产权的内容。新修订的《商标法》、《专利法》、《著作权法》加大了打击任何有损于国家和企业名誉的侵权行为及保护知识产权的力度。

(7) 放宽对外资进入中国市场的限制。为了协调世界范围内国际直接投资的流动,WTO 做出了很大的努力,达成了处理具体投资措施的协议——《与贸易有关的投资措施协定》(Agreement on Trade Related Investment Measures, TRIMs)。该协定首次将自由贸易的一些原则应用到投资领域,明确规定了一些不符合 GATT 规则的投资措施。

自 1979 年全国人民代表大会一次会议通过了《中华人民共和国合资经营企业法》以来,中国已经制定了有关外商直接投资的法律、法规多达 1 000 多个,基本形成了以《外商投资企业法》为核心、涵盖从外资进入到外资经营管理等多方面内容的、全方位多层次的外商投资的法律体系。但是,这些法律法规中,还存在着许多对外商投资在不同方面采取优惠待遇和差别待遇的问题。尤其是在国民待遇方面,我国一边在税收等方面给予外国投资者超国民待遇,使国内企业遭受到不平等竞争;另一边在投资领域、国内收费等方面给予外国投资者低国民待遇,造成外商很大的抱怨。

中国在加入 WTO 时承诺:自加入之日起,按照议定书所列,全面遵守《与贸易有关的投资措施协定》,并将取消外汇平衡要求、贸易平衡要求、当地成分含量要求和出口实绩要求等与贸易有关的投资措施。这一切预示着中国在利用外资活动上将做出重大调整。

专栏 10-5

WTO:中国之路

　　1986年,中国提出恢复在世贸组织的前身——关贸总协定的缔约国地位,不想成功之日,已是新的世纪。15年谈判,漫长琐碎和复杂艰辛的过程证明了这个最大的发展中国家对WTO乃至世界的重要性,考验了东方文明古国融入全球化浪潮的决心与耐心;而谈判的最终成功则体现了中国改革开放多年来积累的强大实力。在与57个WTO成员的交锋中,中方始终守住3个原则:一是WTO是国际性组织,没有中国参与将不完整;二是中国必须以发展中国家的身份加入;三是坚持权利与义务的平衡。

(一) 中国入世之路(1986—2001)

　　1986年7月10日　中国驻日内瓦代表团大使钱嘉东代表中国政府正式向关贸总协定提出申请,要求恢复中国的缔约方地位。中国复关及入世的谈判就此拉开序幕。

　　1987年3月　关贸总协定理事会成立了"关于中国缔约方地位工作组"。同年10月,中国工作组第一次会议在日内瓦举行,确定了工作日程,中国复关谈判正式开始。

　　1994年4月　关贸总协定部长级会议在摩洛哥的马拉喀什举行。乌拉圭回合谈判结束,与会各方签署了《乌拉圭回合谈判结果最后文件》和《建立世界贸易组织协议》,开始向世界贸易组织过渡。

　　1994年下半年　中国与关贸总协定多个缔约方进行了密集的谈判,希望在世界贸易组织成立之前,与主要缔约方达成协议,使中国能顺利以关贸总协定缔约方的身份进入世贸组织。同年8月,中国提出了改进后的农产品、非农产品和服务贸易减让表,作为解决中国复关问题的一揽子方案,与缔约方进行了50多天的谈判。但由于谈判立场差距过大,中国复关谈判的最后冲刺未能取得结果。

　　1995年1月1日　世界贸易组织正式成立。同年7月,中国的复关谈判转为加入世界贸易组织谈判,简称入世谈判。

　　1998年6月17日　江泽民主席在接受美国记者采访时提出了中国入世的3项原则:第一,世贸组织作为一个国际组织,没有中国这个最大的发展中国家参加是不完整的;第二,中国只能以发展中国家的身份加入;第三,中国加入世贸组织,权利和义务一定要平衡。这3项原则成为了中国入世谈判的基本原则。

　　1999年4月　中美双方签署了农业合作协议并就中国入世发表联合声明。美国承诺坚定地支持中国于1999年加入世界贸易组织。

　　1999年11月　中国外经贸部部长石广生率领中国代表团,与美国代表团在北京进行了6个日夜的艰苦谈判,并最终达成协议。此后,中国又与欧盟等世贸成员达成协议,并于 2001 年 9 月 13 日同最后一个提出谈判的成员墨西哥达成协议。

2001 年 9 月 17 日　世贸组织中国工作组第 18 次会议通过了《中国入世议定书》及附件和中国工作组报告书,标志着中国加入世贸组织的谈判全部结束。

2001 年 11 月 11 日　卡塔尔多哈,中国签署了加入世界贸易组织的议定书。1 个月后,中国正式成为世界贸易组织成员。

(二) 中国入世的重要谈判

回顾 15 年入世征程,几轮意义重大的谈判值得我们关注。

中美双边谈判

农产品补贴、服务业和电信问题是中美谈判的焦点所在。电信方面,美国政府要求中国建立独立的管理机构,实现电信经营者和管理者的彻底分离:制定具有透明度的和非歧视性的电信管理规定;对外国电信服务者给予国民待遇,尽快向外国投资者开放增值电信市场,准许外商投资并经营增值电信业务;提交其他增值电信服务,无线移动通信服务。有线电信服务以及国际长途服务,向国内和国际公司开放竞争的分阶段时间表,结束中国电信在国际电信服务中的垄断地位及在基础电信服务领域与中国联通公司两家垄断的局面。农业方面,美国提出了过高的要价。中方强调,中国有 9 亿农业人口,保持农业稳定对于中国的社会安定和经济发展具有极重要的意义。中国农村地区自然条件差,劳动力水平低,技术落后。作为发展中国家,中国完全有理由享受 10% 的农产品补贴。但与此同时,中国愿意通过开放农产品市场,促进农业结构调整并参与国际竞争。

经过艰苦的谈判,1999 年 11 月 15 日,中美双方终于就中国加入世贸组织达成了双边准入协议。2001 年 6 月 14 日,中美就解决中国加入世贸组织遗留问题达成了全面共识。

中欧谈判

在中美达成双边准入协议后,很多人认为中欧谈判应该会相对容易。然而,出乎意料的是,中国同欧盟的谈判却进行得异常艰难。中美达成协议之后,欧盟立即表示,中美谈判取得的成果只涵盖了欧盟要与中国谈判的 80% 的内容。那么剩下 20% 的"欧洲特殊利益"是什么呢?首先,欧盟认为其在电信业以及保险业领域居世界领先水平,因此要求中国在这些领域做出更大的让步,以巩固其在中国市场的绝对优势地位。具体而言,欧盟要求欧洲各大电信公司能够在中国电信公司中享有控股权,即持有 51% 的股份;欧洲保险公司在中国合资企业中拥有 50% 以上股份。欧盟的这些要求均超过了中国对美国的让步。除此之外,欧盟还希望中国降低对欧洲的一些重要产品,如酒类、化妆品、工业设备、奢侈品以及汽车等的进口关税。

经过4轮艰难的双边谈判,中国与欧盟最终于2000年5月19日达成了双边协议。

中墨谈判

墨西哥是最后一个与中国达成双边协议的国家。谈判的主要难点在于关税。墨西哥的生产和出口结构与中国有较多类似之处,因此,双方在共同的优势行业上,竞争性强于互补性。墨西哥方面认为从中国进口的产品有倾销之嫌。为保护其国内市场,墨方希望能获得至少8年的时间,对从中国进口的1 000多种商品保持征收100%的关税,但中方始终希望此过程不超过3年。

经过一系列磋商,中国与墨西哥于日内瓦时间2001年9月13日中午结束了关于中国加入世贸组织的双边谈判。至此,中国完成了与所有世贸组织成员的双边市场准入谈判。

(三)中国遭遇的绿色壁垒

进入WTO后,我国的外贸出口已多次遭遇绿色壁垒。

纺织　面对绿色壁垒的压力,首当其冲的就是中国的纺织行业。在各产业中,纺织业对外依存度很高,却面临着越发严峻的国际环境。自奥地利于1990年率先制定了环保纺织品标准后,发达国家陆续制定了一系列绿色标准并且越来越严格。当前最具影响力的《欧盟生态纺织品标准》对有害物质的要求达到了PPb级,而大多数发展中国家由于技术设备限制,产品很难控制到PPb级。有关专家指出,在绿色壁垒面前,中国纺织行业原有的低价格等比较优势也将受到冲击。

家电　2004年,欧盟将《报废电子电气设备指令》(WEEE)和《关于在电子电气设备中禁止使用某些有害物质指令》(ROHS)两道绿色指令正式立法,并于2005年实施。这让因反倾销而损失惨重的中国家电业面临绿色壁垒的挑战。根据第二道指令,2006年7月1日起,投放于欧盟市场的新电子和电气设备,不得包含铅、汞、镉、六价铬、聚溴二苯醚或聚溴联苯等有害物质。

皮毛　在国际裘皮行业中,80%以上的生皮是通过拍卖完成交易行为的。目前我国已经成为全球最大的裘皮生产与加工中心之一,去年出口金额接近20亿美元,同比增长123%,其中狐狸皮出口占全球出口的35%,貂皮出口占全球出口的12%毛皮贸易额已位居世界前三。种种迹象表明,中国毛皮出口正在遭遇严重的绿色壁垒危机。中国皮革工业协会相关人士透露,一些国际绿色组织已经开始关注我国毛皮行业,国外动物保护组织也正在呼吁欧盟立法,禁止我国毛皮产品进入欧盟市场。

茶叶　在绿色壁垒面前,中国茶叶出口形势已然告急。近年来,欧盟不断实施新的、更为严格的茶叶农药残留标准,并正式禁止含有化学活性物质的 320 种农药在境内销售,其中涉及我国正在生产、使用及销售的农药 62 种。使用这些农药的农产品,在出口欧盟时频遭退货或销毁。

蜂蜜　近年,欧盟国家曾以我国蜂蜜中氯霉素等抗生素超标为由中止进口。许多商场陆续将中国蜂蜜撤下柜台,停止出售。已运抵欧盟国家的中国蜂蜜被执行退运,有的国家甚至宣布销毁到岸的中国蜂蜜。有关组织和国家对我国农产品设置绿色技术壁垒,已经成为出口受阻的主要因素。我国蜂蜜在国际市场上的竞争力主要来源于价格和数量优势,由于抗生素超标,这一优势已丧失殆尽。

在对外贸易中,许多国家以绿色条款为理由设置绿色壁垒实行贸易保护,由此引发的国际贸易摩擦此起彼伏,造成了巨大的经济损失。对于较短的时间内迅速发展的绿色贸易壁垒,WTO 及世界各国都给予了高度关注。我国经济基础相对薄弱,环保形势非常严峻。如何采取措施,综合运用环保、贸易手段冲破绿色壁垒,是一个极具紧迫性的现实问题。

(资料来源:张旭辉:《WTO:中国之路》,《环境保护》2007 年第 8 期。)

本章小结

1. 与关税和非关税措施不同的是,作为对外贸易政策措施之一的贸易条约和协定主要是为了调整国家之间的经济关系。

2. 在关贸总协定的主持下,从 1947 年到 1979 年已经完成了七轮多边贸易谈判。1986 年 9 月在乌拉圭正式发起了第八轮多边贸易谈判,这次谈判被称为乌拉圭回合。乌拉圭回合经过 8 年的努力,终于达成了包括货物贸易与服务贸易在内的 28 个协议,并促成了世界贸易组织的成立。

3. 世界贸易组织是根据乌拉圭回合谈判达成的《建立世界贸易组织协定》于 1995 年 1 月 1 日在瑞士日内瓦成立的,是以市场经济机制和多边贸易规则为基础,以乌拉圭回合达成的各项协定为法律框架,并具有国际法人地位的正式国际经济组织,其前身为关贸总协定。

4. 世界贸易组织的主要目标是推进世界贸易自由化,其基本原则包括非歧视性原则、自由贸易原则、透明度原则、公平竞争原则等。

▶ 重要概念

　　贸易条约与协定　最惠国待遇条款　国民待遇条款　通商航海条约　贸易议定书
支付协定　国际商品协定　关税与贸易总协定　世界贸易组织　乌拉圭回合谈判　非歧
视性原则　自由贸易原则　透明度原则　公平竞争原则

▶ 练习思考题

一、名词解释

1. 贸易条约与协定

2. 最惠国待遇条款

3. 国民待遇条款

4. 贸易议定书

5. 国际商品协定

6. 非歧视性原则

7. 自由贸易原则

8. 透明度原则

9. 公平竞争原则

二、填空题

1. 贸易条约和协定所依据的最基本的法律条款是_____、_____和_____。

2. 贸易条约和协定按缔约国的多少,可分为_____和_____。

3. 国际商品协定大致可分为三类:第一类是_____的国际商品协定;第
二类是_____;第三类是_____。

4. 最惠国待遇适用的限制包括_____和_____两种。

5. 通商航海条约又称_____、_____,是全面规定两国经济贸易关系的条约。

三、判断题

1. WTO 最惠国待遇原则的含义是:一国在国际贸易中给予另一国国民的优惠待遇
不应低于该国现在和将来给予任何第三国国民的待遇。(　　　)

2. WTO 国民待遇原则既适用于进口产品,也适用于出口产品。(　　　)

3. 对 WTO 成员而言,采取保障措施的进口国应给予那些利益受到保障措施不利影
响的出口国提供充分补偿,以维护权利义务的平衡。(　　　)

4. 按照普惠制安排,发展中国家可以享受来自发达国家单方面的关税优惠,若发达
国家拒给优惠,发展中国家可通过世贸组织争议解决获得补贴。(　　　)

5. WTO 的总理事会是最高权力机构和决策机构。(　　　)

6. GAAT 主要通过双边谈判协商关税和贸易问题。(　　　)

7. 国际商品协定是发展中国家为打破旧国际经济贸易秩序,建立国际经济贸易新秩
序所采取的重要步骤。(　　　)

8. 世贸组织的所有法律文件均为多边贸易协定,所有成员方必须接受。(　　　)

9. 建立世贸组织是乌拉圭回合谈判启动时拟订的谈判议题之一。(　　　)

10. 国民待遇义务并不适用于所有有关政府采购的法令、规章和条例。（　　　）

四、单选题

1. 国民待遇的实质是（　　　）。

A. 外国和外国之间的经济权利平等　　　B. 外国和本国之间的经济权利平等

C. 本国和本国之间的经济权利平等　　　D. 世界各国之间的经济权利平等

2. 全面规定两国之间经济和贸易关系的贸易条约和协定是（　　　）。

A. 通商航海条约　　B. 贸易协定　　　C. 贸易议定书　　　D. 支付协定

3. 国际商品协定的主要对象是（　　　）。

A. 发展中国家的制成品　　　　　B. 发展中国家的初级产品

C. 发达国家的制成品　　　　　　D. 发达国家的初级产品

4. 世界贸易组织的最高决策机构是（　　　）。

A. 部长级会议　　　　　　　　　B. 总理事会

C. 部长理事会　　　　　　　　　D. 成员国代表大会

5. 世界贸易组织（　　　）也是 WTO 争端解决机构和贸易政策评审机构。

A. 部长级会议　　　　　　　　　B. 秘书处

C. 部长理事会　　　　　　　　　D. 总理事会

6. 关贸总协定的最高权力机构是（　　　）。

A. 理事会　　　　B. 缔约国大会　　　C. 秘书会　　　D. 联合国

7. 在关贸总协定主持下，共进行（　　　）多边谈判。

A. 六轮　　　　　B. 七轮　　　　　C. 八轮　　　　　D. 九轮

8. （　　　）取代了关贸总协定，成为全球最大的多边贸易机构。

A. 世界银行　　　　　　　　　　B. 国际货币基金组织

C. 世界贸易组织　　　　　　　　D. 国际贸易组织宪章

9. 关贸总协定中最为重要的原则是（　　　）。

A. 非歧视原则　　　　　　　　　B. 取消数量限制原则

C. 关税保护原则　　　　　　　　D. 磋商调节原则

10. 我国正式向总协定提出恢复我国的缔约国地位的申请是在（　　　）。

A. 1987 年 2 月 13 日　　　　　　B. 1991 年 10 月 2 日

C. 1986 年 7 月 10 日　　　　　　D. 1993 年 12 月 15 日

11. 关贸总协定是在（　　　）正式生效的。

A. 1950 年　　　　B. 1947 年　　　　C. 1948 年　　　　D. 1945 年

12. 在部长级会议休会期间，其职能由（　　　）代为行使。

A. 总理事会　　　B. 理事会　　　　C. 秘书处　　　　D. 总干事

13. 透明度原则要求成员方在（　　　）基础上迅速公布现行有效的有关贸易法律、法规、条例以及条约与协定等。

A. 非歧视　　　　B. 互惠　　　　　C. 公平竞争　　　D. 市场准入

14. 世贸组织还规定了最惠国待遇的例外，例如（　　　）。

A. 进出口规章手续　　　　　　　B. 关税和费用的征收方式

C. 关税同盟　　　　　　　　　　D. 进出口许可证发放

五、思考题

1. 简述最惠国待遇条款的适用范围和例外。

2. 国民待遇条款的适用范围和不适用方面有哪些?

3. 日本与美国之间给予了对方最惠国待遇,但是为什么美国对从加拿大进口的商品不征关税,而从日本进口的商品要征关税呢? 请加以说明。

4. 简述国际商品协定的内容。

5. 简述商品综合方案的主要内容。

6. WTO 的基本原则有哪些?

7. 在国际贸易中,如何来保证 WTO 非歧视原则的实施?

8. 中国加入世界贸易组织享受的权利和义务有哪些?

9. 在加入 WTO 以后,我国的关税将要受到 WTO 规则的约束而不能任意提高。请问在此情况下,我国应该如何利用关税、非关税措施来保护我国的民族工业? 请利用学过的知识加以说明。

主要参考文献

[1] 曹亮. 国际贸易学[M]. 武汉：武汉大学出版社，2004.

[2] 陈桂玲. 解读诺贝尔经济学大师[M]. 北京：现代出版社，2005.

[3] 陈同仇，薛荣久. 国际贸易[M]. 北京：对外经济贸易大学出版社，1997.

[4] 陈同仇，薛荣久. 国际贸易[M]. 北京：中国人民大学出版社，2000.

[5] 陈宪，程大中. 国际服务贸易[M]. 北京：高等教育出版社，2003.

[6] 陈宪，等. 国际贸易理论与实务[M]. 北京：高等教育出版社，2000.

[7] 池本清. 国际贸易论研究（日文）[M]. 东京：千仓书房1983.

[8] 大卫·李嘉图. 政治经济学及赋税原理[M]. 郭大力，王亚南，译. 北京：商务印书馆，
1962.

[9] 董国辉. "贸易条件恶化论"的论争与发展[J]. 南开经济研究，2001(3).

[10] 杜敏. 国际贸易概论[M]. 北京：对外经济贸易大学出版社，2001.

[11] 多米尼克. 国际经济学（第五版）[M]. 朱宝宪，等译. 北京：清华大学出版社，1998.

[12] 范家骧. 国际贸易理论[M]. 北京：人民出版社，1985.

[13] 高乐咏，李瑞琴. 区域经济一体化对多边自由贸易体制的影响——一个简单的制度
经济学解释[J]. 经济问题，2007，4.

[14] 郭同峰. 普惠制"毕业条款"及其应对策略[J]. 商业时代，2006，3.

[15] 郭玉军. 国际商务[M]. 北京：中国人民大学出版社，2011.

[16] 海闻. 加入WTO是中国现代化进程中又一个里程碑[J]. 国际经济评论，2001(3)，
(4).

[17] 海闻，林德特，王新奎. 国际贸易[M]. 上海：上海人民出版社，2003.

[18] 海闻. 中国的对外贸易环境与政策变化[J]. 商务周刊，2006(7).

[19] 韩康，王健. WTO规则与政府职能转变[M]. 北京：经济科学出版社，2002.

[20] 何元贵，卢立岩，廖力平. 国际贸易[M]. 广州：中山大学出版社，2004.

[21] 胡涵钧. 新编国际贸易[M]. 上海：复旦大学出版社，2000.

[22] 贾建华，甘丽华. 国际贸易理论与实务[M]. 北京：北京经济学院出版社，1995.

[23] 江小涓，等. 中国对外贸易理论前沿Ⅱ[M]. 北京：社会科学文献出版社，2001.

[24] 凯恩斯. 就业、利息和货币通论[M]. 高鸣业，译. 北京：商务印书馆，1999.

[25] 蓝斌男，王鸿齐. APEC经济技术合作的最新进展情况与政策建议[J]. 国际经贸探
索，2007(3).

[26] 黎孝先. 国际贸易实务[M]. 北京：对外经济贸易大学出版社，2004.

[27] 李明武. 对外贸易与经济增长关系研究综述[J]. CSSCI学术论文网.

[28] 弗·李斯特. 政治经济学的国民体系[M]. 陈万煦,译. 北京:商务印书馆,1961.

[29] 里昂惕夫. 投入产出经济学[M]. 北京:商务印书馆,1980.

[30] 刘振亚,等. 艰难的历程——世界贸易组织与中国[M]. 北京:经济科学出版社,1998.

[31] 毛筠,孙琪. 国际贸易理论与政策[M]. 杭州:浙江大学出版社,2003.

[32] 欧阳勋,黄仁德. 国际贸易理论与政策[M]. 台北:三民书局,1990.

[33] 钱纳里. 工业化和经济增长的比较研究[M]. 上海:上海三联书店,1989.

[34] 任泉,编. 中国加入世界贸易组织知识问答[M]. 北京:当代世界出版社,1997.

[35] 申长友. WTO规则与中国的对策[M]. 北京:中国发展出版社,2002.

[36] 沈四宝,王秉乾. 北美自由贸易区的经验及对我国的启示[J]. 法学杂志,2005.

[37] 世界银行. 东亚奇迹——经济增长与公共政策[M]. 北京:中国财政经济出版社,1995.

[38] 斯塔夫里阿诺斯. 全球通史:1500年以后的世界[M]. 吴家婴,梁赤民,译. 上海:上海社会科学出版社,1992.

[39] 唐海燕. 现代国际贸易的理论与政策[M]. 汕头:汕头大学出版社,1994.

[40] 田淑英,胡少维. 关于外贸发展的几点思考[J]. 中国流通经济,2000(3).

[41] 佟家栋. 贸易自由化、贸易保护与经济利益[M]. 北京:经济科学出版社,2002.

[42] 托马斯·孟. 英国得自对外贸易的财富[M]. 北京:商务印书馆,1965.

[43] 万晓宏. 首届东亚峰会与东亚区域合作[J]. 东南亚纵横,2006(9).

[44] 汪熙. 国际贸易理论[M]. 上海:复旦大学出版社,1991.

[45] 汪尧田,褚建中. 国际贸易[M]. 上海:上海社会科学院出版社,1989.

[46] 汪尧田,李力. 国际服务贸易总论[M]. 上海:上海交通大学出版社,1997.

[47] 汪尧田,周汉民. 世界贸易组织总论[M]. 上海:上海远东出版社,1995.

[48] 王衡生,吴有必. 国际贸易[M]. 广州:中山大学出版社,1996.

[49] 王俊宜,李权. 国际贸易[M]. 北京:中国发展出版社,2003.

[50] 王勤. 亚洲区域贸易自由化的兴起与中国策略[J]. 亚太经济,2006(5).

[51] 王涛生. 国际贸易学[M]. 长沙:中南大学出版社,2003.

[52] 王小波. 自由:自由市场经济放飞香港精神[J]. 燕赵都市报,2007-7-1.

[53] 王新奎,等. 世界贸易组织与发展中国家[M]. 上海:上海远东出版社,1998.

[54] 王永昆. 西方国际贸易理论讲座[M]. 北京:中国对外经济贸易出版社,1990.

[55] 温厉. 国际商务[M]. 北京:中国经济出版社,2002.

[56] 小岛清. 对外贸易论[M]. 天津:南开大学出版社,1987.

[57] 小岛清. 跨国公司的海外投资(日文)[M]. 钻石出版社,1981.

[58] 辛格. 投资国和借款国之间贸易利益的分配(The Distribution of Gains Between Investing and Borrowing Cuntries)[J]. 美国经济译论,1950(5).

[59] 新帕尔格雷夫经济学大辞典第3卷[M]. 北京:经济科学出版社,1992.

[60] 熊性美,等. 当代国际经济与国际经济学主流[M]. 大连:东北财经大学出版社,2004.

[61] 徐海宁. WTO规则教程[M]. 北京:中国对外经济贸易出版社,2002.

[62] 徐小龙. 非关税壁垒的应对问题与措施建议——基于上海市南汇区出口企业遭遇非关税壁垒的调查[J]. 国际经贸探索,2007(4).

［63］ 许心礼，等. 西方国际贸易新理论［M］. 上海：复旦大学出版社，1989.

［64］ 亚当·斯密. 国民财富的性质和原因的研究［M］. 郭大力，王亚南，译. 北京：商务印书馆，1972.

［65］ 杨圣明. 中国对外贸易理论前沿［M］. 北京：社会科学文献出版社，1999.

［66］ 姚贤镐，漆长华. 国际贸易学说［M］. 北京：中国对外经济贸易出版社，1990.

［67］ 姚曾荫. 国际贸易概论［M］. 北京：人民出版社，1987.

［68］ 应谷声. 国际贸易理论与实务［M］. 北京：中国财政经济出版社，1989.

［69］ 余永定. 中国"入世"研究报告［M］. 北京：社会科学文献出版社，2000.

［70］ 喻志军，聂利君. 国际贸易［M］. 北京：中国金融出版社，2005.

［71］ 原毅军. 跨国公司管理（第三版）［M］. 大连：大连理工大学出版社，2004.

［72］ 张二震，等. 国际贸易学［M］. 南京：南京大学出版社，2003.

［73］ 张鸿. 关于中国对外贸易战略调整的思考［M］. 上海：上海交通大学出版社，2006.

［74］ 张鸿. 国际贸易［M］. 上海：上海财经大学出版社，2008.

［75］ 张鸿，文娟. 国际贸易——原理、制度、案例［M］. 上海：上海交通大学出版社，2006.

［76］ 张蕾. 关于我国家电企业反倾销问题的研究［J］. 经济师，2006（1）.

［77］ 张培刚. 发展经济学［M］. 北京：经济出版社，2001.

［78］ 张曙霄，李秀敏. 国际贸易［M］. 北京：中国经济出版社，2001.

［79］ 张锡嘏. 国际贸易（第二版）［M］. 北京：对外经济贸易大学出版社，2000.

［80］ 张相文，曹亮. 国际贸易学［M］. 武汉：武汉大学出版社，2004.

［81］ 张向先. 国际贸易概论［M］. 北京：高等教育出版社，2000.

［82］ 张弼. 国际贸易习题指南及详解［M］. 北京：清华大学出版社，2007.

［83］ 赵伟，等. 国际贸易——理论政策与现实问题［M］. 大连：东北财经大学出版社，2004.

［84］ 仲大军. 中国应深刻反思重商主义［J］. 中国经济时报，2003-1-16.

［85］ 周文贵，等. 国际经济学论纲［M］. 广州：中山大学出版社，2004.

［86］ 庄起善. 世界经济新论［M］. 上海：复旦大学出版社，2001.

［87］ 左大培. 转向进口替代的发展战略［J］. 北京大军经济观察研究中心，2003.

［88］ Grossman G，Helpman E. *Innovation and Growth in the Global Economy*［M］. Cambridge：The MIT Press，1993.

［89］ Husted S. ，Melvin M. *International Economics*［M］. 8th ed. Pearson Education，2010.

［90］ Krugman P R，Obstfeld M. International Economics — Theory and Policy［J］. Scott：Foresman and Company，1988-54 Kravis I B. "Trade as a Handmaiden of Growth". *Economic Journal*，1970（2）.

［91］ Lewis A. The Slowing down of the Engine of Growth［J］. *AER*，1980（70）.

［92］ Porter M E. The Competitive Advantage of nations［J］. *Harvard Business Review*，1990.

［93］ Robertson D. The Future of International Trade［J］. *Economic Journal*，1938（3）.

［94］ Williamson J，Milner C. *The World Economy — A Textbook in International Economics*［M］. Harvester Wheatsheaf，1991.